KB125107

안 드 로 이 드
뜻밖의 역사

Androids
The Team That Built the Android
Operating System

안드로이드 뜻밖의 역사
세상을 뒤흔든 모바일 OS에 담긴 숨은 이야기

초판 1쇄 발행 2022년 8월 19일 **지은이** 쳇 하스 **옮긴이** 송우일 **펴낸이** 한기성 **펴낸곳** (주)도서출판인사이트 **편집** 백혜영
제작·관리 이유현, 박미경 **용지** 에이페이퍼 **출력·인쇄** 예림인쇄 **제본** 예림바인딩 **등록번호** 제2002-000049호 **등록일자**
2002년 2월 19일 **주소** 서울특별시 마포구 연남로5길 19-5 **전화** 02-322-5143 **팩스** 02-3143-5579 **이메일** insight@
insightbook.co.kr **ISBN** 978-89-6626-363-9 책값은 뒤표지에 있습니다. 잘못 만들어진 책은 바꾸어 드립니다. 이 책의 정
오표는 http://blog.insightbook.co.kr에서 확인하실 수 있습니다.

안드로이드
뜻밖의 역사

세상을 뒤흔든 모바일 OS에 담긴 숨은 이야기

쳇 하스 지음 | 송우일 옮김

인사이트

차례

첫 번째 독자이자 마지막 검토자,
깐깐한 비평가이자 절친한 친구인
아내 크리스에게 바친다.

등장인물[1]

(안드로이드 팀 합류 순)

참고: 이 명단은 완전하지 않고 대부분 내가 이 책을 쓰면서 직접 만난 사람들로 한정되어 있다. 당시 제품에 실질적으로 기여한 다른 안드로이드 팀원들도 많다.

앤디 루빈 Andy Rubin	창업자, 로봇 제작자
크리스 화이트 Chris White	창업자, 설계자, 엔지니어, 전동 스케이트보더
트레이시 콜 Tracey Cole	관리 업무 총괄, 관리자의 관리자
브라이언 스웨트랜드 Brian Swetland	엔지니어, 커널 해커, 시스템 팀 리더
리치 마이너 Rich Miner	창업자, 모바일 기업가
닉 시어스 Nick Sears	창업자, 통신 회사 계약 담당
앤디 맥패든 Andy McFadden	엔지니어, 시연 프로그램·캘린더·시뮬레이터·런타임 개발자
피커스 커크패트릭 Ficus Kirkpatrick	엔지니어, 커널 드라이버 개발의 견인자, '크레이지Crazy' 벨 소리 제작자
황웨이黃威	엔지니어, 브라우저, 메시지 기능 개발
댄 본스테인 Dan Bornstein	엔지니어, 달빅Dalvik 창시자

---

1 이 명단을 얼핏 보면 초기 팀에 성비 격차가 컸음을 알 수 있다. 안드로이드 팀은 확실히 그랬고 기술 업계 전반적으로도 이는 사실이며 불행히도 오늘날도 마찬가지다. 안드로이드 팀, 구글, 다른 기술 회사에서 다양성을 증진하기 위해 노력하고 있지만 이는 긴 여정이며 이제 시작일 뿐이다. 우리가 역사를 고칠 수는 없지만 미래를 고치기 위해 시도해 볼 수는 있다.

마티아스 아고피안 Mathias Agopian	엔지니어, 그래픽 개발, 휴대 전화를 집어던지기도 함
조 오노라토 Joe Onorato	엔지니어, 빌드 시스템, 사용자 인터페이스, 프레임워크 등
에릭 피셔 Eric Fischer	엔지니어, TextView 담당
마이크 플레밍 Mike Fleming	엔지니어, 전화와 런타임
제프 액식 Jeff Yaksick	디자이너, 안드로이드 장난감과 사용자 인터페이스
캐리 클라크 Cary Clark	엔지니어, 브라우저 그래픽
마이크 리드 Mike Reed	스키아Skia 리더, 그래픽 기술 연쇄 창업가
다이앤 핵본 Dianne Hackborn	엔지니어, 프레임워크 대부분을 개발
제프 해밀턴 Jeff Hamilton	엔지니어, 바인더, 데이터베이스, 주소록
스티브 호로위츠 Steve Horowitz	엔지니어링 관리자, 의견을 절충하는 역할
마이크 클러론 Mike Cleron	엔지니어, 사용자 인터페이스 툴킷 재작성자이자 프레임워크 관리자
그레이스 클로바 Grace Kloba	엔지니어, 안드로이드 브라우저
아르베 히엔네보그 Arve Hjønnevåg	엔지니어, 드라이버와 디버깅, 말수는 적었지만 많은 코드를 작성함
히로시 로카이머 Hiroshi Lockheimer	기술 프로그램 관리자, 협력사 관리자
제이슨 파크스 Jason Parks	엔지니어, '망가뜨리는 자'로 불림
일리안 말체프 Iliyan Malchev	엔지니어, 블루투스, 카메라, 기타 드라이버
세드릭 부스Cédric Beust	엔지니어, 안드로이드 지메일 앱 개발자
데이비드 터너 David Turner	엔지니어, 안드로이드 에뮬레이터

데바짓 고시 Debajit Ghosh	엔지니어, 캘린더 서비스
마르코 넬리선 Marco Nelissen	엔지니어, 사운드 코드
라이언 PC 깁슨 Ryan PC Gibson	기술 프로그램 관리자, 릴리스 작명과 출시
에번 밀러 Evan Millar	엔지니어, 테스트
자비에 듀코이 Xavier Ducrohet	엔지니어, 도구 기술 대부분
마이클 모리시 Michael Morrissey	엔지니어링 리더, 서버 서비스 제공
밥 리 Bob Lee	엔지니어, 핵심 라이브러리
호만 기 Romain Guy	사용자 인터페이스 툴킷 개발에 참여한 비범한 인턴으로 시작해 정직원이 됨
톰 모스 Tom Moss	변호사, 사업 개발, 협상 해결사
브라이언 존스 Brian Jones	접수 담당자, 관리 업무 총괄 대행, 기기 제공 담당자
댄 에그노어 Dan Egnor	엔지니어, 무선over-the-air 업데이트 개발
데이브 스파크스 Dave Sparks	엔지니어, 미디어 관리자
우페이쑨Wu Peisun	기술 프로그램 관리자, 미디어, 메시지 그리고 도넛 버거
에드 헤일 Ed Heyl	엔지니어, 빌드, 테스트, 릴리스, 반복
더크 도허티 Dirk Dougherty	기술 문서 작성
찰스 멘디스 Charles Mendis	엔지니어, 위치 내비게이션 개발
데이브 버크 Dave Burke	엔지니어링 리더, 런던 모바일 팀
안드레이 포페스쿠 Andrei Popescu	엔지니어링 리더, 런던 브라우저 팀
니콜라 로드 Nicolas Roard	엔지니어, 안드로이드 브라우저를 준비함

산 메핫 San Mehat   엔지니어, 커널 드라이버와 SD 카드 디버깅

닉 펠리 Nick Pelly   엔지니어, 블루투스와 씨름함

레베카 자빈 Rebecca Zavin   엔지니어, 기기 부팅, 드로이드Droid 드라이버

챈치우키陳劍琪   엔지니어, 체크인

마이크 찬 Mike Chan   엔지니어, 커널 보안

브루스 게이 Bruce Gay   엔지니어, 원숭이 실험실 담당자

제프 샤키 Jeff Sharkey   엔지니어, 경진 대회 수상자

제시 윌슨 Jesse Wilson   엔지니어, 끔찍한 API 개선

댄 샌들러 Dan Sandler   엔지니어, 시스템 UI, 삽화가, 이스터 에그 제작

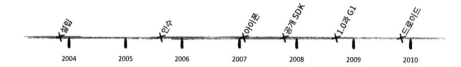

2004   설립   2005   인수   2006   아이폰   2007   공개 SDK   2008   1.0과 G1   2009   드로이드   2010

ACK[1]

호만 기에게 감사한다. 그가 없었다면 이 책은 결코 나오지 못했을 것이다. 그는 나를 팀에 데려왔을 뿐 아니라(실제로 일하기 전에 두 번이나 추천을 시도했다) 내가 이 책의 아이디어를 발전시키는 데 주된 역할을 했다(일부는 우리가 기술 콘퍼런스에서 함께한 발표에서 비롯됐다). 그는 또한 내가 이 책을 쓰기 위해 한 많은 인터뷰를 도와주었다. 아, 그리고 그는 오늘날 수십억 명의 사람이 사용하고 우리가 지금도 만지고 있는 많은 코드를 작성했다.

이 프로젝트의 처음부터 마지막 단계까지 내내 사려 깊은 통찰과 지원, 전문적인 편집 피드백으로 도움을 준 내 아내 크리스에게 감사한다. 또한 이 프로젝트가 우리 가정 생활을 아주 오래 지배했는데도 날 죽이지 않아서 고맙다. 이제 끝났다. 그렇게 생각한다.

안드로이드가 어떻게 동작하는지 다른 안드로이드 개발자들과 이야기를 나누는 팟캐스트인 안드로이드 개발자 백스테이지Android Developers Backstage[2]의 오랜 공동 진행자(호만도 함께 진행) 토어 노비Tor Norbye에게 감사한다. 우리가 한 몇몇 인터뷰(피커스 커크패트릭, 마티아스 아고피안, 데이브 버크 포함)는 이 책에 직접적으로 도움이

---

1 ACK(acknowledge)는 데이터가 전송되는 도중 사라질 수도 있는 컴퓨터 통신에서 사용되는 신호다. 한 시스템이 또 다른 시스템으로 메시지를 보내면 메시지를 받은 시스템은 발송자가 메시지를 다시 보낼 필요가 없다고 알려 주기 위해 '알았다'를 의미하는 ACK로 응답해야 한다(옮긴이: 책에서는 원 의미에서 파생된 '감사의 말'이라는 뜻으로 쓰인다).
2 *http://adbackstage.libsyn.com* 또는 좋아하는 팟캐스트 앱에서 찾아보면 나올 것이다.

됐는데 그들이 안드로이드 역사에서 중요한 인물이었기 때문이다. 그들은 사람들과 이야기 나누기 좋아하는 내게 이 프로젝트의 기원, 심장, 영혼이 된 그들의 작업을 들려주는 기여를 했다.

이 책의 표지와 여러 쪽을 탁월하고 재미있는 삽화로 꾸며 준 댄 샌들러에게 감사한다. 그는 마운틴 뷰 사무실에 방문해서 화이트보드에 지문처럼 만화를 남겼는데 나는 그의 만화를 보는 걸 늘 좋아했다. 그리고 팀과 제품에 대한 농담을 담은 그의 그림을 이 책에서도 볼 수 있어서 좋다.

이 책을 출판할 수 있는 형태로 만드는 데 도움을 준 친구이자 탁월한 책 디자이너인 그레첸 아킬리스Gretchen Achilles에게 감사한다.

조나선 리트먼Jonathan Littman에게 감사한다. 성공적인 책 몇 권을 쓴 저자로 책, 저자, 출판사의 현실 세계가 어떻게 돌아가는지에 대한 내 질문에 참을성 있게 대답해 주었다.

내 편집자인 로린 허드슨Laureen Hudson에게 감사한다. 그녀가 없었다면 이 책은 다듬어지지 못해서 내용이 탄탄하지 못했을 것이고 정리되지 못해서 읽을 만하지 않았을 것이다. 처음으로 로린과 함께 일한 건 우리가 오래 전 썬에서 일했을 때 내가 기술 기사를 쓰면서였다(그녀가 편집했다). 당시와 같은 관계를 재개해서 그녀가 엉망인 내 글을 다시금 정리해 주어서 기뻤다.

그리고 특별히 구글 안드로이드 엔지니어링 부사장인 데이브 버크를 언급하고 싶다. 버크는 이것이 알릴 만한 가치가 있는 이야기라는 데 동의했고 회사, 직원, 제품에 대한 내부 이야기를 할 때 불쑥 나타날 수 있는 장애물을 내가 넘을 수 있도록 도와주었다.

초기에 안드로이드 개발을 도왔는데 내가 이야기를 나눌 기회가 없었던 모든 사람에게 사과의 말을 전한다. 나는 계속 이어지는 인터뷰를 즐겁게 진행하며(전체 프로젝트에서 가장 재미있는 부분이었다) 사람들, 그들이 한 일, 그들의 출신, 안드로이드를 만든 방식에 대해 배웠다. 그러나 어느 시점에 나는 이 책을 완성해야 했다.

그리고 사심 없이 자신의 시간을 내어 주고 의견과 이야기를 들려주어 당시 무슨 일이 실제로 일어났는지 이야기를 더 잘 전달할 수 있게 해 준 과거와 현재 모든 안드로이드 팀원에게 감사한다. 대화와 이메일로 인터뷰에 참여해 준 모든 사람에게 특히 감사하고 싶다. 거의 모든 사람이 내 질문에 인내심 있게 대답해 주었을 뿐 아니라 책 프로젝트와 우리의 대화에 열정적으로 참여해 주었다.

안드로이드 이야기는 내가 직접 인터뷰하고 이야기를 나누고 이메일을 주고받고 아니면 귀찮게 군 사람들의 이야기 그 이상이지만, 시간을 내어 사실을 알려 주고 완전히 잘못된 이야기를 바로잡도록 나를 도와준 사람들에게 감사하고 싶다. 마티아스 아고피안, 댄 본스테인, 세드릭 부스, 이리나 블로크, 밥 보처스, 데이브 보트, 데이브 버크, 챈치우키, 마이크 찬, 캐리 클라크, 마이크 클러론, 트레이시 콜, 크리스 디보나, 더크 도허티, 자비에 듀코이, 댄 에그노어, 에릭 피셔, 마이크 플레밍, 브루스 게이, 데바짓 고시, 라이언 PC 깁슨, 호만 기, 다이앤 핵본, 제프 해밀턴, 에드 헤일, 아르베 히엔네보그, 스티브 호로위츠, 황웨이, 브라이언 존스, 피커스 커크패트릭, 그레이스 클로바, 밥 리, 댄 루, 히로시 로카이머, 일리안 말체프, 앤디 맥패든, 산 메핫, 찰스 멘디스, 에번 밀러, 리치 마이너, 댄 모릴, 마이클 모리시,

톰 모스, 마르코 넬리선, 조 오노라토, 제이슨 파크스, 닉 펠리, 안드레이 포페스쿠, 장 바티스트 케루, 마이크 리드, 니콜라 로드, 앤디 루빈, 댄 샌들러, 닉 시어스, 제프 샤키, 데이브 스파크스, 브라이언 스웨트랜드, 데이비드 터너, 폴 휘튼, 제시 윌슨, 우페이쑨, 제프 액식, 레베카 자빈.

또한 시간을 들여 초고를 읽고 피드백을 준 많은 사람에게도 감사하고 싶다. 코드는 검토를 받으면 늘 더 나아지고 책도 마찬가지다. 특히 상당한 노력을 기울여 준 몇몇 사람을 언급하고 싶다. 그들은 전체를 신중하게 살펴봤고 빈틈을 확인해 주었고 장황한 부분을 잡아냈고 실수를 바로잡아 주었고 추가 정보를 제공했으며 원고를 주의 깊게 검토해서 최종 원고에 크게 기여했다. 이 책에 대한 피드백 의견 만으로도 또 다른 완전한 책을 쓸 수 있을 정도라고 생각한다. 특히 다이앤 핵본, 브라이언 스웨트랜드, 앤디 맥패든이 즉각적이고 사려 깊고 완벽한 검토를 해 주어서 기술적 정확도에 결과적으로 도움이 됐다. 또한 내 친구 앨런 왤런도스키Alan Walendowski에게도 감사한다. 막바지에 원고를 읽고 검토해 주어서 같은 텍스트를 아주 여러 번 읽고 또 읽다 보면 오히려 찾기 어려워지는 남은 문제를 잡아내는 데 도움이 됐다.

고맙고 고맙고 고맙고 고맙다. 그리고 살짝 거슬릴 수도 있는 세세한 내 실수들에 대해 사과의 말을 전한다. 버그로 제출하기 바란다.

들어가는 글

2010년 5월 중순 나는 구글 구내 44번 건물에 있는 안드로이드 팀으로 첫 출근을 했다. 내 책상에서 얼마 떨어지지 않은 곳에 온갖 커피를 내리는 기계가 적어도 여섯 대 놓여 있었다. 사람들이 카페인을 그토록 중요하게 여기는 걸 보고 놀랐지만 오래가지는 않았다.

팀은 릴리스 하나[1]를 마무리하면서 다음 릴리스[2]를 동시에 작업하고 있었다. 우리는 당시 북적대는 스마트폰 시장에서 안드로이드를 유의미한 제품으로 만들어야 했기에 둘 다 까다롭고 시간이 많이 걸리고 대단히 중요한 작업이었다. 결승선을 향해 맹렬히 달리는 느낌을 지속적으로 받았는데 목표를 이루기 위해 무엇이든 해야 했고 과연 우리가 할 수 있을지 알 수 없었기 때문이다. 미친 듯한 속도로 일했지만 작업은 엄청나게 신났는데 단지 카페인 때문은 아니었다. 일을 얼마나 하든 상관없이 목표에 각별히 헌신한 팀이 있었기에 신이 났던 것이다.

안드로이드 개발은 내가 개발자 경력을 시작한 이후 맞이한 극명

---

1 안드로이드 2.3 진저브레드(Gingerbread)
2 안드로이드 3.0 허니콤(Honeycomb)

한 변화였다.

나는 미네소타에 있는 보수적이고 전통 있는 회사에서 아홉 시에 출근해 다섯 시에 퇴근하는 평범한 직장 생활을 시작했다. 회사는 경력 내내 그리고 은퇴 후에도 회사를 떠나지 않는 사람들에 의지했고 해마다 추수 감사절에 퇴직자들에게 칠면조를 공짜로 보내 주었다. 나는 만반의 준비가 되어 있었다. 그러니까 그저 주당 40시간을 채우고 천천히 승진을 하다 은퇴해서 칠면조를 받을 준비만 하면 됐다.

1년도 안 되어 지겨워졌고 2년이 되기 전에 대학원 진학을 위해 회사를 그만두었다. 내가 정말 즐길 수 있는 무언가로 내 기술을 '리부팅'하고 싶었는데 바로 컴퓨터 그래픽 프로그래밍이었다. 대학원을 마친 후 나는 기술자에게 기회의 땅[3]인 실리콘 밸리로 향했다. 썬에 입사해서 몇 년간 열심히 일했는데 또 다른 흥미로운 일자리가 내게 손짓했다.

그 후 몇 년간 나는 다른 직업, 기술, 사람들이 내 기술 인생에 끊임없이 변화를 제안할 때마다 이 회사에서 저 회사로 옮겨 다녔다. 나는 썬(재입사로 여러 번), 애니웨어 패스트Anyware Fast(친구들이 시작한 도급 회사), 디멘션엑스DimensionX(초기 웹 스타트업으로 마이크로소프트에서 인수), 인텔, 렌디션Rendition(3D 칩 스타트업으로 마이크론에서 인수), 어도비에서 일했다.

미 해군에서 21년간 복무 후 퇴역한 아버지는 내 잦은 이직을 불편해하셨다. 연금은 어떻게 되는 거니, 고용 보장은, 가족 부양은 어떻게 할 거니 하는 말씀이었다.

---

3 아니면 적어도 기술 회사들에는 기회의 땅인데, 그 덕분에 여러분이 현장에서 일자리를 구할 때 도움이 된다.

아버지가 알지 못하신 건 실리콘 밸리는 그런 식으로 돌아갔고 지금도 마찬가지이며 첨단 산업 어디나 점점 그렇게 되어 가고 있다는 점이었다. 나는 새로운 일을 시작할 때마다 미래의 가능성과 제품에 기여할 새로운 기술을 쌓아갔다. 똑같은 태도와 현실이 기술 회사 세계에서 이직하는 모든 엔지니어에게 적용된다. 알려지지 않은 문제와 씨름하고 혁신적인 해법을 내놓기 위한, 새 프로젝트에 꼭 필요한 기술은 다양한 배경에서 나온다.

2010년 또 다른 기회가 생겼다. 2005년 썬에서 인턴으로 나와 함께 일했던 친구인 호만 기[4]에게 문제가 생겼다. 호만은 2007년 안드로이드 팀에 합류했는데 너무 바빠서 그가 필요하다고 생각했던 애니메이션 시스템을 만들 겨를이 없었다. 그런데 그는 나를 알고 있었고 그 일이 내가 좋아할 프로젝트라는 것도 알고 있었다. 몇 차례 면접을 보고 5개월 후 나는 마운틴 뷰에 위치한 구글 구내 44번 건물에 있는 안드로이드 사용자 인터페이스 툴킷 팀에 합류했고 그 어느 때보다 더 열심히 일하기 시작했다.

나는 새로운 애니메이션 시스템을 만드는 일을 시작으로 다음 릴리스를 완성하는 데 주력하면서 저수준 성능 개선 및 그래픽 소프트웨어 작업을 했다. 같은 팀에서 오랫동안 계속 일하면서 그래픽, 성능 개선, 사용자 인터페이스 코드를 작성했고 결국 몇 년간 팀을 이끌게 됐다.

---

4 나는 호만과 함께 《Filthy Rich Clients: Developing Animated and Graphical Effects for Desktop Java Applications》(Addison-Wesley, 2007)라는 책을 썼다. 여러분이 이 책을 좋아한다면 내가 쓴 다른 책들도 고를지 모르겠다. 그런데 이 책은 내가 추천할 만한 책이 아닌 것 같다. 그러니까 내 말은 나는 이 책을 정말 좋아하지만 2007년에 나온 책이어서 기술 세계 시간으로 따지면 최소한 수십 년 전 내용이라는 뜻이다.

안드로이드 이전 내 프로젝트는 대부분 정말 즐거웠지만 그다지 가시적인 일이 아니었다. 가족이 나한테 무슨 일을 하느냐고 물어보면 내가 작성하는 소프트웨어에 대해 이야기해 주었다. 그런 다음 내가 만든 소프트웨어를 사용할지도 모르는 응용 분야에 대해 대강 설명해 주었다. 가족들이 내 코드의 결과물을 절대 볼 수 없는 게 현실이었기 때문이다. 그건 실제 사람(소비자)들이 현실에서 접할 수 있는 제품들이 아니었다.

그러다가 안드로이드 팀에 합류하고 전 세계 사람들이 날마다 사용하는 소프트웨어[5]를 만들었다. 적어도 안드로이드가 살아남는다면 그럴 것이다.

도전

> "완전히 실패할지, 잘될지 모르겠네요. 잘된다면 사람들이 신나하면서도 깜짝 놀랄 것 같아요."
>
> – 에번 밀러

초기 안드로이드 팀은 많은 경험과 강한 견해를 지닌 사람들로 구성되어 있었다. 그들은 자신들이 만들려고 하는 것에 대해 자신이 있었지만 첫 1.0 릴리스를 만들기 위해 힘겨운 싸움에 직면하고 있었다.

팀의 목표는 안드로이드 운영 체제를 만드는 것이었다. 이 목표에

---

5 그리고 버그도 만들었다. 버그가 없는 유일한 코드가 있다면 그건 아직 작성되지 않은 코드다. 우리는 할 수 있는 한 테스트를 많이 하지만 현대적인 소프트웨어의 복잡도 때문에 버그는 늘 있을 수밖에 없다. 요령이 있다면 버그가 치명적이지 않은지 확인하고 버그를 발견하면 고치는 것이다. 그런 다음에는 하던 대로 더 많은 코드를 짜면 된다(그리고 더 많은 버그도 나올 것이다).

는 저수준 커널과 하드웨어 드라이버부터 전반적인 플랫폼 소프트웨어까지 모든 것이 포함되어 있었다. 또 애플리케이션용 API, 애플리케이션을 만드는 데 도움이 되는 도구, 플랫폼 번들 애플리케이션, 애플리케이션과 통신할 백엔드 서비스를 개발하는 일도 수반됐다. 아, 그리고 팀원들은 이 운영 체제를 모든 새 휴대 전화에 탑재하고 싶어 했다.

소프트웨어는 제조사가 휴대 전화를 만들 수 있도록 무료로 제공될 예정이었다. 즉, 협력사들은 하드웨어를 만들고 안드로이드는 소프트웨어를 제공하는 방식이었다. 운영 체제 덕분에 제조사들은 하드웨어 제품을 만드는 데 집중하고, 점점 복잡해지는 소프트웨어 문제는 안드로이드에 맡기면 되는 것이었다. 동시에 안드로이드는 다양한 휴대 전화에 동일한 플랫폼을 만듦으로써 애플리케이션 개발자에게 도움이 되고자 했다. 개발자는 기기마다 서로 다른 버전을 만드는 대신 모든 기기에서 동작하는 한 가지 버전의 앱을 만들 수 있게됐다.

안드로이드 팀은 구글로부터 자금을 지원받았고 매우 큰 규모에서 소프트웨어를 개발해 본 경험이 있는 내부 엔지니어 풀을 활용할 수 있었다. 스마트폰 시장은 급속도로 성장하고 있었고 헌신하는 팀이 곧 출시될 제품을 개발하고 있는데 어떻게 실패할 수 있을까? 지나고 나서 보면 안드로이드의 성공은 정해져 있었던 것처럼 보일지도 모른다.

그러나 초기에 팀은 매우 다른 현실에 처해 있었고 안드로이드는 지속되기에는 보잘것없는 상태였다.

우선 팀이 구글의 경제적 지원을 받고 있었다고는 하지만 안드로이드는 구글에서 투자하는 많은 프로젝트 중 하나였을 뿐이다. 구글이 안드로이드에 돈을 건 것은 모든 영향력을 발휘하여 지원하겠다기보다는 뭐가 가능한지 보려고 후원한 것이었다.[6]

또 안드로이드는 새로운 회사가 들어설 틈이 거의 없는 산업에 들어서고 있었다. 경쟁자들이 이미 단단히 자리를 잡고 있었기 때문이다. 저가 시장에는 수많은 노키아Nokia 폰이 세계적으로 퍼져 있었다. 데인저Danger, 블랙베리Blackberry, 팜Palm은 충실한 열혈 사용자들에게 흥미로운 스마트폰[7] 선택지를 제공하고 있었다. 그리고 다양한 마이크로소프트 폰도 있었는데 소프트웨어 산업에서 일하는 사람이라면 누구나 마이크로소프트와 경쟁하는 것을 늘 경계해야 한다는 사실을 알고 있었다.[8]

2007년 애플이 시장에 들어왔는데 이미 북적대는 시장에 처음 등장한 또 다른 경쟁자였다. 애플은 휴대 전화에는 처음이었지만 운영 체제, 소비자 컴퓨팅 기기, 널리 보급된 아이팟으로 증명된 실적을 이미 갖고 있었다.

이 모든 회사는 안드로이드가 제품은 고사하고 보도 자료도 내기

---

6 구글은 같은 시기에 웹 기술에서도 비슷한 전략을 취했다. 자체 브라우저(크롬)를 만들기 시작하면서 다른 회사들이 향후 해당 분야를 차지할 가능성에 대비해 그 분야를 개척할 필요가 있음을 알고 있었다.
7 나는 이 책에서 넓은 의미로 '스마트폰'을 정의한다. 이 용어가 처음 쓰였을 때는 본래 휴대 전화에 데이터 통신 기능이 덧붙여져 이메일과 인스턴트 메시지 같은 더 많은 통신 기능이 가능한 기기를 의미했다. 즉, 기본적으로는 기능이 좀 더 풍부한 통신 기기였다. 오늘날 스마트폰은 이러한 기본적인 것뿐 아니라 앱, 게임, 터치스크린을 비롯해 휴대 전화가 데이터 요금제와 결합한 이래로 온라인에 등장한 아주 많은 기술을 망라하는 기기다.
8 첫 아이폰 제품 마케팅 디렉터인 밥 보처스(Bob Borchers)가 말했다. "절대 마이크로소프트를 빼고 생각해서는 안 돼요. 그들은 제대로 된 제품이 실제로 나올 때까지 끊임없이 돈을 쓰면서 일을 하거든요." 몇 년 전 내 동료는 말했다. "여러분이 속한 시장에 마이크로소프트가 들어오면 거기에서 나와야 해요."

전에 시장에 자리를 단단히 잡고 있었다.

이 거친 시장에서 경쟁하기 위해 초기 팀은 1.0에 도달한다는 한 가지 여정에만 집중했다. 모두 그 목표에 집착해서 팀원 대부분이 미친듯이 멈추지 않고 강행군했다.

그러나 그들이 이 운영 체제를 만들고 싶어 한다고 해서 모두가 그것을 어떤 식으로 만들지, 그것이 성공할지, 그들이 만들고자 하는 것이 정확히 무엇인지에 대해 동의한다는 의미는 아니었다. 팀 엔지니어인 앤디 맥패든은 "일을 하는 옳고 그른 방법에 대해 자기 주장이 강한 사람들이 많이 있었죠. 때로는 서로 동의하지 않았고 거칠어지기도 했어요"라고 말했다.

안드로이드가 1.0이 되고 첫 안드로이드 폰이 출시됐을 때조차도 팀원들은 프로젝트가 성공할지, 심지어 계속될 수 있을지 확신하지 못했다. 팀 기술 프로그램 관리자technical program manager, TPM 라이언 깁슨은 말했다. "초창기 안드로이드 팀은 승산이 적어 보였고 끊임없이 실패 직전에 몰렸고 어떻게든 조금이라도 진전을 보이려고 엄청나게 열심히 일해야 하는 분위기였습니다. 성공은 전혀 필연적 결과가 아니었어요. 우리는 1년이나 뒤쳐져 있었거든요. 다음 해로 밀렸다면 우리는 성공 가능한 대안이 아니라 역사에 각주 정도로 남았겠죠."

팀에 합류한 이후 몇 년간 나는 안드로이드 초기 개발과 어려움에 대해 들었는데 모두가 플랫폼을 경쟁력 있는 수준으로 끌어올리기 위해 고투했다는 이야기였다. 그리고 나서 내가 팀에서 일하는 동안 안드로이드가 어느 정도 성공을 거두는 모습을 보고 문득 궁금해졌다. 어떻게 된 일일까? 다시 말해 안드로이드 개발의 어떤 요소가 보잘것없던 초창기 이후 놀랄 만한 성장을 이루도록 한 것일까?

이 책을 써야겠다는 생각은 안드로이드 개발 이야기가 결국 잊힐 것임을 깨닫고 나서 시작됐다. 안드로이드를 만들었던 사람들이 다른 프로젝트⁹로 이동하면서 안드로이드를 개발하는 중에 무슨 일이 일어났었는지 점점 잊어버리고 있었기 때문이다. 2017년 나는 그 이야기를 담기 위해 초기 팀 사람들과의 대화를 녹음하기 시작했다.

"구체적으로 어떻게 구현할 건가요?"¹⁰

이 책은 긴 책이다(책을 쓰기 시작했을 때 생각했던 분량보다는 긴데 초고보다는 짧아졌다. 그렇다고 고마워할 필요까지는 없다). 안드로이드라는 큰 주제로 구성된 이 책을 좀 더 이해하기 쉽게 읽을 수 있는 몇 가지 팁이 있다.

첫째, 안드로이드라는 낱말에 주의하라. 이 책 편집자가 머리를 쥐어뜯은 이유 하나는 내가 안드로이드라는 낱말을 스타트업 회사를 비롯해 구글에 인수된 이후 팀 이름, 소프트웨어 플랫폼, 스마트폰 제품, 오픈 소스 코드, 누군가의 별명까지 여러 가지 의미로 빈번하게 사용했기 때문이다.

근본적인 문제는 안드로이드 팀이 그 낱말을 그런 식으로 썼다는 점이다. 그것은 회사, 구글 내부 사업부, 소프트웨어, 스마트폰, 생태

9　이 장 앞부분에서 사람들이 다른 프로젝트와 회사로 옮긴다고 이야기했다. 구글과 안드로이드도 마찬가지고 기술 세계의 다른 모든 회사 역시 그렇다. 엔지니어들은 옮겨 다닌다.

10　"구체적으로 어떻게 구현할 건가요?" 엔지니어링 토론에서 누군가가 실제로 어떻게 만들지 지루한 세부 사항을 고민하는 수렁에 빠지고 싶지 않아서 더 큰 아이디어에 집중하려고 할 때 자주 들을 수 있는 말이다. 물론 소프트웨어 프로젝트 구현과 완성은 실제로 어렵고 시간을 소모하는 부분이다. 그래도 큰 아이디어에만 집중하는 것은 표면 아래 나머지 부분 없이 빙산의 일각이 스스로 잘 떠 있다고 우기는 것과 비슷하다.

계, 팀을 의미한다.

애니메이션 〈릭 앤 모티Rick and Morty〉의 한 에피소드[11]를 보면 서로 다른 행성의 주민들이 거의 상관없어 보이는 다양한 방식으로 '스퀀치squanch'라는 낱말을 사용한다. 결국 릭이 다음과 같이 설명한다. "스퀀치 문화는 문자적이라기보다는 맥락적이지. 네가 생각하는 스퀀치를 말하면 사람들이 알아들을 거야."

안드로이드도 그와 같다. 그냥 여러분이 생각하는 안드로이드를 이야기하면 사람들이 알아들을 것이다.

둘째, 이야기는 시간 순서대로 진행된…, 아니 되는 편이다. 다시 말해 일어난 사건과 그 일을 한 사람들에 대해 시간 흐름에 따라 설명하는데, 복잡하고 밀접하게 연관된 일을 정리하는 데 도움이 되는 방법이 바로 시간에 따라 정리하는 것이기 때문이다. 하지만 실제로 엄격히 시간순으로 이야기하기는 불가능한데 많은 일이 동시에 일어났기 때문이다. 그래서 누군가가 1.0 또는 그 이후까지 어떤 일을 한 이야기가 진행되다가 팀의 다른 누군가의 이야기를 하기 위해 타임라인이 되돌아가는 것을 독자들은 보게 될 것이다.

시기에 관해 말하자면 이 책의 이야기는 안드로이드가 만들어지는 데서 시작해 2009년 후반까지 계속된다. 대부분의 사건은 2008년 후반 1.0 출시[12]의 서곡에 해당한다. 1.0에서 안드로이드의 미래를 가능하게 한 대부분의 요소가 자리를 잡았다. 타임라인은 다시 2009년

---

11 시즌 2 10화: The Wedding Squanchers
12 1.0은 소비자에게 상업적으로 공개된 첫 릴리스였을 뿐 아니라 다른 회사들이 자사만의 안드로이드 기반 기기를 만드는 데 사용할 수 있었던 첫 릴리스이기도 했다. 1.0은 처음 에 G1에서만 사용할 수 있었다.

말로 연장되는데 이때가 바로 미국에서 모토로라 드로이드가 출시된 후 안드로이드의 향후 성공 가능성을 처음으로 엿볼 수 있던 때였다.

마지막으로 나는 이 책을 기술적인 세부 내용을 아는(그리고 인정할 건 인정하자면 그런 내용을 실제로 좋아하는) 소프트웨어·하드웨어 엔지니어 말고도 누구나 읽기를 바란다. 도중에 사람들이 책을 덮지 않기를 바라며 지나치게 기술적이어서 방해가 되는 것들은 피하려고 했다. 그러나 직업으로 코드를 작성하지 않는 사람들에게는 익숙하지 않을 '운영 체제' 같은 용어를 쓰지 않고 운영 체제가 어떻게 만들어지는지 설명하기는 불가능했다. 책을 쓰면서 용어를 정의하려고 했는데[13] 책을 읽는 도중에 API가 뭔지, CL이 무슨 의미인지 막힌다면 부록 용어 해설을 확인하기 바란다.

그리고 책을 쓰기 시작했다

2017년 8월[14] 나는 초기 팀과 대화를 시작했는데 다이앤 핵본과 호만 기와의 점심시간 대화 녹음[15]이 첫 시작이었다. 그 이후 계속해서 몇 년간 초기 팀 사람들을 대부분 인터뷰했다(대부분 직접 만났지만 때로는 이메일로).

직접 인터뷰(만나거나 화상 통화)를 하는 데 손으로 빠르게 쓰는 것만으로는 충분하지 않음을 깨닫고 나는 녹음용 마이크를 가지고

---

13 각주를 많이 남겼다. 독자들도 각주를 많이 보기 바란다.

14 2021년 2월 또 다른(그러나 마지막은 아닌) 긴 편집 과정의 끝에 다다랐을 즈음 이 절을 다시 읽으면서 팀이 전체 운영 체제를 만들고 1.0 제품을 출시하기까지 걸린 시간보다 안드로이드 이야기를 쓰는 데 더 긴 시간이 걸렸다는 것을 깨달았다.

15 인터뷰 고급 팁: 대화를 녹음할 때 점심 식사 중에 하지 말라. 그렇지 않으면 음식 씹으며 내는 소리를 나중에 다시 듣느라 아주 많은 시간을 쓸 것이다.

다녔다.[16] 한 가지 이유는 내가 생각했던 것보다 댄 샌들러와 다이앤 핵본은 말이 빨라서 거의 적을 수 없기 때문이었다. 또 대화를 녹음하면 미친 듯이 갈겨쓸 때보다 대화에 더 참여할 수 있었기 때문이다.

이 대화를 하느라 수많은 시간을 보냈다. 그런 다음 기록된 텍스트가 음성 녹음보다 나중에 참고하고 검색하기 더 쉬웠기 때문에 대화를 텍스트 문서로 필사하느라 더 많은 시간을 보냈다.[17] 이 대화를 듣고 필사하고 읽느라 수많은 시간을 보내고 나서 나는 멋진 사실을 깨달았다. 대화는 책을 쓰는 데 필요한 조사가 아니라 그 자체로 책이라는 것이다. 나는 인터뷰를 큰 그림, 안드로이드 개발 연대기, 인터뷰를 하지 않았으면 내가 발견하지 못했을 세부 내용을 이해하는 배경지식으로 삼으려고 했었다. 그러나 내가 예상하지 못한 것은 모두가 자신의 말로 이야기를 아주 잘 전달했다는 것이었다.

많은 인터뷰 인용구를 이 책에 사용했다. 사실 나는 가능하면 내 설명보다 인용구를 사용했다. 그 자리에 있던 사람들이 자신의 관점으로, 자신의 목소리로, 사건의 한 장면을 포착한 것이 이야기를 가장 잘 전달하기 때문이다.

안드로이드 팀과 운영 체제가 어떻게 만들어졌는지 그 일이 일어

---

16 가끔 친구이자 동료인 호만 기를 데리고 갔는데 그는 초기 팀원 중 한 명이자 내가 많은 인터뷰를 준비하고 진행하는 데 도움을 주었다.

17 인터뷰 고급 팁 하나 더: 이 작업을 해야 한다면 자신의 타자 속도와 비슷한 속도로 음성을 재생해 주는 소프트웨어를 구하라. 내 경우 실제 속도의 40% 정도였는데 인터뷰하는 사람에 따라 달랐다. 이 접근 방식의 유일한 단점은 속도가 느려질수록 취한 사람들의 대화처럼 들린다는 것이다. 더 나은 팁: 기술이 따라잡기를 기다리는 것이다. 2020년 마지막 대화를 녹음했을 때 구글에서 음성을 녹음해 자동으로 필사해 주는 안드로이드 앱을 출시했다. 기술이 따라잡는 속도는 꽤 빨라서 기다려 볼 만하다. 다만 너무 늦게 따라잡아서 쓸모가 없는 경우도 있기는 하다.

나는 데 참여한 사람들의 목소리로 들려주는 이야기를 듣기 위해, 안드로이드 심장부로 떠나는 여정에 나와 함께하기 바란다.

1부

시작

"처음부터 필연 같은 건 없었어요.
안드로이드가 성공하지 못할 이유는 많았죠.
똑같은 일을 다시 이뤄 내고 싶다고 해도 할 수 없을 거예요.
뭔가 마법이 벌어진 거죠."

– 에번 밀러

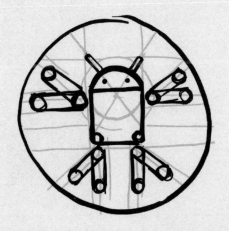

1

안드로이드는 원래
카메라 운영 체제였다?

"디지털 카메라용 와이파이 인터페이스가 더 나은 DSLR을 만드는
출발점이 될 거예요. 이런 제품들은 점점 강력해지고 있었는데 사
용자 인터페이스가 형편없었어요."

‒ 브라이언 스웨트랜드

처음에 안드로이드는 포토팜FotoFarm이라는 디지털 카메라 플랫폼을
만들었다.

2003년 디지털 카메라 기술은 흥미로워지고 있었다. 고품질 렌즈
에 점점 더 커지는 센서가 결합된 DSLRDigital Single Lens Reflex: 디지털 일안 반
사식 카메라을 사용하면 디지털 이미지 파일에 훨씬 더 자세한 이미지를
포착할 수 있었다.

데인저라는 휴대 전화 제조사를 설립했다가 그 무렵 퇴사한 앤디

루빈은 새로운 프로젝트를 찾고 있었다. 그는 웹티비WebTV 시절에 함께 일한 동료였던 크리스 화이트와 함께 더 나은 카메라 소프트웨어를 만드는 회사를 시작했다. 두 사람은 2003년 후반 디지털 카메라용 운영 체제를 제공하는 포토팜을 창업하고 루빈이 CEO를, 화이트가 CTO를 맡았다. 그들은 앱을 실행할 수 있는 기능과 함께 더 나은 사용자 인터페이스와 네트워크 기능을 사용할 수 있는 소프트웨어를 구상했다. 그들은 고급 카메라 하드웨어와 결합해서 사진·이미지 기능과 경험의 경계를 확장하려고 했다.

화이트는 루빈에게 '포토팜'보다 더 나은 이름을 찾아야 한다고 말했다. 루빈이 android.com이라는 도메인을 이미 갖고 있어서 그들은 회사 이름을 안드로이드로 바꾸고 캐릭터Character라는 디자인 회사를 고용해 로고와 명함을 비롯한 CICorporate Identity를 만들게 했다.

그들에게 필요했던 건 안드로이드 카메라 플랫폼에 대한 그들의 비전에 투자할 사람들이었다. 그러나 아무도 카메라에는 관심이 없었고 다들 휴대 전화에 대해서만 이야기하고 싶어 했다.

루빈은 닉 시어스를 팰로 앨토에 있는 안드로이드 사무실로 초대해서 카메라 운영 체제를 선보였다. 두 사람은 티모바일 사이드킥Sidekick으로 출시된 데인저의 휴대 전화 작업을 함께한 적이 있었다. 그 후 시어스는 티모바일을 그만두었지만 스마트폰 분야에서 계속 일하기로 했다. 그는 데인저에서 만들 수 있었던 것을 능가하는 소비자 스마트폰을 만들고 싶었다. 시어스는 데인저가 기대만큼 성공하지 못한 이유가 인터페이스와 기기 자체 폼 팩터form factor[1] 때문이라고 여겼다. "모두가 데인저 폰을 상징적인 기기라고 봤지만 우리는

---

[1] (옮긴이) 휴대 기기의 폼 팩터는 기기의 크기, 모양, 부품 배치 형태를 의미하는 용어다.

사람들이 손에 들고 다니고 싶어 할 만큼 그 폼 팩터가 작지 않다는 걸 알게 됐습니다. 여전히 두꺼웠고 슬라이드 방식으로 분리된 화면을 가지고 있었거든요."

안드로이드의 비전은 시어스에게 그다지 끌리지 않았다. 그는 카메라에 관심이 없었다. 그의 경험이 쌓여 있고 흥미가 향하는 것은 휴대 전화였다. 시어스는 루빈에게 말했다. "마음이 바뀌어서 스마트폰을 만들게 되면 전화 줘요."

그 대화 직후 루빈은 데인저 시절 또 다른 동료였던 리치 마이너와 이야기를 나눴다. 리치는 그의 고용주인 이동 통신 회사 오렌지Orange를 대표하는 데인저 초기 투자자였다. 그때 경험으로 루빈을 알게 된 후 리치는 향후 무슨 일을 할지 계속 살펴보는 중이었다.

리치도 시어스처럼 루빈의 스타트업에서 카메라 대신 휴대 전화를 만드는 걸 고려해 봐야 한다고 제안했다. 리치는 휴대 전화 시장에서 오랜 이력을 가지고 있었고 그 시장에서 변화를 가져올 기회가 안드로이드에 있다고 보았다. 화이트 역시 루빈에게 그 가능성에 대해 이야기했다. 그러나 루빈은 여전히 반대했다.

루빈은 휴대 전화 개발을 다시 하고 싶지 않았다. 그는 데인저에서 겪었던 경험 때문에 완전히 좌절한 상태였는데 그가 바랐던 만큼 이뤄지지 않았기 때문이었다. 루빈은 벤처 투자자에게 카메라 아이디어를 홍보했지만 아무런 관심도 끌어내지 못했다. 또 제조사들이 카메라를 휴대 전화에 집어넣기 시작하면서 판매가 떨어지고 있는 카메라 시장의 현실을 보게 됐다.

2004년 11월 루빈은 또 다른 벤처 투자자와 만났다. 카메라 운영 체제 홍보는 마찬가지로 관심을 끌지 못했다. 그러다 그는 휴대 전화의 가능성을 언급했는데 방 안에 있던 사람들의 귀가 쫑긋하는 것을 보았다.

루빈은 단념했다. 그는 시어스와 리치에게 다시 연락해서 스마트폰 운영 체제를 만들겠다고 말했다.

리치와 시어스가 바라던 게 바로 그것이었다. 두 사람 모두 루빈과 함께 사업 계획과 휴대 전화 운영 체제에 대한 발표 자료를 만들었다. 2005년 초 두 사람은 안드로이드에 공동 창업자로 합류했다.

루빈은 카메라 운영 체제를 만들지 못했다. 그러나 스마트폰에서 카메라가 얼마나 중요한지 감안한다면 그가 가장 널리 쓰이는 카메라 운영 체제를 만들었다고 주장해 볼 수도 있을 것이다. 단지 우회적인 방법으로 만들었을 뿐이다.

2

인재 양성소

"안드로이드의 멋진 점 한 가지는요. 거의 모두가 이런 일을 전에
해 봤다는 거예요. 나는 이미 실수해 봤고 그 실수로부터 배운 게
있는 일을 하고 있어요. 모두가 그렇죠."

– 조 오노라토

기본적으로 다른 기술들도 마찬가지이지만 안드로이드는 제품이나
출시된 릴리스라기보다는 그것을 만든 사람들 그리고 그 형태를 만
드는 데 쏟은 그들의 집합적 경험이라고 봐야 한다. 그래서 안드로이
드(스마트폰 운영 체제)가 어떻게 만들어졌는지에 대한 이야기는 스
타트업 훨씬 이전, 즉 그 팀에서 일한 사람들의 역사를 전체적으로
살펴보는 데서 시작해야 한다.

안드로이드는 다른 많은 노력이 먼저 이뤄졌기에 탄생할 수 있었

다. 좀 더 정확히 말하자면 안드로이드를 만든 사람들이 여러 모바일·데스크톱 플랫폼 회사들을 옮겨 다니며 함께 일해 봤기 때문에 안드로이드가 존재할 수 있었다. 초기 안드로이드 개척자들이 자신의 지식, 기술, 동료와의 협업 체계를 구축할 수 있었던 바탕은 바로 다른 회사에서 쌓은 경험이었다. 그들이 안드로이드 팀에 들어와서 정식으로 개발을 시작해 상대적으로 짧은 기간에 바닥부터 새 운영체제를 만들 수 있었던 것은 그 때문이다.

초기 안드로이드 팀에 가장 큰 영향을 미친 회사들은 비Be-팜소스PalmSource, 웹티비-마이크로소프트, 데인저였다.[1] 이 중 어느 기술도 안드로이드에 직접 반영되지 않았고 어느 회사도 시장에 깊은 인상을 남기지 못했다. 그러나 이 모든 회사는 엔지니어들이 나중에 안드로이드 운영 체제를 만들 때 이용할 수 있었던 아주 중요한 기술들을 배우는 데 비옥한 토양을 제공했다.

비(Be)

BeOS는 이제 컴퓨터 역사에서 그냥 각주[2]와 같다. 사실 많은 독자들이 비나 BeOS에 대해 전에 들어 본 적이 없을 테고 그 회사의 소프트웨어나 하드웨어를 사용해 보지도 못했을 것이다. 그러나 컴퓨팅 플랫폼에 비가 미친 영향은 지대한데, 다른 어떤 이유보다도 직원 또는 열렬한 사용자, 개발자 등 많은 사람이 나중에 안드로이드를 만드는

---

1 비-팜소스나 웹티비-마이크로소프트라는 회사는 없다. 비라는 회사가 있었는데 팜에 인수되었다가 그 부서가 팜소스라는 회사로 분할된 것이다. 마찬가지로 웹티비라는 또 다른 회사가 있었는데 마이크로소프트에 인수되었다.
(옮긴이) 웹티비는 2001년 MSN TV로 명칭이 바뀌었다가 2013년 9월 서비스가 종료됐다.
2 개발이 중단된 운영 체제여서 각주를 통해 보충 설명으로 언급되는 게 일반적이다.

데 참여했기 때문이다.[3]

비는 데스크톱 컴퓨팅 전쟁의 후발 주자로 1990년대 초 견고한 마이크로소프트·애플 데스크톱 시스템과 새 운영 체제로 경쟁하려고 했는데 잘되지는 않았다.

비는 다양한 것을 시도했다. 자사 고유 컴퓨터 하드웨어인 비박스 BeBox를 팔았고 BeOS를 PC와 맥 하드웨어에 이식해 팔려고도 했다. 비는 애플에 거의 인수될 뻔한 적도 있다(사실 비에서 제안했는데 비의 CEO가 협상을 지연시키는 동안 스티브 잡스가 갑자기 끼어들어 애플이 잡스의 회사인 넥스트 컴퓨터를 대신 사야 한다고 설득하는 데 성공했다). 1999년 비는 기업 공개initial public offering, IPO를 했는데 큰 반응은 없었다.[4] 2000년 아무도 비의 하드웨어나 운영 체제를 사려고 하지 않자 회사는 '포커스 시프트Focus Shift'라는 팀을 꾸려 인터넷 어플라이언스 기기용 운영 체제를 만들려고 했으나 역시 사려고 하는 사람이 없었다.

결국 2001년 팜은 비를 인수해(팜은 해당 부서를 팜소스라는 새로운 회사로 분할한다) 향후 팜 기기에 탑재할 운영 체제를 만들려고 한다. 정확히 말하자면 팜은 비의 지적 재산을 인수하고 비의 직원을 고용한 것이다. 팜은 회사, 채무, 자산(사무실 가구 같은)은 인수하지

---

3 이 책은 안드로이드가 어떻게 탄생했는지에 대한 이야기다. 그 이야기 중 이 부분은 비가 어떻게 안드로이드에 영향을 주었는지에 대한 이야기다.
4 나중에 안드로이드 서비스 팀을 이끈 마이클 모리시는 기업 공개 후 비를 떠났다. "비의 기업 공개는 계획대로 되지 않았어요. 같은 해 레드햇의 기업 공개는 정말 대단했고 그 사건은 운영 체제 산업의 역학 관계를 바꿔 버렸죠."

《맥월드(Macworld)》에서 애플의 비(Be) 인수를 기사로 다루었지만 애플은 대신 넥스트 컴퓨터(NeXT Computer)를 인수했다(사진은 스티브 호로위츠의 허락을 받고 게재).

않았다.[5]

비는 안드로이드 역사에서 몇 가지 이유로 의미심장하다. 우선 비는 사용자 인터페이스부터 그래픽, 장치 드라이버(시스템이 프린터나 디스플레이 같은 하드웨어를 다루게 하는 것), 커널(플랫폼에서 필요로 하는 기본적인 작업을 위한 어려운 일을 처리하는 저수준 시스템 소프트웨어)까지 운영 체제 개발의 모든 측면에 관심이 있는 엔지니어들에게 매력적이었다. 이런 프로젝트를 해 보면 안드로이드 같은 운영 체제를 만드는 데 꼭 필요한 기술을 습득할 수 있게 된다.

또 BeOS는 운영 체제에 대한 열광을 불러일으킨 고전적인 사례 중 하나다. 전 세계 수많은 엔지니어가 대학 시절에 또는 취미 프로젝트로 비를 우연히 알게 되어 BeOS를 뜯어고치며 놀았다. 비는 멀티미

---

5 비에서 일했고 나중에 안드로이드 팀에 온 제프 해밀턴이 비의 자산 매각에 대해 이야기했다. "회사의 모든 물리적 자산, 의자, 모니터 등을 경매에 내놓았어요. 나는 내 책상에 놓여 있던 모니터를 샀는데요. 괜찮은 소니 트리니트론(Trinitron)이었거든요. 그런데 경매를 시행한 그 회사(그 회사에서 물건과 현금을 전부 거둬 가서 관리했는데요)는 물건을 다 팔고 판매 대금을 되돌려 주기 전에 파산해 버렸어요. 그래서 비는 물리적 자산을 판 돈을 한 푼도 받지 못했죠. 기술 거품이 터진 이야기의 고전적인 사례 같네요." 그러니까 비는 자산을 팔았는데 실제로는 돈을 받지 못한 것이다.

팜에 합류한 비(Be) 엔지니어들은 티셔츠를 만들어서 인수에 관한 자신들의 냉소적인 태도를 드러냈다(사진은 마티아스 아고피안의 허락을 받고 게재).

디어[6], 멀티프로세싱[7], 멀티스레딩[8] 기능에서 앞서 있었고 운영 체제 개발에 관심 있는 엔지니어들에게 흥미진진한 놀이터가 되었다. 안드로이드 팀의 많은 엔지니어가 비에서 실제로 일하지는 않았지만 BeOS를 직접 가지고 놀면서 운영 체제 개발에 대한 열망을 키웠고 나중에 안드로이드 팀에 그 열정을 쏟게 된다.

비가 인수됐을 때 엔지니어 중 절반이 팜(이후 팜소스)에서 일하게 됐다.[9] 그들은 계속해서 팜 OS 코발트Cobalt라는 운영 체제를 개발했

---

6 비디오와 오디오
7 멀티프로세싱은 하드웨어를 활용해 여러 가지 작업을 병렬로 실행하는 능력이다. 오늘날 이 능력은 멀티코어 CPU를 탑재한 데스크톱 컴퓨터부터 대체로 적어도 두 개, 보통 네 개 이상의 코어를 가지고 있는 스마트폰에 이르기까지 대부분의 하드웨어에서 일반적이다.
8 멀티스레딩은 프로세스 하나가 스레드 여러 개를 별도의 프로세나 공유한 프로세서에서 동시에 실행하는 능력이다. BeOS는 멀티스레드 사용자 인터페이스로 유명했는데 이는 당시에나 지금이나 흔치 않은 기능이다. 멀티스레딩은 사용자에게 성능 혜택을 제공했지만 앱 개발자에게는 복잡성이라는 비용이 따랐다. 안드로이드도 처음에는 비슷한 접근 방식(전 BeOS 엔지니어가 구현)을 취했다가 결국 폐기하고 덜 망가지는 단일 스레드 사용자 인터페이스 모델을 채택했다.
9 마티아스 아고피안은 당시 일을 기억했다. "팜은 비에서 50명을 데리고 간 다음 우리가 합류한 후 정리 해고를 하더니 우리도 나가도 괜찮다고 하더군요. 그래서 그들은 우리 세 사람을 놓아주었어요. 우리는 순조롭게 다시 시작할 수 있었죠."

는데 결국 어느 기기에도 탑재되지 못했다. 그 와중에도 엔지니어링 팀은 운영 체제 개발 기술을 연마했고, 또 팜 OS의 작업 대상이었던 모바일 기기에 대한 경험도 얻었다.

팜소스는 2005년 후반 액세스ACCESS에 인수됐다. 새로운 회사의 방향에 영감을 얻지 못한 많은 전 비 엔지니어들이 구글 안드로이드 프로젝트에서 자신의 길을 발견했다. 2006년 중반이 되자 전 비 직원들이 안드로이드 팀의 3분의 1을 차지하게 됐다.

웹티비-마이크로소프트

웹티비는 1995년 중반 설립됐는데 2년 조금 못 되어 1997년 4월 마이크로소프트에 인수됐다.[10] 초기에 마이크로소프트에서 안드로이드로 온 사람들은 구체적으로 말하자면 웹티비에서 시작한 팀원들이거나 같은 사업부의 한 부분이었던 IPTV 같은 텔레비전·인터넷 그룹 사람들이었다.

웹티비는 인터넷을 텔레비전에 제공한 첫 시스템 중 하나였다. 이런 시스템은 오늘날에는 대수롭지 않게 보이는데 텔레비전에 탑재된 인터넷 서비스를 이용해 텔레비전에서 제공하는 대부분의(또는 모든) 콘텐츠를 소비하는 사람이 많기 때문이다. 그러나 당시에 텔레비전과 인터넷은 서로 매우 다른 세계였고 사람들은 대부분 PC를 통해

---

10 웹티비가 인수됐을 때와 비슷한 시기에 마이크로소프트에서 내가 당시 일하고 있던 인터넷 스타트업도 인수했다. 작은 회사 인수의 세부 사항은 전혀 공개되지 않았고 나도 여기에서 그 이야기를 하려는 건 아니지만, 웹티비가 4억 2500만 달러에 인수됐다는 사실을 알았을 때 우리 계약과 비교해 보고 기분이 상했다고 말하면 충분할 것 같다. 아주 많이 상했다. 물론 웹티비는 더 큰 팀과 실제 제품이 있었고 마이크로소프트가 한동안 판매한 제품을 만들기 시작했으니 내가 일하던 스타트업보다 매출이 더 나았다. 그래서 더 높은 인수가를 받을 만했을 것이다. 아마도 말이다.

인터넷에 접근했다.

웹티비 팀은 사용자가 텔레비전 프로그램 이외의 콘텐츠를 소비할 수 있는 플랫폼을 만들려고 했다. 따라서 그들은 하드웨어에서 동작하는 소프트웨어 플랫폼, 애플리케이션을 구축하는 데 필요한 사용자 인터페이스 레이어layer, 플랫폼용 애플리케이션을 만들어야 했다. 팀은 운영 체제, 사용자 인터페이스 툴킷(애플리케이션에서 사용자 상호 작용을 책임지는 시스템), 애플리케이션을 작성하는 데 필요한 프로그래밍 레이어, 인터넷 가능 기기용 애플리케이션을 만들었다. 이 모든 작업은 그들이 나중에 안드로이드에서 비슷한 것들을 만드는 데 유용한 실질적인 경험이 되었다.

데인저

데인저는 1999년 12월 앤디 루빈, 맷 허셴슨Matt Hershenson, 조 브릿Joe Britt이 창업했다. 처음에는 휴대용 데이터 교환 기기를 만들었다. 이 기기는 '너터 버터Nutter Butter'[11]라는 별명을 얻었는데 동명의 쿠키와 모양이 닮아서였다.

데인저의 너터 버터 기기. 간식이 아니라 데이터 교환을 위해 만들어졌다(사진은 닉 시어스의 허락을 받고 게재).

---

11 팀은 피넛(Peanut)이라는 이름도 사용했는데 상표가 있는 쿠키 이름을 사용할 때 생기는 저작권 문제가 없었기 때문이다.

닷컴 거품이 터지던 2000~2001년에 회사는 데이터를 무선으로 자동 동기화하는 기기 개발로 방향을 전환한다. 그러나 그 기기는 아직은 휴대 전화가 아니었다. 그러다 2001년 1월 루빈이 CESConsumer Electronics Show[12]에서 티모바일의 닉 시어스를 만난다.

닉 시어스와 모바일 데이터

1984년 닉 시어스는 대학 교육 혜택을 받으려고 미 육군에서 행정병으로 복무 중이었고 당시 이등병이었다. 그러다가 그는 애플의 전설적인 1984년 슈퍼 볼Super Bowl 광고[13]를 보게 된다. "우리가 기술 혁명의 시작에 있다는 걸 알게 됐어요. 컴퓨터랜드ComputerLand[14]에 가서 3200달러를 들여 IBM PC(플로피 디스크 드라이브 하나짜리), 도스, 터보 파스칼, 로터스 노츠Lotus Notes, 워드스타WordStar, 도트 매트릭스 프린터[15]를 사서 나왔죠. 낮에는 분당 40단어밖에 못 쳤지만 밤이 되자 적당한 수준의 컴퓨터 너드nerd가 됐습니다."

시어스는 컴퓨터 기술과 경영학 학위를 활용해 1980년대 후반 맥코 커뮤니케이션[16]에 입사했다. 그는 맥코에서 일하며 좋은 위치에서 모바일 산업과 인터넷의 성장을 오랫동안 관찰했다. 2000년이 되

---

12 제조사들이 출시 예정 제품을 선보이고 제조사가 되려는 회사들이 앞으로 협력사가 될 회사들과 만나는 대규모 연례 콘퍼런스
13 (옮긴이) 매킨토시 출시를 알리는 광고다. 이 광고 제작과 관련된 이야기는 《미래를 만든 Geeks》(인사이트, 2010)에서 살펴볼 수 있다.
14 (옮긴이) 1976년 개장한 미국의 컴퓨터 소매점으로 1980년대 중반 800여 개 지점을 내기도 했다. 1999년 폐업했다.
15 (옮긴이) 핀이 리본을 때리면 리본에 묻어 있던 잉크가 종이에 찍히는 방식으로 동작하는 프린터
16 (옮긴이) 1966년 케이블 텔레비전 회사로 시작해 1986년 이동 통신 사업에 뛰어들었다. 1994년 운영 중단됐다.

자 그는 티모바일[17]로 옮겼고 회사 무선 데이터 전략을 담당하는 부사장이 됐다.

티모바일은 당시 무선 인터넷 전담 팀을 두었는데 팀이 성장하기를 바랐다. 그들은 미국에서 GPRSGeneral Packet Radio Service[18] 기술을 쓰는 유일한 통신 회사였고, 그들의 데이터 네트워크는 다른 통신 회사보다 1년 먼저 준비되어 있었다. 시어스는 그 일을 가능하게 할 과제를 맡았다. 이는 이 새로운 데이터 네트워크를 필요로 하고 사용할 수 있는 기기를 찾아내거나 필요하다면 만들어야 한다는 의미였다.

시어스와 그의 팀은 더 풍부한 인터넷 경험은 더 좋은 키보드 경험 없이는 이뤄지지 않는다는 점을 깨달았다. 당시 휴대 전화에 달려 있던 전통적인 12키 다이얼 패드로 웹에서 흥미로운 뭔가를 한다는 것은 실현 가능하지도 않았고 재미있을 수도 없었다.[19] 그래서 팀은 쿼티QWERTY 키보드를 갖춘 가능성 있는 기기를 특별히 찾고 있었다.[20]

티모바일은 이미 RIMResearch in Motion[21]과 협력하고 있었고 이전에 나온 데이터 전용 블랙베리 기기에 휴대 전화 기능을 추가해야 한다고 RIM을 설득했다. 그러나 블랙베리 기기 폼 팩터(특히 블랙베리 사

---

17 당시엔 보이스스트림 와이어리스(VoiceStream Wireless)라고 불렀다. 2002년 티모바일로 이름을 바꿨다.
18 당시에는 새로운 데이터 네트워크 기능으로 다른 기술보다 더 나은 데이터 연결성을 약속했다.
19 노키아에서 일찍이 풀 키보드 기기를 실제로 시도한 적이 있었는데 성공하지 못했다. 시어스가 노키아에 이를 제안했는데 노키아는 적합한 네트워크 기능을 휴대 전화에 추가해서 미국에 재출시하려고 하지 않았다. 그들은 첫 실패를 강력한 신호로 여겼고 시어스의 제안을 거절했다.
20 쿼티는 전통적인 라틴 스크립트(영어 포함) 키보드를 줄여서 부르는 명칭인데 왼쪽 상단 키보드 글자 배열이 'qwerty'이기 때문이다.
21 블랙베리 기기 제조사다.
(옮긴이) 2013년 회사 이름을 블랙베리로 바꾸었다.

용자에게 인기 있던 벨트 클립)는 소비자에게 매력적이지 않았는데 소비자들은 업무용 느낌이 덜 나는 제품을 찾고 있었기 때문이다.

시어스는 2001년 소비자 기기에 대한 가능성을 찾으러 CES에 갔다. 그는 데인저의 CEO인 앤디 루빈을 만났고 루빈은 그에게 데인저 기기의 최근 버전 모형을 보여 주었다. 블랙베리처럼 그 기기도 데이터 전용이었다. 블랙베리에 제안했던 것처럼 시어스는 티모바일에서 기기가 필요하니 데인저가 휴대 전화 기능을 추가하는 쪽으로 방향을 전환해서 그 첫 기기를 위해 티모바일과 협력해야 한다고 루빈을 설득했다.

시어스는 티모바일에서 데이터 통신이 가능한 새로운 휴대 전화를 추진한 일을 회고했다. "데이터 기기에 휴대 전화 기능을 넣은 건 우리입니다."

2002년 10월 데인저는 힙톱[22] 폰을 출시했다. 그러나 티모바일에서 이름을 바꾸자고 주장했다. 시어스가 그 이유를 설명했다. "기업 간부와 엔지니어는 블랙베리 기기를 HP 계산기처럼 엉덩이에 차는데 우리는 소비자들이 휴대 전화로 그렇게 할 거라고 생각하지 않았어요." 힙톱은 티모바일 사이드킥으로 출시됐다.

이 기기는 당시 피처폰과 미래 스마트폰의 중간 형태였다. 예를 들어 힙톱은 진짜 웹 브라우저(당시 휴대 전화에 일반적이었던 매우 제한된 모바일 브라우저와 비교되는 부분이다)를 제공했다. 또 데인저 폰에는 앱 스토어가 있었는데 그런 기능은 처음이었다. 그러나 스토

---

22 당시 데인저에서 일한 피커스 커크패트릭이 그 이름에 대해 설명했다. "랩톱이란 말을 이용한 말장난이었어요. 엉덩이에 넣어 두는 것이니까 힙톱이라고 한 거죠. 그래도 난 휴대 전화용 파우치를 엉덩이 쪽에 찬 모습을 보이고 싶지 않네요. 말도 안 되죠. 바지가 흘러 내려서 배꼽이 보일 거라고요. 절대 안 돼요."

어는 티모바일에서 관리했는데 당시 자사 네트워크에서 실행할 수 있는 애플리케이션을 통제하는 곳은 통신 회사였고 이를 '울타리 친 정원walled garden'[23]이라고 불렀다.

이메일·채팅 즉시 업데이트를 하는 힙톱의 지속적 연결 기능과 더불어 무선 업데이트를 비롯한 이러한 특징은 클라우드·네트워크 기능과 함께 나중에 안드로이드에도 선보이게 되는데, 데인저 폰에서 그 기능을 동작하게 만들었던 개발자들이 안드로이드 개발에 참여해서다.

데인저 폰은 일부 열광적 사용자의 추종을 넘어 대중 시장에서 성공하는 데까지 나아가지 못했다. 인터넷 이메일, 메시지, 브라우징, 티모바일의 공격적인 무제한 데이터 요금제의 결합은 당시로서는 막강한 기능을 지닌 휴대 전화를 만들어 냈다. 데인저 기기는 많은 주목, 특히 기술 그룹[24]과 대중 문화에서 많은 주목(2006년 영화 〈악마는 프라다를 입는다〉에서 2세대 힙톱 기기가 등장하기도 했다)을 받았다. 그러나 데인저 폰은 소비자의 마음과 지갑을 사로잡는 데 실패했다. 그럼에도 불구하고 이 기기들을 만든 기술, 이 기기로 가능해진 새로운 경험, 데인저가 그 과정에서 교육시킨 엔지니어 팀은 모바일 분야를 전진시키는 데 중요한 역할을 했다.

모두 모이다

초기 안드로이드 팀 사람들은 대부분 비-팜소스, 웹티비-마이크로소

---

23 그 울타리는 나중에 안드로이드도 덕을 본 생태계를 활성화하게 된다. 그 이야기는 '22장 안드로이드 마켓'에서 다룬다.
24 구글 공동 창업자도 힙톱의 열혈 팬이었다. 이는 몇 년 후 루빈이 구글에 안드로이드를 제안할 때 큰 도움이 된다.

프트, 데인저 중 한 회사나 여러 회사에서 일했다. 언급한 회사 출신들이 2006년 중반까지 팀에서 최소 70%에 해당했고 2007년까지 팀에서 절반가량을 차지했다.

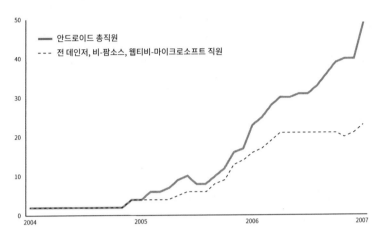

2006년까지 안드로이드 팀에 합류한 사람들은 대부분 비-팜소스, 웹티비-마이크로소프트, 데인저 중한 회사 또는 두세 군데 회사에서 일한 적이 있다.

기술 세계, 특히 실리콘 밸리에서는 사람들이 회사를 옮겨 다니며 경력 전반에 걸쳐 서로 다른 장소와 상황에서 함께 일하게 되는 게 사실이다. 회사를 떠날 때 관계를 끝내 버리는 것은 좋은 생각이 결코 아니다. 무엇보다도 사람들을 예의 바르게 대하는 것은 당연한 일이다. 실리콘 밸리에서 관계를 끝내 버리는 것은 정말 나쁜 생각인데 미래의 자신이 바로 그 똑같은 사람들과 함께 관계를 맺어야 할 가능성이 아주 높기 때문이다. 관계를 끝내 버리지 않아야 도움이 될 것이다.[25]

25 실리콘 밸리가 첨단 산업 종사자가 일하기 좋은 곳인 이유도 이 때문이다(교통 문제와 비상식적인 집세는 잠시 모르는 척하자). 회사는 직원을 행복하게 해 주려고 열심히 노력해야 하는데 그렇게 안 하면 근처 다른 회사들이 똑같은 일을 더 열심히 하기 때문이다.

안드로이드의 경우 사람들이 나중에 돌고 돌아 우연히 같은 회사에서 일하게 되는 효과 정도가 아니었다. 초기 팀은 이전 회사 경험에 깊이 의지했다. 그리고 이미 함께 일한 관계가 있고 안드로이드에 꼭 필요한 것, 즉 운영 체제, 임베디드 기기, 개발자 플랫폼을 만든 경험이 있는 사람들을 데려왔다.

초기에 함께 안드로이드에 합류함으로써 무엇을 할지 아는 동료들과 탄탄한 팀을 시작할 수 있었고, 그 덕분에 그러지 않았더라도 만들 수는 있었겠지만, 새 운영 체제를 훨씬 빨리 만들어 낼 수 있었다.

2007년 개발자 도구 작업을 위해 합류한 자비에 듀코이가 말했다. "첫 팀원들은 구글 출신이 거의 없었고 다른 회사에서 온 사람들이었습니다. 운영 체제를 출시해 본 사람들이었죠. 그 일을 해 본 사람들이 얼마나 될까요? 그 사람들은 작은 운영 체제를 출시하면서 자신의 실수로부터 뭔가를 배웠습니다."

무선 업데이트 시스템을 개발하러 2007년에 합류한 댄 에그노어는 기존 팀원들이 지니고 있던 팀의 원동력을 알아차렸다. "역사를 공유하고 있다는 확고한 느낌이 있었죠. 사람들은 서로를 알았는데 서로 싫어하는 부분, 존경하는 부분을 알았고 목표를 성취하기 위해 서로 신뢰해야 한다는 것도 알았어요. 그리고 명확한 주인 의식이 있었죠. 팀에서 몇 달밖에 일하지 않았더라도 사람들의 이름을 술술 외울 수 있었습니다. 사람들은 다른 사람들이 무엇을 하는지, 어떻게 하는지 알고 있다고 이처럼 확고하게 느끼고 있었어요."

앞선 언급한 회사들이나 그 제품들이 모두 성공하지는 못했다. 그러나 그것들을 만들면서 얻은 지식은 안드로이드 팀이 나중에 작동하는 플랫폼을 만드는 데 크게 기여했다. 비와 마이크로소프트 웹티비 팀에서 일했고 나중에 안드로이드 엔지니어링 팀을 관리한 스티브 호로위츠는 말했다. "그게 이 세계에서 중요한 부분이죠. 성공보다 실패에서 더 많은 걸 배울 수 있습니다."

초기 안드로이드 팀에 합류하기 전에 비와 팜소스에서 일했던 다이앤 핵본이 말했다. "우리 대부분은 안드로이드를 만들기 전에 수많은 실패를 겪었어요. 상황이나 시기나 다른 무언가가 성공하는 데 들어맞지 않았죠. 내가 안드로이드를 만들기 전에 실패한 플랫폼이 서너 개될 거예요. 그렇지만 우리는 계속 시도했고 각각의 실패로부터 배웠고 거기에서 얻은 지식을 안드로이드를 개발하는 데 적용했습니다."

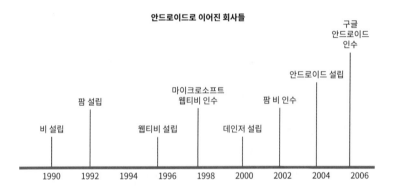

안드로이드로 이어진 회사들

안드로이드가 만들어지기 이전부터 긴 역사가 이미 있었다. 초기 팀에 기여한 모든 회사의 역사가 있었기에 안드로이드가 만들어질 수 있었다.

3

팀 충원

2004년 말이 되자 작은 안드로이드 스타트업은 충원이 필요했다. 루빈과 화이트는 최초의 비전을 실현하고 기술을 구현할 수 있도록 충분한 엔지니어링, 디자인 수단을 제공했다. 그러나 투자자에게 실제 제품을 홍보하기 시작하면서 창업자들이 투자 유치 활동을 하는 동안 플랫폼, 기술 시연을 도울 엔지니어링 팀이 필요해졌다.

한편 데인저에서 루빈과 함께 일했던 브라이언 스웨트랜드는 새로운 도전을 찾고 있었다.

브라이언 스웨트랜드, 안드로이드의 첫 번째 엔지니어

브라이언 스웨트랜드(팀에서는 그냥 "스웨트랜드"라고 불렀다)는 다섯 살 때부터 시스템 프로그래머였다.

"아버지가 부엌 탁자에서 이삼일 저녁 내내 멤브레인 키보드가 딸린 단일 보드 컴퓨터인 타이멕스 싱클레어Timex Sinclair[1] 클론을 납땜하시고는 낡은 흑백 텔레비전에 연결하셨어요. 그걸로 베이식 코드를 짤 수 있었죠. 잘 돌아갔어요. 마법 같았죠. 그리고 평생 잊지 못할 삶의 교훈을 배웠는데 납땜용 인두 끝은 손으로 잡으면 절대 안 된다는 것이었어요."

스웨트랜드는 어린 시절 내내 그리고 대학에서도 프로그래밍을 했지만 컴퓨터 엔지니어링 학위를 받지 못했다. "2학년 때 아주 많은 수업을 빠졌어요. 지역 ACMAssociation for Computing Machinery 지부 프로젝트, 미국 국립 슈퍼컴퓨팅 응용 연구소National Center for Supercomputing Applications, NCSA 소프트웨어 개발 그룹의 일거리, X 윈도와 모자이크 웹 브라우저 작업을 하느라 공부에 집중할 수 없었죠. 그러다 졸업 시험을 봤는데 결과가 안 좋았어요." 그러나 취미로 참여한 프로그래밍 작업 덕분에 그는 비에 들어갔는데, 그의 PC에서 BeOS가 동작하도록 시도하다가 회사의 관심을 끌게 됐다.

비에서 PC용 운영 체제를 출시하자 스웨트랜드는 그의 컴퓨터에 설치 시디CD를 넣었다. 그러나 설치 프로그램이 동작하지 않았다. "하드 드라이브를 인식하지 못했는데 내 PC에는 SCSISmall Computer System Interface[2] 드라이브밖에 없었거든요. 그래서 버스 로직 SCSI 컨트롤러 설명서를 찾고는 생각했어요. '별로 복잡해 보이지 않네.' 나는 유즈넷Usenet[3]에서 활발하게 활동하던 엔지니어 중 한 명인 도미닉

---

1 (옮긴이) 미국 타이멕스 코퍼레이션과 영국 싱클레어 리서치의 합작 벤처인 동명의 회사에서 출시한 컴퓨터. 실물 사진은 영문판 위키백과 'Timex Sinclair' 페이지를 참고하라.
2 SCSI는 컴퓨터와 주변 기기 간 공통 인터페이스였다. 예를 들어 SCSI는 마더보드를 하드 드라이브나 프린터와 연결하는 데 쓰였다(매우 넓은 포트와 리본 케이블 사용).
3 유즈넷은 인터넷 초기에 인기 있었던 뉴스그룹(newsgroup) 모음이었다.

지엠파울로Dominic Giampaolo[4]에게 이메일을 보냈어요." 도미닉은 스웨트랜드에게 비박스 하드웨어용 SCSI 드라이버 견본을 보내 주었다.

"그 주말에 내가 가지고 있던 버스 로직 컨트롤러용 SCSI 드라이버를 해킹했습니다. 부팅은 됐는데 문제가 좀 있었어요. 디스크 크기가 잘못 나오더군요. 그래서 도미닉에게 이메일을 다시 보내서 이야기 했죠. '드라이버를 작성했는데 크기가 잘못 나오네요. 중간 레이어에 엔디언endian[5] 버그가 있는 것 같아요.' 도미닉이 15분 후 답장을 보냈는데 같이 일해 볼 생각이 있는지 묻더군요."

캘리포니아에 가서 도미닉과 라이브 디버깅 세션을 비롯해 종일 면접을 본 후 스웨트랜드는 취업을 제의받았다. 그는 집에 돌아와 짐을 챙기고는 2주 후 캘리포니아로 갔다. 그가 대학에 간 목적은 결국 운영 체제를 만들고 싶어서였다. 그 일을 바로 시작할 기회가 생겼으니 스웨트랜드는 대학 학위를 미뤄도 좋다고 생각했다.

2년 후인 2000년 5월 스웨트랜드는 비를 그만두고 데인저에 입사해 전 비(그리고 장래 안드로이드) 동료인 히로시 로카이머와 함께 일하기 시작했다. 데인저에서 스웨트랜드는 커널과 여타 시스템 소프트웨어 작업을 했고 첫 힙톱 기기 출시를 도왔다. 그러나 첫 몇 년이 지나자 대부분의 일은 점진적인 개선이거나 통신 회사가 요구하

---

4 (옮긴이) 비에서 BFS(Be File System)를 개발했다. 2002년부터 애플에서 일하기 시작했으며 APFS(Apple File System)를 개발했다.

5 엔디언은 컴퓨터에서 바이트 순서를 나타내는 데 쓰는 용어다. '빅 엔디언'은 멀티 바이트 수에서 가장 큰 바이트가 먼저 나오는 반면, '리틀 엔디언'은 순서가 반대로 가장 큰 바이트가 마지막에 나온다. 아키텍처가 다르면 엔디언 표현이 다른데 이로 인해 아키텍처에 맞지 않는 엔디언 표현이 들어 있는 코드를 실행하면 버그가 생기게 된다. 이 경우 비박스(빅 엔디언 사용) 코드를 짜면서 가정한 엔디언은 똑같은 코드를 x86 PC(리틀 엔디언 사용)에서 실행했을 때 맞지 않게 된다.

는 기능 구현이었다(또는 그들 때문에 만든 기능이 사라지기도 했고, 심지어 때로는 통신 회사에서 요구할지도 모른다고 제품 관리자가 생각한 기능 개발이 중단되기도 했다). 데인저(나중에 안드로이드)에서 문자와 기타 플랫폼 기능 작업을 한 에릭 피셔가 말했다. "우리는 어떤 기능이나 디자인을 거부할 수 있는, 느리고 보수적인 통신 회사 승인 과정의 그늘 아래에서 일할 수밖에 없었습니다."

스웨트랜드는 기존의 일을 반복하기보다 새로운 시스템을 만드는 데 늘 관심이 더 많았기 때문에 낙담하기 시작했다. 2004년이 되자 데인저는 그가 입사했을 2000년 당시의 작은 조직에서 약 150명 규모의 더 큰 조직이 되었다. 스웨트랜드는 4년이라는 긴 시간 동안 처음에는 고군분투하는 스타트업인 데인저를 도왔고, 그런 다음에는 회사의 첫 휴대 전화 2종을 출시하는 작업을 했다. 그래서 2004년 9월 그는 소진과 좌절로부터 회복하기 위해 3개월 휴가를 떠났다.

스웨트랜드는 데인저를 그만둘 계획이 없었고 그냥 휴식이 필요했다. 3주간 일에서 손을 뗀 후 그는 일하지 않고 있어도 꽤 행복하다는 사실을 깨달았다. 또 회사로 돌아가지 않는다면 계속 행복하리라는 것도 깨달았다. 특히 그는 정말 데인저로 돌아가서 일하고 싶지 않다는 마음을 깨달았다.

그러나 그는 일자리가 여전히 필요했다. 비와 데인저는 꽤 괜찮은 소프트웨어 회사였지만 모든 사람이 스타트업에서 받으리라 상상하는 만큼 급여를 주지는 않았다.[6]

6 인수와 기업 공개에 성공하는 스타트업은 매우 드물다. 극소수의 사람이 벼락부자가 되는 이야기를 많이 듣는다. 하지만 꿈을 좇다가 파산한 많은 회사와 필요한 급여를 받기 위해 새 일자리를 찾아 떠나는 엔지니어들은 말할 것도 없고, 큰 기술 회사에 인수되지 못하는 곳에서 평범하게 정규직으로 일하는 많은 사람의 이야기는 별로 듣지 못한다.

데인저에서 스웨트랜드는 루빈을 잘 알게 됐다. 스웨트랜드가 데인저에서 일을 시작했을 때 직원이 몇 명뿐이었기 때문이다. 그래서 새로운 기회를 찾기 시작하면서 루빈에게 연락했다. 루빈은 예전에 흥미로운 회사를 세운 적이 있고 루빈에게 아이디어가 더 있을지도 몰랐다. 루빈에게는 사업 구상이 실제로 있었다. 루빈은 크리스 화이트와 함께 안드로이드를 시작했고 첫 직원을 찾고 있었다.

2004년 가을 루빈의 회사는 오픈 소스 카메라 운영 체제에 집중하고 있었다. 루빈이 카메라 운영 체제 아이디어를 스웨트랜드에게 들려주었는데 흥미로웠다. 적어도 또 다른 새로운 운영 체제를 만들 기회였고 그건 그가 사랑하는 일이었다. 그리고 최소한 휴대 전화는 아니었다. 그는 데인저에서 일하는 동안 그 소란스러운 분야의 일을 충분히 겪었다. 그래서 스웨트랜드는 휴가가 끝나면 일을 시작하기로 계약을 했다.

스웨트랜드가 일을 시작하기 전 루빈은 시어스, 리치, 화이트, 벤처 투자자와 이야기를 나누고는 안드로이드 제품의 주안점을 바꾸기로 결정했다.

12월 초 안드로이드 사무실에 출근한 첫날, 스웨트랜드는 휴대 전화가 아닌 다른 일을 할 수 있다는 데 신이 났다. 그런데 루빈이 말했다. "우리가 휴대 전화를 만든다면 어떨 것 같아요?"

오랫동안 안드로이드 팀원으로 일할 또 다른 사람이 스웨트랜드와 같은 날 일을 시작했다. 바로 트레이시 콜이었다. 트레이시는 안드로이드의 첫 관리 업무 총괄로 채용됐다. 그녀는 그 역할을 계속 맡았고 오랫동안 루빈의 개인 비서로 일했다.[7] 트레이시와 브라이언은 안

---

7 트레이시는 루빈이 2013년 3월 안드로이드 팀을 떠날 때까지 그의 개인 비서 역할도 했다.

드로이드에 합류한 세 번째와 네 번째 사람이었고 창업자가 아닌 첫 직원 두 명이었다.

앤디 맥패든과 시연

2005년 5월 앤디 맥패든(팀에서 쓴 별명은 'Fadden'[8])이 입사했다. 패든은 웹티비에서 앤디 루빈, 크리스 화이트와 함께 일했다. 앤디 루빈은 자신의 스타트업에서 일할 다른 사람을 찾고 있었다. 그는 패든에게 이메일을 보냈다.

> 와, 정말 오랜만이에요.
> 잘 지내요?
> 패든 씨를 채용하고 싶어요. 엄청난 제품이 될 거예요.

패든은 열세 살 때 애플 II에서 베이식과 어셈블리[9]로 프로그래밍을 했다. 그래서 그가 안드로이드 팀에서 안드로이드 달빅 런타임 저수준 코드를 개발한 사람 중 한 명이라는 건 놀랄 일도 아니다. "나중에 안드로이드가 구글에서 큰 팀이 됐을 때 몇몇 사람은 암Advanced RISC

---

8 앤디 맥패든은 이 책에서도 앤디 루빈과 구별하기 쉽게 패든이라고 칭할 것이다. 사람은 너무 많은데 독특한 이름을 지닌 사람은 너무 없다.

9 어셈블리 언어는 프로그래머가 사용할 수 있는 가장 낮은 수준의 코드다. 어셈블리는 실제 컴퓨터 하드웨어 명령과 매우 가깝게 매핑돼서 아주 단순하지만 C++와 자바 같은 고수준 언어에 비해 장황해 보인다. 대다수 프로그래머가 대개 저수준 프로그래밍 수업에서 어셈블리 프로그래밍을 배우는데, 실제 업무에 어셈블리를 쓰는 경우는 드물다. 그러나 어셈블리는 성능에 매우 민감한 상황에서 쓸모가 있다. 패든을 비롯해 안드로이드 팀의 몇몇 프로그래머가 어셈블리 언어를 쓴 이유는 그 때문이다.

Machine, ARM[10] 어셈블리로 작성된 달빅 가상 기계[11]를 좋아하지 않았어요. 전 중학교 2학년 때부터 컴퓨터 내부를 다뤘으니 관점이 달랐고요."

루빈은 패든이 곤란한 상황에 도움이 되리라[12] 생각하고 데려왔다. 안드로이드의 '제품'은 다양한 오픈 소스 라이브러리에 묶여 있는 3000줄짜리 자바스크립트[13]에 지나지 않았다. 그건 플랫폼이 아니었고 아직 존재하지 않는 경험을 시각화하는 데 도움이 되는 프로토타입이었다. 패든의 업무는 이 개념을 시연으로 만드는 것이었고 스웨트랜드와 화이트가 작업을 해서 애플리케이션을 비롯해 정말로 동작하는 기능을 추가했다. 안드로이드는 실제 사용자들이 이 미래 시스템으로 무엇을 할 수 있는지 잠재적인 투자자들에게 보여 줄 수 있어야 했다.

2005년 봄 안드로이드 팀에는 제품이 아직 없었지만 그들은 제품이 무엇이 되어야 하는지에 대해 명확한 아이디어가 있었다. 안드로이드는 그 아이디어 때문에 인수됐다.

---

10 적어도 예전에는 그런 의미로 쓰였다. 암은 칩(CPU)에서 사용하는 명령을 정의한 컴퓨터 아키텍처로 흔히 모바일 기기에 사용한다.
   (옮긴이) 1983년 당시에는 Acorn RISC Machine이었고 1990년 Advanced RISC Machine으로 바뀌었다가 2017년부터 브랜드 표기에는 'Arm'을, 로고에는 소문자 'arm'을 쓰고 있다.
11 달빅은 안드로이드에서 코드 실행을 담당하는 런타임(또는 가상 기계)이다. 달빅(그리고 일반적으로 런타임)은 나중에 '8장 프로그래밍 언어는 하나만'에서 다룬다.
12 패든은 특별히 뭔가를 하기 위해 고용된 게 아니라 필요한 일은 뭐든 하기 위해 회사에 들어왔다고 말했다. 그의 표현에 따르면 '막힌 곳을 뚫는' 것 이상이었다.
13 자바스크립트는 대개 웹 사이트에 쓰이는 프로그래밍 언어다. 나중에 '8장 프로그래밍 언어는 하나만'에서 좀 더 다루겠다. 헷갈리겠지만 자바스크립트는 이름에서 알파벳 네 글자를 공유한다는 점을 제외하면 자바 프로그래밍 언어와 공통점이 거의 없다.

피커스 커크패트릭, 스타트업의 마지막 직원

구글에 인수되기 전 안드로이드 팀에 마지막으로 합류한 사람은 피커스 커크패트릭이었다.

피커스는 어렸을 때부터 프로그래밍을 시작했다. 정말 어렸을 때부터 말이다. "네 살 때부터 프로그래밍을 했어요. 컴퓨터가 없었다거나 컴퓨터를 프로그래밍하지 않았던 기억이 없죠. 어린 시절 내내 수시로 프로그래밍을 하고 컴퓨터를 사용했어요."

1994년 열다섯 살이 되자 피커스는 고등학교를 중퇴하고 일자리를 찾았다. 몇 달 후 그는 전업 프로그래밍 일자리를 찾았고 그 이후로 꾸준히 일했다. "'근무 나이'로는 스물두 살에 대학을 나온 내 또래 사람들보다 일곱 살이 더 많죠."

피커스는 실리콘 밸리에 와서 비를 비롯해 다양한 회사를 옮겨 다니며 저수준 시스템 소프트웨어를 주로 만들었다. 2000년 비를 그만둔 후 그는 어느 스타트업에 입사했는데 고작 이틀 일했다. 새 회사에서 첫날 그는 그 회사가 자신에게 맞지 않는다는 사실을 깨달았다. "잘못됐다는 첫 번째 징후는 내 컴퓨터가 설정되어 있었고 이메일이 벌써 와 있다는 것이었어요. 스타트업 회사에서 말이죠!" 또한 그가 속한 전체 팀은 그날 사소한 기술적 결정에 관해 토론하려고 회사 밖에서 모임을 열었다. 피커스는 회사에서 코드를 작성하는 것에 대해 확고한 믿음이 있었다. 그 회사는 확실히 그가 있을 곳이 아니었다. 출근 두 번째 날 그는 오로지 회사를 그만두려고 사무실에 나갔다.

비에서부터 피커스를 알았던 히로시 로카이머는 피커스가 새로운 일을 찾는다는 소식을 듣고 히로시가 얼마 전 입사한 데인저로 안내했다. 피커스는 데인저에 입사해 커널과 드라이버 작업을 했고 힙톱 폰용 플랫폼 구축을 도왔다.

2005년 중반 피커스는 데인저를 그만두고 시애틀로 옮겼다. 루빈은 그에게 안드로이드에 합류해 달라고 부탁했다. 루빈은 피커스에게 공동 창업자 닉 시어스도 시애틀 근처에 산다고 이야기하고 피커스가 시애틀에서 지내면서 원격 근무를 할 수 있게 해 주었다.

피커스가 팀에 합류하고 나서 일주일 후 구글이 안드로이드를 인수했다.

피커스는 당시를 기억했다. "루빈이 '회사가 구글에 팔릴 거예요'라고 말했을 때 나는 '이건 내가 구글에 들어갈 수 있는 유일한 방법이야'라고 생각했어요. 루빈이 '우리는 가서 면접을 봐야 해요'라고 말하자 '망했군. 끝났네' 하는 생각이 들었어요."

스웨트랜드가 당시 기억을 떠올렸다. "피커스는 누군가가 빅 오Big O[14]가 뭐냐고 물어본다면 그냥 '나처럼 잘 생긴 사람은 그런 질문에 대답할 수 없네요'라고 말할 거라고 장담했어요."

그러나 면접은 잘됐고 피커스는 구글에 입사해 결국 팀의 업무 중심에 가까운 베이 에어리어로 돌아왔다. 그는 저수준 시스템 소프트웨어 작업을 늘 선호했다. 안드로이드 운영 체제를 처음부터 만드는 일을 돕는 것은 그러한 일을 할 수 있는 많은 기회를 보장했다.

---

14 알고리즘의 성능을 표기하는 방법이다. 이 표기법은 제안된 해법의 성능을 엔지니어에게 묻는 코딩 면접 때 나오고는 한다. 프로그래머라면 학교 다닐 때 배우기는 하지만 면접을 보는 동안 생각해 내려면 짜증이 날 것이다.

4

사업 계획 발표

2005년 중반 안드로이드가 인수되자 미래는 밝아 보였다. 그러나 바로 6개월 전만 해도 그렇게 장밋빛은 아니었다. 그해 1월 회사 현금 상황은 절망적이었고 주 업무는 대부분의 스타트업과 같았다. 바로 자금 조달이었다. 카메라 운영 체제에서 오픈 소스 휴대 전화 플랫폼으로 전환한 후에도 실제로 제품을 만드는 작업은 여전히 만만치 않았는데, 그 일을 할 더 큰 팀을 고용하려면 돈이 더 많이 필요했다.

그래서 회사는 세 가지 일에 집중했다. 우선 무엇이 가능한지 보여주는 시연 프로그램이 필요했다. 그다음으로 그들의 비전을 명확히 표현하고 그 비전을 설명하는 데 도움이 될 발표 자료가 필요했다. 마지막으로 시연 프로그램과 발표 자료를 가지고 잠재적인 투자자에게 사업 구상을 들려주러 다녀야 했다.

시연 시간

패든이 입사해서 처음 한 일은 시연 프로그램을 구체화하는 것이었다. 시연 프로그램은 스웨트랜드와 화이트가 만들던 프로토타입 시스템이었다. 그 프로그램은 실제로는 작동하지 않았다(예를 들어 홈 화면에 주식 시세 표시기를 보여 주었는데 하드 코딩된 기호와 낡은 데이터를 사용했다). 그러나 시연은 제품이 실제로 구현됐을 때 실현할 수 있는 비전을 나타냈다.

브라이언 스웨트랜드와 크리스 화이트가 만들고 나중에 패든이 개선한 최초의 시연 프로그램. 홈 화면과 몇 가지 앱(대부분 구현되지 않은 것들이었다)이 보인다. 요즘 안드로이드 홈 화면과는 크게 다르다.

패든이 시연 프로그램에 추가한 앱 한 가지는 간단한 캘린더 애플리케이션이었다. 이 초기 시연 프로젝트는 그를 계속 괴롭혔다. 그는 안드로이드 플랫폼 일을 하는 몇 년 동안 내내 안드로이드 캘린더 앱 개발을 도와야 했다. 시간은 사람을 기다리지 않는다. 그러나 캘린더 앱은 기다린다.

모바일이라는 기회

팀은 그들의 비전을 갈고닦으면서 그것을 설명할 발표 자료를 만들었다. 시장에서 안드로이드에 어떤 기회가 있는지뿐 아니라 안드로이드가 투자자들에게 어떻게 돈을 벌어다 줄지 설명하는 발표 자료였다.

2005년 3월 발표 자료는 열다섯 장이었는데 벤처 투자자와 구글의 주목을 끌기에 충분했다.

발표 자료는 PC 시장과 휴대 전화 시장을 비교한 두 번째 장에 이르면 흥미로워졌다. 2004년 PC는 전 세계적으로 1억 7800만 대가 출하됐고, 같은 기간 휴대 전화는 6억 7500만 대가 출하되어 PC 출하량의 거의 네 배에 달했는데, 휴대 전화의 프로세서와 메모리는 1998년 당시 PC 수준이었다.

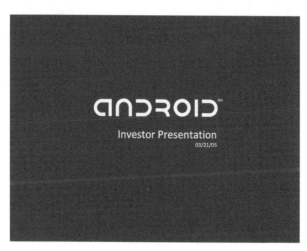

발표 자료의 첫 번째 장. 맞춤 글꼴로 쓴 'ANDROID'는 스타트업 시기가 지난 후에도 몇 년간 운영 체제 로고로 쓰였다.

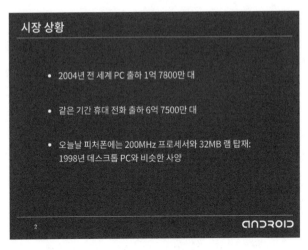

2004년 판매 대수를 비교해 보면 휴대 전화가 PC보다 훨씬 많이 팔렸다. 이에 따라 기능이 좀 더 뛰어난 소프트웨어를 탑재한 휴대 전화를 출시할 수 있는 엄청난 기회가 마련되고 있었다.

모바일 하드웨어의 이러한 잠재력이 당시 팜소스에서 일했고 나중에 안드로이드 팀에 들어온 다이앤 핵본이 생각한 핵심이었다. 모바일 산업은 대중화될 준비가 되어 있었는데 제대로 된 기능을 가진 컴퓨팅 플랫폼이 되기에 충분한 성능을 마침내 갖췄기 때문이었다. 다이앤이 말했다. "당신도 징조를 볼 수 있었을 거예요. 하드웨어는 점점 강력해지고 있었고 시장은 PC보다 이미 커졌죠."

발표 자료에서는 또한 모바일 소프트웨어 비용 증가 문제를 지적하고 있었다. 하드웨어 가격은 내려가는데 소프트웨어 가격은 그렇지 않았고 단말기 대당 가격에서 점점 더 큰 비율을 차지하고 있었다. 그러나 단말기 제조사는 소프트웨어 플랫폼 개발에 전문성이 없었고 경쟁사 소프트웨어와 다르게 자사의 소프트웨어를 특화하는 데 필요한 기능을 제공할 기술 모음이 없었고, 그만한 관심도 없었다.

오픈 플랫폼이라는 기회

발표 자료의 두 번째 주요 요점은 오픈 플랫폼에 대해 시장에서 틈새와 기회가 있다는 것이었다. 즉, 안드로이드는 오픈 소스를 통해 제조사에 무료로 제공할 수 있는 운영 체제가 될 것이었다. 회사들은 소프트웨어 제공사의 신세를 지거나 소프트웨어를 스스로 구축하지 않고 자사의 휴대 전화에 이 운영 체제를 사용하고 배포할 수 있었다. 이와 같이 열린 접근 방식은 당시에는 그야말로 불가능한 것이었다.

마이크로소프트는 제조사가 라이선스를 받아 자사 하드웨어에 이식할 수 있는 사유proprietary 운영 체제를 제공했다. 심비안은 주로 노키아 제품에 쓰였고 소니와 모토로라 제품에 일부 쓰이기도 했다. RIM은 독자 플랫폼이 있었는데 자사의 블랙베리 기기에만 그 플랫폼을 사용했다. 그러나 독자적인 운영 체제를 만들거나 기존 운영 체제를 바꾸는 데 상당한 노력을 들이거나 비싼 라이선스 비용을 내지 않고 여러 기능을 갖춘 스마트폰을 만들고 싶은 제조사를 위한 대안은 없었다.

더 문제가 됐던 것은 가용한 운영 체제들이 애플리케이션 생태계를 만드는 데 실패했다는 점이었다. 심비안은 운영 체제 핵심 인프라스트럭처를 제공했지만 사용자 인터페이스 레이어는 제조사의 몫으로 남겨 두어서 그와 같은 애플리케이션 개발 모델을 사용하면, 어떤 심비안 계열 제품을 위해 작성된 앱이 다른 심비안 계열 제품에서 동작하지 않았고 심지어 같은 제조사에서 나온 휴대 전화에서도 동작하지 않았다.

서버와 데스크톱 PC 세계에서 '한 번 작성하면 어디에서나 실행된

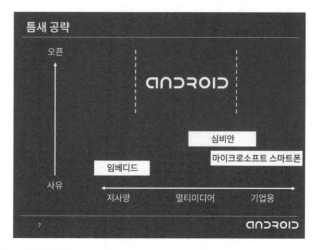

발표 자료 일곱 번째 장에서는 오픈 플랫폼의 잠재력을 도표로 보여 주는데 당시에는 불가능한 것들을 제시하고 있다.

다'write once, run anywhere'고 알려진 자바 프로그래밍 언어는 기기 간 이 식 가능한 애플리케이션 기능을 제공했지만 자바 ME[1]는 모바일 세상 에서 쓰기에는 기능이 많이 부족했다. 기기 간에 똑같은 언어를 제공 했지만(심비안이 모든 구현에 똑같은 C++ 언어를 제공한 것처럼) 자 바 ME는 프로파일이라는 서로 다른 버전의 플랫폼을 제공해서 광범 위한 휴대 전화 폼 팩터와 아키텍처 문제를 해결하려고 했다. 이 프 로파일들은 기능이 서로 달라서 개발자는 서로 다른 기기에서 실행 될 수 있도록 애플리케이션을 변경해야 했는데 기기마다 기능이 서 로 심하게 다른 문제가 생겨 이러한 접근 방식은 실패했다.

리눅스가 거의 구원자가 될 뻔했다! TI_Texas Instruments_는 리눅스 운영 체제 커널에 기반을 둔 오픈 플랫폼을 제공했다. 제조사에 필요했던

---

1 자바 플랫폼 마이크로 에디션(micro edition)이다. 자바 ME에 관한 좀 더 자세한 내용은 책 마지막 부록 용어 해설을 참고하라.

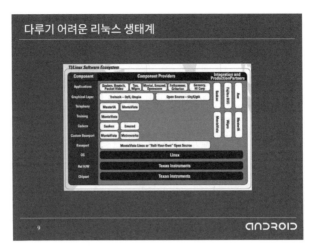

TI는 리눅스 기반 솔루션을 제공했지만 드라이버와 기타 구성 요소의 많은 세부 사항은 제조사의 과제로 남겨 두는 바람에 설득력 있는 선택지가 아니었다.

건 리눅스 자체와 TI의 레퍼런스 하드웨어, 제조사가 인수하거나 라이선스를 받거나 구축하거나 그렇지 않으면 자사만의 기기를 만들기 위해 공급해야 하는 거대한 모듈들이었다. 브라이언 스웨트랜드가 이 문제를 설명했다. "TI의 OMAP Open Multimedia Applications Platform[2] 칩으로 리눅스 기반 휴대 전화를 만들 수는 있어요. TI의 OMAP과 서로 다른 40개 회사에서 만든 미들웨어의 40가지 구성 요소가 필요하죠. 이 모든 걸 한데 엮어서 전부 통합하면 리눅스 기반 휴대 전화가 되는 거예요. 말도 안 되죠."

안드로이드는 세계 최초의 경쟁력 있는 오픈 단말기 플랫폼 솔루션을 제공하고자 했다. TI 제품처럼 리눅스 위에 구축됐지만 제조사가 자사의 기기를 만들고 출시하기 위해 한 가지 시스템만 채택하면 될 수 있도록 필요한 모든 부분을 제공하려고 했다. 안드로이드는 또

---

2 OMAP은 TI에서 모바일 기기용으로 만든 프로세서 시리즈다.

한 애플리케이션 개발자에게 단일 프로그래밍 모델을 제공하여 그들의 앱이 플랫폼이 실행되는 모든 기기에서 똑같이 동작할 수 있게 만들 것이었다. 사용하는 모든 기기에서 동작하는 단일 플랫폼을 만들어서 안드로이드는 제조사와 개발자 모두를 위해 휴대 전화를 단순화하려고 했다.

돈은 어떻게 벌 것인가

발표의 마지막 부분(그리고 발표를 듣는 벤처 투자자들에게 가장 중요한 부분)은 안드로이드로 어떻게 돈을 버느냐 하는 것이었다. 발표 자료에 설명된 오픈 소스 플랫폼은 본질적으로 안드로이드 팀이 만들고 출시하려는 것이었다. 그러나 전부 그렇게 이뤄진다고 해도 벤처 투자자들이 투자할 만한 가치를 회사가 지니고 있는 것은 아니었다. 오픈 소스 플랫폼을 개발해서 거저 주는 것은 세상을 구원하는 관점에서는 대단하게 들리지만 대가는 무엇일까? 투자자들에게는 무엇이 괜찮은 것일까? 즉, 안드로이드는 제품을 그냥 거저 주어서 어떻게 돈을 벌 계획인가? 벤처 투자자들은 회사에 투자하면서 그들의 투자금보다 훨씬 많은 돈을 벌기를 기대한다.

시장의 다른 플랫폼 회사들은 수익 구조가 명확했다. 마이크로소프트는 윈도우 폰 협력사에 플랫폼 라이선스를 제공해서 돈을 벌었는데 휴대 전화가 팔릴 때마다 기기당 비용이 마이크로소프트에 들어왔다. RIM은 판매하는 단말기뿐 아니라 충실한 기업 고객과 맺은 수익성 높은 서비스 계약으로 돈을 벌었다. 노키아와 여타 심비안 채택사들은 심비안 계열 운영 체제가 탑재된 휴대 전화를 팔아서 돈을

발표 자료 열한 번째 장에는 수익 구조를 배치했다. 수익 구조는 통신 회사가 안드로이드로부터 라이선스를 받을 서비스에 기반을 두고 있었다.

벌었다. 비슷하게 다른 모든 단말기 제조사는 휴대 전화를 판매해서 수익을 창출해 소프트웨어 개발 자금을 댔다.

그렇다면 자사 기기를 만들려는 제조사들에 공짜로 주겠다는 이 굉장한 플랫폼을 개발하는 비용을 안드로이드는 어떻게 마련할 것인가?

바로 통신 회사에 판매하는 서비스였다.

통신 회사는 고객에게 안드로이드 기반 단말기용으로 애플리케이션, 연락처, 기타 클라우드 기반 데이터 서비스를 제공해야 할 텐데 그 서비스를 제공하기 위해 안드로이드에 비용을 내는 것이었다. 스웨트랜드가 설명했다. "데인저가 힙톱 폰을 위해 했던 것처럼 서비스를 호스팅하고 운영하기보다 서비스를 구축해서 통신 회사에 팔려고 했어요."[3]

---

3   팀이 만들고 출시한 시스템은 발표 자료에 나온 비전에 충실했다. 다만 통신 회사에 서비스를 판매해서 수익을 얻는다는 부분은 실현되지 않았고 그 비전은 완전히 사라졌다.

꿈을 설득하기

안드로이드 팀은 몇몇 벤처 투자자에게 발표를 했는데 실리콘 밸리에서 먼 동부 사람들이었다. 리치 마이너가 말했다. "루빈은 안드로이드가 카메라 운영 체제이던 시절 샌드 힐 로드Sand Hill Road[4]를 오르락내리락했는데 무수히 거절을 당했어요. 그가 상주 창업가entrepreneur in residence로 있던 벤처 투자사인 레드 포인트Red Point에서도요. 내가 합류하면서 말했죠. '소개해 줄 수 있는 동부 벤처 투자사와 사람이 아주 많아요.' 그래서 전에 안드로이드에 대해 들어 본 적이 없는 새로운 사람들을 만나기 시작했죠."

벤처 투자자들과 만나면서 동시에 팀은 구글도 만났다. 1월 초 래리 페이지Larry Page[5]가 구글에서 미팅을 하자고 요청했다. 래리는 루빈의 전 회사에서 만든 티모바일 사이드킥(데인저 힙톱) 폰의 대단한 팬이어서 루빈과 모바일 세계에 대해 이야기하고 싶어 했다. 루빈은 티모바일에서 일하고 있던 닉 시어스를 불러서 미팅에 함께 가 달라고 부탁했다.

소규모 미팅이었고 안드로이드 쪽에서는 루빈과 시어스가, 구글 쪽에서는 래리, 세르게이 브린Sergey Brin[6], 조지스 해릭Georges Harik(초기 구글 직원)만 나왔다. 시어스는 그 미팅이 격식을 차리지 않은 미팅이었지만 구글에서 루빈과 안드로이드가 하려는 일에 분명히 관심이 있었다고 기억했다. "미팅은 래리가 사이드킥이 지금까지 만들어진 최고의 휴대 전화라고 말하면서 시작됐어요. 래리는 더 좋은 휴대 전화가

4　팰로 앨토와 멘로 파크를 통과하는 이 길은 많은 실리콘 밸리 벤처 투자사의 고향이다.
5　구글 공동 창업자
6　구글 공동 창업자

만들어지는 걸 보고 싶어 했고 루빈과 우리 팀원들이 그 일을 하고 있다는 걸 알았죠. 미팅이 끝날 때 그들이 말했어요. '우리는 여러분을 돕고 싶습니다.'"

미팅은 고무적이었지만 실질적인 것은 아무것도 나오지 않았다. 사실 루빈은 구글에서 루빈이 창업했다가 2003년 떠난 데인저에 대해 그를 통해 알아보려는 방법으로 미팅을 이용한 게 아닌지 궁금해했다. 루빈은 구글이 데인저를 사는 데 관심이 있을지도 모른다고 생각했다.

그동안 팀은 벤처 투자자들에게 계속 발표를 했다. 그러다가 3월에 구글에서 또 다른 미팅을 했다. 이번에는 시연을 하고 그들의 계획을 좀 더 공유했다. 그 미팅에서도 의미심장한 일은 일어나지 않았지만 구글은 안드로이드를 돕고 싶다는 걸 더 분명하게 밝혔다.

팀은 당시 잠재적인 제조 협력사와도 미팅을 했다. 한국과 타이완臺灣에 출장을 가서 삼성과 HTC[7]를 방문했다. 삼성 미팅은 휴대 전화 사업부 대표인 이기택과의 만남으로 시작됐는데 이기택은 과거 데인저와의 기회를 놓쳤는데 같은 일이 다시 일어나는 걸 바라지 않는다면서 안드로이드와 함께하는 데 관심이 있다고 말했다. 시어스는 당시 미팅 상황을 설명했다. "이기택이 그의 팀에 성사시키자고 말해서 우리는 계약이 이뤄졌다고 생각했어요. 그런데 열 명이 넘는 중간 관리자가 있는 그의 팀을 만났는데 그중 누군가가 물어보더군요. '누가 운영 체제를 만드나요?' 우리가 '스웨트랜드라는 개발자입니다'라고 말하자 그들이 웃더군요. 삼성에서는 300명이 삼성 자체 운영 체제

---

7 (옮긴이) 타이완의 소비자 가전 기기 제조사로 스마트폰과 가상 현실 기기 등을 제조하고 있다.

를 만들고 있다면서요."

삼성에서 안드로이드 팀이 꿈 같은 소리를 하는 게 아니냐고 물었다. 시어스가 말했다. "나는 '아닙니다. 정말이에요. 스웨트랜드와 다른 몇 사람이 운영 체제를 만들고 있습니다'라고 답했어요. 그들이 그게 가능하냐고 묻자 우리는 가능할 뿐 아니라 사이드킥에서 해낸 적이 있다고 대답했죠."

사업 미팅 후 삼성은 안드로이드 팀을 저녁 식사에 초대해서 새로운 협력 관계를 축하했다. 그러나 안드로이드 팀은 그 계약이 통신 회사의 주문이 확실해지는지 여부에 달린 것임을 나중에 알았다. 시어스가 시인했다. "진짜 계약이 전혀 아니었어요. 안드로이드 출시 협력사가 되어 달라고 티모바일을 설득하는 데 약 18개월 걸렸으니까요."

팀은 계약을 따내지 못했지만 그 일로 기기 이름을 얻게 됐다. 나중에 G1이 될 기기를 선택할 때 그들은 그 미팅 기억을 떠올리고는 코드명을 '드림Dream'이라고 정했다.

팀은 한국에서 타이완으로 날아가 HTC CEO 피터 저우Peter Zhou, 周永明를 만났다. 시어스가 그 미팅을 떠올렸다. "피터가 우리의 첫 기기에 대한 독점권을 언급했는데 그 이야기를 스웨트랜드가 우연히 들었어요. 호텔 방으로 돌아오자 스웨트랜드가 그만두겠다고 위협했어요. '또 다른 데인저를 만들려고 안드로이드에 합류하지 않았어요'[8]

---

8 스웨트랜드가 말했다. "그 토론은 기억나지 않지만 틀림없이 그랬을 거예요." 데인저에 관한 그의 기억은 당시 생생했고 강했다. 제품 결정에 관해 통신 회사와 제조사에 매인 데인저의 역학 관계를 그는 되풀이하고 싶지 않았다. 그는 독립된 오픈 플랫폼을 위한 안드로이드의 비전을 강하게 지지했다. 스웨트랜드는 안드로이드 팀에서 일하는 동안 폐쇄적인 플랫폼이 될지도 모를 결정이 내려지려고 할 때마다 여러 번 그만두겠다고 위협했다.

라면서요. 나는 스웨트랜드가 우리의 성공에 비판적인 점이 우려됐지만 그다음 날 그를 만났을 때는 모든 게 괜찮았습니다."

팀은 계속해서 벤처 투자자들에게 발표를 했고 약간의 성과를 거두기도 했다. 찰스 리버 벤처스Charles River Ventures와 이글 리버 홀딩스Eagle River Holdings 두 회사 다 관심을 보였다. 두 회사의 서류 작업을 기다리는 동안 구글에서 세 번째 미팅을 요청했다.

이번에는 회의실에 더 많은 사람이 나와 있었고 구글은 구체적인 이야기를 할 준비가 되어 있었다. 루빈과 그의 팀은 지난 미팅 이후 회사의 진척 상황에 관해 최근 정보를 알려 주면 된다고 생각하고 있었다. 그러나 발표 중간쯤 일이 벌어졌다. 시어스가 당시 상황을 떠올렸다. "그들이 '잠시 끼어들어도 될까요? 우리는 그냥 여러분의 회사를 사고 싶습니다'라고 말했어요."

루빈의 팀은 그 미팅에서 구글에 안드로이드의 사업적 가능성을 제시한다고 생각했지만 구글은 오히려 그들에게 인수안을 제시했다. 구글은 안드로이드가 인수에 동의한다면 훨씬 좋아질 거라고 이야기했다. 벤처 투자사의 요구 사항을 처리하고 특별한 서비스를 위해 고객과 통신 회사에 비용을 청구해야 하는 것보다는 통신 회사에 운영 체제를 공짜로 주면 되는 것이었다. 사실 그렇게 하면 공짜로 주는 것 이상의 효과를 거둘지도 몰랐다. 구글은 검색으로부터 수익을 얻었는데 통신 회사와 검색을 공유할 수도 있었다. 그래서 뭔가를 통신 회사에 팔기보다는 그들과 협력 관계를 맺을 수 있었다. 통신 회사를 참여시키는 것에 대해 강한 찬성 의견이 있었다고 시어스는 기억했다. "협력 계약을 맺어서 돈을 벌 수 있도록 우리가 실제로 도울 수 있었으니까요."

안드로이드 팀은 기꺼이 구글에 합류할 마음이 있었지만 고려해야 할 세부 사항이 여전히 많았다. 그러다 4월 중순 그들은 이글 리버와 찰스 리버 두 곳으로부터 주요 거래 조건을 받았고 이글 리버 계약을 받아들이기로 결정했다. 구글 계약은 5월 초가 돼서야 협상에 들어 갔다. 그래서 그들은 주요 거래 조건에 예외 조항9을 추가해서 구글 과 뭔가를 할 수도 있는 가능성을 기록으로 남겨 두었다.

---

9 이 예외 조항은 안드로이드가 구글과 계약할 경우 이글 리버 계약 진행을 중단할 수 있도 록 하는 내용이었다.

5

구글에 인수되다

"그들은 팀과 꿈을 샀어요. 나는 우리가 거기에서 잘 해냈다고 믿고 싶어요."

— 브라이언 스웨트랜드

안드로이드가 구글과 만났을 때 래리 페이지는 구글이 모바일 시장에 진출할 수 있는 플랫폼을 만드는 데 도움이 될 수 있도록 작은 회사를 사는 게 타당한지 주시하고 있었다.

양측 다 원칙적으로는 동의했지만 해결해야 할 세부 사항이 많았다. 닉 시어스는 안드로이드가 구글과 풀어야 할 두 가지 큰 이슈가 있었다고 기억했다. 첫 번째는 돈이었다. 그들은 회사 평가액을 얼마로 할지, 처음에는 얼마를 지불할지, 팀 합류 후 중요한 단계를 통과할 때마다 얼마를 지급할지 합의해야 했다. 두 번째 이슈는 계약 사항 이행이었다. 안드로이드는 큰 회사에 빨려 들어가 잊히는 게 아니라 원래 목표를 확실히 이루고 싶어 했다. 그들은 인수 후에도 구글이 안드로이드 개발을 지원하고 지속적으로 내부 기반을 제공할 거라는 동의를 받아야 했다.

협상은 2005년 봄에 시작됐다. 그러나 리치 마이너에게 문제가 있었다. 가족 휴가가 분초를 다투는 이 미팅과 겹친 것이었다. 그는 결국 두 가지를 동시에 해야 했는데 브리티시 버진 아일랜드에서 요트를 타고 미팅에 참석했다.

"나는 휴대 전화 통화가 가능한 항구를 찾아야 했어요. 모두가 배에서 내려 해변에서 즐기고 있을 때 두 시간 동안 협상 전화를 붙들고 있어야 했죠.

우리는 우려했던 문제 한 가지를 이야기했어요. '이건 구글에 전략적으로 중요하지 않잖아요. 구글은 WAPWireless Application Protocol[1]이나 다른 모바일 제품에 주목해 본 적도 없고요. 이 일은 많은 작업을 해야 하고 자원도 필요합니다. 구글이 이 일을 하지 않겠다면 어떻게 하죠? 우리가 성공하는 데 필요한 자원을 얻을 수 있을지 어떻게 알 수 있을까요?'"

래리 페이지는 구글 제품·마케팅 담당 임원인 조나선 로젠버그Jonathan Rosenberg와 이야기해 보자고 제안했다. 리치는 그의 충고를 떠올렸다. "'구글은 다른 회사들과 달라요. 다른 회사들에서는 프로젝트가

---

1 WAP은 1999년에 등장했다. 아이폰 이전 업계에서는 모바일 기기에서 더 잘 돌아가는 유사 웹을 추진하려고 했다. 웹 페이지를 표현하는 데 웹 사이트는 HTML(Hyper Text Markup Language)을, WAP 사이트는 WML(Wireless Markup Language)을 사용한다. WML은 당시 저성능 모바일 기기에 맞춰진 제한된 언어다. 대부분의 모바일 기기는 완전한 웹 접근을 제공하지 않아서(데인저의 힙톱은 주목할 만한 예외였다) 통신 회사는 모바일 기기가 WAP을 지원하기를 기대했다.

잘되지 않을 때 많은 자원을 퍼붓죠. 구글에서는 잘되는 일에 자원을 투입합니다. 그래서 하려고 한 일을 이뤄 내면 더 많은 자원을 받는 거죠.' 다시 말해 그의 이야기는 과감하게 믿으라는 것이었는데요. 우리가 그래야 하는 이유는, 우리가 스스로를 믿어서 이 일을 하는 거라면 우리가 이뤄 내야 더 많은 자원을 받을 수 있다는 거였어요."

안드로이드 팀은 회의실 탁자(그리고 리치 마이너는 요트)로 돌아와 인수 계약에 대해 타결을 봤고 2005년 7월부터 구글 소속이 되었다.

안드로이드 팀이 구글에서 일을 시작하고 나서 몇 주 후 그들은 다시 발표를 했다. 이번에는 구글 내부 미팅이었고 임원진에게 하는 발표였다. 루빈과 그 외 사람들은 새롭게 인수된 팀이 무엇을 계획하고 있는지 보여 주었다. 스웨트랜드는 그 미팅을 다음과 같이 묘사했다. "우리는 시연 프로그램을 보여 주었고 앤디는 발표 자료를 넘겼죠. 루빈이 수익 창출 부분을 이야기하자 래리가 발표를 끊고 이야기했던 게 기억나요. '그건 걱정 말아요. 나는 여러분이 최고의 휴대 전화를 만들기를 바랍니다. 나머지는 나중에 궁리해 보죠.'"

6

구글에서의 생활

그렇게 안드로이드 팀은 구글에 들어왔다. 많은 사람을 채용해서 제품의 나머지 부분을 만들고 출시하기만 하면 됐다. 쉬운 일 아닌가!

꼭 그렇지만은 않았다. 사실 안드로이드는 구글에서도 구글 밖에 있을 때와 비슷하게 일했다. 안드로이드는 아무도 모르는 작은 비밀 프로젝트였다. 그들은 신분증이 있어야 접근할 수 있는 문 너머에서 일하게 됐다. 안드로이드는 이 일을 이미 하고 있던 기존 그룹을 채우기 위해 인수된 게 아니라 그 일을 시작하기 위해 채용됐다.

그 시점에 안드로이드 팀은 여덟 명뿐이었고 그들 중 절반만이 실제로 코드를 작성하면서 제품을 만들고 있었다. 그들은 얼마 전까지 투자자에게 발표하는 작은 스타트업이었는데 이제는 제품을 만들고 출시하는 부서로 어떻게 성장할지 생각해 내야 했다.

이러한 전환에는 새 회사에서 길을 찾는 일이 포함되어 있다. 트레이시 콜이 말했다. "우리는 41번 건물 통로 쪽에 꽤 오래 있었어요. 이상했죠. 그들은 우리를 그냥 내버려 두었어요."

스웨트랜드도 동의했다. "한두 달 동안 가장 큰 일은 익숙해지는 방법을 찾는 것이었어요. 우리는 열 명 남짓한 스타트업에서 4500명이 일하는 회사로 옮겼거든요. 첫 2주는 회의실에 진을 치고 지냈는데 그들이 우리에게 정규 사무실을 배정하지 않았기 때문이에요. 우리는 어디에서 일하지, 사람은 어떻게 뽑지 하는 의문이 들었죠."

채용은 그다음 단계였다. 안드로이드는 더 많은 사람이 필요했다. 그러나 구글 안에서 안드로이드에 필요한 엔지니어를 채용하기가 어렵다는 사실이 드러났다.

구글에서 채용하기

구글은 기술 세계에서 채용 과정으로 유명했다. 당시 실리콘 밸리의 간선 도로인 하이웨이 101Highway 101을 오가다 보면 광고판에 암호 같은 수학 수수께끼가 걸려 있었다.

$$\left\{ \begin{array}{l} \text{first 10-digit prime found} \\ \text{in consecutive digits of e} \end{array} \right\}\text{.com}$$

이 방정식은 당시 실리콘 밸리 하이웨이 101을 다니는 운전자들의 눈에 늘 뜨였다.

운전자들은 수수께끼를 보고 당황했다. 구글은 언급되어 있지 않고 수수께끼를 성공적으로 푼 사람을 프로그래머 중심 회사의 채용 사

이트로 안내했기 때문이다.[1]

운 좋게 채용 담당자를 통과해 면접 과정에 도달한 엔지니어링 지원자는 전화 면접 그리고 여러 엔지니어와 직접 면접을 비롯한 여러 번의 면접을 보게 됐다.

구글은 똑똑한 엔지니어는 어떤 종류의 프로그래밍 작업이든 할 수 있다는 믿음을 늘 갖고 있었다. 이것이 3D 그래픽 전문 엔지니어가 일본어 텍스트 구현을 하게 되는 이유다. 지원자의 기술과 경험 때문에 면접을 봤지만 그들이 결국 하게 되는 실제 일은 구글에서 해야 하는 일에 기반을 둔 것이다.[2] 또한 이것이 구글 면접에서 컴퓨터 과학 기본(알고리즘과 코딩)에 관한 일반 지식을 테스트하는 이유이기도 했다. 이 면접에서는 다른 회사에서 필수 단계라고 보는 것들, 이를테면 입사 지원자의 분야 전문 지식과 이력서의 빛나는 항목에 관한 압박 면접을 건너뛰었다.[3]

이러한 접근 방식은 구글에서 잘 통했는데 구글의 많은 소프트웨어가 비슷한 시스템에 기반을 두고 있어서 엔지니어들이 한 그룹에서 또 다른 그룹으로 유동적으로 옮길 수 있었기 때문이다. 모두 소프트웨어일 뿐이고 특정 제품 지식은 똑똑한 엔지니어라면 일하면서 배울 수 있는 것이었다. 그래서 구글은 특정 분야 기술을 찾지 않고

---

1 (옮긴이) 광고판의 내용은 '오일러 수(e)의 첫 10자리 소수(prime number)에 닷컴(.com)을 붙이라'는 뜻으로 이 문제를 프로그래밍으로 풀어서 해당 인터넷 주소에 접속하면 두 번째 문제가 나오고 그 문제를 또 풀면 축하 메시지와 함께 구글 채용 사이트로 연결됐다. 구글은 2004~2005년에 이 방식으로 직원을 뽑은 것으로 알려져 있다.
2 회사에서 일을 시작하기 전까지는 무슨 일을 할지 모르는 것이 당시에는 일반적이었다. 때로는 팀에 배치되기 전에 며칠에서 몇 주간 입사 적응 교육을 받기도 했다.
3 몇 년 후 내가 데려온 지원자가 면접일 점심 때 나를 만났다. 꽤 떨고 있었는데 면접이 잘 되지 않은 게 분명해 보였다. 나는 지원자에게 면접이 어땠는지 물었다. "아무도 제게 제 경험에 대해 묻지 않았어요. 아무도요!"

똑똑한 엔지니어를 고용했는데 구글에 오면 일하는 데 필요한 것은 배울 수 있다고 가정했기 때문이었다.

이러한 채용 기법은 안드로이드에는 잘 맞지 않았다. 그러니까 서버 데이터 분석용 알고리즘을 만드는 데 능숙한 유형의 엔지니어는 운영 체제를 어떻게 만드는지 전혀 몰랐다. 디스플레이 드라이버 작성 방법이나 그래픽 연산 또는 사용자 인터페이스 코드, 네트워크 코드 최적화 방법도 몰랐다. 이러한 주제는 대부분의 학부생이 배우는 컴퓨터 과학 기본에서 필수적으로 다루는 것들이 아니었고, 구글에 면접을 보러 오기 전에 엔지니어들이 일상 업무에서 경험하는 일도 아니었다. 패든이 말했다. "내 면접관 중 한 명은 내가 '지나치게 저수준'이어서 구글에서 나를 채용할 것 같지 않다고 말했어요. 우리는 기기 사용자 인터페이스 개발자를 뽑느라 많은 어려움을 겪었는데 웹 사용자 인터페이스와는 매우 달랐기 때문이에요."

안드로이드 같은 플랫폼을 구축하는 데 필요한 기술은 특정 영역에서 생긴 열정 때문에 업무나 취미 프로젝트를 통해 개발되는 것들이다. 운영 체제를 만드는 엔지니어들은 운영 체제를 만들고 싶은 엔지니어들이다. 이 주제를 가르치는 과정도 있기는 하지만 모두가 듣지는 않고 어쩔 수 없이 피상적이다. 운영 체제 개발을 정말 좋아하는 사람만 결국 교실 밖에서 업무와 프로젝트를 하는 데 필요한 기술을 배우게 된다.

안드로이드는 전문가가 필요했다. 박학다식한 사람들로 이뤄진 큰 팀을 훈련시키기에는 시간이 충분하지 않았다. 당시 모바일 분야라는 경쟁이 치열한 세계에서 프로젝트가 성공하기를 바란다면 안드로이드는 완성된 제품을 가능한 한 빨리 내놓아야 했다. 그들은 플랫폼을 빨리 만들어야 했는데 그러려면 바로 뛰어들어서 일할 분야 전문가를 채용해야 했다. 그러나 운영 체제를 개발하는 데 뛰어난 전문가는 박학다식한 인재를 뽑는 구글 면접을 순조롭게 통과하기 어려웠다.

또 다른 문제는 당시 구글이 학벌을 기대했다는 점이었다. 회사는 엔지니어링에서 상위권으로 유명한 학교 출신 지원자를 선호했다. 대단한 경력을 지녔지만 전통적이지 않은 교육을 받은 전문가는 회사의 틀에 맞지 않았고 채용 과정을 통과하는 데 힘든 시간을 보내야 했다. 이런 선호 때문에 많은 초기 안드로이드 팀원들과 문제가 생겼는데 그들은 구글 채용 담당자가 기대하는 학위가 없었다. 그들 중 많은 이가 학사 학위가 없었고 상위권 엔지니어링 학교를 나온 사람은 더더욱 없었다. 패튼이 말했다. "경력이 10년이 넘는 노련한 개발자가 학부 평점이 높지 않다고 채용이 중단됐어요. 스탠퍼드 박사를 선호하는 회사로서는 대학을 졸업한 엔지니어가 한 명뿐인 스타트업을 인수한 게 큰 변화였겠죠."

그러다 구글 오픈 소스 사무실에서 일하던 크리스 디보나Chris DiBona가 채용 문제 해결을 돕는 일에 참여하게 됐다.

크리스 디보나와 채용 해법

크리스 디보나는 과거 학교와 관련해 파란만장한 경험을 했다. 그는 캘리포니아에 오기 몇 년 전 한 과목을 남겨 두고 대학을 중퇴했다.[4] 디보나는 자신이 살던 지역 리눅스 사용자 모임을 위해 커뮤니티를 조직했고 결국 2004년 구글의 주목을 받았다. 열세 차례 면접을 보고

---

4 디보나는 구글에서 일하면서 학사뿐 아니라 이후 석사까지 마쳤다.

사흘 후 디보나는 구글에서 일하기 시작했다.

디보나는 구글 채용 위원회의 정규 참석자가 되었는데 위원회는 지원자의 면접에서 나온 의견을 기반으로 채용을 결정했다. "내가 유용한 사람으로 보였을 거예요. 위원회에서 관대한 의견이 많이 나오면 나는 까다로운 사람이 됐고, 냉혹한 의견이 많이 나오면 너그러운 사람이 됐죠. 그렇게 그들은 나를 데려다 채용 위원회의 균형을 맞추려고 했어요. 그리고 나는 채용 담당자와 관리자들의 친구였어요."

디보나의 상사가 그에게 요청했다. "루빈을 도와 채용 문제를 해결해 줄래요?"

디보나는 구글의 또 다른 부서와 함께 이러한 어려움을 이미 풀어본 적이 있었다. 바로 '시스템·플랫폼' 팀이었다. 그 팀도 리눅스 커널 개발자 같은 전문가를 찾았었다. 그래서 디보나는 문제를 해결할 아이디어가 있었다.

"우리는 특별한 채용의 원천이 될 '플랫폼' 채용 위원회를 조직했습니다. 전문성이 깊은 사람들은 지식이 폭넓지는 않았지만 우리는 그들이 필요했어요."

디보다는 그 채용 위원회에 루빈을 데리고 가면서 농담으로 말했다. "채용 담당자가 '아, 안 돼요, 안 돼. 이 사람은 너무 전문적이에요. 우리는 온갖 일을 할 수 있는 사람이 필요해요'라고 말하면 루빈 씨는 이렇게 말하세요. '그 사람들이 내 팀을 떠나고 싶다고 하면 그냥 해고할 거예요.'"

루빈은 채용 담당자에게 실제로 그 말을 하지도 않았고 지나치게 전문적이라며 사람들을 해고하지도 않았다. 어쨌든 문제가 될 건 없었다. 구글은 성장하고 있었고 안드로이드와 다른 팀에서 온갖 엔지니어에 대한 필요가 증가하고 있었다. 그래서 그들은 그런 사람들을 어쨌든 받아들이라고 채용 담당자에게 권했고 그게 통했다. 첫 해에 그 위원회는 약 200명을 채용했는데 그중 많은 수가 안드로이드 팀에 들어왔다. 안드로이드 팀이 필요로 하는 기술을 갖춘 사람들은 좀 더 전문화된 채용 위원회를 거쳐 들어왔다.

그러나 채용 과정을 통해 사람들을 구하는 건 문제의 일부일 뿐이었다. 적합한 사람이 지원하느냐 하는 문제가 또 있었다. 구글은 그 전해 출시한 새로운 지메일Gmail 같은 웹 애플리케이션과 함께 검색과 광고로 알려진 회사였다. 다이앤 핵본이 말했다. "내가 구글에서 일하리라고는 생각도 못했어요. 검색과 웹 따위에는 관심이 없었거든요." 조 오노라토(팜소스에서 다이앤과 함께 일했고 나중에 구글에서 그녀의 프레임워크 팀에 합류했다)도 동의했다. "2005년 구글에 지원했을 때 여자친구가 구글에는 사람이 왜 그렇게 많은지 묻더군요. '텍스트 상자 하나에 버튼 두 개 달린 웹 사이트잖아.'"5

또한 안드로이드는 기밀 프로젝트로 남아 있었다. 구글 내에서도 대부분의 직원이 안드로이드에 대해 알지 못했다.

구글에서 안드로이드 부서는 운영 체제 또는 개발자 플랫폼, 심지어 휴대 전화를 만들 개발자를 찾고 있다고 홍보할 수 없었다. 얼마 후 회사에서 '구글 폰'을 만들고 있다는 소문이 돌았지만 소문을 퍼뜨리는 사람들이 아는 건 그뿐이었고 팀은 그 일에 대해 이야기해서는

5 구글은 지금도 텍스트 상자 하나에 버튼이 두 개 달린 똑같은 검색 페이지를 갖고 있다. 하지만 지금은 광범위한 소프트웨어 개발자를 끌어들이기 위해 다른 큰 프로젝트도 하고 있다고 알려져 있다(또는 소문이 돈다). 그러나 2005년에는 검색, 광고, 웹 앱뿐이었다.

안 됐다. 대신 그들은 전 동료들에게 조용히 연락해서 구글에 지원해 달라고 이야기했다.

마티아스 아고피안(비와 팜소스에서 다이앤의 팀 소속이었고 2005년 후반 안드로이드에 합류했다)이 구두 채용 과정에 대해 이야기했다. "안드로이드에 있던 전 비 직원 몇 명이 '당신이 와야 해요!' 라고 했지만 무엇을 하고 있는지는 말해 주지 않았어요. '그냥 오라고요!'라고만 했죠." 다이앤의 팀에 있던 마티아스와 다른 사람들도 구글에 들어간 후 다이앤에게 비슷하게 모호한 제안을 했다. "그들이 날 찾아와서 말했죠. '구글로 와요. 정말 멋진 일이 여기에서 벌어지고 있어요!'"

데이비드 터너는 2006년 프로젝트에 합류했는데 면접을 보면서 상황을 좀 더 파악할 수 있었다. "내가 만난 많은 면접관이 안드로이드 팀에서 일했어요. 내가 입사해야 하는 이유를 그들이 말해 주지 않아서 나는 그들에게 전 직장에서 뭘 했는지 물어봤어요. 그리고 그들이 대답했죠. 여섯 번인가 면접을 본 후 구글이 실은 스마트폰이나 PDA-Personal Digital Assistant[6]에 관련된 새로운 프로젝트를 시작했구나 하는 느낌이 들었어요."

톰 모스와 도쿄에서의 채용

안드로이드에 필요한 사람을 채용해야 하고 창조적 해결책을 찾아야 하는 어려운 상황은 마운틴 뷰 본사에만 한정된 것이 아니었다.

---

6   이러한 유형의 기기는 팜 파일럿(Palm Pilot)이 아마도 가장 성공적인 전형으로 일정, 연락처, 필기 앱으로 유용한 정보를 저장해 가지고 다닐 수 있었다. 스마트폰이 흔해지고 PDA보다 확장된 기능에다 통신 기능까지 제공하자 PDA는 사라졌다.

톰 모스(안드로이드 사업 개발 담당)는 몇 달을 일본에서 보냈다. 톰이 말했다. "우리는 경쟁의 규모가 커지리라는 걸 알았고 그러려면 국제적으로 가야 했습니다. 일본이 첫 시험대로 선택됐죠." 일본에서 톰의 역할은 통신 회사, OEMOriginal Equipment Manufacturer[7]과 계약을 맺는 것을 비롯해 지역 개발자를 대상으로 홍보하고 플랫폼용 지역 콘텐츠 공급자를 찾는 것이었다. 그는 채용도 담당하고 있었는데 일본용 플랫폼 지역화뿐 아니라 관련 엔지니어링 작업을 처리할 수 있는 개발자를 팀에 데려와야 했다.

톰은 이 역할을 맡아서 협력 관계에 있는 곳들을 돕고 팀에 엔지니어링 재능이 있는 사람들을 데려왔다. 일반적인 채용의 어려움 외에도 일본 사무실 지원자들은 최고 수준 엔지니어여야 했을 뿐 아니라 영어도 유창해야 했다. 언어 요건 때문에 그렇지 않아도 작은 풀이 더 작아졌다. 일본에서 안드로이드를 위해 일할 사람을 외부에서 채용하는 건 잘되지 않았다.

내부 직원이 안드로이드 공개 채용에 지원하도록 장려하려고 톰은 일본 구글 사무실에서 기술 강연을 했다. 그는 안드로이드와 팀 문화를 설명했고 안드로이드가 구글에서 최우선순위 프로젝트라고 언급했다. 엔지니어들의 주의를 직접 끈 덕분에 그는 지도와 크롬 같은 다른 팀에서 엔지니어 몇 명을 금세 채용할 수 있었다.

딱 맞는 지원자를 찾아 채용 과정을 통과시키기는 어려웠지만 채용 스토리가 그렇게 나쁜 것만은 아니었다. 구글은 적합한 사람을 채용하기 위해 기꺼이 창의적으로 임했다. 마티아스 아고피안은 구글 면접을 봤을 때 애플에 들어가려고 계획 중이었다.

[7]　실제 하드웨어를 만드는 회사

"구글과 동시에 애플 면접도 봤어요. 애플에서 제안도 했고 저는 받아들였죠. 그래픽 팀에 가기로 되어 있었어요. 아이폰이 나오기 전이었죠. 마침내 데스크톱 개발을 다시 할 수 있다고 생각하니 정말 기뻤어요. BeOS가 데스크톱 운영 체제였으니까요. 난 모바일 일을 별로 좋아하지 않았거든요.

그러나 내 비자 상황 때문에 애플에서 제안을 철회했어요. 6년짜리 H1-B 비자[8] 기간이 끝나 가고 있었거든요.[9] 미국에 머물려면 영주권을 받아야 했는데 그게 복잡했어요.

구글은 정확히 정반대 접근 방식을 취했죠. 나는 처음에 내 비자 상황이 복잡하다고 구글에 이야기했어요. 구글에서는 '어쨌든 면접 먼저 보죠'라고 했어요. 나는 면접을 봤고 그들이 제안을 하자 나는 상황을 설명했어요. 그들은 '이런 상황을 처리해 본 적은 없는데요. 그래도 해 볼만 해요'라고 하더군요. '너무 어렵네요'라고 말하는 대신 '멋있는 일을 해 볼 수 있겠네요!'라고 했어요. 잘 안 되더라도 1년간 유럽에서 일할 수 있다고도 했고요. 심지어 만약의 경우 대비책으로 취리히 사무실에서 일할 수 있는 제안도 받았어요."

---

8 (옮긴이) 미국 전문직 취업 비자. 미국 회사가 전문직에 외국인을 고용하려면 수천 달러 이상을 써서 H1-B 비자 신청 과정을 밟도록 되어 있고 심사 과정에서 탈락하기도 한다.
9 마티아스가 말했다. "사실은 6년이 만료됐어요. 나는 체류만 할 수 있었는데 영주권 심사가 미뤄지고 있었거든요. 어떤 이유든 미국을 떠날 수는 없었어요. 스트레스를 매우 많이 받았던 시기였죠."

2부

플랫폼 구축

안드로이드 플랫폼은 필연적으로 상향식으로 만들어질 수밖에 없었다.
기반을 다지고 50층을 올리기 전에는 마천루에 펜트하우스를 짓기 어렵듯이
기초를 이루는 운영 체제 커널, 그래픽 시스템, 프레임워크, 사용자 인터페이스 툴킷,
API, 애플리케이션용 기반 레이어 없이 안드로이드 애플리케이션을 만들기란 어렵다.
펜트하우스로 들어가다가 거리로 떨어지는 것보다 끔직한 일은 없기 때문이다.

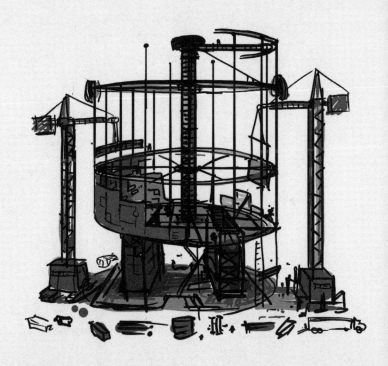

7

하드웨어와 앱을 잇는 시스템 팀

시스템 팀은 소프트웨어 스택의 가장 낮은 레이어를 담당하는 팀이다. 시스템 팀의 일은 기기 하드웨어(수너Sooner, 드림/G1, 드로이드, 팀에서 작업한 기타 모든 기기)를 각 기기에서 실행되는 나머지 소프트웨어와 연결하는 일이라고 생각하면 된다.

안드로이드가 실행되는 모든 기기(또는 운영 체제)의 맨 밑바닥 레이어는 커널이다. 커널은 실제 하드웨어와 나머지 시스템 간 인터페이스 조합이자 운영 체제가 모든 걸 동작하게 하는 데 필요한 일을 전부 한다(시스템 부팅, 프로세스[1] 생성, 메모리 관리, 프로세스 간 통신 처리). 기기가 집이라면 커널은 기초이자 배선이자 한밤중에 여러분이 잠들지 못하게 '똑똑똑' 소리를 내는, 벽을 통과하는 배관이다.

하드웨어 통신은 커널에서 장치 드라이버가 처리하는데 장치의 실

---

1 프로세스는 본질적으로 서로 다른 프로그램이다. 각 앱은 자체 프로세스에서 실행된다. 기기에서 동작하는 시스템, 시스템 UI, 다른 모든 별도의 소프트웨어도 마찬가지다.

제 하드웨어와 통신하는 소프트웨어 모듈이다. 예를 들어 화면에 화소를 보여 주기 위해 드라이버는 그래픽 소프트웨어(디스플레이의 각 화소에서 어떤 색으로 이미지, 텍스트, 버튼을 보여 줄지 처리한다)와 화소가 있는 물리적 화면 하드웨어에서 온 정보를 번역한다. 마찬가지로 사용자가 화면을 만질 때 해당 동작은 만진 위치를 가리키는 하드웨어 신호로 바뀐다. 이 신호는 '터치 이벤트'로 시스템에 보내져 그러한 이벤트를 다루는 애플리케이션을 비롯한 소프트웨어에서 처리된다.

시스템 팀의 중요한 업무는 단순한 하드웨어(기기 또는 칩과 회로와 화면으로 조립해 놓은 기기 시제품)에서 안드로이드 운영 체제가 부팅되게 만드는 일이었다.

브라이언 스웨트랜드와 커널

저수준 시스템 경력과 안드로이드에 첫 번째로 합류한 사람이라는 사실 때문에 스웨트랜드가 첫날부터 안드로이드 시스템 팀을 이끈다는 것은 자연스러운 일이었다. 스웨트랜드는 인수 전부터 이미 시스템 개발을 했고 이끌고 있었다. 그는 구글에 온 후 팀이 성장하는 동안에도 그 역할을 계속했다.

시스템 팀의 주 업무는 초기 안드로이드 기기와 그 이후 모든 새로운 안드로이드 기기에서 커널이 동작하게 만드는 것이었다.[2] 안드로이드가 스타트업이었을 때 커널은 시연 프로그램을 실행할 수 있을

---

2 또는 최소한 구글이 출시하거나 지원하는 기기에서 동작하게 해야 했다. 이러한 기기에는 G1, 드로이드, 이후 나온 모든 넥서스(Nexus) 기기가 포함됐다. 초기에 시스템 팀은 다른 제조사 기기도 동작하도록 도왔다. 당시 도움을 받았던 회사들도 요즘에는 자체적으로 안드로이드를 다룰 충분한 경험을 가지고 있다.

정도면 충분했다. 그러나 팀이 구글에서 일을 시작한 후 그들은 진짜 제품, 즉 견고한 커널 위에서 동작하는 전체 운영 체제와 플랫폼을 만드는 일로 방향을 바꿔야 했다.

다행히도 스웨트랜드는 초기 프로토타입 커널이 괜찮은 출발점이 될 수 있도록 만들었다. "내가 만든 모든 것은 결국 제품이 될 무엇이 었어요. 나는 완전한 단 한 번의 시연 같은 건 믿지 않아요. 프로세스 분리[3] 같은 건 아직 구현하지도 못했지만 어디로 가야 하는지는 알았 죠. 우리는 여전히 커널, 부트로더[4], 그래픽 드라이버 등 모든 게 필 요했어요. 우리는 늘 시연 같은 걸 해 왔지만 새로운 길을 내려고 노 력했고 그건 시연만은 아니었습니다. 시스템을 향한 전진이었죠."

시연 소프트웨어에 대한 스웨트랜드의 이러한 생각은 전 직장에서 사업 쪽 사람들이 훌륭한 시연과 실제 제품의 차이를 오해한 데서 비 롯됐다. "시연 전용 소프트웨어를 만들 때 위험한 건 누군가가 그게 출시될 제품이라고 결정해 버린다는 점이죠. 그럼 엉망진창이 되는 거예요."

그렇게 스웨트랜드는 안드로이드를 만드는 데 기반이 될 커널을 작업했다. "우리는 시연에 쓰인 커널을 가지고 계속 작업했어요. 그 건 기본적으로 리눅스 그대로였고 그 위에서 드라이버가 동작하는 것이었어요. 구글에 들어간 후 내 이름으로 리눅스 주 소스 코드에

---

3 프로세스가 완전히 독립적이지 않다면 한 프로그램의 안정성이 관련 없는 다른 앱의 안 정성에 영향을 끼칠 수 있다(심지어 전체 시스템에도). 또한 보안 때문에 일반적으로 앱 은 별도 프로세스로 실행되는 게 좋다. 그렇게 되면 어떤 애플리케이션이 다른 애플리케 이션의 메모리(또는 데이터)에 접근할 수 없기 때문이다.
4 부트로더는 전체 시스템을 시작하는 소프트웨어다. 커널을 읽어 들이고 파일 시스템 상태 가 괜찮은지 검사한다. 또한 기기가 시작할 때 보이는 시작 화면 애니메이션을 실행한다.

제출한 F-샘플F-Sample[5] 패치[6]가 좀 있기는 했는데 우리는 초기에 상위 프로젝트 기여Upstreaming[7]는 별로 생각하지 않았어요."

한편 스웨트랜드와 그의 팀은 구글의 일부가 된 이점을 체감하기 시작했다. 구글 이전에는 다음과 같았다. "조그만 회사가 TI와 일을 진행하자니 좀 괴로웠습니다. 지원 수준이 우리가 나중에 받은 것에 비할 바가 못 됐죠." 그랬는데 구글에서 일을 시작하고 나서는 달라졌다. "제조사에서 지원을 받기가 엄청나게 쉬워졌어요. 깜짝 놀랐죠. 우리가 개발 보드를 받으려면 얼마를 내야 하는지 사람들이 더는 이야기하지 않더군요. 그들이 하드웨어를 가져다주는데 좋았어요. 구글의 유리한 점 중 하나였죠. 무명의 작은 스타트업이 아니라 잘 알려진 이름 덕을 봤어요. 사람들이 전화를 받고 질문에 대답을 해주죠. 상황에 따라 지원을 받으려고 싸워야 할 수도 있었는데 그랬다면 상황이 더 나빠졌겠죠."

브라이언 스웨트랜드의 전설 중 하나는 G1 출시 바로 전에 여분의 메모리를 '발견'한 것이었다. 그는 출시 전 수정 코드를 급하게 만들어 제출해서 기기의 가용 램을 160메가바이트에서 192메가바이트로 확장해 운영 체제와 모든 애플리케이션에서 활용할 수 있는 메모리를 20% 더 확보했는데 메모리가 제한된 시스템에는 상당한 성능 향상이었다.

실은 그건 속임수였는데 그는 메모리를 어디에서 찾아야 할지 알고 있었다. 그가 그 메모리를 맨 먼저 숨겼기 때문이다. 커널은 나머

---

5 초기 프로토타입을 만드는 데 기반이 된 TI 하드웨어
6 오픈 소스 버전 리눅스에 대한 기여
7 안드로이드를 만드는 데 사용한 오픈 소스 저장소에 코드를 올리는 것을 일컫는다. 안드로이드 팀은 당시에 소프트웨어가 동작하게 하는 데 좀 더 집중했다.

지 시스템이 사용할 메모리를 확보할 책임이 있다. 그는 G1에서 처음으로 커널이 동작하게 만들었을 때 실제로 가지고 있는 것보다 적은 메모리를 알려 주도록 시스템을 설정했다. 그래서 사실상 나머지 시스템에는 하드웨어에서 물리적으로 가용한 것보다 32메가바이트 적은 메모리만 보이게 됐다. 그는 개발자라면 누구나 메모리에 여유가 있을 때 가용한 용량을 다 써버리지만, 메모리 용량이 빠듯하면 그에 맞게 작업한다는 걸 알고 그렇게 했다.

모두가 자신의 소프트웨어를 이 작은 메모리 풀에서 동작하게 만들었는데 메모리가 그것밖에 없었기 때문이다. 스웨트랜드가 G1 출시 전 나머지 메모리를 푼 것은 더 많은 애플리케이션을 동시에 실행하는 데 필요한 메모리를 더 많이 확보했다는 의미였다. 그가 필요한 것보다 인위적으로 더 작은 공간에서 전체 시스템이 동작하도록 만들었기 때문이었다.

이후 블루투스 개발을 하러 팀에 합류한 닉 펠리는 스웨트랜드가 일하는 방식을 모두가 좋아했던 건 아니라고 기억했다. "맙소사, 그것 때문에 난리가 났죠. 브라우저 팀은 (잘못된) 메모리 용량에 맞추느라 일요일에도 나와서 일해야 했어요. 스웨트랜드가 그 추가 메모리를 '찾았을' 때 그들 중 한 명이 스웨트랜드의 사무실로 쳐들어가서 소리를 지르면서 거친 말을 썼던 게 기억이 나네요."

피커스 커크패트릭과 드라이버

커널 자체는 일할 사람이 더 필요하지 않았다. 커널의 복잡성과 전체 시스템에서 차지하는 중요성을 생각하면 놀랄지도 모른다. 그러나 리눅스가 이미 있었고 충분하지는 않았지만 스웨트랜드가 작업을 하고 있었다. 반면에 커널 드라이버는 일손이 정말 많이 필요했다. 시스템은 온갖 하드웨어를 필요로 했는데 하드웨어는 커널에서 드라이버 형태로 처리해야 했다. 그래서 피커스 커크패트릭은 스웨트랜드의 팀에 합류하고 나서 카메라를 시작으로 드라이버를 작성하느라 바빠졌다.

"나는 운영 체제와 저수준 일에 관심이 많았어요. 안드로이드 팀에서 내가 가장 잘할 수 있는 핵심적인 일이죠. 안드로이드에서 첫 1~2년은 저수준 시스템 일을 했어요. 리눅스를 쓰기로 결정해서 커널 작업은 많지 않았습니다. 그래서 나는 많은 드라이버를 개발했어요. 첫 카메라 드라이버를 만들어서 OMAP에서 돌아가게 했습니다. 또 오디오도 동작하게 했죠. 오디오가 동작한 다음에는 버퍼를 전달하거나 카메라 데이터를 가져올 수 있게 됐어요. 이걸로 뭘 할 수 있었을까요?" 그래서 피커스는 미디어 프레임워크 작업으로 옮겨서 API Application Programming Interface[8]와 애플리케이션이 기기의 오디오와 카메라에 접근할 수 있는 기능을 만들었다.

아르베 히엔네보그와 통신

초기에 없었던 드라이버 중 하나는 라디오[9] 하드웨어 드라이버였다. 그래서 새로운 휴대 전화 운영 체제로 전화를 걸 방법이 없었다. 그래

8 API는 애플리케이션과 운영 체제 사이에 놓인 레이어로 앱이 안드로이드 플랫폼 기능에 접근하기 위해 호출하는 부분이다. 좀 더 자세한 내용은 부록 용어 해설에서 API 설명을 보라.
9 명확히 하자면 여기서 '라디오'는 FM, AM, 광고로 가득한 아침 디제이 방송을 의미하지 않는다. 라디오는 통신 회사 네트워크와 기지국과 통신하는 휴대 전화 하드웨어를 가리키는 데 사용하는 용어다.

서 스웨트랜드가 통신 드라이버 개발에 뛰어난 사람을 데려왔다.

아르베 히엔네보그는 2006년 3월 스웨트랜드의 시스템 팀에 합류했다. 안드로이드 팀에서 그는 말이 없기로 유명했다. 그의 동료 레베카(그녀의 이야기는 83쪽에서 소개한다)는 이따금 그에게 소스 코드를 관리하는 데 사용했던 시스템 때문에 도움을 요청했다. 레베카는 그에게 "다시, 더 자세히요"라고 말할 때가 많았다.

아르베는 라디오 하드웨어와 통신하는 시스템을 만들고 나서 전원 관리에 집중했다. 구체적으로 말하자면 하드웨어가 전화를 걸고 받을 수 있게 됐으므로 시스템이 통화 도중에 잠들지 말아야 했다.

당시 리눅스는 서버·데스크톱(랩톱 포함) 시스템으로는 훌륭했다. 그러나 휴대 전화용으로 만들어지지는 않아서 이 새로운 사용 사례를 처리하기 위한 새로운 기능이 필요했다. 사용자는 랩톱 뚜껑을 닫으면 랩톱이 완전히 잠들기를 바란다. 뚜껑을 다시 열 때까지는 어느 것도 시스템에서 실행되기를 바라지 않고 실행될 필요도 없다.

그러나 휴대 전화는 사뭇 달랐다. 화면이 꺼져 있을 때는 휴대 전화를 실제로 사용 중일 때처럼 휴대 전화가 작동하기를 바라지 않지만, 한창 통화 중인 전화를 계속하거나[10] 듣고 있던 음악을 계속 들을 수 있을 정도는 깨어 있기를 바란다.

그래서 아르베는 화면이 꺼져도 완전히 꺼지지 않게 하기 위해 안드로이드 리눅스 커널에 웨이크 락wake lock 개념을 추가했다. 안드로이드는 화면이 꺼지면 애플리케이션과 대부분의 시스템을 공격적으로 잠들게 했는데(배터리 소모가 늘 크나큰 문제였기 때문이다) 웨이크 락으로 화면이 꺼지더라도 계속되어야 할 작업이 있으면 시스템

---

10 누구와 통화하느냐에 달려 있기는 하다.

2007년 10월 아르베가 G1 시제품 하드웨어를 텍(TEK: 테스트·측정 장비 제조사) 배터리 에뮬레이터와 G1 이전 기기('수너') 몇 대와 함께 디버깅하고 있다(사진은 브라이언 스웨트랜드의 허락을 받고 게재).

이 잠들지 않는 상태를 유지할 수 있었다.

아르베는 안드로이드 버전 리눅스에 웨이크 락 기능을 제출했다. 이 기능은 리눅스 커뮤니티에 동요를 좀 일으켰는데 오픈 소스 커뮤니티에 충실한 몇몇 사람이 이 기능을 안드로이드가 리눅스 커널을 포크fork[11]하는 것으로 보았기 때문이다. (많은 오픈 소스 프로젝트를 다뤄 본[12]) 크리스 디보나는 당시 리눅스 콘퍼런스에서 커뮤니티 사람들과 이야기 나눴던 걸 기억한다.

"화가 머리끝까지 치밀어 오른 사람이 한 명 있었어요. '이런 짓을 하다니 믿을 수 없군요'라고 하더라고요.

11 포크는 소프트웨어에서 흔히 쓰는 용어인데 어떤 시스템의 특정 버전을 복사해서 바꾸는 것으로, 근본적으로는 특징과 기능이 서로 다른 두 가지(또는 심지어 그 이상) 버전의 시스템으로 갈라지는 것이다. 이는 오픈 소스 커뮤니티에서 인기 없는 접근 방식인데 모두가 한 가지 진짜 버전에 기여해야 하기 때문이다. 그러나 때로는 웨이크 락 예처럼 더 큰 커뮤니티에서 무엇을 할지 결정하는 동안 진전을 이루기 위해 그냥 포크해야 할 수도 있다.
12 그리고 계속해서 다뤘다. 디보나는 구글 오픈 소스 디렉터가 됐다.

나는 말했어요. '내후년쯤이면 이건 문제가 되지 않을 거예요. 언젠가 리눅스 커뮤니티가 우리 패치를 지금 모양 그대로 받아들이거나 약간 수정해서 다른 이름으로 부르거나 하겠죠. 아니면 우리가 시장에서 모든 모바일 기기를 앞지르거나요. 그러니 우리와 함께 만족할 만한 뭔가를 만들어요. 그렇지 않더라도 우리는 계속 만들 건데 괜찮은 배터리 수명이 우리에게 매우 중요하기 때문이에요.'"

결국 리눅스는 안드로이드의 웨이크 락 구현을 직접적으로 받아들이진 않았지만 같은 문제를 푸는 다른 것을 구현했다.

일리안 말체프와 디스플레이

시스템 팀이 풀어야 할 또 다른 문제는 디스플레이 드라이버였다. 강력한 운영 체제가 있어도 뭘 하는지 보이지 않는다면 도움이 되지 않을 것이다. 일리안 말체프는 팀에 합류하자 이 문제를 풀어야 했다.

일리안은 불가리아 출신으로 여덟 살 때부터 프로그래밍을 배웠는데 프로그래밍에 쓰이는 언어는 그가 모르는 것이었다. 그의 부모가 집에 컴퓨터를 가져왔고 일리안은 가지고 놀기 시작했다. "놀라웠어요. 키보드를 두드리면 뭔가 화면에 나타났는데 정말 제 흥미를 끌었죠. 내가 뭘 하고 있는지도 몰랐어요. 바로 프로그래머가 된 건 아니었는데요. 불가리아에서는 모든 게 키릴 문자였는데 프로그램 코드는 로마자였죠. 나는 영어를 할 줄 몰랐고 라틴 문자도 몰랐어요. 그래서 한 글자씩 그대로 베껴야 했죠."

일리안은 미국 대학에 들어갔고 퀄컴에서 몇 년간 일했다. 이 경험은 그가 나중에 안드로이드에서 일할 때 엄청나게 도움이 됐다. 특히

하드웨어 키보드, D-패드 그리고 많고 많은 버튼을 다 갖춘
수너 기기

시스템 팀에서 그랬는데 안드로이드 기기가 퀄컴 하드웨어를 많이
사용했기 때문이다.

일리안은 2006년 5월 스웨트랜드의 팀에 합류했다. 그의 첫 번째
프로젝트는 보조 디스플레이가 동작하게 하는 것이었다. "스웨트랜
드가 디스플레이가 두 개 달린 플립형 휴대 전화를 내게 건넸어요. 그
가 말했죠. '이 보조 디스플레이를 동작하게 해 봐요.' 스웨트랜드라
는 사람은 아무 문서 없이 그 기기에서 리눅스를 부팅시켰어요. 내 짐
작으로는 그를 귀찮게 하지 말라고 나한테 뭔가를 준 것 같았어요."

그 프로젝트 후 수너 기기[13]들이 팀에 도착하기 시작했다. 일리안
은 기기에서 D-패드(상하좌우 화살표)와 트랙볼[14] 등 하드웨어 입력
이 동작하게 하는 작업을 했다. 그러는 동안 그는 안드로이드가 너무

---

13 수너는 안드로이드 1.0을 탑재하려고 했던 최초의 기기였고 G1(코드명 '드림')이 두 번째
   기기가 될 예정이었다. 수너는 결국 중단되었는데 '37장 아이폰의 등장'에서 설명하겠다.
14 (옮긴이) 볼을 굴려 커서를 움직이는 입력 장치. 실물 사진은 영문판 위키백과 'Trackball'
   페이지를 참고하라.

2007년 8월 뭔가를 디버깅 중인 피커스와 일리안(사진은 브라이언 스웨트랜드의 허락을 받고 게재)

커서 기기의 제한된 저장 공간에 맞지 않으며 시스템이 끊임없이 커지고 있음을 알아차렸다. 그래서 그는 저장 공간에 맞도록 시스템 크기를 최적화하는 데 시간을 썼다.

그러고 나서 일리안은 블루투스 작업을 했다. 이 일에는 블루투스 하드웨어용 드라이버뿐 아니라 애플리케이션이 기기와 통신하는 데 사용할 수 있는 블루투스 소프트웨어를 동작하게 하는 작업이 포함됐다. "안드로이드의 첫 번째 블루투스 소프트웨어였는데 그다지 좋지 않았죠. 블루투스는 끔찍한 표준이에요. 블루투스 표준화 그룹은 기본적으로 무선 헤드폰을 지원하려고 인터넷만큼 복잡하고 범위가 넓은 뭔가를 만들어 냈어요. 과도한 엔지니어링이죠. 나는 그 일을 하다가 또 다른 엔지니어인 닉 펠리에게 넘겼어요. 펠리가 블루투스 스택을 가져다 동작하게 만들었습니다. 모두 그의 공로라고 해야 마땅해요."

닉 펠리와 블루투스

닉 펠리는 호주에 있는 대학에서 컴퓨터 과학을 공부했지만 생계로 프로그래밍을 하게 되리라고는 생각하지 않았다. 그는 테슬라 통신 엔지니어링 부서에 지원서를 냈는데 졸업 후 남는 기간에 여행을 다녀와서 일을 시작할 생각이었다.

그러나 캘리포니아를 여행하던 중에 그의 테슬라 취업은 수포로 돌아갔고 또 다른 선택지가 필요했다. 그는 항상 실리콘 밸리에 대해 궁금해했다. 그래서 그 지역에서 면접을 볼 수 있을지 재빨리 타진했다. 한 회사에서만 응답이 왔다. 바로 구글이었다. 다행히도 취업을 했고 2006년 구글 검색 어플라이언스 팀에서 일을 시작할 수 있었다.

구글 검색 어플라이언스는 구글 초기 주요 제품이 검색 엔진이었을 때 구글이 돈을 벌 수 있으리라 생각했던 제품 중 하나였다. 구글은 사내 문서를 색인할 수 있는 랙 마운트 하드웨어를 기업들에 팔았다. 이 제품은 구글의 인터넷 검색 능력을 기업들 내부 웹 사이트로 확장했다. 그러나 구글이 광고 사업에 뛰어들면서 구글 검색 어플라이언스는 관심에서 멀어졌다. 펠리가 팀에 합류했을 때 제품 개발은 전처럼 적극적으로 추진되지 않고 있었지만 펠리는 "신입 엔지니어가 구글 검색 스택을 배울 수 있는 환상적인 방법이었어요"라며 받아들였다.

2007년 여름 그는 안드로이드 팀이 나머지 구글 부서에 자신들이 하는 일을 알리는 첫 발표에 참석했다. 펠리는 그 발표에 빠져들었다.

"나는 관련된 경력이 없었어요. 전에 소비자 가전을 만들어 본 경험 없이 팀에 합류한 첫 사람들 중 한 명이었습니다. 구글 플랫폼 팀 출신인 메핫, 레베카, 마이크 찬[15]처럼 플랫폼 수준 작업을 해 보지도

15 역시 시스템 팀에서 일했던 메핫, 레베카, 마이크 찬은 이어지는 절에서 소개한다.

않았고요. 나는 전문 경력이 1년 반밖에 안 되는 사람이었습니다.

하지만 그 사람들한테 가서 이렇게 말했어요. '굉장하군요. 뭐든 하고 싶습니다. 도움이 필요한 일이 있을까요?'

스웨트랜드가 말했어요. '블루투스요.'

그런데 그들이 너무 야심만만해서 실패할 것 같았어요. 여자 친구와 어머니에게 이야기했어요. '성공할 가능성이 전혀 없어 보이기는 하지만 그래도 대단한 사람들이고 많은 걸 배울 것 같아.'"

펠리는 블루투스 개발을 맡았고 금방 파악했다. "학습 곡선이 꽤 가팔랐지만 일단 이해하고 나니 계속할 수 있었어요." 그는 블루투스가 드라이버뿐 아니라 안드로이드 플랫폼과 애플리케이션 레이어에서도 동작하게 만들어야 했다. 그 작업은 세상에 존재하는 광범위한 블루투스 주변 기기가 정확히 동작하게 만드는 일이어서 매우 까다롭고 끝이 없었다.

"대부분의 블루투스 주변 기기는 산더미 같은 버그와 함께 출시되는데 절대 펌웨어 업데이트가 없습니다. 그래서 이슈를 회피해야 했죠. 나는 간단한 방법을 떠올렸어요. 블루투스 상호 운영성 버그가 발견될 때마다 그 기기를 사서 내 책상에 놓인 수집품에 추가해 놓고는 수동 테스트에 포함시키는 것이었죠. 얼마 못가 내 여분의 책상 두 개가 블루투스 기기로 꽉 찼어요. 기기들을 전부 충전기에 꽂아 두었는데 이렇게 하면 충전기가 눈에 띄지 않아 잃어버리는 일을 막을 수 있었어요. 그리고 테스트를 실행하기 전에 기기를 충전하느라 기다릴 필요가 절대 없었고요. 그러다 데이지 체인[16]으로 연결한 충

---

16 (옮긴이) 데이지 체인이란 연속적으로 연결된 장치의 구성이다. A와 B를 연결하고, B와 C를 연속하여 연결하는 방식.

2008년 3월 사무실에서 낮잠을 자는 닉 펠리. 왼쪽 상단에 놓여 있는 건 자동차 인포테인먼트 시스템인데 자동차 제조사에서 보호 상자에 담아 보냈다(사진은 브라이언 스웨트랜드의 허락을 받고 게재).

전기 때문에 소방 감독관 검사에서 잔소리를 여러 번 듣고 전부 치워야 했습니다.

자동차 킷은 좀 더 까다로웠는데 자동차를 사무실에 들여놓을 수는 없으니까요. 그런데 주요 자동차 제조사에서 자동차 인포테인먼트infotainment 시스템 내부를 담은 펠리컨Pelican(미국의 케이스 제조사) 케이스를 내게 기꺼이 보내 주겠다고 해서 내 책상에서 관련된 하드웨어를 테스트할 수 있었습니다. 내 책상은 테스트 하드웨어로 가득 차게 됐고 복도 모퉁이 이곳저곳까지 채우게 됐죠."

펠리의 상사는 브라이언 스웨트랜드였다. 안드로이드 초기 많은 관리자와 마찬가지로 스웨트랜드는 사람들에게 개입하는 걸 좋아하지 않았다. 거기에는 그의 팀원들과 비공식적인 미팅을 하는 것도 포함됐다. 닉이 예전 일을 하나 떠올렸다.

"팀에 들어온 후 몇 주 지나고 나서 일대일 면담을 할 수 있는지 물었어요. 그는 그 물음에 그다지 달가워하지 않는 표정이었는데 일정을 잡아도 괜찮다고 했어요. 그래서 일정을 잡았죠. 10분 후 그가 나타나더니 첫 마디가 '난 (비속어를 내뱉은 후) 일대일 면담 싫다고…'였어요. 그 후 우리는 일대일 면담을 하지 않았습니다.

그래도 스웨트랜드는 일하면서 좋아했던 상사 중 한 명이에요. 그의 시스템 지식은 누구에게도 뒤지지 않았죠. 스웨트랜드는 업무 범위와 책임에 너그러웠고 세세한 것까지 관리하지 않았어요. 그는 기기를 만드는 데 헌신했고 자기 팀원들에게 엄청나게 충실했고 친절했어요. 스웨트랜드의 팀에서 일한 건 내 경력의 정점이었죠."

산 메핫과 SD 로봇

"기온이 37도까지 올라간 여름이었는데 나는 이 휴대 전화에 나오는 영상을 보면서 그 사람이 쓸데없는 말을 하는 걸 되풀이해서 듣고 있었어요."

– 산 메핫

산 메핫이 팀에 들어오면서 드라이버 개발에 더 많은 도움이 됐고 시스템이 전반적으로 동작하게 됐다. 메핫은 스웨트랜드의 팀에 펠리와 비슷한 시기인 2007년 합류해 SDKSoftware Development Kit[17] 출시를 준비했다.

---

17 SDK는 애플리케이션 개발에서 일반적인 용어다. 개발자가 애플리케이션을 작성하고 빌드하고 실행하는 데 필요한 도구, 라이브러리, API 묶음이다. 안드로이드의 첫 번째 공개 SDK는 2007년 가을 출시됐다.

메핫은 어렸을 때 키보드를 아무렇게나 두드리다가 프로그래밍을 배웠다. 그의 부모님은 건물 지하층에서 컴퓨터 가게를 운영하고 있었고 그는 거기에서 컴퓨터를 가지고 놀았다. "하루는 기분이 안 좋아서 키보드를 마구 눌렀어요. 우연히 Ctrl-C를 눌렀더니 프롬프트가 하나 떴는데 그게 뭔지 모르겠더군요. 이것저것 타자를 하기 시작했더니 'Syntax Error'라고 나왔어요. '무슨 뜻이지?' 다른 걸 쳤더니 이번에는 'Undefined Function Error'라는 게 떴어요. '뭐라는 거야?' 영문을 모르겠더군요." 그의 사촌이 그에게 'LIST'라고 입력해 보라고 제안했고 그가 플레이하고 있던 게임의 베이식 코드가 화면에 출력됐다.

메핫이 프로그래밍을 배운 방법은 드라이버를 만드는 데 훌륭한 경험이 됐다. 하드웨어 드라이버 작성 작업은 하드웨어가 무엇을 할 수 있는지, 그 동작을 시키기 위해 뭘 해야 하는지 알아내는 일이다. 그래서 하드웨어가 어떻게 작동하고 어떤 규칙과 프로토콜로 통신하는지 이해하기 위한 실험이 그 작업의 많은 부분을 차지한다. 메핫은 어렸을 때부터 이러한 규칙이 어떻게 작동하는지 알고 있었다. 부모님의 컴퓨터 가게에서 컴퓨터를 마구잡이로 두드리며 무슨 일이 벌어지는지 보면서 익혔기 때문이다.

그는 어린 시절 소프트웨어 복사 보호 스킴을 깨는 것 같은 취미 프로젝트를 하며 프로그래밍 공부를 계속했다. 그는 게임에 대한 접근 제한을 우회하는 데 이 기술을 사용했는데 캐나다는 당시 소프트웨어 시장이 크지 않았기 때문이다. 그는 고등학교 내내 그리고 그 이후에도 프로그래밍을 계속했고 커널과 칩용 드라이버와 기타 하드웨어 시스템 작업을 하면서 소프트웨어가 하드웨어와 통신하는 방법에 대해 더 많이 배울 수 있었다.

메핫은 대학에 가지 않았다. 얄궂게도 그가 대학에 가지 말아야겠다고 확신을 한 건 대학에 들어가면 얻을 수 있는 이점을 아이들에게 보여 주려고 만든 인턴십에서였다.

그는 벨 노던 리서치Bell Northern Research 인턴십(여름 방학 아르바이트로 이어지는)에 들어가 CPU 시뮬레이터 작업을 하며 새 프로그래밍 언어와 프로세서 내부를 배웠다. 그는 그 일에 열정이 있어서 벨 노던 리서치에서 일하고 싶었지만 그의 고등학교 성적으로는 그곳에서 일자리를 얻을 수 있을 수준의 대학에 들어갈 수 없음을 깨달았다. 그래서 그는 그 단계를 건너뛰고 대신 자기 일을 하기로 결정하고 친구 몇 명과 함께 인터넷 서비스 제공 회사Internet Service Provider, ISP를 시작했다. 그러면서 그는 계속해서 운영 체제와 하드웨어를 닥치는 대로 해킹하면서 좋은 드라이버 개발자가 되기 위한 기술을 쌓아 나갔다.

"어떻게 작동하는지 정말 알 수 없는 하드웨어가 있다면 주세요. 그리고 그걸 동작시킬 수 있는 소프트웨어도 함께 주시고요. 소프트웨어와 하드웨어를 분석해서 역공학을 이용해 동작하는 또 다른 드라이버를 만들 수 있습니다."

2005년 메핫은 구글 플랫폼 그룹에 들어가서 맞춤 하드웨어를 위한 드라이버를 작성했다. 2007년 그는 안드로이드로 옮겨서 스웨트랜드의 시스템 팀에서 일하기 시작했다.

"나는 합류해서 G1 작업을 했어요. 처음에는 부품 조각들이 '프랑

메핫이 2008년 2월 배터리에 라이터로 열 테스트를 하고 있다. 배경에 보이는 책상에는 G1에 들어갈 프로세서 작업에 쓰인 퀄컴 '서핑 보드'가 놓여 있다(사진은 브라이언 스웨트랜드의 허락을 받고 게재).

켄슈타인의 괴물'처럼 조립된 형태의 보드였는데 퀄컴 제품이었고 흔히 '서핑 보드'라고 불렀어요. 괴상하게 생긴 큰 프로토타입 휴대 전화 보드였는데 IC 핀들을 빼놓은 큰 브레이크아웃 보드에 MSMMobile Station Modem 칩셋[18]이 올라가 있었죠. 휴대 전화와 비슷한데 모든 테스트 지점이 드러나 있어서 거기에 코드를 올려서 온갖 작업을 해 볼 수 있었어요."

메핫이 팀에서 일을 시작했을 때 그의 주 업무는 하드웨어가 동작 하게 하는 것이었다. "당시 하드웨어를 동작하게 만드는 건 정말로 저수준 작업이었어요. 클록 제어, 전원 배선, 전원 관리 같은 것들이 요." 첫 번째 시스템인 G1은 유달리 복잡했다. G1에는 실제로 CPU 가 두 개 있었는데 하나(암 9 기반)는 퀄컴의 컨트롤러 칩이 제어했 고 하나(암 11 기반)는 안드로이드가 제어했다. G1을 부팅하려면 먼

---

18 필요한 모든 모바일 하드웨어가 통합된 퀄컴 SoC(System on Chip)

저 퀄컴 칩을 부팅하고 나서 안드로이드 칩을 부팅해야 했다.

"내 업무는 드라이버를 어떻게 만들지 생각해 내는 것이었어요. 이 두 가지가 서로 어떻게 통신하게 할지 알아내야 했죠. 그리고 나서 클록 제어와 전원 배선을 연결하면 SD_{Secure Digital}[19] 컨트롤러 같은 주변 기기를 켜서 SD 카드를 사용할 수 있게 되고 그래픽 컨트롤러도 켤 수 있었습니다. 그래서 나는 가장 요긴한 저수준 작업을 모두 하고 나서 SD 카드 작업으로 옮겼습니다."

G1에서 SD 카드는 흥미로운 문제를 드러냈다. 먼저 SD 카드는 두 가지 별개의 용도로 유용했는데 바로 저장 장치와 와이파이였다. SD 카드는 대부분 착탈식 저장 장치라고 생각한다. 그러나 당시 SD는 이따금 와이파이를 제공하는 데 쓰였다(카드에 메모리 하드웨어 대신 와이파이 칩이 들어 있는 경우가 있었다).

SD 카드가 동작하게 만드는 건 중요했다. 카드가 이 두 영역을 제어했기 때문이다. 그러나 까다로운 일이었다. "안드로이드 팀에서 아무도 SD 카드가 어떻게 동작하는지 몰랐어요. SD 카드 명세도 없었습니다. 명세를 얻으려면 SD 연합_{SD association}에 가입해야 했는데 그들은 어느 것도 오픈 소스로 만들도록 허락하지 않았어요.[20] 그래서 나는 직접 드라이브를 만드는 방법을 알아내기 위해 SD 카드, SD 카드 프로토콜, 와이파이용 SD I/O 프로토콜, 수많은 드라이버를 역공학했습니다. 이걸 작동하게 하는 방법을 알아내는 데 몇 달이 걸렸어요."

메핫은 SD(저장 장치와 와이파이용 둘 다)가 동작하게 만들었지만

---

19 보통은 SD 카드의 약어로 쓰이는데 카메라(그리고 몇몇 휴대 전화) 같은 기기에서 지금도 착탈식 저장 장치로 사용된다.

20 이것은 안드로이드 시스템 전체에 걸친 요구 사항으로 팀이 만드는 모든 것에 해당됐다. 코드가 오픈 소스가 될 수 없다면 플랫폼의 일부가 될 수 없었다.

문제가 있었다. G1의 SD 카드는 사용자가 접근하기 매우 좋아서 언제든지 넣었다 뺐다 할 수 있었다. "누군가가 SD 카드를 측면에 두어서 전원이 켜진 상태에서 교체할 수 있게 하는 게 좋은 아이디어라고 결정했어요. 리눅스 시스템에서도 하드 드라이브를 끼웠다 뺐다 한다면 곤경에 처할 텐데 이건 최악이었죠. 카드를 꺼내는데 아무런 경고도 나오지 않으니까요. 디스크에 기록되는 거 아니냐고 생각하겠죠. 그런데 30초 전에 사진을 찍었다면 그 버퍼는 아직도 운영 체제 페이지 캐시에 들어 있을 테고 30초가 더 지나도 디스크에 기록되지 않을 거예요."

G1의 SD 카드 슬롯에는 덮개가 있어서 카드를 꺼내기 전에 덮개를 열어야 했다. 덮개를 열면 시스템에 신호를 보내는데 이 신호가 사용자가 카드를 꺼낼 경우를 대비해 모든 걸 빨리 안정 상태로 만들어야 한다는 단서로 쓰였다. 그런데 이 동작이 어디에서 일어나야 하는지 코드 전부를 찾아보기는 어려웠다. 엎친 데 덮친 격으로 그 상

메핫의 SD 카드 로봇. 메핫이 디버깅을 할 수 있도록 카드를 계속해서 슬롯에 끼웠다 뺐다 하면서 강제로 충돌을 일으켰다(사진은 산 메핫의 허락을 받고 게재).

황을 디버깅하려면 지루한 카드 뽑기를 많이 해야 했다. 몇 번이고 뽑고 뽑아야 했다. 결국 메핫은 도움을 요청했다.

그는 루빈에게 연락했다. "'저기, 로봇에 관심 많죠? SD 카드를 뽑을 로봇을 만들어 줄 만한 사람 알아요?' 루빈이 누군가를 소개해 줬어요. 나는 그 사람들에게 내가 필요로 하는 것들을 이야기했고요. 소프트웨어로 카드를 끼웠다 꺼내는 것을 제어할 수 있는 작은 로봇을 만들어 달라고 했어요. 그러고 나서 그 로봇을 이용해 폐쇄 루프 테스트를 만들었죠. 로봇 덕분에 나는 모든 버그를 추적할 수 있었어요." 메핫은 SD 카드 로봇을 이용해 시스템이 확실히 동작할 때까지 버그들을 하나씩 추적했다.

G1 이후: 사파이어와 드로이드

G1이 출시된 후 메핫은 코드명 '사파이어Sapphire'라는 기기 작업을 시작했다. 이 기기는 티모바일 G2 마이터치가 될 예정이었다. 주된 작업은 기기 성능이었다. "그 기기는 형편없이 느렸어요. G1보다는 약간 빨랐지만요. 안됐지만 호만[21]과 플랫폼 팀과 앱 팀의 다른 사람들은 이 모든 말도 안 되는 답답한 소프트웨어를 그 위에 올리고 있었어요. 그래서 앱을 전환하면 늘 이상하게 느렸어요. 커널 최적화 프로젝트에 많은 시간을 썼죠. 그렇게 해서 성능을 정말 많이 개선했습니다. 끝없는 반복의 연속이었죠."

G2가 출시된 후 메핫의 다음 도전은 모토로라 드로이드였다. 그가 처리해야 했던 한 가지 문제는 전원을 끄는 시나리오를 다루는 것이

---

21 호만 기를 가리킨다. 호만에 대해서는 '14장 시각적인 사용자 인터페이스 툴킷'에서 좀 더 자세히 이야기하겠다.

었는데 복잡했다.

"이 조그만 녀석한테 서로 다른 전원 영역이 서른 가지 정도 있었는데 모두 개별적으로 제어됐어요. 뭔가를 끄는 작업이 섬세한 춤과 같아서 이걸 먼저 끄고 잠시 기다렸다가 이걸 끄고 그런 다음 이걸 끄고 또 이걸 끄고 하는 식이었어요. 그러다가 기기가 먹통이 되어 버리죠.

드로이드의 실패 사례는 이랬습니다. 휴대 전화가 사용되지 않다가 잠이 들거나 휴대 전화를 껐는데 동시에 전화가 오면 전화가 울리지 않았습니다. 휴대 전화를 꺼 버렸기 때문에 전원도 정지되고 모뎀이 신호를 듣지 않는 거죠. 모뎀이 깨어나려고 해도 모뎀의 신호를 더는 듣지 않는 상태입니다. 휴대 전화가 잠 자기 상태에 들어갔는데 모뎀은 그래도 신호를 보내려고 하지만 잘되지 않습니다.

우리는 모뎀과 CPU 간 배선이 하드웨어에 빠져 있어서 깨어나라고 알려 주지 못한다는 걸 밝혀냈어요."

하드웨어를 바꾸기에는 너무 늦어서[22] 그들은 결국 시스템의 다른 부분에 쓰이는 배선으로 깨어나라는 신호를 보내는 식으로 문제를 우회했다.

메햇은 드로이드를 작업하면서 와이파이 시스템에서 버그를 하나 추적해야 했는데 영상이 툭툭 튀는 문제였다. "미스 아메리카 선발 대회에서 남녀 간 결혼에 대해 논란이 될 만한 발언이 나왔어요. 히

---

22 이것이 하드웨어 개발과 소프트웨어 개발의 근본적인 차이점이다. 소프트웨어가 출시되기 전 개발 주기 후반부에 버그를 발견하면 그래도 고칠 수 있다. 사실 사용자에게 업데이트를 제공할 방법만 있다면 심지어 출시 후에도 버그를 고칠 수 있다. 그러나 하드웨어는 버그가 그대로 있다. 하드웨어는 다시 제작하느라 어마어마하게 지연을 시키면서 비용을 들이지 않는 한 대체로 되돌릴 수 없다. 그래서 대개 하드웨어 버그는 소프트웨어 우회 방법을 찾아내 처리한다.

로시가 내 사무실에 들어와서 '큰 문제가 생겼어요. 유튜브 영상이 와이파이에서만 문제가 생겨요'라고 말했어요. 나는 '알았어요. 괜찮아요. 아마도 DMADirect Memory Access[23] 문제일 거예요. 참고할 영상을 주세요'라고 말했어요."

히로시는 그에게 영상을 주고 문제가 생기는 시간을 알려 주었는데 미스 아메리카 선발 대회에서 논란이 된 발언 장면이 나오는 지점이었다. 메핫은 똑같은 비디오 구간을 듣고 또 들으며 이틀 동안 디버깅했다. "누군가가 미스 아메리카에 대해 이야기하는 걸 들을 때면 월넛 크릭Walnut Creek에서 그 일을 하고 있을 때 감정이 본능적으로 떠올라요. 기온이 37도까지 올라간 여름이었는데 나는 이 휴대 전화에 나오는 영상을 보면서 그 사람이 쓸데없는 말을 하는 걸 되풀이해서 듣고 있었어요."

레베카 자빈과 사랑받지 못한 기기

"안전하게 만들었으니 그냥 잊어버리기로 했어요."

– 레베카 자빈

시스템 팀은 1.0 출시를 밀어붙이기 위해 충원이 필요했다. 레베카 자빈은 2008년 초 팀에 합류했다.

레베카는 다른 안드로이드 팀원들보다 프로그래밍을 훨씬 늦게 시작했다. 그녀는 실제로 대학에 들어갈 때까지 프로그래밍에 흥미를 느끼지 못했다. 레베카는 늘 의사가 되겠다고 생각해서 화학 공학으

---

23 CPU의 직접적인 관여 없이 접근할 수 있는 메모리 유형이다. 이것은 저장 장치와 디스플레이처럼 메모리 집약적인 하드웨어에 유용한데 CPU가 다른 작업으로 바쁠 때 직접 메모리에서 읽고 메모리에 쓸 수 있기 때문이다.

로 의예과 학위를 받으러 대학에 갔다. 대학에 들어가서 그녀는 자신이 화학을 싫어한다는 걸 알게 됐다. 그러다가 그녀는 대학 컴퓨터 과학과에서 일자리를 얻어서 컴퓨터실 설치를 돕게 됐다. 레베카는 컴퓨터 과학과에서 점점 더 많은 시간을 보내기 시작했다. 그녀는 컴퓨터 과학 수업을 듣고 나서 컴퓨터에 빠졌다.

대학 졸업 후 레베카는 대학원에 진학했고 결국 구글에 입사해서 메핫과 함께 플랫폼 팀에서 일하게 된다. 메핫이 플랫폼 팀을 떠나 안드로이드 팀에 합류한 후 1년쯤 지나 레베카도 새로운 무언가를 하고 싶었다. "익숙하지 않은 일을 해 보고 싶었고 도전해 보고 싶었어요." 그녀는 SDK가 출시되고 나서 두 달 후인 2008년 1월 스웨트랜드의 시스템 팀에 합류했는데 1.0 출시를 밀어붙이는 긴 여정이 막 시작되려는 참이었다.

새 팀에서 첫날 레베카는 밤 9시까지 커널 문제를 디버깅하느라 사무실에 있었다. "스웨트랜드가 '좋아요. 이렇게 하면 잘 돌아갈 거예요'라고 말했어요."

팀은 SDK를 막 출시한 상태였다. 이제 모든 게 실제 기기에서 동작하게 만들어야 했다. 레베카는 처음엔 안드로이드용 디스플레이 드라이버를 작업했다. 스웨트랜드는 그녀에게 시작할 수 있는 최소한의 드라이버를 주었다. 한동안 그 드라이버를 열심히 만지다가 레베카는 스웨트랜드에게 버그가 정말 많다고 불평했다. 스웨트랜드는 그냥 프로토타입일 뿐이고 실제로 그걸 쓰면 안 된다고 말했다. 레베카가 말했다. "그럼 그렇다고 말했어야죠. 난 당연히 스웨트랜드 씨가 어느 정도 만들어 놓은 걸 준 거라고 생각했어요."

드라이버가 동작하게 만든 후 레베카는 메모리 서브시스템 작업으로 옮겨서 그다음 몇 해 동안 계속 그 일을 했다. 그녀의 목표는 데이터가 시스템에서 이동할 때 복사 횟수를 최소화하는 것이었다(복사 동작이 비쌌기 때문이다). 예를 들어 카메라가 사진을 찍으면 버퍼 어딘가에 화소가 많이 쌓이는데 그 화소들을 GPU(그래픽 프로세서), 그다음 비디오 디코더, 마지막으로 디스플레이 메모리로 보내야 한다. 가장 간단한 구현은 그 과정에서 화소를 각각의 새로운 서브시스템으로 복사하는 것이다. 이렇게 하면 시간이 오래 걸리고 메모리가 많이 소모되는데 특히 사진이 커지는 추세였기 때문이다(당시 많이 제한된 카메라로도). 결국 그녀는 제로 복사zero copy로 시스템이 동작하게 만들었다.

2008년 후반 G1을 출시한 후 레베카는 다음 기기 작업을 시작했는데 바로 모토로라 드로이드였다.

드로이드는 사랑받지 못한 프로젝트이자 기기였다. 나머지 팀은 코드명 패션Passion이라는 기기 작업을 하고 있었는데 후에 넥서스 원Nexus One이 됐다. 패션은 가장 훌륭한 최신 기능이 들어간 구글 폰이 될 예정이었고 팀은 그 기기에 정말 흥분해 있었다. 그리고 그다음이 이 모토로라 기기였다.

레베카가 말했다. "아무도 드로이드를 건드리고 싶어 하지 않았어요. 못생겼다고요. 다들 정말 넥서스 원에만 들떠 있었죠. 그리고 드로이드는 우리에게 맡겨졌는데요. 얼마 되지 않아 드로이드는 팀에 중요한 일이 됐어요. 첫 번째 버라이즌Verizon 출시 제품이 됐거든요."[24]

---

24 드로이드 출시에는 많은 마케팅 비용과 홍보가 포함됐고 결국 많은 안드로이드 기기가 팔리고 사용됐다. 이후 드로이드에 대한 이야기가 더 있는데 '45장 드로이드가 해냈다'에서 다룬다.

TI 칩은 칩용 드라이버가 있었다. 그런데 노키아에서 만든 대체 구현이 있어서 레베카는 그 대체 구현으로 시작하자고 제안했다.

"우리는 모토로라와 삼자 회의를 했는데 내가 그들에게 말했어요. 'TI 커널을 써서는 안 돼요. 뒤죽박죽이거든요. 노키아 커널을 사용해야 해요.' 그 후 TI 판매 사원으로부터 전화를 받았는데 '모토로라에서 전화를 했는데 당신이 우리 코드를 '똥'이라고 했다면서요'라고 하더군요.

나는 말했어요. '전 회의에서 어떤 욕설도 한 적이 없습니다.'"

당혹스러운 루트 버그

초기 안드로이드 개발의 특징 한 가지는 외부 도움을 받지 않은 팀의 실행 속도였다. 아무것도 없는 데서 3년 만에 1.0이 나왔다는 것은 놀라운 일이었다. 특히 안드로이드가 세상에서 가장 널리 배포된 운영 체제가 될 대부분의 기초가 첫 출시 버전에 들어 있었다는 점에서 그렇다.

내가 커피를 흘릴 확률은 내가 움직이는 속도에 비례한다. 실행 속도에는 그만한 절충이 따른다. 초기에는 모두가 너무 빨리 일하는 바람에 좀 더 신중하고 속도가 느린 환경이었다면 잡아낼 수 있었던 걸 알아차리지 못하기도 했다. 이러한 역동의 한 가지 예가 채팅 앱에서 기기를 리부팅할 수 있는 유명한(적어도 내부적으로는) '기능'이었다.

제프 샤키와 케니 루트Kenny Root는 1.0 출시 때 외부 개발자였다(두 사람 다 나중에 안드로이드에 합류한다). 두 사람은 첫 릴리스 전부터 안드로이드를 이리저리 뜯어보고 있었다. 케니는 SSH 클라이언트(원격 컴퓨터에 로그인할 수 있게 해 주는 앱)를 개발했다. 케니의 버전은 초기 SDK 1.0 이전 버전으로 빌드됐다. 샤키는 그 버전을 이후에 나온 안드로이드 빌드로 작업해 업데이트하고 기능을 좀 더 추가했다. 그들은 그 앱을 커넥트봇ConnectBot이란 이름으로 발표했는데 안드로이드 마켓Android Market[25] 초기 애플리케이션 중 하나였고 지금도 상위권 SSH 클라이언트다.

두 사람이 커넥트봇을 개발하고 있을 때 몇몇 사용자로부터 이상한 버그를 보고받았다. 샤키가 말했다. "집에 있는 서버에 SSH로 로그인해서 'reboot'라고 입력하면 스마트폰이 리부팅된다는 괴상한 버그를 어떤 사람이 알려 줬어요. 우리는 그들이 뭔가를 들추어내려는 거라고 생각하고 '재현 불가능'[26]으로 버그 보고를 닫았어요."

그러나 버그는 완전히 유효한 것으로 밝혀졌고 안드로이드 팀에는 아주 두려운 일이었다.

레베카 자빈이 말했다. "사람들이 지챗Gchat[27]에서 'root'[28]라고 입력

25 안드로이드 마켓은 애플리케이션 스토어의 원래 이름이었다. 2012년 구글 플레이 스토어로 이름이 바뀐다.
26 소프트웨어 제품 버그는 버그 데이터베이스에 정리된다. 엔지니어는 문제를 진단하는 데 도움이 될 수 있도록 버그에 관한 정보를 이 버그 데이터베이스에 추가한다. 버그는 이론상(결국) 닫히게 되어 있다. 가장 좋은 경우는 '수정됨'으로 닫히는 것이다. (버그를 제출한 사람에게) 최악의 경우는 '의도된 동작(버그 보고 내용은 정확하다. 그렇게 동작하게 되어 있다. 그리고 우리는 그게 정확한 동작이라고 생각한다'는 의미)'으로 닫히는 것이다. 그러나 모두에게 가장 실망스러운 종결 사례는 '재현 불가능'이다. 이는 '보고 내용을 믿지만 우리 기기에서는 문제를 확인할 수 없어서 그 현상을 일어나게 할 수 없다면 그 문제를 고칠 수 없다'는 의미다.
27 지챗은 구글 토크의 비공식 이름이었다. 지챗은 결국 행아웃 애플리케이션으로 대체됐다가 최근에는 구글 챗으로 바뀌었다.
28 컴퓨터에 루트 접근 권한을 가지면 중요한 파일 삭제, 시스템 종료 또는 리부팅 같은 일반 사용자가 할 수 없는 일을 할 수 있다. 보통은 그냥 'root'라고 입력해서는 루트 접근 권한을 가질 수 없다(해커는 시스템에 있는 백도어 보안 취약점을 좋아하지만 루트 권한을 쉽게 얻을 수 있다는 것은 뒷문이 열려 있다기보다는 앞문을 열어 둔 것과 같다).

하면 기기에 루트로 접근할 수 있다는 사실을 발견했어요. 그러고 나서 'shutdown' 또는 'reboot'라고 입력하면 그것도 실행된다는 걸 알아차렸죠."

그 버그가 어떻게 나왔는지 레베카가 설명했다.

"키보드 이벤트가 콘솔에 보내지고 나서 콘솔이 그대로 열려 있는 문제였어요. 직렬 콘솔serial console[29]은 늘 필요하죠. 편리하니까요. 그래서 우리는 디버깅을 위해 루트 콘솔을 두었는데…, 그걸 꺼야 했어요.

어느 시점부터 계속되는 버그가 있었어요. 우리는 프레임버퍼 콘솔을 사용했는데요. 그래서 리눅스 PC에서 하듯이 로그를 볼 수 있는 모드로 바꿀 수 있었어요. 왼쪽 상단 구석에 검은색 사각형이 나타나는 버그가 되풀이해 일어났는데요. 타이머 문제였어요. 어떤 경쟁 조건race condition[30] 때문에 그래픽으로 돌아갈 때 커서가 깜박이게 되는 거죠. 스티브 호로위츠가 나한테 말했어요. '검은 사각형, 그 검은 사각형이 나왔어요!'

그 문제를 고치느라 많은 시간을 쓴 후 나는 '프레임버퍼 콘솔을 그냥 꺼 버리죠. 왜 기기 화면에서 커널 로그를 봐야 하죠? 멍청한 짓이에요. 그냥 꺼 버리면 이 문제를 처리할 필요가 없잖아요'라고 말했어요.

---

29 직렬 콘솔은 윈도우 도스 창이나 맥 터미널 애플리케이션 같은 터미널 창이며 시스템에 내릴 명령을 입력할 수 있다.
30 경쟁 조건은 소프트웨어 버그의 흔한 원인이다. 문제의 원인은 잠정적으로 서로 관련 없는 소프트웨어(또는 전체 시스템)의 다른 두 부분이 동시에 같은 자원에 접근하려고 하는 것이다. 그런데 그 부분들은 독립적으로 실행되기 때문에(같은 프로세스 또는 다른 프로세스의 서로 다른 스레드) 어느 것이 먼저 접근할지 예측하기가 불가능하다. 일반적인 방식은 코드를 유연하게 만들어 어떠한 접근 순서라도 처리하게 하는 것이다. 문제는 코드의 임의의 지점에서 순서 문제를 생각하기 쉽지 않다는 것이다. 그리고 경쟁 조건은 드물게 일어나서 절대 볼 수 없거나 기기 화면에서 볼 수 없을 때 어딘가에서 일어나 버린다. 이것 또한 경쟁 조건의 한 유형이다.

2008년 3월 디버깅 중인 레베카(사진은 브라이언 스웨트랜드의 허락을 받고 게재)

그런데 콘솔을 껐는데도 버그가 여전히 있었어요. 그냥 보이지 않았을 뿐이죠. 우리는 모두 '아, 이런!' 하면서 한숨을 쉬었죠.

안전하게 만들었으니 그냥 잊어버리기로 했어요."

샤키가 말했다. "커넥트봇에 'reboot'라고 입력하면 원격 서버와 기기에 실제로 그 명령이 전달됐고 놀랍게도 리부팅됐죠."

닉 펠리는 그 버그를 기억했다. "우리는 그 버그를 누군가가 찾아낸 교묘하고 영리한 해킹이라고 생각했어요. 그래선 안 되지만 키보드를 한 글자씩 누를 때마다 루트 셸로 입력되니까요."

케니 루트가 덧붙였다. "아마 G1에서 처음으로 '루트'를 연 방법이었을 거예요. 그런데 내 이름을 딴 건 아니라는 사실을 확실히 해 두고 싶군요."

안드로이드가 개발 과정에서 세부 사항을 놓친 다른 예들도 있다. 모두가 매우 **빠르게** 내달렸고 그냥 돌아가게만 만든 것도 많았다. 다행히도 플랫폼은 시간이 지나 팀이 다시 문제를 고칠 수 있을 때까지 오래 살아남았다. 적어도 우리가 아는 플랫폼으로 말이다.

마이크 찬과 B 팀

> "우리가 세상을 바꿀 거라고 생각했어요. 그리고 바꿨고요."
> – 마이크 찬

1.0 전에 시스템 팀에 합류한 마지막 팀원은 마이크 찬이었다.

마이크가 처음 프로그래머가 되고 싶다고 생각한 건 중학교 때라는 이른 시기였다. 로드 러너Lode Runner 게임을 봤을 때 그는 커서 비디오 게임을 만들고 싶다고 생각했다. 그런데 꿈은 오래가지 못했다. 고등학교 때 그는 컴퓨터 시스템을 관리하는 데 좀 더 흥미를 느꼈다. 그러나 대학교에 들어가 프로그래밍 수업을 듣고 그는 프로그래머가 되겠다는 원래 계획으로 되돌아왔다. 학교를 졸업하고 구글에서 얻은 첫 번째 업무가 그의 운명을 결정했다.

마이크는 2006년 구글에서 일을 시작했는데 메핫과 레베카가 일하던 플랫폼 팀에 합류했다. 레베카가 팀을 옮기고 나서 한 달 후인 2008년 2월 그 역시 결국 안드로이드 부서로 옮겼다. SDK는 이미 출시됐지만 제품이 1.0이 되려면 해야 할 일이 여전히 많았다.

보안 조치

마이크의 업무 개시 프로젝트[31]는 1.0을 출시하기 전에 안드로이드를 안전하게 만드는 것이었다. 그 일을 하라고 강제로 압박한 사람은 없었다.

안드로이드는 처음부터 보안을 염두에 두고 만들었다. 스웨트랜드는 특히 그가 데인저에서 만들었던 보안 모델보다 더 안전한 안드로이드 보안 모델을 구현하고 싶어 했다. 힙톱 기기들은 자원이 좀 더 제한되어 있었고 앱을 보호할 하드웨어 기능도 없어서 소프트웨어 메커니즘에 의존했다. 스웨트랜드는 모든 안드로이드 하드웨어가 하드웨어 보안을 제공하는 메모리 관리 장치Memory Management Unit, MMU[32]를 가져야 한다고 주장했다.

플랫폼 보안의 또 다른 중요한 측면은 모든 애플리케이션을 기기에서 별도의 '사용자'로 취급하게 하는 것이었다. 다른 운영 체제에서는 사용자들이 다른 사용자들로부터는 보호되지만 자기 자신으로부터는 보호받지 못했다. 예를 들어 PC에 사용자 계정을 만들면 그 계정으로 만든 데이터는 시스템의 다른 사용자로부터 보호를 받는다. 그런데 내가 설치한 애플리케이션은 내 권한으로 실행되므로 내 모든 애플리케이션은 내 계정의 데이터에 전부 접근할 수 있다. 사용자

---

31 구글에서 업무 개시 프로젝트는 새로 들어온 직원이 자신의 분야에서 개발을 쉽게 할 수 있도록 주어지는 작업이다. 대체로 너무 깊이 빠져들어서 길을 잃지 않고 성취감을 느낄 수 있을 정도로 금방 끝낼 수 있는 작은 프로젝트다. 안드로이드에서 업무 개시 프로젝트는 구글의 일반적인 업무 개시 프로젝트와는 정말 달랐다. 그래서 새로 들어온 사람들이 기본적으로 깊이 빠져들었고 그 상태를 계속 유지했다.

32 이 하드웨어는 프로세스에서 사용하는 메모리 주소를 기기의 실제 물리적 메모리 주소로 변환한다. 이러한 접근 방식을 이용하면 한 프로세스가 다른 프로세스의 메모리를 (의도적으로든 그렇지 않든) 읽거나 쓰지 못하게 보장할 수 있다. 물리적으로 접근할 수 없기 때문이다.

와 사용자가 설치한 모든 애플리케이션 사이에는 암묵적 신뢰가 있는 것이다.

그러나 안드로이드 엔지니어들은 기기의 애플리케이션을 본질적으로 신뢰할 수 없다고 생각했다(그게 정확했다). 설치한 사용자 권한으로 앱이 실행되게 하기보다는 각 앱이 기기에서 별도의 유일한 사용자로 실행되게 하자는 것이 스웨트랜드의 설계였다. 이 접근 방식은 앱이 같은 기기에 설치된 다른 애플리케이션의 데이터에 자동으로 접근하지 못하도록(리눅스 커널의 사용자 아이디UID 메커니즘을 통해) 보장했다. 심지어 그 다른 애플리케이션이 같은 기기 소유자가 설치한 것이라도 말이다. 스웨트랜드는 사용자 형태로 앱이 만들어지고 지워지고 실행될 수 있도록 저수준 서비스를 제공했다. 프레임워크 팀의 다이앤 핵본은 이 서비스를 고수준 애플리케이션 허가권과 통합하고 애플리케이션 사용자 아이디 관리 정책을 만들었다.

하드웨어로 보호되는 프로세스와 사용자로 실행되는 애플리케이션 시스템이 대부분 갖춰지고 동작했지만 다듬어야 할 세부 사항이 많았다. 예를 들어 애플리케이션 프로세스가 보호됐지만 많은 내장 시스템 프로세스가 높은 허가권을 가진 사용자로 실행돼서 기기에서 절대적으로 필요한 것보다 더 많은 접근 권한을 가졌다.

그러는 동안에 아이폰이 탈옥[33]됐는데 이 사건은 1.0이 출시되기 전에 이 보안 작업을 마무리해야 함을 상기시켜 주었다.

마이크는 그 프로젝트로 안드로이드와 운영 체제 보안 모델에 입문했을 뿐 아니라 스웨트랜드의 관리 스타일을 알게 됐다고 생각했

---

33 운영 체제를 수정해 기기에서 소프트웨어 제한을 없애거나 바꾸는 것을 일컫는데 앱 스토어에 없는 애플리케이션 설치 같은 걸 할 수 있게 된다(사이드로딩이라고도 한다).

다. "스웨트랜드는 사람을 깊은 물에 던져 버리고는 가라앉을지 헤엄칠지 방법을 찾게 하는 흥미로운 방법을 썼어요."

업무 개시 프로젝트로는 큰 프로젝트였다. 첫 기기 출시 전에 확실히 완성해야 했기 때문에 해내야 한다는 압박이 있었을 뿐 아니라 당시 안드로이드에서 플랫폼과 앱을 빌드하는 모든 사람에게 영향을 끼치는 일이기도 했다. 압력이 가해졌다.

"뭔가를 바꾸려고 할 때마다 내가 이것저것 망가뜨렸어요. 굉장히 괴로웠죠. 모든 팀이 뭔가가 깨졌다고 불평하고 나는 할 수 있는 한 빨리 그걸 고치려고 했어요. 문제를 미리 찾으려고 애쓰면서요.

당시 안드로이드 엔지니어링 디렉터인 스티브 호로위츠가 나를 집중 공격했죠. '빌드를 깨 먹었잖아요.' 나는 '알아요, 호로위츠 씨. 제가 빌드를 깨뜨렸어요. 지금 고치려고 하는 중이에요. 거기 서 있어도 제가 더 빨리 고칠 수는 없어요'라고 말했어요.

시련이었죠. 많은 걸 배웠고 시스템의 모든 부분을 건드렸고 모든 걸 망가뜨렸으니까요."

마이크의 다음 프로젝트는 배터리 수명을 개선하는 것이었다. G1 출시가 다가왔을 당시 배터리 수명은 끔찍했다. 설상가상으로 모든 팀이 그 문제 때문에 다른 팀을 비난하고 있었다. "앱 팀은 프레임워크 팀을, 프레임워크 팀은 시스템 팀을, 시스템 팀은 앱 팀을 비난했어요."

루빈은 누구 잘못인지는 관심이 없었고 그냥 문제가 고쳐지기를 바랐다. 그는 스웨트랜드에게 그 문제를 맡겼고, 스웨트랜드는 다시 마이크에게 그 문제를 맡겼다.

스웨트랜드가 물었다. "전원 관리에 대해 얼마나 알아요?"

마이크가 말했다. "아무것도 모르는데요."

"그럼 공부하기 시작해요. 이 일을 마이크 씨에게 맡길 거예요." 스웨트랜드가 말했다.

마이크는 한 가지 기대로 인해 이 부분이 문제가 된다는 걸 깨달았다. "나는 모두에게 문제를 다음과 같이 설명했어요. 우리가 아이폰만큼 배터리 수명이 좋아야 한다고 이야기하는데요. 우리는 백그라운드에서 이 모든 앱을 실행하는 기능이 있고[34] 우리 하드웨어는 화면도 더 크고 백그라운드 작업도 실행하고 처음으로 3G를 지원했는데 물리적으로 배터리가 작을 수밖에 없잖아요."

마이크가 했던 주요 업무 한 가지는 전원이 어디에 쓰이고 있는지 알 수 있도록 시스템에 계측instrumentation 기능을 추가한 것이었다. 이렇게 하기 전에는 배터리가 바닥나는 걸 봐도 무엇 때문에 그렇게 되는지 알 수 없어서 근원적인 문제를 찾아 고칠 수 없었다. 문제가 어디에 있는지 알게 되자 그 문제를 해결할 수 있었다.

마이크는 프레임워크 팀 다이앤과도 논쟁을 벌였다. 많은 배터리 문제가 앱의 결함 있는 동작에서 비롯됐는데 몇몇 앱이 웨이크 락을 너무 오래 유지했기 때문이다. 그러나 사용자들은 그 문제가 그냥 다 안드로이드 탓이라고 비난했다.

"나는 앱이 백그라운드로 들어간다면 자원을 강제로 해제하는 좀 더 명확한 시스템을 요구했어요. 그러면 기본적으로 좀 덜 유연한 시스템이 되겠죠. 다이앤은 그 문제는 플랫폼의 잘못이 아니라 개발자

---

34 당시에 아이폰은 앱을 백그라운드에서 실행할 수 없었다. 백그라운드 앱 실행은 초창기 안드로이드의 특징적인 기능이었다.

의 잘못이고 제대로 고치려면 모든 앱 개발자를 교육해야 한다고 확고하게 믿었어요. 이 문제로 몇 년간 싸웠습니다."

마이크가 했던 다른 프로젝트는 거버너governor였다.

운영 체제의 거버너는 전력을 아껴 쓰기 위해 CPU의 속도 또는 주파수를 바꾸는 메커니즘이다. 예를 들어 CPU가 정말 빠르게 실행된다면 더 많은 전력과 배터리를 소모한다. 그러나 기기가 할 일이 없는데 CPU가 빠르게 실행된다면 불필요한 배터리 전력이 크게 낭비된다. 거버너는 이처럼 서로 다른 런타임 모드를 감지해 그에 따라 CPU 주파수를 조정하기 위해 존재한다.

G1이 출시됐을 때 사실상 유일한 거버너는 온디멘드ondemand 거버너였는데 리눅스 커널의 일부였다. 이것은 최고 속도와 유휴idle 두 가지 설정밖에 없는 단순한 시스템이었다. 없는 것보다는 나았지만 안드로이드에 쓰기에는 그다지 좋지 않았다. 특히 그 거버너의 휴리스틱heuristic은 서버 또는 데스크톱 컴퓨터에서 실행되는 리눅스에 맞춰져 있어서 모바일 기기라는 좀 더 제한된 세계에는 맞지 않았다.

마이크는 1.0 후반부에 거버너를 만지기 시작했다. 그러나 루빈이 구글 임원진 앞에서 시연하는 도중 운이 없게도 사고가 난 후로 그 프로젝트는 미뤄야 했다.

마이크가 변경 사항 하나를 등록했는데 기기가 극도로 느려진 것이다. "보수적conservative 거버너를 가지고 주 브랜치main branch[35]에서 실험하고 있었는데 이 거버너는 성능을 희생해서 전력을 아끼는 방

---

35 주 브랜치는 모든 코드 변경 사항이 등록되는 곳이다. 특별한 기기나 상황을 위한 다른 빌드 브랜치가 있을 때도 있지만 주 제품 코드가 등록, 빌드, 테스트, 출시되는 곳은 주 브랜치다. 주 브랜치에 코드를 등록할 때는 모든 사람이 그 코드를 자신의 빌드와 기기에 가져다 쓴다는 점(좋든 싫든)을 명심해야 한다.

향으로 매우 치우친 거버너였어요. 기기를 거의 쓸 수 없게 됐죠."

한편 루빈은 월간 검토 시간에 프로젝트 진행 상황을 래리와 세르게이에게 보여 주게 됐다. 루빈은 주 브랜치 빌드를 기기 플래시 메모리에 구워서[36] 미팅에 갔다.

루빈은 미팅에서 그 빌드로 시연을 했는데 잘되지 않았다.

"루빈이 돌아왔는데 화가 잔뜩 나 있었어요."

이 사고는 마이크에게 큰 배움의 경험이었다. 한편으로는 모두가 그 빌드를 사용할 수도 있으므로 변경 사항을 등록하기 전에 테스트를 하는 것이 중요하다는 점을 배웠을 뿐 아니라 지지해 주는 관리자가 있다는 게 중요하다는 점도 배웠다.

"스웨트랜드가 복도에서 루빈을 정면으로 마주보고 서서 테스트하지 않고 주 브랜치를 사용한 건 루빈의 잘못이라고 소리쳤어요. 우리는 안드로이드를 제때 출시하기 위해 이 모든 일을 하고 있지만 루빈의 시연을 완벽하게 만들 시간은 없다고요. 나는 누군가가 루빈에게 소리를 지르는 걸 본 적이 없어요. 스웨트랜드는 제 이름을 꺼내지도 않았죠. 제 코드란 걸 알면서도요.

스웨트랜드가 제 책상으로 와서 조용히 말했어요. 내 모든 변경 사항을 되돌리고 출시할 때까지 건드리지 말라고요."

---

36 안드로이드에서 쓰는 용어로 빌드를 설치하는 것을 의미한다(안드로이드 기기는 '플래시 메모리'를 사용하므로 이 용어를 쓴다). 컴퓨터에서 빌드했다면 컴퓨터로 기기 플래시 메모리를 구우면 된다(USB 케이블로 기기를 컴퓨터에 끼운 채로). 또 안드로이드 건물에는 '플래시 스테이션'이 있어서 최근 빌드를 설치할 수 있었다. 이 스테이션은 테스트 용도로서로 다른 빌드를 설치할 수 있어서 유용했다. 아니면 이 이야기에서처럼 앞서 설치한 빌드가 좋지 않을 때도 유용했다.

B 팀

마이크는 드로이드 프로젝트를 하러 레베카의 팀에 합류했다. 시스템 팀은 패션(넥서스 원) 작업을 하는 사람들과 드로이드 작업을 하는 사람들로 나뉘어 있었다. 스웨트랜드는 그때 일을 기억했다. "나는 시스템 그룹을 두 팀으로 나눠서 일을 넥서스 원과 드로이드로 분배하기로 결정하고 이 결정 사항을 팀 회의 때 발표했어요. '팀을 나눠야 하는데요. A 팀과…,' 내가 잠시 멈췄다가 더 좋은 표현으로 바꿔 말하기도 전에 길링[37]이 'B 팀!'이라고 마무리해 버렸고 끔찍하게도 팀원들은 그걸 명예의 증표로 받아들였어요(그래서 당황스러웠죠)." 패션 프로젝트 팀원은 대부분 하드웨어에 좀 더 익숙한 사람들이었다. 그러나 레베카는 드로이드 프로젝트가 'B 팀'이 된 건 그들이 팀에서 기대하지 않는 기기 작업을 하기 때문이라고 농담을 했다. 패션은 당시 팀의 모든 사랑 그리고 열정passion을 받았다.

마이크가 말했다. "모두들 넥서스가 대박 나서 시장을 차지하리라 예상했어요. 첫 번째 구글 브랜드 스마트폰이고 키보드도 없고 매끈한 디자인에 OLEDOrganic Light Emitting Diode 화면을 갖췄기 때문이죠. 정말 좋은 스마트폰이었어요."

반면 드로이드 하드웨어 디자인은 당시 전혀 흥미롭지 않았다. "모토로라에서 놀라운 디자인이 나올 거라고 늘 큰소리를 쳤어요. 마침내 디자인을 선보였는데 못생긴 사각형 덩어리더군요. 이건 초기 시제품일 거야 하고 생각했던 게 기억나네요. 최종 디자인으로 새로운 게 나올 거라고요. 그랬을 것 같죠? 아뇨, 우리가 출시한 게 바로 그 디자인이었어요."

---

37 에릭 길링(Erik Gilling)은 당시 시스템 팀의 또 다른 팀원이었다.

결국 구글이 넥서스 원에 들인 노력은 버라이즌의 드로이드 브랜딩과 마케팅 때문에 빛을 잃었다. 좀 더 자세한 이야기는 나중에 하겠다.

탄탄한 팀 만들기

나머지 소프트웨어 스택 이야기로 옮겨 가기 전에 시스템 팀의 접근 방식과 성취에 관해 곰곰이 생각해 볼 만하다. 우선 그들이 만든 것은 전부 운영 체제의 나머지 부분이 작동할 수 있도록 하는 데 기반이 되는 것이었고 기능적인 부분은 얼마 되지 않았다. 또 그들이 취한 접근 방식을 통해 당장의 시급한 필요가 아니라 일을 완전하게 해 내면서 그들이 상상한(또는 희망한) 안드로이드의 모습을 고대하는 안드로이드 팀의 전반적인 분위기를 엿볼 수 있다.

예를 들어 그들은 현재 입수할 수 있는 한두 기기만 작업하지 않았다. 나머지 안드로이드 팀원들이 1.0 이전에 개발된 수너와 드림 폰에 집중하는 동안 시스템 팀은 안드로이드가 여러 기기에서 동작하도록 만들었는데 그 덕분에 향후 제조사에서 완전히 다른 하드웨어가 나왔을 때 탄탄하고 유연하게 대응할 수 있었다.

또한 팀은 하드웨어 제조사가 만든 드라이버를 그냥 끼워 넣어서 제품을 출시하지 않았다. 그들은 모든 걸 바닥부터 견고하고 강건하게 만들었다.

펠리는 팀의 이러한 역동성에 대해 이야기했다.

"시스템 팀이 단지 통합 팀이 아니었던 이유는 무엇이었을까요? 통합은 드라이버를 직접 작성하기보다는 여러 가지 것을 서로 맞물려

안드로이드를 노키아 기기에 이식한 것을 스웨트랜드는 '명절 이식'이라고 불렀는데 2007년 추수 감사절 주말에 작업했기 때문이다(사진은 브라이언 스웨트랜드의 허락을 받고 게재).

서 동작하게 하는 것인데 제조사 드라이버를 가져다 안드로이드에서 동작하게 하는 거죠.

우리는 장치 드라이버를 아주 많이 작성했는데 다른 회사에서는 그렇게 하지 않았어요. 다른 회사들은 칩 제조사들이 건넨 리눅스 레퍼런스 드라이버를 그냥 가져다 쓰기만 했죠. 당시를 되돌아보면 그

2008년 3월 안드로이드를 PC에 이식했다. 가로 방향 랩톱 화면에서는 세로 방향 휴대 전화 화면이 제대로 보이지 않는다(사진은 브라이언 스웨트랜드의 허락을 받고 게재).

리눅스 레퍼런스 드라이버들은 완전히 형편없었어요. 레퍼런스 드라이버를 쓰지 않기로 한 건 핵심 결정이었죠. 우리는 상위 프로젝트에 기여할 수 있고 우리가 끝까지 유지 보수하고 지원할 수 있는 수준의 품질로 드라이버를 재작성했습니다. 나머지 생태계는 우리의 선례를 따를 수도 있고 우리 드라이버를 포크하거나 그냥 재사용할 수도 있습니다.

우리는 결국 품질이 더 높은 드라이버를 만들었어요. 물론 버그가 좀 있기는 했지만 안정적이었습니다. 형편없는 드라이버를 사용하면 안정성을 대가로 치르죠. 주변 기기는 제멋대로 오동작하고 기기는 리부팅될 거예요. 그리고 좋은 드라이버와 웨이크 락 같은 것들 없이는 전원 관리를 정확히 하기 어렵습니다. 배터리 수명을 그냥 망가뜨리는 거예요.

스웨트랜드가 내린 그 핵심 결정 덕분에 우리가 올바른 길로 갈 수 있었다고 생각해요. 우리는 여기에서 고품질 코드 기반을 만들고 있고 올바른 방법으로 그 일을 하고 있습니다."

8

프로그래밍 언어는 하나만

"우리는 성탄 휴가를 마치고 돌아와서 아침 일찍 활기차게 루빈에게 전화를 걸었어요. 그런데 루빈과 스웨트랜드가 일주일 휴가 기간 중에 저녁을 먹으면서 모든 걸 자바로 작성하기로 결정했다고 내게 통보했어요."

– 조 오노라토

언어 선택

안드로이드용 프로그래밍 언어 선택은 보이는 것보다 더 안드로이드 성장과 관련이 있었다. 프로그래밍 언어는 결국 컴퓨터에 정보를 입력하는 매체일 뿐인데 정말 그게 중요한 걸까?

맞다. 그렇다. 경험이 풍부한 프로그래머는 새로운 언어를 언제나 고를 수 있고 실제로 고른다. 그러나 이러한 전문가라도 자신이 잘

아는 언어로 좀 더 효율적인 패턴을 개발한다. 그리고 개발자가 이 프로젝트에서 저 프로젝트로 가지고 갈 수 있는 미들웨어나 유틸리티 라이브러리의 효과를 무시할 수 없다. 프로그래머가 한 프로젝트에서 몇몇 라이브러리[1]에 의존하고 그 라이브러리로 다른 프로젝트를 시작한다는 사실은 모든 새로운 프로젝트에서 좀 더 효율적이고 생산적일 수 있음을 의미한다. 세상을 계속해서 새로 창조할 필요가 없기 때문이다.

따라서 자바 프로그래밍 언어[2]를 사용하기로 선택한 것은 중요했다. 안드로이드가 출시될 당시 자바는 전 세계 소프트웨어 개발자가 사용하는 주요 언어 중 하나였기 때문이다. 그래서 안드로이드에서 기존 언어 기술을 사용해 애플리케이션을 작성할 수 있다는 사실은 새로운 언어를 배우느라 시간을 들이는 일을 피할 수 있음을 의미했다.

그런데 안드로이드 초창기에 어떤 언어를 선택할지는 당면한 문제도 아니었고 확실히 결정된 것도 없었다. 실제로는 세 언어가 내부적으로 논의되고 있었다.

먼저 자바스크립트가 있었다. 사실 처음에는 자바스크립트만 있었다. 안드로이드는 원래 웹 프로그래밍 언어인 자바스크립트로 만든

---

1 라이브러리의 개념은 부록 용어 해설의 객체 지향 프로그래밍 부분에서 설명한다.
2 지금까지는 그냥 자바라고 썼는데 '자바 프로그래밍 언어'가 너무 길고 성가셨기 때문이다. 두 가지의 차이를 이해해야 한다. 그리고 안드로이드용 프로그래밍 언어에 대해 이야기할 때 자바 프로그래밍 언어라고 길게 쓰는 이유는 오라클에서 제공하는 자바 플랫폼이 있기 때문이다. 이 플랫폼에는 오라클에서 개발한 언어, 자바 런타임(핫스팟), 라이브러리 구현이 포함된다(예전에 썬에서 개발했으나 오라클이 썬을 인수했다). 그러나 안드로이드에서는 이 중에서 언어 자체만 사용한다. 런타임은 완전히 다르고 개발자들이 자신의 애플리케이션에 사용할 수 있는, 자바 언어로 구현된 라이브러리도 다르다. 그러나 모든 곳에서 '자바 프로그래밍 언어'라고 써서 이 책의 가독성을 해치고 낱말 수를 인위적으로 늘리기보다는 그냥 자바라고 쓰겠다. 그냥 언어를 의미한다고 알아 두기 바란다.

데스크톱 앱이었다.

자바스크립트는 우리가 방문하는 웹 페이지에 있는 코드를 작성하기 위해 개발자가 사용하는 프로그래밍 언어다. 브라우저 페이지에서 뭔가 움직이는 것을 본다면 그 애니메이션은 대개 자바스크립트 코드로 작동하는 것이다. 그러나 자바스크립트는 다소, 그러니까 진정한 프로그래밍 언어라고 하기에는 지저분했다. 개발자가 자바스크립트로 뭔가를 기본적으로 동작하게 하기는 쉬웠으나 기본적인 개념[3] 때문에 더 큰 시스템을 프로그래밍하기가 어려웠다.

실제 안드로이드 플랫폼 개발에 착수한 후 자바스크립트, C++, 자바 중에서 사용할 언어를 선택해야 했다.

C++는 많은 개발자가 알고 오늘날까지 저수준 프로그래밍 작업에 쓰이기 때문에 매력적이었다. C++ 개발자는 메모리 할당 같은 애플리케이션 동작의 중요한 측면을 많이 제어할 수 있다. 그러나 단점은 개발자가 자신의 애플리케이션에서 이러한 정보를 관리해야 한다는 점이다. 객체(이를테면 이미지)를 저장하기 위해 메모리를 할당한다면 작업이 끝날 때 반드시 메모리를 해제해야 한다. 이에 실패하면 (소프트웨어에서 너무 흔한 문제다) 메모리가 새는 메모리 누수가 일어나고 애플리케이션이 시스템 가용 메모리를 제한 없이 다 써 버려서 시스템이 메모리를 더는 제공하지 못하게 된다.

자바는 런타임 또는 가상 기계라는 개념 위에 만들어진 프로그래

---

3 나는 책 서문 읽기를 늘 좋아하는데 서문이 책과 주제에 대해 맥락을 제공하기 때문이다. 내가 읽은 모든 기술 서적 서문 중에서 가장 좋아하는 문장은 더글러스 크록포드(Douglas Crockford)가 그의 책 《Javascript: The Good Parts》에 쓴 서문이다. "자바스크립트 창시자 '아무개'에게 감사한다. 그가 없었다면 이 책은 필요 없었을 것이다."

밍 언어다. 이는 C++ 프로그래머가 직접 처리해야 하는 지루한 메모리 관리 작업을 모두 처리해 준다. 앞서 이미지 예에서 자바 프로그래머는 그냥 이미지를 불러들이기만 하면 메모리가 할당된다. 이미지가 더는 사용되지 않으면 런타임이 메모리를 자동으로 수거하는데 가비지 컬렉션으로 알려져 있다. 자바 개발자는 메모리 수거(그리고 누수)의 세부적인 내용을 모르는 척하고 실제 애플리케이션 로직을 작성하는 일을 시작할 수 있다.

팀이 자바를 고려한 또 다른 이유는 다양한 기기에서 이미 동작하는 자바 기반 플랫폼인 J2MEJava 2 Platform Micro Edition[4]의 존재 때문이었다. 피커스 커크패트릭이 말했다. "당시 휴대 전화를 만들어 통신 회사와 계약하려면 J2ME를 지원해야 했어요." 자바를 선택하면 플랫폼에서 J2ME 코드를 실행할 수 있게 되는데 안드로이드가 처음 만들어졌을 당시만 해도 유용하다고 여겨졌다.

마지막으로 이클립스와 넷빈즈를 비롯해 공짜로 사용할 수 있는 강력한 자바 코드 작성 도구가 있었다. 반면 C++는 괜찮은 무료 통합 개발 환경integrated development environment[5] 지원이 없었다. 마이크로소프트에서 뛰어난 C++ 개발 도구인 비주얼 스튜디오를 제공했지만 무료가 아니었고, 안드로이드는 비싼 도구를 요구하지 않는다는 면에서 모든 개발자의 마음에 들고 싶었다.

첫 번째 계획은 단지 한 언어가 아니라 선택권을 제공하는 것이었다. 피커스가 말했다. "우리의 원래 구상은 모든 걸 언어 독립적인 방식으로 하는 것이었어요. 자바스크립트, C++, 자바로 앱을 작성할 수

---

4 자바 ME라고도 부른다. 부록 용어 해설의 자바 ME 설명을 보라.
5 부록 용어 해설에서 설명한다.

있는 거죠. 그러다가 누군가가 또 다른 언어를 제시할 거고 그런 식으로는 만들 수 없다는 걸 결국 깨달았죠. 그래서 우리는 '자, 언어를 하나 고르자'라고 정했어요."

앤디 루빈은 개발자들을 위해 단순하게 언어 하나만 선택해야 한다고 생각했다. 스웨트랜드가 말했다. "우리는 자바와 C++를 쓰는 구상을 하고 있었어요. 루빈은 헷갈리지 않게 한 언어, 한 API가 필요하다는 걸 강하게 느끼고 있었죠. 그는 여러 가지 서로 다른 툴킷[6]을 가진 심비안[7]이 혼란스럽다고 생각했어요."

이러한 내용이 토론에 영향을 미친 기술적 세부 사항과 장점이다. 실제 결정은 다소 비공식적으로 이뤄졌다. 루빈이 어느 날 저녁 스웨트랜드를 불러내 저녁을 먹으면서 정해 버렸기 때문이다.

언어 선택은 안드로이드에서 결정이 얼마나 빨리 이뤄졌는지 보여주는 좋은 예다. 어느 정도는 루빈의 결정이었고, 루빈은 어려운 결정을 해서 조직이 재빨리 실행에 옮길 수 있도록 하려는 경향이 있었기 때문이다. 그러나 더욱 중요한 것은 조직이 다음 단계로 넘어가서 아주 많은 나머지 작업을 할 수 있도록 결정이 빠르게 내려졌다는 점이다. 한동안 언어 선택을 두고 내부적으로 토론이 벌어졌지만 정답은 없었는데, 간단히 결정하는 게 모두가 만족하는 결정을 하는 것보다 나았다. 그래서 자바로 결정됐고 팀은 그 결정으로 나아갔다.

피커스가 그 결정에 대해 말했다. "대단한 결정처럼 느껴지지는 않

---

6 툴킷은 플랫폼의 시각적 기능과 사용자 인터페이스 기능을 가리키는 데 사용되기도 한다. 툴킷과 프레임워크라는 용어는 이 책 마지막 부록 용어 해설에서 더 자세히 설명한다.
7 심비안은 노키아와 여타 제조사에서 사용한 운영 체제다. 서로 다른 변형판들이 있었는데 이로 인해 애플리케이션을 작성하기가 어려웠다. 주어진 심비안 기기에 어떤 기능이 들어 있는지 분명하지 않았기 때문이다.

았어요. 통신 회사가 당시 존재했던 J2ME[8] 앱과 생태계가 지원되기를 바랐으니까요. 그리고 우리 중 몇 명은 전에 데인저에서 힙톱을 만들었으니 저사양 기기에서 자바가 실행되게 할 수 있었어요."

다이앤 핵본은 결정이 내려졌을 때를 기억한다. "루빈이 매우 정확히 말했어요. '우리는 서로 다른 세 언어를 쓸 수 없습니다. 말도 안 되는 일이고 하나를 골라야 합니다. 그래서 우리는 자바를 쓸 겁니다.' 그 결정과 관련된 많은 드라마가 있었죠. 아무도 자바스크립트에는 관심이 없었지만 C++에 관심 있던 사람은 많았거든요."

자바 선택은 팀 전문 기술을 비롯해 여러 가지 이유로 타당했다. 예를 들어 데인저 출신 엔지니어들은 그 당시의 매우 제한된 기기에 탑재할 운영 체제를 자바로 효율적으로 작성하는 방법을 배웠다. 결국 이 결정과 여타 많은 결정으로 팀은 실용적인 접근 방식을 취하게 됐다. 다이앤이 말했다. "누군가 그걸 좋아했기 때문이 아니라 플랫폼이 성공하려면 타당했기 때문이고 팀이 거기에 적응한 거예요."

자바가 안드로이드 개발을 위한 주요 언어로 선택됐지만 다른 언어로 작성된 안드로이드 코드가 많았다(지금도 그렇다).[9] 우선 플랫폼 자체는 많은 부분이 C++(그리고 일부 제한된 부분은 어셈블리 언어)로 작성됐다. 대부분의 게임 역시 C++로 작성됐고[10] 몇 가지 다른 앱도 전체 또는 부분적으로 C++로 작성됐다. C++는 많은 개발자에

---

8 안드로이드는 결국 J2ME 애플리케이션을 지원하지 않았다. 안드로이드가 출시됐을 때 J2ME는 더는 고려할 요소가 아니었다(이런 상황은 안드로이드와는 관련이 없다. 단지 아이폰 이후 스마트폰 세계는 J2ME 플랫폼에 아무런 관심도 없었기 때문이다).

9 (옮긴이) 2017년부터 코틀린이 안드로이드 공식 개발 언어로 추가된 후 구글 지도, 구글 드라이브, 플레이 스토어 등 많은 앱이 코틀린으로 전환되고 있다.

10 (옮긴이) 유니티 게임 엔진을 안드로이드에서 사용할 수 있게 되면서 C# 등의 언어로 작성된 안드로이드용 게임도 많아졌다.

메핫의 번호판. 메핫은 안드로이드 개발에 선택된 언어를 좋아하지 않았다(사진은 에릭 피셔의 허락을 받고 게재).

게 인기 있는 언어인데 저수준 코드에서 성능 우위를 보일 뿐 아니라 기존 C++ 라이브러리나 도구와 통합하기 좋기 때문이었다. 그러나 주 언어, 특히 대부분의 게임이 아닌 애플리케이션용 언어는 자바가 됐고 모든 안드로이드 API는 자바로 작성됐다.

언어 결정에 모두가 만족하지는 않았다. 산 메핫은 자바 열혈 팬이 아니었는데 특히 그가 하는 저수준 시스템 프로그래밍 때문이었다. "언어 자체 때문에 문제는 없었어요. 문제가 됐다면 자바가 확장성 있고 잘 동작하는 코드를 작성하는 데 중요한 세부 사항을 가려서였을 거예요." 그는 차량 번호판을 새로 주문했는데 'JAVA SUX'라고 적혀 있었다. "번호판을 가지러 가니 차량국 사람들이 무슨 뜻이냐고 물어보더군요. 나는 썬에서 일했던 적이 있고 자바와 관련된 것들을 만들었는데 부가 사용자 확장secondary user extension을 뜻한다고 대답했어요. '알겠습니다'라고 하더군요."

런타임

런타임을 이해하려면 프로그래밍 언어에 대해 어느 정도 이해해야 한다. 프로그래머는 자신이 선택한 언어(C, 자바, C++, 코틀린, 파이썬, 어셈블리 등 무엇이든)로 코드를 작성한다. 컴퓨터는 이 언어들을 이해하지 못한다. 바이너리 코드(0과 1)를 이해한다. 그런데 그게 문제다. 바이너리 코드는 '이 두 수를 더하라' 같은 컴퓨터가 실행해야 할 명령을 나타낸다. 일반적인 프로그래밍 언어를 컴퓨터가 이해하는 바이너리로 인코딩된 명령으로 변환하기 위해 프로그래머는 컴파일러라는 도구를 사용한다.

컴파일러는 프로그래머가 사용한 어떤 언어든 컴퓨터가 이해하는 바이너리 명령으로 번역한다. 예를 들어 C로 작성한 코드를 가져다 PC용 바이너리 표현으로 컴파일하면 컴파일된 C 코드는 그 PC에서 실행될 것이다.

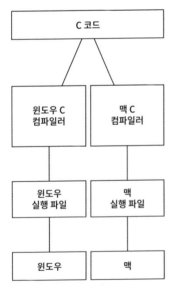

개별적인 컴파일러로 코드가 실행될 모든 종류의 컴퓨터에 맞는 고유한 실행 파일을 만든다.

똑같이 컴파일된 코드라도 컴퓨터가 달라지면(이를테면 맥 또는 리눅스 서버) 실행되지 않을 수도 있다. 같은 종류의 CPU를 사용하지 않으면 컴파일러가 만들어 낸 바이너리 명령을 이해하지 못하기 때문이다. 대신 원 소스 코드를 자신이 실행하고자 하는 하드웨어 종류에 맞게 서로 다른 바이너리 버전으로 컴파일해야 한다.

그러다 자바가 등장했다. 자바 컴파일러는 소스 코드를 컴퓨터가 읽을 수 있는 코드가 아니라 바이트코드라는 중간 표현으로 번역한다. 이 코드는 런타임이라는 추가 소프트웨어를 실행하는 어느 컴퓨터 플랫폼에서나 실행될 수 있다. 런타임은 바이트코드를 해석해서 컴퓨터의 바이너리 표현으로 번역하는데, 특히 즉시 컴파일한다. 서로 다른 하드웨어에서 실행되는 이 능력을 썬(제임스 고슬링이 이 회사에서 일하면서 자바를 만들었다)에서는 '한 번 작성하면 어디에서든 실행된다'고 일컬었다. 코드가 바이트코드로 컴파일되면 자바 런

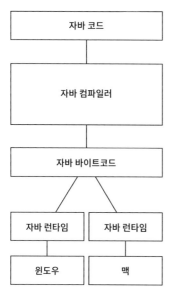

자바 코드는 한 번만 컴파일하면 된다. 이렇게 컴파일하면 자바 런타임이 있는 모든 타깃 컴퓨터에서 실행할 수 있는 단일 실행 파일이 만들어진다.

타임이 있는 어느 타깃 컴퓨터에서나 실행될 수 있었다.

안드로이드 팀은 자바를 사용하고 싶어 했기 때문에 런타임도 필요했다. 사실 그들은 몇 가지를 살펴보았다.

처음에 팀은 단순히 기존 런타임을 사용했다. 기존 런타임 중 처음 사용한 것은 와바Waba[11]였다. 나중에 잼VMJamVM[12]이 와바를 대체했다. 마이크 플레밍이 이때 합류해서 잼VM 개발을 도왔다. "댄 본스테인의 가상 기계는 당분간 준비되지 않을 것 같아서 우리는 끔찍한 코드를 많이 작성해야 했어요. 우리가 자바 플랫폼을 제공해야 한다면 한동안 쓸 수 있는 뭔가가 필요했습니다. 스웨트랜드와 패든이 나를 도와줬죠." 잼VM은 2007년 안드로이드 런타임(달빅)이 완전히 제대로 동작할 때까지 안드로이드에서 사용됐다.

댄 본스테인과 달빅 런타임

> "파일을 열고 무작위로 키 몇 개를 두드리고 나서 마무리될 때까지 디버깅해요."
>
> – 댄 본스테인(앤디 맥패든에게 들은 이야기)

와바와 잼VM이 프로토타이핑과 초기 개발에는 충분했지만 팀은 필요한 만큼 제어하고 맞춤 개발할 수 있는 고유한 런타임을 원했다. 브라이언 스웨트랜드가 데인저에서 런타임을 개발해 본 적이 있었지

---

11 와바소프트의 릭 와일드(Rick Wild)가 해당 오픈 소스 웹 사이트(waba.sourceforge.net)에 쓴 설명에 따르면 "휴대용 기기를 겨냥한(하지만 데스크톱 컴퓨터에서도 실행되는) 작고 효율적이며 신뢰할 수 있는 자바 가상 기계"라고 되어 있다.

12 로버트 로커가 만든 잼VM 역시 오픈 소스로 javavm.sourceforge.net에서 구할 수 있다. 웹 사이트에는 "잼VM은 자바 가상 기계 명세 최신판 지원을 목표로 하는 오픈 소스 자바 가상 기계이며 동시에 간결하고 이해하기 쉽다"라고 설명되어 있다.

만 안드로이드용 커널과 시스템 작업 때문에 너무 바빴다. 그래서 팀은 댄 본스테인을 채용했는데 그는 데인저에서 스웨트랜드와 함께 일한 개발자였다.

본스테인(팀에서 쓴 별명은 'danfuzz')은 데인저에서 스웨트랜드로부터 런타임 개발을 인계받았던 적이 있었다. "채용되고 나서 얼마 되지 않아 나는 내 자신을 '브라이언 2세'라고 불렀어요. 스웨트랜드는 좋아하지 않았지만…, 그래서 계속 그렇게 불렀죠."

본스테인은 일곱 살 때 프로그래밍을 접했다. 그와 그의 형은 그냥 비디오 게임을 하고 싶어서 부모님에게 애플 II를 사 달라고 이야기했는데, 부모님은 컴퓨터가 게임기이자 교육용 기기 둘 다 될 수 있다고 생각했다. 부모님이 명백히 옳았다. 본스테인이 비디오 게임을 하지 않고 프로그래밍을 하기 시작했기 때문이다. "정말 형편없는 비디오 게임을 만들었어요. 대부분 텍스트로 된 저해상도 그래픽이었죠." 본스테인과 그의 형 둘 다 결국 소프트웨어 엔지니어가 됐다.

본스테인은 1990년대와 2000년대 초 실리콘 밸리의 다양한 회사에서 일했는데 그중에는 데인저도 포함된다. 데인저에서 그가 했던 일이 뭐냐면 바로 자바 프로그래밍 언어용 런타임 작업이었다. 따라서 2005년 10월 입사했을 때 안드로이드 팀에서 그 일을 할 당연한 후보자는 본스테인이었다.

본스테인의 첫 작업은 가능한 선택지를 평가하는 것이었다. 당시 작은 안드로이드 팀으로서는 그냥 기존 기술(오픈 소스 또는 인수할 수 있는 어떤 기술)을 사용할지, 내부에서 뭔가를 만들어야 할지 판단하기가 분명하지 않았다. 본스테인은 기존 런타임을 평가하면서 런타임을 바닥부터 만드는 두 선택지를 동시에 작업하기 시작했다.

와바와 잼VM은 팀이 자바를 빨리 사용할 수 있다는 면에서는 잘 맞았지만 장기적인 선택지로서는 진지하게 고려되지 않았다. 두 런타임 모두 자바 바이트코드를 직접 해석했다. 그러나 팀은 자바 코드를 좀 더 최적화된 또 다른 형식으로 바꿔서 성능과 메모리 이득을 얻을 수 있다고 생각했다. 새로운 바이트코드 형식은 새로운 런타임을 의미했으므로 본스테인은 그 작업을 하느라 바빠지기 시작했다.

본스테인은 새 런타임 작업을 시작했는데 이름을 달빅이라고 지었다. "맥스위니McSweeny's 잡지를 막 다 읽었는데 현대 아이슬란드 소설의 영어 번역에 관한 기사로 이뤄져 있었어요. 그래서 머릿속에 아이슬란드가 들어 있었죠. 아이슬란드 지도를 보면서 짧고 발음하기 좋고 기이한 문자가 없는 뭔가를 찾으려고 했어요. 그리고 달비크

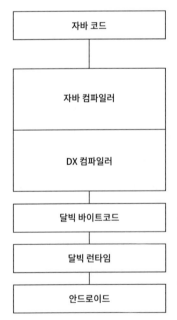

안드로이드용으로 작성된 자바 코드는 2단계 컴파일을 거친다. 1단계에서는 자바 바이트코드를 만들고 그다음에 달빅 바이트코드로 변환하고 나서 안드로이드 달빅 런타임에서 실행된다.

아이슬란드 도시 달비크 외곽에서 기념사진을 찍은 댄 본스테인. G1 작업을 끝내고 기기가 실제로 출시되기까지 사이의 기간에 본스테인은 달빅 작업을 잠시 쉬고 달비크를 방문했다(사진은 댄 본스테인의 허락을 받고 게재).

Dalvík[13]를 찾았죠. 멋진 작은 마을처럼 들렸어요."

자바 바이트코드를 실행하는 대신 달빅 가상 기계는 자바 바이트코드로부터 컴파일된 또 다른 형태의 바이트코드를 실행한다. 고유한 바이트코드 형식을 사용해서 크기 면에서 효율성을 얻을 수 있었는데 당시 기기 저장 공간이 매우 비쌌기 때문이다. 달빅 바이트코드는 달빅에서 읽을 수 있는 dexDalvik Executable[14]라는 형태로 만들기 위해 추가 컴파일 단계(DX라는 또 다른 컴파일러를 사용[15])가 필요했다.

결국 패든이 런타임 작업을 거들었다. "본스테인이 바이트코드 변환기가 꽤 잘 동작하게 만들어서 누군가가 나서서 가상 기계를 작성

13 본스테인이 말했다. "어떤 아이슬란드 사람이 철자를 잘못 썼다고 나를 야단치더군요. 나는 그에게 도시 철자는 Dalvík이지만 가상 기계 철자는 Dalvik이라고 말했어요."
  (옮긴이) 아이슬란드어 철자는 'i'에 악센트 부호가 붙은 'í'다.
14 안드로이드 달빅 런타임에서 이해하는 바이트코드 형식
15 (옮긴이) 2018년부터 D8이라는 컴파일러가 쓰이고 있다.

해야 했어요. 내가 자원했지만 자바와 가상 기계에 대해 아는 게 거의 없고 어디에서 시작해야 할지 확실히 모르겠다고 밝혔습니다. 그가 말했어요. '파일을 열고 무작위로 키 몇 개를 두드리고 나서 마무리될 때까지 디버깅해요.'"

팀의 또 다른 엔지니어 데이브 보트Dave Bort는 달빅 가비지 컬렉터의 첫 버전을 작성했다. 그 가비지 컬렉터는 1.0에 런타임과 함께 출시됐고 수년간의 개선과 최적화의 기초가 됐다.

이 시기 내내 런타임은 계속 바뀌었지만 플랫폼을 위해 작성된 자바 코드에는 영향을 미치지 않았다. 와바와 잼VM을 거쳐 초기 달빅 런타임까지 주요한 변화가 일어났지만 코드는 계속 실행됐다. 호만기는 "팀이 시스템에서 거대하고 아주 중요한 부분을 바꾸고 있었는데도[16] 눈에 띄는 버그를 마주한 기억이 없어요. 버그조차도 없었죠. 안드로이드에서 그만큼 안정적인 건 못 본 것 같네요." 본스테인이 대답했다. "시스템에 들어가는 그 레이어의 특성이 어느 정도 도움이 됐습니다. 가상 기계가 동작하지 않으면 앱이 멈출 테니 신중하게 개발할 수밖에 없었죠."

자이고트

달빅 팀이 안드로이드 1.0을 위해 만든 것 중 자이고트zygote[17]라는 것

---

16 나머지 팀이 그 위에서 실행되는 소프트웨어를 작성하고 있는 동안 런타임을 바꾼다는 것은 뇌 수술과 어느 정도 비슷하다. 다른 점이 있다면 환자의 뇌를 고치는 게 아니라 다른 뇌로 바꿔서 그걸 꿰매 즉시 동작하도록 되돌리는 것이다.

17 영문판 위키백과에서는 자이고트를 "생식 세포 간 수정에 의해 형성되는 진핵 세포"라고 정의한다. 별로 도움이 되지 않는다. 하지만 이어지는 문장을 보면 "새로운 개체를 형성하는 데 필요한 모든 유전 정보가 담겨 있다"라고 나오는데 이 설명이 안드로이드에서의 의미와 좀 더 가깝다.

이 있다(지금도 그렇게 부른다). 자이고트는 샌드위치를 만들 때 쓰는 자르지 않은 빵 덩어리 같은 것이다. 물론 빵을 매번 맨 처음부터 구울 수 있지만 샌드위치를 먹고 싶을 때마다 많은 노력과 시간이 들게 된다. 샌드위치를 만들려고 할 때 썰기만 하면 되는 빵 덩어리가 있다면 확실히 더 빠르고 쉬울 것이다. 자이고트는 애플리케이션을 위한 샌드위치 빵 같은 것이다.

본스테인은 이 아이디어를 이맥스[18](유닉스 시스템에서 유명한 텍스트 편집기)의 기능에서 떠올렸는데, 언제든지 상태를 덤프해서 나중에 이렇게 저장된 상태로부터 이맥스를 시작하는 기능이다(영리하게도 언덤프라고 부른다). 이렇게 하면 이맥스가 훨씬 빨리 시작되는데 시작 시간에 코드 로직을 무더기로 실행하는 대신 디스크로부터 그냥 상태를 뽑아내면 되기 때문이다. "내 아이디어는 이맥스에 의해 가장 '유명해진'(최소한 나한테는) 언덤퍼 타입 시스템을 구현하자는 것이었요. 마이크 플레밍이 말했어요. '디스크에 덤프했다가 다시 불러들이는 부분을 건너뛰는 건 어때요?' 그리고 그는 그 아이디어를 추진했어요." 플레밍은 시스템을 작동시키며 애플리케이션이 시작되는 방식을 극적으로 바꿔 보았다. 각 앱이 필요로 하는 코드를 전부 불러와서 초기화하는 대신 자이고트 시스템은 핵심 플랫폼 코드가 들어 있는 프로세스 하나를 생성해서 기본적으로 앱에 필요한 코드를 미리 불러들여 초기화한다. 어떤 애플리케이션이 실행

[18] 이맥스는 특정 부류의 프로그래머들이 좋아하는 고전적인 텍스트 편집기다. 'vi'라는 편집기를 좋아하는 프로그래머들도 있고 통합 개발 환경에 딸려 있는 편집기를 적극 지지하는 사람들도 있다. 텍스트 편집기를 신경 쓰지 않고 그와 관련 없는 이슈를 위해 그들의 종교적 수준의 열정을 아껴 두는 걸 좋아하는 프로그래머는 얼마 되지 않는다. 마치 코드 들여쓰기에서 스페이스 대 탭 사용과 같다. 나는 논쟁을 하고 싶지 않다.

되든 자이고트 프로세스가 포크되어(새 프로세스로 자신을 복제) 새 애플리케이션의 초기 단계를 즉시 실행한다.

밥 리(다음 장의 주제인 핵심 라이브러리를 개발했다)가 자이고트에 대해 이야기했다. "아주 간단하죠! 한 API 호출 같아요. 우리가 그렇게 할 수 있었던 이유는 메모리가 쓰기 시 복사copy-on-write[19]였기 때문입니다. 자이고트 프로세스에서 해당 메모리 페이지를 건드리지 않는 한 그 메모리는 전부 전체 운영 체제에 걸쳐 공유되는데요. 이미 있는 기술을 활용하는 영리하고 멋있는 해법이죠."

처음에는 시스템이 의도대로 잘 동작하지 않았다. 밥 리는 가비지 컬렉터의 문제를 추적했다. "가비지 컬렉션이 한 번 돌아가고 난 후, 앱들이 상당히 많은 메모리를 재점유한다는 걸 알게 됐어요. 가비지 컬렉터가 모든 메모리 페이지를 건드렸기 때문이었죠." 즉, 일반적인 런타임 작업이 자이고트의 공유 메모리 접근 방식을 위해 읽기 전용으로 유지되어야 하는 메모리 페이지에 쓰기를 시도한 것이었다.

패든이 이 문제에 대한 수정 코드를 내놓았다. 각각의 새 프로세스가 자이고트 단계 후에 가비지 컬렉터에서 힙heap을 분리해 가비지 컬렉터가 검사하는 메모리에서 제외하는 것이었다. 공유 메모리 부분은 새 앱에 존재하지 않으므로 건드려지지 않았다.

이후에도 모든 애플리케이션에서 최적으로 공유되려면 어느 클래스[20]가 자이고트에 들어 있어야 하는지 알아내기 위해 밥 리와 패든

---

19 쓰기 시 복사는 아무도 그것을 쓰지(변경하지) 않는 한 공통 자원을 아예 다른 클라이언트가 공유할 수 있는 최적화다. 모두가 자이고트 데이터·메모리를 그냥 읽기만 하고 변경하지 않는 한(이것이 대략적인 아이디어다) 절대 복제될 필요가 없어서 비싼 복사 동작을 피할 수 있다.
20 클래스 개념은 부록 용어 해설의 객체 지향 프로그래밍 부분에서 다룬다.

이 계속 작업했다. 밥 리가 말했다. "나는 가상 기계를 수정해 몇 가지 계측을 추가했어요. 그렇게 해서 모든 클래스 초기화에 시간이 얼마나 걸리는지, 각 클래스를 할당하는 데 메모리를 얼마나 쓰는지 알아낸 다음 어느 클래스를 미리 불러들일지 알고리즘을 만들었죠. 한 앱에서만 사용될 공유 프로세스 때문에 너무 많은 메모리를 차지하는 걸 바라지 않으니까요."

밥 리는 당시 안드로이드용 자이고트가 완전하게 동작하도록 하는데 큰 기여를 했다. "자이고트는 도움이 많이 됐어요. 메모리를 공유하는 것 만으로 정말 작은 기기에서 자바 프로세스를 몇 개 실행하는데서 수십 개를 실행하는 걸로 나아갈 수 있었죠. 그리고 전체 가상 기계가 시작되지 않아도 우리 앱이 실제로 더 빨라졌습니다. 앱이 즉시 실행됐는데 프로세스를 그냥 포크해서 바로 시작했기 때문이죠. 모든 게 이미 준비된 상태니까요." 결국 자이고트는 코드뿐 아니라 이미지 같은 공유 데이터도 담게 됐고 플랫폼이 성장하면서 안드로이드는 메모리와 시작 시간 혜택을 계속 누릴 수 있었다.

9

마구잡이 라이브러리를
핵심 라이브러리로 다듬다

플랫폼용 프로그래밍 언어를 선택한다는 것은 중요한 일이다. 그리고 굉장히 큰 일이다. 특히 대부분의 개발자가 이미 아는 언어일 경우는 더욱 그렇다. 그런데 프로그래머들은 앱을 작성할 때마다 모든 걸 재발명할 필요가 없도록 표준 유틸리티 함수도 원한다. 프로그래밍 언어는 로직(조건문, 루프, 방정식 등)을 인코딩하는 기능을 제공한다. 그러나 데이터 구조, 네트워킹, 파일 읽기와 쓰기 같은 좀 더 고수준 기능은 핵심 라이브러리가 하는 일이다.

안드로이드 팀은 자바 언어를 채택했지만 JDK Java Development Kit라는 썬[1] 버전 자바와 함께 출시된 라이브러리 구현은 명시적으로 사용하지 않았다. JDK에는 프로그래밍에서 흔히 쓰이는 간단한 데이터 구조를 구현한 ArrayList 클래스가 들어 있었다. 그러나 안드로이드는

---

1 썬은 2009년 4월 오라클에 인수됐다. 그러나 안드로이드에서 이 작업을 할 당시 썬은 여전히 독립된 회사였다. 그래서 계속 썬이라고 지칭할 것이다.

JDK에 들어 있는 클래스를 사용하지 않았으므로 직접 만들어야 했다.

밥 리와 자바 라이브러리

안드로이드에 표준 자바 라이브러리가 필요하게 되자 구글의 다른 부서에서 일하던 자바 전문가인 밥 리를 데려왔다.

밥 리('미친 밥'[2]이라고 알려진)는 1990년대 초 중학교 때 프로그래밍을 시작했다. 비디오 게임을 만들고 싶었기 때문이다. 그는 곧 다양한 프로그래밍 언어를 골라서 써 봤고 고등학교에 가서는 비디오 게임 대신 근처 대학 웹 사이트를 만들었다. 대학에서는 깊은 인상을 받아 그에게 전액 장학금을 주고 프로그래밍을 계속하도록 했다. 그러나 대학은 밥 리에게 맞지 않아서 그는 대학을 떠나 컨설팅을 시작했다. 그러면서 책도 집필하고 유명한 자바 라이브러리도 작성했는데 결국 2004년 구글에 입사하게 됐다.

밥 리는 광고 팀에서 몇 년간 일한 후 모바일 기술 개발을 하고 싶어서 2007년 3월 안드로이드 팀으로 옮겼다.

밥 리가 합류했을 때는 달빅 런타임이 동작하기 전이었고 안드로이드는 여전히 잼VM 런타임을 사용하고 있었다. 핵심 라이브러리는 기본적으로 사람들이 일회용으로 작성한 유틸리티를 마구잡이로 모아 놓은 것이었다. "그것들은 호환성이 전혀 없었어요. 누군가가 뭔가를 필요로 하면 그냥 구현한 것이었죠. 유틸리티들은 자바 라이브러리를 좀 닮기는 했지만 빠진 게 많았습니다."

다행히도 좀 더 표준적인 기존 라이브러리가 몇 가지 있어서 밥 리와 팀은 그것들을 검토했다.

---

2 밥 리는 고등학교 이후로 이 별명을 써 왔고 회사 이메일 주소에까지 사용했다.

"우리는 GNU 클래스패스Classpath를 살펴봤는데 결국 아파치 하모니 Apache Harmony를 쓰기로 했습니다.[3] 안 좋은 점이 많았지만 재작성해서 기여하면 된다고 생각했어요. 우리가 ThreadLocal과 Runtime.exec() 를 재작성한 것처럼요. 재작성해서 병합하는 것은 큰 일이었죠.

팀의 다른 엔지니어들이 핵심 안드로이드 플랫폼에 추가한 API들 도 있었는데 당시에는 좋은 아이디어로 보였기 때문이에요. 누군가 가 어떤 것이 잠재적으로 유용하다고 생각하면 추가했죠. 실제로는 별로 좋지 않은 것들이었어요."

그러한 예가 바로 WeakHashMap인데 당시 안드로이드처럼 메모 리가 제한된 상황에서 개발자가 사용하는 데이터 구조 클래스였다. 이 클래스는 더는 사용하지 않는 객체를 자동으로 정리(가비지 컬렉 션)해서 전통적인 HashMap 클래스에 비해 이점이 있었다. 내버려 둔 쓰레기를 치우는 로봇 청소기 룸바Roomba처럼 메모리 힙을 청소하 는 것이다. 여기서 'weak'는 '약한 참조weak reference'라는 용어에서 비 롯됐는데 더는 사용되지 않을 때 가비지 컬렉션 작업을 할 수 있는 객체를 가리킨다.

프레임워크 팀의 조 오노라토가 WeakHashMap API를 추가했다. 말하자면 일종의 이름만 WeakHashMap이었다. 그가 말했다. "Weak HashMap에 의존하는 라이브러리가 있었고 거기에 링크[4]해야 했어 요. 그래서 WeakHashMap이라는 클래스를 만들었습니다." 문제는

---

3 GNU 클래스패스와 아파치 하모니는 둘 다 자바 프로그래밍 언어용 오픈 소스 라이브러 리다.
4 코드 컴파일에는 링크 단계가 따르는데 이 단계에서 코드는 모든 의존성과 함께 빌드된 다. 그래서 코드가 클래스를 참조하면 그 클래스는 컴파일이 성공할 수 있게 컴파일러에 서 접근할 수 있어야 한다.

오노라토의 클래스가 '약한' HashMap이 아니었고 그냥 표준 Hash Map이었다는 점이다. HashMap의 서브클래스를 만들고 나서 그걸 약한 HashMap으로 만드는 어떤 로직도 추가되지 않았다. 이후 제프 해밀턴(마찬가지로 프레임워크 팀)이 WeakHashMap의 기능이 필요한 코드를 작성할 일이 있었다. 그는 핵심 라이브러리에 클래스가 있는 걸 보고 그걸 사용했는데 많은 디버깅이 필요한 메모리 문제에 맞닥뜨렸고 그제서야 오노라토의 WeakHashMap 클래스가 메모리를 전혀 정리하지 않는다는 사실을 발견했다. 그것은 그냥 보통 Hash Map이어서 해밀턴이 기대했던 대로 가비지 컬렉션 작업을 하지 않았다.

밥 리가 계속 말했다. "나는 안드로이드 API가 더 좋아질 수 있다고 생각했어요. 그런데 더 나빠질 수도 있었죠." 밥 리는 그런 API들이 공개 API가 되지 못하도록 막는 데 많은 시간을 썼다. "나는 API에서 그것들을 전부 찾아내 제거했어요. 한 앱에서만 사용되는 클래스가 있다면 그 앱에 집어넣었는데요. 여러 앱에서 그걸 사용하지 않는다면 프레임워크 라이브러리에 속하지 말아야 했습니다."

핵심 라이브러리가 돌아가게 하는 작업의 일환으로 밥 리는 중요한 네트워크 기능을 구현하면서 버그를 함께 고쳤다. 버그 중에는 기기가 시작되지 못하게 하는 문제가 하나 있었다. "처음에 전화를 켜면 시간 서버에 접속해야 하는데 기기 시간이 2004년 어느 날로 설정됐어요." 기기는 보안 연결을 통해 서버에 접속하려고 하는데 그러려면 서버에서 보안 인증서가 필요했다. 그런데 기기 초기 시간이 서버에 인증서가 발행된 시간보다 이전이면 접속에 실패하고 기기가 부팅되지 않았다. 밥 리는 실패 조건을 찾아내 기기 초기 시간을 버그를 수정한 날짜로 설정해서 그 버그를 고쳤다.

밥 리는 또한 모바일 데이터 특유의 네트워크 문제를 철저하게 조사했다. 안드로이드 폰이 통신 회사 네트워크 인프라스트럭처 문제 때문인 걸로 보이는 심각한 중단 문제를 겪고 있어서였다.

네트워크 프로토콜에는 결함 허용 기능이 내장되어 있는데 네트워크가 다운될 수도 있고 데이터 패킷이 사라지거나 지연될 수도 있기 때문이다. 안드로이드는 리눅스에서 사용하는 혼잡 윈도congestion window를 사용해 중단에 대응하는데, 패킷이 통과하는 서버에서 응답이 올 때까지 데이터 패킷 크기를 절반으로 반복해서 줄여 나간다. 그런 다음 패킷이 결국 완전한 크기로 돌아올 때까지 전송에 성공할 때마다 패킷 크기를 두 배로 늘린다.

이 알고리즘은 일반적인 인터넷 트래픽에는 합리적인데 지연(메시지 전송과 수신 간 지연)이 밀리초 단위이고 중단이 드물기 때문이다. 그러나 이동 통신 데이터에는 잘 맞지 않는데 이동 통신에서는 몇 초 이상의 긴 지연이 생기고 짧은 중단이 자주 일어나기 때문이다. 밥 리는 프로파일링으로 문제를 철저히 조사했다. "혼잡 제어 메커니즘에서는 실패 시 패킷 크기를 줄인 후 다시 패킷 전송에 성공할 때마다 버퍼 크기를 두 배로 만듭니다. 그런데 이동 통신 네트워크에서 생기는 긴 지연의 경우 당시 2.5G나 3G에서는 왕복 시간이 1초 또는 2초 걸렸어요. 성공적으로 왕복할 때마다 버퍼 크기를 키울 수 있었는데요. 중단을 겪은 후 버퍼 크기를 되돌리는 데 30초 정도 걸리기도 했습니다."

제시 윌슨과 끔찍한 API

> "우리는 이 API들을 가져다가 바닥부터 재구현해 좋은 품질로 만
> 드느라 많은 시간을 쏟았습니다. 그러면서 동시에 끔찍한 기존
> API들을 유지 보수해야 했죠."
> – 제시 윌슨

밥 리는 한동안 혼자서 핵심 라이브러리 작업을 했다. 하지만 결국
1.0 출시 후 도와줄 사람이 생겼다. 조슈아 블로크Joshua Bloch[5]가 2008
년 후반, 제시 윌슨이 2009년 초반 그의 팀에 합류했다.

제시 윌슨은 밥 리가 안드로이드에 합류하기 전에 밥 리와 함께 구
글 애드워즈를 개발했다. "밥 리가 애드워즈를 나가서 안드로이드로
갔을 때 제 업무로 결정하기에 안드로이드는 신뢰할 만하지 않아 보
였어요. 내가 그를 따라간 건 안드로이드 일을 하고 싶어서라기보다
는 밥 리와 함께 더 일하고 싶어서였습니다."

밥 리와 제시는 결국 안드로이드와 구글을 떠났다. 밥 리는 모바일
결제 회사 스퀘어Square의 CTO가 됐고 제시는 다시 한 번 밥 리를 따
라 스퀘어에 합류했다.[6] "아마 그가 제 약점을 쥐고 있나 봐요."

제시는 핵심 라이브러리 팀 생활을 설명했다.

"안드로이드에서 첫해에 사람들은 자신이 필요하다고 생각한 라이

---

5 조슈아는 몇 가지 이유로 소프트웨어 세계에서 유명하다. 우선 그는 많은 자바 API의 아
버지로 자바 개발 초기에 썬에서 일했다. 또한 조슈아는 《이펙티브 자바(Effective Java)》
(인사이트, 2018)를 집필했는데 많은 사람이 지금도 사서 읽는 중요한 프로그래밍 책 중
한 권일 것이다(오늘날 프로그래머들은 대부분의 소프트웨어 문제를 온라인에서 검색해
복사, 붙여 넣는 방식으로 해결하고 있다).
6 이 장에서 제시가 밥 리를 따라간 이유와 마찬가지다.

브러리는 뭐든지 도입해서 공개 API에 집어넣었어요. kXML이라는 게 있었는데 풀pull 파서고요. org.json이라는 JSON 라이브러리가 있었고요. ApacheHttp 클라이언트도 있었죠. 우리는 기본적으로 이 모든 라이브러리의 2006년식 스냅샷을 가지고 있는데 수만 가지 기능을 도입하는 바람에 안드로이드에 집어넣기에는 너무 큽니다. 그것들의 현재 버전은 크기 면에서나 의미론적인 면에서나 안드로이드와 호환되지 않습니다. 웹 서버를 넣는다면 어떤 버전을 포함시킬지 제어할 수 있죠. 호환되지 않는 방식으로 변경하면 클라이언트도 코드를 바꿔야 합니다. 예를 들어 JSON 라이브러리에서 API가 바뀐다거나 새 API가 더 좋다고 해도 앱에서 API 변경을 받아들일 수도 받아들이지 않을 수도 있기에, 100% 하위 호환을 유지해야 합니다. 안드로이드 버전 관리는 그런 면에 신경을 써야 합니다. 우리는 이 API들을 가져다가 바닥부터 재구현해 좋은 품질로 만드느라 많은 시간을 쏟았습니다. 그러면서 동시에 끔찍한 기존 API들을 유지 보수해야 했죠.

우리는 아파치 하모니 코드를 전부 상속했는데 아파치 하모니는 정말 절대 출시해서는 안 될 제품이었어요. 출시할 제품 목록에 더 가까웠죠. 어설픈 걸 가져다 제대로 만드느라 많은 작업을 해야 했습니다.

재구현-최적화 작업이 많았어요. 표준 라이브러리의 org.json 코드는 100% 완전히 새로운 것입니다. 하루는 댄 모릴Dan Morrill(안드로이드 개발자 지원 팀)이 와서 '잠깐, 저 좀 봐요. 우리가 사용하는 오픈소스 JSON 라이브러리 라이선스에 소프트웨어는 좋은 용도로 사용해야 하고 악한 용도로 사용해서는 안 된다는 내용이 있어요.[7] 이건 오픈 소스가 아니라는 의미에요. 오픈 소스는 어떤 시도도 차별해서는 안 되거든요'라고 하더군요. 그래서 재구현했습니다."

---

7 *https://www.json.org/license.html*

10

실속 있는 제품 빌드와 테스트

소프트웨어 프로젝트, 특히 한두 사람 이상이 일하는 프로젝트에서 불분명한 것 한 가지는 제품을 실제로 빌드하는 데 필요한 인프라스트럭처다. 인프라스트럭처는 여러 가지를 가리킬 수 있는데 다음과 같은 것들이 포함된다.

- 빌드: 불특정 엔지니어들이 계속해서 제출하는 코드를 어떻게 가져와서 제품을 빌드하는가? 제품이 단지 한 기기가 아니라 서로 다른 다양한 기기에서 동작해야 한다면? 그리고 테스트, 디버깅, 출시 용도의 빌드들을 모두 어디에 저장하는가?
- 테스트: 일단 빌드하면 제품을 어떻게 테스트하는가? 그리고 슬그머니 들어온 버그가 심각한 문제를 일으키기 전에 잡아낼 수 있도록 어떻게 지속적으로 테스트하는가(그리고 버그를 찾아 고칠 수 있도

록 코드가 처음 제출됐을 때로 쉽게 돌아가서 추적할 수 있는가)?

- 소스 코드 관리: 코드를 모두 어디에 저장하는가? 그리고 어떤 방식으로 팀원들이 같은 소스 코드 파일을 동시에 변경할 수 있도록 하는가?
- 출시: 필요로 하는 기기에 제품을 실제로 어떻게 출시하는가?

안드로이드는 이러한 인프라스트럭처 문제 해결을 전담할 사람들이 필요했다.

조 오노라토와 빌드

처음에 안드로이드 빌드는 커널, 플랫폼, 앱 그리고 그 사이 모든 구성 요소를 빌드하는 깨지기 쉽고 시간을 허비하는 시스템으로 대충 이루어졌다. 이 시스템은 빌드할 것이 많지 않았던 초기에는 괜찮았지만 안드로이드가 커지자 더 이상 제대로 돌아가지 않았다. 그래서 2006년 봄 조 오노라토가 그 문제를 공략했다.

오노라토는 자신이 프로그래머가 될 운명이라고 생각했다. 부모님이 MIT 졸업생이었기 때문이다. "부모님은 테크 모델 철도 클럽Tech Model Railroad Club[1]에서 만나셨어요. 처음 대화를 나누자마자 사랑에 빠지셨죠. 내가 컴퓨터 과학자가 되는 건 당연한 일이었어요."

고등학교에서 오노라토는 그의 친구 제프 해밀턴(장래 비, 팜소스, 안드로이드 동료가 될)과 함께 졸업 앨범 작업을 했는데 완전한 디지털 방식의 첫 번째 조스턴스Jostens[2] 졸업 앨범을 만들었다. 그들의 시

---

1 역사가 1940년대까지 거슬러 올라가는 MIT 해커 커뮤니티
2 조스턴스는 학급 반지와 졸업 앨범 같은 학교 대상 기념품을 판매하는 회사다.

스템에는 맞춤 검색 알고리즘과 학생들의 비용을 줄여 주는 동시에 출판을 단순화하는 디지털화된 시스템이 포함되어 있었다. 오노라토는 나중에 비에서(다시 해밀턴과 함께), 그다음에는 팜소스에서 운영 체제 프로젝트를 했는데 이후 안드로이드에서 할 일과 비슷했다.

2005년 후반에 오노라토는 팜소스의 사업 방향에 흥미를 잃어서 비Be 시절 전 동료에게 연락했다. 그 사람이 스웨트랜드를 알았고 오노라토를 안드로이드 팀에 소개했다. 오노라토는 제안을 받았지만 어떤 종류의 업무로 근로 계약에 서명을 하는 것인지 확실하지 않아서 주저했다. 그래서 채용 담당자가 루빈과 만나게 해 주었다. 비밀을 지키기로 확답을 받고 루빈은 오노라토에게 이야기했다. "우리는 최고의 휴대 전화를 만들 거예요." 그 이야기를 듣고 오노라토는 안드로이드 팀에 합류했다.

오노라토는 초기에 프레임워크와 사용자 인터페이스 툴킷을 비롯한 몇 가지 프로젝트를 했다. 그런데 2006년 봄 그는 빌드 시스템을 진지하게 재구축해야 할 필요가 있음을 깨달았다.

"우리는 거대한 재귀적[3] make 빌드 시스템을 가지고 있었어요. 내가 '제대로 된 빌드 시스템을 만들죠'라고 말했어요. 다소 논란이 있었죠. 그게 가능하냐고요." 다행히도 오노라토는 비에서 경험이 있었다. 비는 비슷한 빌드 시스템을 사용했는데 나중에 안드로이드 엔지니어가 되는 장 바티스트 케루Jean-Baptiste Quéru(팀에서 쓴 별명은 'JBQ')를 비롯한 사람들이 만들었다. 오노라토는 당시 일을 기억했

---

3 정의: 재귀: '재귀'를 보라. 재귀는 소프트웨어에서 일반적인 기법으로 주어진 함수가 자기 자신을 호출하는 것이다. 매우 간단한 예는 다음과 같다. 주어진 정수 x까지 모든 정수를 더한 총합은 x를 $(x-1)$까지의 모든 정수를 더한 총합에 더하면 풀 수 있다. 재귀는 매우 강력한 기법이지만 이해하기도, 실제로 끝났는지 확인하기도 까다롭다.

다. "비에서도 일했던 데인저 사람들 몇 명은 그게 만들어지기 전에 회사를 그만둬서 불가능한 일이라고 생각했던 것 같아요. 어떻게 make 파일 하나로 모든 걸 처리할 수 있었을까요? 모든 게 혼란에 빠질 것 같은데. 그런데 그게 돌아갔더군요."

오노라토는 안드로이드용 빌드 시스템을 만드는 데 몰두했고 그 과정에서 빌드 시스템이 더 빨라지고 강력해지게 만들었다. 전체 프로젝트는 몇 달이 걸렸고 그 결과로 TDATotal Dependency Awareness라는 시스템이 나왔다.

에드 헤일과 안드로이드 인프라스트럭처

"첫 원숭이 실험실을 만들었는데 내 랩톱과 드림 기기 일곱 대였어요. 나는 그 기기들이 충돌을 일으킬 때까지 마구 조작하는 스크립트와 도구를 몇 가지 작성했습니다."

– 에드 헤일

오노라토가 작성한 빌드 시스템은 한동안 만족스럽게 돌아갔다. 그러나 팀이 성장하고 코드 제출이 늘어나자 개발자가 변경 사항을 제출하면 제품을 자동으로 빌드하는 시스템이 필요하게 됐다. 예를 들어 누군가 버그를 유발하는 코드를 제출한다면, 다른 많은 변경이 그 위에 쌓여 문제의 근본 원인이 불분명해지기 전에 문제를 일으키는 코드가 들어간 제품을 빌드하고 테스트할 수 있다면 좋을 것이다.

2007년 9월 제어 가능한 인프라스트럭처를 만들고 테스트하기 위해 팀은 마이크로소프트에서 일하던 에드 헤일을 영입했다.

에드는 대학에서 컴퓨터 과학을 공부했지만 졸업할 때까지 기다리지 못했다. "가능한 한 빨리 대학을 떠나서 일할 수 있기를 기대했어요. 학교에서 공부를 잘했지만 일을 훨씬 더 잘했죠."

에드는 1987년 애플에 입사해서 5년간 일했다. "회사가 정말 이상한 상태였어요. 여전히 애플 II로 돈을 버는데 인지도는 맥이 높더군요." 몇 년 후 에드는 탤리전트Taligent[4] 분사에 합류했다가 곧이어 제너럴 매직General Magic[5]에 들어갔다. "막 기업 공개를 했을 때였어요. 기업 공개로 기록적인 이익을 얻었지만 그러고 나서 몇 달 만에 폭락했어요. 회사 자체는 당시에 그다지 건강하지 못했고요. 모든 사람이 이미 환멸을 느끼고 있었죠. 기업 공개를 준비하느라 과장된 광고가 너무 많았고 실망감이 컸습니다."

에드는 제너럴 매직에서 열 달 정도 일하다가 웹티비에 입사했다. 그는 웹티비가 마이크로소프트에 인수되고 나서 10년 더 일한 후 안드로이드 팀에 합류했다. 웹티비와 마이크로소프트에서 에드는 앤디 루빈, 스티브 호로위츠, 마이크 클러론, 앤디 맥패든 등 앞으로 안드로이드에서 일할 사람들과 함께 일했다.

에드는 안드로이드 첫 SDK가 출시된 2007년 10월부터 안드로이드 팀에서 일하기 시작했다. 에드가 합류했을 당시 안드로이드에는 론치 컨트롤Launch Control이라는 자동 빌드 시스템이 있었다. 자동 빌드 시스템은 하루에 세 번 제출된 코드를 빌드해서 자동 테스트 시스템

---

4 탤리전트는 새로운 운영 체제 공급을 목표로 애플과 IBM이 세운 회사로 당시 애플은 오래된 맥OS의 후속 제품을 구상하고 있었다. 탤리전트는 결국 실패했고 애플은 내부적으로 새로운 운영 체제 개발을 계속 시도하다가, 그 대신 스티브 잡스의 넥스트 컴퓨터를 인수하고 넥스트스텝(NeXTSTEP) 운영 체제를 채택한다.

5 (옮긴이) 최초의 맥 개발자인 빌 앳킨슨, 앤디 허츠펠드와 벤처 투자자 마크 포랫이 세운 회사로 PDA용 운영 체제 등 다양한 소프트웨어를 개발했다. 2004년 청산됐다.

에서 쓸 수 있도록 결과를 내놓았다.

론치 컨트롤은 없는 것보다는 나았지만 안드로이드에서 필요로 하는 것들을 전혀 충족하지 못했다. "상태를 보여 주는 현황판이 아니라 QA에서 테스트하는 것이었어요. 추적성[6]이 부족했죠. 지속적 통합Continuous Integration, CI[7] 시스템은 할 수 있는 한 많이 빌드하고 테스트해서 가능한 한 많은 데이터 포인트를 줄 수 있어야 합니다."

팀은 좀 더 자주 빌드하고 테스트할 수 있는 시스템이 필요했다. 또 확장할 수 있어야 했다. 당시에는 수녀 한 기기만을 위해 빌드하고 있었다. 그러나 팀에 곧 드림 기기(1.0과 함께 G1으로 출시)가 들어왔고 시스템은 다수의 타깃을 빌드해야 했다.

에드는 혼자서 시작했지만 결국 빌드 작업을 하는 팀원들을 이끌게 됐다. 에드가 말했다.

"그걸 가져다가 기본 제품이 될 수 있을 만큼 실제로 좋게 만든 건 데이브 보트였어요. 잘 동작할 수 있게 좋은 설계와 배치로 정말 탄탄하게 만들었죠. 괜찮았지만 엉성했던 빌드 시스템을 가져다가 제품으로 만든 건 데이브 보트의 기여입니다.

동시에 그는 빌드 시스템과 전체 소스 트리를 재구성했어요. 오픈소스와 아키텍처 수준 작업을 위한 모든 기초를 닦았죠. 그는 빌드 시스템을 개발했지만 그 일은 아키텍처적이었고 전체 시스템으로 확산됐어요. 데이브 보트가 모든 토대를 놓았습니다. 기본적으로 안드

---

6 (옮긴이) 제품 요구 사항이 설계 결과물, 코드, 테스트 케이스에 제대로 반영됐는지 추적할 수 있는 능력을 가리킨다.

7 지속적 통합은 빌드와 테스트를 위해 가능한 한 자주 팀의 모든 변경 사항을 통합하는 소프트웨어 개발 실천법이다. 이는 누군가가 알아차리기 전에 개발이 제어에서 벗어나지 않도록 제품의 품질과 안정성을 지속적으로 측정하는 데 도움이 된다.

로이드가 오픈 소스가 될 수 있게 준비한 거죠."

테스트

해결해야 할 또 다른 영역은 테스트였다. 시스템의 서로 다른 부분을 담당하는 여러 엔지니어가 빌드 시스템으로 보내는 모든 코드가 제품을 실제로 망가뜨리지 않는다는 것을 어떻게 검증할까? 어느 소프트웨어 시스템이든 문제를 재빨리 잡아낼 자동 테스트 프레임워크[8]가 필요하다. 안드로이드에는 당시 자동 테스트가 없어서 에드가 그 일을 할 '원숭이'를 만들었다.

"웹티비에서 우리는 그걸 '원숭이'[9]라고 불렀는데 웹 페이지에서 링크를 찾으면 미친 듯이 모든 곳으로 웹 서핑을 하는 것이었어요.

다이앤이 안드로이드 플랫폼용으로 이미 해 두었던 작업인지 아니면 우리가 그것에 대해 이야기해서 그녀가 한 일인지 기억나지는 않는데요. 어쨌든 다이앤이 무작위 시스템과 이벤트 주입을 프레임워크에 넣었는데 우리는 지금도 그걸 '원숭이'라고 불러요.

---

8 이상적으로는 늘 자동으로 실행되는 테스트가 있어서 변경 사항 때문에 제품이 망가지지 않는지 확인해야 한다. 수동 테스트는 좀 더 비싸고 시간이 소모되며 비정기적이어서 자동 테스트가 선호된다.

9 '원숭이 실험실'을 운영한 브루스 게이는 그 이름이 무한 원숭이 정리(Infinite Monkey Theorem)에서 나온 것이라고 말했는데 이 정리는 무한대의 원숭이가 자판을 두드리면 결국 셰익스피어 작품이 나온다는 의미다. 운영 체제에서 충돌을 찾는 것과는 약간 다른 목표처럼 보인다. 원숭이는 웹티비에서만 쓰인 게 아니다. 다이앤도 팜소스에서 원숭이 시스템을 사용했다. 앤디 허츠펠드가 쓴 재미있는 책 《미래를 만든 Geeks(Revolution in The Valley: The Insanely Great Story of How the Mac Was Made)》(인사이트, 2010)에도 원숭이에 대한 이야기가 나오는 걸 봐서는 확실히 플랫폼 테스트에서 오랜 역사를 지니고 있다. 최초의 맥에는 '더 멍키(The Monkey)'라고도 불렸던 데스크톱 유틸리티가 있었는데 비슷하게 무작위 입력을 만들어 내는 방식으로 시스템을 마구 다뤄 시스템이 튼튼한지 테스트했다. 원숭이가 그토록 유용했고 어디에나 있었고 테스트를 잘했고 매우 마구잡이(random)였음을 누가 알았을까?

첫 원숭이 실험실을 만들었는데 내 랩톱과 드림 기기 일곱 대였어요. 나는 그 기기들이 충돌을 일으킬 때까지 마구 조작하는 스크립트와 도구를 몇 가지 작성했습니다. 그런 다음 충돌 보고서를 저장하고 원래대로 돌려놓는 거죠. 보고서를 분석하고 전부 요약했어요. 그래서 날마다 어떤 이벤트를 처리해야 하는지, 어떤 이벤트가 충돌을 일으키는지 알 수 있었습니다. 제이슨 파크스와 나 그리고 나중에 에번 밀러가 우리의 첫 번째 안정성 수치를 만드는 데 도움이 될 도구들을 설치했어요. 그 도구들은 좋지는 않았지만 여러 해 동안 살아남았죠. 그 도구들은 버그 보고를 분석하고 HTML 보고서를 작성하는 파이썬[10] 스크립트였습니다. 2008년 후반에 나는 마찬가지로 마이크로소프트 출신인 브루스 게이를 채용했는데요. 그가 그 파이썬 스크립트를 가져다 제대로 된 실험실 환경으로 바꾸었습니다."[11]

브루스는 실험실을 키워 나갔다. 처음에는 기기 일곱 대로 시작했는데 몇 년 후에는 400대 이상으로 규모가 늘어났다. 그는 당시 풀어야 할 뜻밖의 문제가 있었다고 이야기했다. "하루는 원숭이 실험실에 들어갔는데 목소리가 들렸어요. '911입니다. 어떤 응급 상황인가요?'" 그 일로 다이앤이 API에 isUserAMonkey()라는 새 함수를 추가했다. 이는 테스트 도중 원숭이가 취하지 말아야 할 동작을 제어하는 데 쓰였다(전화 걸기와 기기 재설정 포함).

초기 원숭이 테스트는 충돌이 나기 전에 3000개까지 입력 이벤트

---

10 파이썬은 프로그래밍 언어로 에드가 여기에서 설명한 것 같은 작은 유틸리티 프로그램을 비롯해 많은 것에 쓰였다.
11 원숭이 실험실은 지금도 안드로이드 테스트의 중요한 일부분이다. 조용한 실험실 한구석 선반에 놓여 있는 기기들을 가상 원숭이 떼가 마구 눌러 대는데 그러다가 기기에서 충돌이 일어나면 충돌 로그를 수집해 버그를 보고한다. 끝내주는 원숭이들이다.

2009년 원숭이 테스트 실험실(사진은 브라이언 스웨트랜드의 허락을 받고 게재)

를 실행했다. 1.0이 되자 그 수는 약 5000개에 이르렀다. 브루스가 말했다. "12만 5000개의 이벤트 테스트를 통과했습니다. 그 목표를 달성하는 데 몇 년이 걸렸죠."

호만 기는 1.0에 도달하는 데 원숭이 테스트가 얼마나 중요했는지 이야기했다. "우리는 원숭이한테 많이 의존했어요. 밤마다 원숭이 테스트를 실행하고 아침마다 많은 충돌을 고쳤죠. 우리의 목표는 원숭이 수를 늘리는 것이었어요. 충돌을 일으키지 않고 원숭이를 얼마나 오래 실행할 수 있을까 하는 것이었죠. 위젯부터 커널 또는 Surface Flinger[12]까지 여기저기서 충돌을 일으켰기 때문이에요. 특히 터치스크린으로 바꾸자 일이 더욱 복잡해졌죠."

---

12 저수준 그래픽 시스템의 일부분으로 '11장 손바닥만 한 화면을 그리는 복잡한 기술'에서 설명한다.

원숭이 테스트 외에도 다른 팀원들은 플랫폼이 정확한 동작을 하는지 검증하기 위해 여러 가지 테스트 작업을 하고 있었다. 2007년 초 대학원을 나와 팀에 합류한 에번 밀러는 초기 성능 테스트 프레임워크를 개발했는데 애플리케이션이 시작되는 데 시간이 얼마나 걸리는지 재는 작업이었다. 그는 또한 퍼핏 마스터Puppet Master라는 초기 자동 테스트 시스템을 개발했는데, 테스트 스크립트로 사용자 인터페이스를 구동해(창 열기, 버튼 누르기) 골든 이미지golden image[13]와 비교했을 때 정확한지 측정했다. 결과는 골든 이미지와 비교하는 어려움과 더불어 테스트와 플랫폼이 지닌 비동기적 특성 때문에 혼란스러웠다. 테스트 스크립트는 버튼 누르기나 애플리케이션 시작 같은 특정 사용자 인터페이스 동작을 요구했는데, 플랫폼이 그 이벤트를 처리하는 데 시간이 걸려서 정확히 테스트하기가 까다롭고 오류가 쉽게 일어났다.

챈치우키가 서비스·안드로이드 마켓 팀을 그만두고 지도 팀에 합류해서 테스트에 내재한 이러한 어려움을 처리했다. 그녀는 지도 앱 테스트를 자동화하는 시스템 작업을 했는데 테스트를 대비해 설계되지 않은 시스템에서 앱을 테스트하는 어려움 때문에 불만이 점점 커졌다. 그녀는 말했다. "테스트요? 테스트라고 할 만한 게 없었어요."

전체적인 안드로이드 테스트에서 중요한 부분은 바로 호환성 테스트 모음Compatibility Test Suite, CTS이다. CTS는 처음에 외주 개발자(패트릭

---

13 골든 이미지 테스트는 정확하다고 생각하는 실행의 시각적 결과를 저장했다가 그 이미지를 이후 실행 결과와 비교하는 식으로 이뤄진다. 보통은 변형된 방식도 몇 가지 있는데 실패는 아니지만 사소한 차이점을 설명하는 데 쓰인다. 이 기법은 저수준 테스트(예를 들어 그래픽 API가 모양을 지속적으로 그릴 수 있는지 검증)에 효과적인 편이지만 각각의 테스트와 더 연관될수록 허술해지기 쉬운데 여러 변형 방식에서 실패가 아닌 것들도 보여 주기 때문이다.

브래디[14]가 관리)가 만든 시스템이었다. CTS의 테스트는 두 가지 이유로 중요하다. 우선 시스템 기능의 특정 부분을 테스트하고 테스트가 실패할 때 회귀regression[15]를 잡아낸다. 그리고 협력사에서 안드로이드 기기를 출시할 때 안드로이드에서 정의한 플랫폼 동작을 준수하는지 보증하는 테스트를 통과할 때도 필요하다. 예를 들어 화면 색을 하얗게 하고 결과가 실제로 흰 화소인지 테스트하는 경우, 기기가 '흰색'을 빨간색으로 다시 해석해 버리면 테스트를 통과할 수 없어야한다.

실속 있는 인프라스트럭처

안드로이드 빌드, 테스트, 출시 인프라스트럭처는 안드로이드의 나머지 부분처럼 작은 팀이 제한된 자원으로 만들었다. 이는 제품 출시라는 우선순위를 감안해 제한된 예산을 어디에 투자할지에 대한 의식적인 결정이었다. 에드가 말했다.

"우리가 하고 있는 일이 성공할 수 있을지 없을지 몰랐어요. 그저 새로운 기기를 만들었고 그게 유의미하기를 바랐죠. 애플이 인지도를 모두 가져가고 있었고 마이크로소프트는 손을 뗄 것 같지 않았는데 그들은 실제로 당시 최고의 위치에 있었어요. 그래서 사고방식이

---

14 패트릭은 안드로이드 오토(옮긴이: 안드로이드 기기의 기능을 자동차 계기판 등에서 사용할 수 있게 해 주는 앱) 부사장이 됐다.

15 회귀는 소프트웨어 테스트에서 사용하는 용어다. 테스트는 소프트웨어에서 일반적으로 실패를 잡아내는 데 쓰인다. 회귀는 기존 코드에서 생기는 새로운 실패다. 소프트웨어가 이전에는 작동했는데(그리고 테스트에 통과했는데) 이제 테스트를 통과하지 못하는 소프트웨어 실패가 생긴 것이다. 이는 최근에 등록된 코드에 버그가 있음을 나타낸다(또는 테스트가 유별나서 임의로 실패를 보고하는데 맥 빠지게도 이런 상황이 예상보다 더 자주 일어난다).

중요했죠. 전진하기 위해 할 수 있는 일은 뭐든 해야 했습니다. 우리는 정말 좋은 솔루션에 투자하는 데 우선순위를 두지 않았습니다. 그냥 '바로 시작해서 결과를 내놓고 그걸 반복할 수 있다고 증명하자'였어요. 우리는 거기에서 멈추지 않고 빌드 인프라스트럭처에 제대로 투자해야 한다고 생각했어요. 파이썬 스크립트로는 한계가 있었으니까요. 그래서 우리는 구글 백엔드 인프라스트럭처를 어떻게 사용할 수 있을지도 생각했습니다. 그 문제를 계속 생각했고 전력을 다했죠.

핵심 제품의 일부분이었다면 좀 더 투자했을 겁니다. 그러나 그냥 테스트, 빌드라면 최소한의 것으로 빨리 시작하는 거죠. 그게 우리 운영 방식이었습니다."

11

손바닥만 한 화면을 그리는 복잡한 기술

안드로이드 팀 사람들이 '그래픽'이라고 하면 여러 가지를 의미하는데 많은 레이어로 이뤄진 그래픽 기능이 다양한 이유로 개별 팀에서 구현됐기 때문이다. 예를 들어 게임, 지도 애플리케이션, 가상 현실, 증강 현실 등을 지원하기 위해 OpenGL ES[1](최근에는 벌컨)를 사용하는 3D 그래픽 시스템이 있다. 사용자 인터페이스 툴킷의 그래픽 기능은 애플리케이션 개발자가 그래픽으로 사용자 인터페이스를 채울 있도록 텍스트, 모양, 선, 이미지를 그리는 것을 담당한다. 그리고 화면에 화소와 창을 나타내는 기본적인 기능을 제공하는 가장 낮은 수준의 시스템 그래픽 기능이 있다.

---

1 OpenGL은 그래픽 연산을 수행하는 API다(일반적으로 게임에서 쓰이는 3D를 지원하지만 2D도 지원한다). 그래픽 연산은 본질적으로 모양과 이미지 그리기의 조합이고 OpenGL은 이 연산을 처리하는데 GPU에서 명령을 실행해 그러한 작업을 한다. OpenGL ES는 OpenGL의 부분 집합으로 특히 스마트폰 같은 임베디드 기기를 대상으로 한다.

가장 낮은 수준의 그래픽부터 이야기를 시작하려고 한다. 이 레이어는 비와 팜소스 출신으로 2006년 후반부터 안드로이드 팀에서 일하기 시작한 마티아스 아고피안의 작업에서 비롯됐다.

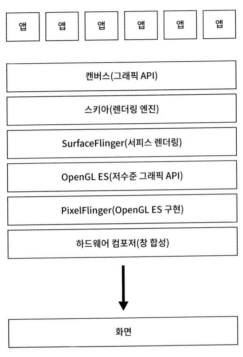

매우 단순하게 나타낸 안드로이드 그래픽 시스템 개요. 애플리케이션이 뭔가를 그리기 위해 캔버스 API를 호출한다. 캔버스 API는 스키아 렌더링 엔진에 의해 시스템 하부에 구현되어 있는데 모양과 텍스트 같은 것을 화소로 바꾼다. SurfaceFlinger는 버퍼 또는 서피스(surface)를 이 화소가 그려지는 곳에 제공한다. SurfaceFlinger는 저수준 그래픽 API인 OpenGL ES를 호출해 삼각형을 그린다. OpenGL ES는 PixelFlinger를 사용해 버퍼를 그린다(GPU가 스마트폰에서 일반적이 되자 PixelFlinger는 결국 GPU로 대체된다). 마지막으로 화면에 그려져야 하는 모든 서피스(포그라운드 애플리케이션뿐 아니라 상태·내비게이션 바 포함)는 하드웨어 컴포저(hardware composer, HWC)에서 합성돼서 사용자가 볼 수 있도록 화면에 표시된다.[2]

2 (옮긴이) 안드로이드에서 'flinger'라는 말은 그래픽과 오디오에서 쓰이는데 여러 애플리케이션으로부터 나오는 서피스와 오디오 출력을 합쳐서 스트림으로 하드웨어에 보내는 것을 일컫는다.

마티아스 아고피안과 안드로이드 그래픽

"내 생각에, 소프트웨어 렌더링은 앞으로 사라질 것 같았어요."

– 마티아스 아고피안

마티아스는 차분하고 조용한 사람으로 사무실에 늦게 나와서 아주 늦게까지 남아 있으면서 거의 오로지 코드 작성에만 집중했다(이메일과 회의는 가능한 한 피했다).

초기에 마티아스의 성깔[3]이 이따금 드러났었다. 뭔가 그를 열받게 하면 그는 난폭하게 뛰쳐나가 며칠 또는 몇 주간 결근하기도 했다. 한 번은 스웨트랜드 때문에 마티아스가 화를 냈다. 마티아스는 휴대 전화를 집어던지고 사무실 밖으로 나갔다가 몇 분 후에 돌아와서 메모리 카드[4]가 필요하다고 휴대 전화를 달라고 했다.

마티아스는 암스트래드 CPCAmstrad Colour Personal Computer[5]부터 아타리 컴퓨터, 비박스까지 다양한 컴퓨터를 프로그래밍하는 방법을 배우며 어린 시절을 보냈다. 그는 아타리 팰컨Atari Falcon[6]용 그래픽·오

---

3 나는 그 사건이 벌어지는 걸 실제로 보지는 못했다. 아마도 초창기에 모두가 쉬지 않고 제품 출시 작업을 했던 데 따른 스트레스와 관련 있는 듯하다.

4 스웨트랜드는 그 사건을 다음과 같이 기억했다. "있는 그대로 말하자면 마티아스가 휴대 전화를 던졌는데 내 옆으로 날아갔어요. 내가 피할 필요도 없었죠. 형편없었던 1.0 이전 버전과 씨름하다가 그에게 '난 이런 걸 당장 볼 시간이 없어요'라고 말했는데 그 말이 그날 그의 인내심의 한계를 넘었던 것 같아요." 히로시는 분석을 위해 하드웨어 문제가 있는 기기를 정기적으로 HTC에 보냈다. 스웨트랜드는 마티아스가 집어던진 그 기기를 그다음 번 차례에 갖다 두었던 걸 기억했다. "나는 화면이 산산히 부서진 마티아스의 G1을 정상적인 절차대로 히로시의 책상에 갖다 두면서 쪽지에 '분노 조절 능력 부족'이 화면이 깨진 원인으로 의심이 가는 사유라고 적었어요."

5 (옮긴이) 1968년 설립된 암스트래드에서 출시한 8비트 가정용 컴퓨터. 실물 사진은 영문 판 위키백과 'Amstrad CPC' 페이지를 참고하라.

6 (옮긴이) 1992년 출시된 아타리의 마지막 PC 제품이다. 실물 사진은 영문판 위키백과 'Atari Falcon' 페이지를 참고하라.

디오 애플리케이션(그가 크레이지 뮤직 머신이란 이름으로 판매한 팰컨용 사운드 트래커 앱7 포함)을 작성했고 프랑스 컴퓨터 잡지에 쓴 프로그래밍 기사로 유명해졌다.8 마티아스는 또한 취미로 아타리와 비박스용 엡손Epson 프린터 드라이버도 작성했는데 두 회사에서 자사 제품과 함께 출시했다. 그는 자신이 만든 비Be 프린터 드라이버 덕분에 취업을 하게 됐고 1999년 프랑스를 떠나 비에 입사했다.

마티아스가 비에서 일하던 도중 비가 팜에 인수됐다. 마티아스는 팜소스에서도 나머지 팀과 함께 계속 일하면서 주로 그래픽 소프트웨어 작업을 하다가 팜소스의 사업 방향에 질려서 조 오노라토와 같은 시기에 회사를 그만두고 2005년 후반 구글에 입사해 안드로이드 개발에 참여했다.

기초

마티아스는 안드로이드에 합류해서 시스템 기초 작업을 시작했다. 운영 체제는 아직 존재하지 않았다. 따라서 당시 합류한 사람들은 모두 기본적인 필수 구성 요소를 만드는 일을 도왔다.

예를 들어 플랫폼에는 C++용 핵심 데이터 구조(Vector와 Hash Map)가 아직 없었다. 데스크톱 또는 서버 세계에서는 이것들을 만들 필요가 없었다. 개발자들이 일반적으로 사용하는 표준 라이브러리에 딸려 있기 때문이다. 그러나 안드로이드에는 특히 당시에는 플랫폼에 절대적으로 필요한 코드와 라이브러리만 있었다. 표준 라이브러

---

7   애플리케이션 시스템 파리(Application Systems Paris)에서 발매
8   초기 안드로이드 브라우저 팀의 프랑스 개발자 니콜라 로드는 그가 고등학교 때 읽은 마티아스의 기사 때문에 구글에 들어오기 전에 마티아스의 이름을 알았다.

리를 추가하면 불필요한 부분이 너무 많이 시스템에 들어와서 가용한 저장 공간을 대부분 차지해 버리는 바람에 사용할 수 없었다. 그래서 마티아스는 누구나 안드로이드 개발에 사용할 수 있도록 이러한 데이터 구조의 안드로이드 버전을 작성했다.

마티아스는 또한 메모리를 조작하는 저수준 유틸리티인 memcpy[9]와 memset를 최적화했다. memcpy는 전체 시스템에서 사용하는 아주 중요한 소프트웨어인데[10] 메모리 집약적인 상황에서 성능 병목이 되기도 한다. 밥 리가 이 작업에 대해 언급했다. "마티아스가 memcpy에 필요한 어셈블리 언어 코딩을 했는데 끝내주게 빨라졌고 성능이 크게 개선됐습니다. 멋졌죠."

PixelFlinger[11]

마티아스가 그래픽 시스템을 개발하면서 세운 주요 목표는 Surface Flinger라는 걸 구현하는 것이었다. SurfaceFlinger는 시스템의 모든 애플리케이션이 만들어 낸 그래픽으로 가득 찬 버퍼(서피스)를 디스

---

9 유닉스 명령어는 보통 줄여 쓰는데 때로는 암호 같다. 특히 오늘날에는 'memcopy'라고 철자를 다 쓰기보다 'memcpy'라고 쓰는 게 더 유용한 이유가 불분명하다. 그러나 유닉스가 1970년대 초 만들어졌을 때는 저장 공간 제한뿐 아니라 텔레타이프 장비의 문자 전송 시간을 비롯한 여러 이유 때문에 줄여서 써야 했을 것이다. 브라이언 스웨트랜드 역시 줄여 쓰기에 다음과 같은 원인이 있다고 보았다. "그냥 구식 프로그래머의 게으름이죠. 최근에 라디오 인터페이스를 테스트하는 작은 프로그램을 만들었는데 나는 그 바이너리를 radio-control이 아니라 rctl이라고 불렀어요. 여러 번 반복해서 타자할 걸 생각해서였죠." 유닉스 설계자 중 한 명인 켄 톰슨(Ken Thompson)은 《The UNIX Programming Environment》라는 책에서 유닉스를 재설계한다면 다르게 만들고 싶은 것이 있느냐는 질문에 "creat 함수 철자에 e를 덧붙이겠다"라고 대답했다.
10 이는 안드로이드에만 해당되는 내용은 아니다. memcpy는 모든 운영 체제의 기본적인 부분인데 메모리 복사는 소프트웨어 시스템에서 중요한 작업이기 때문이다.
11 마티아스는 비와 안드로이드에서 함께 일한 동료인 제임스 샘스(Jason Sams)가 비에서 만든 Bitflinger라는 그래픽 코드에 경의를 표하는 의미로 PixelFlinger라는 이름을 골랐다.

플레이하는 데 필요했다. 그러나 이 시스템은 아직 존재하지 않았던 저수준 기능에 의존해야 해서 마티아스는 그 작업부터 시작했다.

마티아스의 가정 중 한 가지는 SurfaceFlinger가 작업을 수행하는 데 GPU[12]가 필요하다는 것이었다. SurfaceFlinger는 애플리케이션에서 그래픽 데이터를 가져와 버퍼에 넣고, 그 버퍼를 화면에 표시하는 데 필요한 저수준 연산을 수행하기 위해 OpenGL ES를 사용하려고 했다. 문제는 안드로이드가 GPU가 있는 기기에서 실행되지 않는다는 점이었다. 안드로이드가 당시에 그리고 SDK가 출시될 때까지 타깃으로 하던 기기는 수너였는데 수너는 GPU가 없어서 OpenGL ES를 사용할 수 없었다.

그러나 마티아스는 GPU가 스마트폰에서 표준이 될 미래를 보았다. "안드로이드에 합류하기 전에 나는 모바일 플랫폼을 조금 경험해 본 적이 있었습니다. 그리고 미래에는 하드웨어로 렌더링을 하리라는 게 정말 확실해 보였습니다.[13] 내 생각에, 소프트웨어 렌더링은 앞으로 사라질 것 같았어요.

내 구상은 하드웨어가 입수되는 때를 대비해 모든 걸 준비하고 싶다는 것이었어요. 문제는 하드웨어가 없다는 것이었죠. 하드웨어가 언제 나올지 정말 알 수 없었어요. 그래서 생각했죠. 내가 그래픽을 담당하고 있으니 나한테 GPU가 있다고 가정하면 어떨까. 그래서 기

---

12 GPU는 그래픽 연산 속도를 높인다. GPU는 1990년대 후반 이후로 데스크톱 컴퓨터에서는 표준이었지만 마티아스가 이 일을 하고 있을 당시 스마트폰 하드웨어에서는 표준이 아니었다.

13 분명히 하자면 모든 렌더링은 스마트폰 하드웨어에서 일어난다. 그러나 CPU 렌더링(범용 시스템으로 화솟값을 계산)과 GPU 렌더링(전용 그래픽 프로세서로 화솟값을 계산)은 큰 차이가 있다. GPU가 그런 작업을 훨씬 빨리 잘한다. 마티아스가 하드웨어 렌더링이라고 언급한 것은 바로 GPU 렌더링이다.

본적인 수준으로 GPU를 만들었어요. 이런 식으로 'GL'을 사용하는 SurfaceFlinger를 작성할 수 있었습니다. 진짜 OpenGL ES를 사용했지만 기본값은 소프트웨어 구현으로 동작했죠. 그러고 나서 조금씩 진짜 하드웨어가 나타나기 시작했습니다."

마티아스가 GPU를 만들었다고 말했을 때 그가 의미한 것은 가상 GPU, 즉 GPU와 똑같은 작업을 수행하는 소프트웨어였는데 전용 하드웨어 대신 소프트웨어에서 동작했다. GPU가 마법을 부리는 건 아니다. CPU에서 실행되는 소프트웨어로 할 수 없는 일은 GPU에 들어 있는 전용 하드웨어도 하지 못한다. GPU는 그냥 더 빨리 처리할 뿐인데 그래픽 연산에 최적화된 하드웨어가 있기 때문이다.[14] 마티아스는 가짜 GPU를 만들어 일반적으로 GPU에서 담당하는 그래픽 연산을 처리하는 소프트웨어 레이어를 제공했는데, 이 레이어에서 그래픽 연산과 관련된 명령을 기존 안드로이드 디스플레이 시스템이 이해할 수 있는 저수준 정보로 번역했다.

마티아스가 작성한 OpenGL ES 레이어는 PixelFlinger라는 텍스처 입힌 삼각형 그리기[15]를 담당하는 저수준 레이어에 명령을 내렸다. PixelFlinger 위에서 OpenGL ES를 사용하는 이 추가 추상화 레이어 때문에 추가 작업과 오버헤드가 더해졌는데 안드로이드가 타깃으로 삼은 기기가 그것뿐이었다면 타당하지 않은 말도 안 되는 것이었다.

---

14 특히 당시 GPU는 이미지 데이터를 입힌 지오메트리를 그리는 텍스처 매핑에 최적화되어 있었다. 복잡한 게임부터 단순한 2D 버튼까지 우리가 화면에서 보는 대부분의 그래픽은 지오메트리 위에 그려진 이미지 데이터라고 할 수 있다.

15 GPU와 OpenGL ES용 기반 렌더링 엔진은 기본적으로 삼각형 렌더러로 대개 이미지 데이터(텍스처)가 포함된 삼각형을 그리는데, 텍스처를 입힌 삼각형을 많이 그리면 시각적으로 복잡한 느낌을 만들어 낼 수 있다. 물론 그보다 더 복잡한 것도 많지만 렌더링된 장면은 심지어 게임이나 영화의 특수 효과에서 사용되는 복잡한 3D라도 기본적으로는 텍스처를 입힌 삼각형 모음이다.

그러나 안드로이드가 향후 목표로 한 세계와 GPU 하드웨어가 포함될 것이 거의 확실한 미래를 생각했을 때, 이는 OpenGL ES를 타깃으로 하는 SurfaceFlinger를 한 번만 작성하면 된다는 의미였다. 미래가 마티아스의 예상대로 들어맞고 GPU를 사용할 수 있게 되면 Surface Flinger는 현재 방식대로 동작하더라도 더 빨라질 것이었다(소프트웨어 기반 PixelFlinger 대신 하드웨어를 사용함으로써).

마티아스가 PixelFlinger의 가상 GPU를 만든 접근 방식은 안드로이드가 초기에 취한 제품 대 플랫폼 접근 방식의 예다.[16] 제품 접근 방식을 취해 팀이 첫 기기를 가능한 한 빨리 동작하게 만들었다면 개발 기간이 그리 오래 걸리지 않았을 것이다. 그러나 마티아스가 취한 플랫폼 접근 방식은 첫 출시 이후로도 확장할 수 있는 소프트웨어 레이어를 만드는 것이었는데 결국에는 안드로이드에 유용했음이 증명됐다. "하드웨어가 나왔을 때를 대비해 그 단계를 거치는 게 필요했어요. 또 꼭 필요한 일이라고 사람들도 설득해야 했죠."

그래픽 시스템과 플랫폼의 다른 부분에 대한 이러한 장기적 접근 방식은 초기 팀이 취한 접근 방식의 한 요소였다. 전반적으로 팀은 토론을 좋아했고 작은 걸 선호했고 열심히 일했다. 그리고 1.0을 향해 나아가면서 신속하고 실용적인 결정을 내렸다. 팀이 초기에 내린 몇 가지 결정과 그것을 위해 필요했던 추가 작업은 플랫폼의 미래를 위해 올바른 일이었다. 미래가 불확실하기는 했지만 말이다. 팀이 1.0 출시라는 목표에 집중하기는 했지만 한 번 출시하고 마는 게 아니라 안드로이드가 결국 이뤄 내려는 미래까지 살아남을 수 있도록 플랫폼을 만드는 작업도 함께했다.

16 이에 관해서는 이후 나오는 '29장 제품 대 플랫폼'을 보라.

PixelFlinger는 안드로이드 폰의 관점에서는 유효 기한이 제한되어 있었다. PixelFlinger는 팀이 초기 개발 동안 사용한 수너 기기에는 매우 중요했지만, 1.0과 함께 출시된 G1에는 마티아스가 원했고 예측한 GPU 기능[17]이 있었다. PixelFlinger는 특정 제품을 위한 기능을 제공해서가 아니라 진보적인 기능을 만든 플랫폼이어서 중요했다. 이 기능은 아키텍처와 생태계를 하드웨어 가속이라는 미래로 이끌었다.[18]

SurfaceFlinger

PixelFlinger와 OpenGL ES가 일단 동작하자 마티아스는 Surface Flinger를 구현할 수 있었다. 애플리케이션이 그래픽 객체(버튼, 텍스트, 이미지 등)를 메모리 버퍼에 그리면 SurfaceFlinger가 그 버퍼를 화면에 보내 사용자에게 보여 준다. SurfaceFlinger는 기본적으로 애플리케이션에서 일어나는 고수준 그래픽 연산과 마티아스가 이전에 작성한 OpenGL ES 레이어 간의 접착 코드인데 버퍼를 복사해 사용자에게 보여 주는 동작을 담당한다. 화면에 화소를 표시하는 작업에서 앱 렌더링을 분리한 것은 의도적이었다. 마티아스의 설계 목표 중 하나는 어떤 앱도 다른 앱 때문에 렌더링 성능 문제를 일으키지 않게 보장해서 부드러운 그래픽을 구현하는 것이었다(이것은 안드로이드의 전반적인 보안 접근 방식과도 관련되어 있는데 애플리케이션은 항상 서로 간에 명확하게 분리된다). 그래서 애플리케이션은 버퍼에 그리고, SurfaceFlinger는 그 버퍼에서 가져온다.

17 하지만 G1의 GPU는 심각한 제한이 있었는데 한 번에 한 프로세스에서만 사용할 수 있었다.
18 사실 PixelFlinger는 1.0 이후에도 기기가 시작할 때 보이는 부팅 애니메이션, 기기 업그레이드 사용자 인터페이스, 에뮬레이터에 한동안 계속 사용됐다. 개발자 컴퓨터에서 실행되는 에뮬레이터는 GPU에 접근할 수 없어서 마티아스의 가상 GPU를 몇 년간 사용했다.

하드웨어 컴포저

그래픽 시스템 중 마티아스가 개발한 부분이 또 있는데 하드웨어 컴
포저다. SurfaceFlinger는 사용자 인터페이스 그래픽을 화면 창에 그
리는 걸 담당한다. 그런데 화면에는 최종 형태를 만들기 위해 합쳐져
야 하는 창이 여러 개 있다.

 사용자가 보는 전형적인 안드로이드 화면을 생각해 보자. 상태 바
(현재 시간과 다양한 상태·알림 아이콘이 나타난다), 내비게이션 바
(뒤로 가기와 홈 버튼이 자리하는 곳) 그리고 마지막으로 실제 포그
라운드 애플리케이션(또는 홈 화면)이 있다. 포그라운드 애플리케이
션 위에 나오는 팝업 메뉴 같은 다른 창들도 있다.

 이것들은 모두 별도의 창이고 흔히 개별 프로세스에서 실행된다.

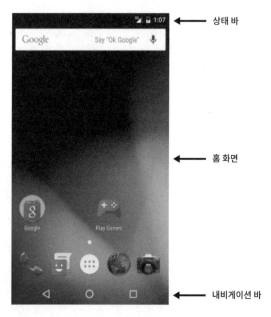

안드로이드 화면 샘플로 전형적인 상태 바, 내비게이션 바, 홈 화면이 보인다.

예를 들어 내비게이션 바와 상태 바는 시스템 프로세스에서 관리하는 반면, 애플리케이션 창은 애플리케이션 프로세스에서 소유한다. 이 모든 창은 좀 더 합리적인 방식으로 표시될 필요가 있는데 그 작업을 하드웨어 컴포저가 한다.

하드웨어 컴포저에 대한 마티아스의 아이디어는 하드웨어 오버레이[19]라는 특수한 하드웨어를 사용하는 것이었다. 이 하드웨어는 각 애플리케이션에 전용 메모리를 제공해 같은 비디오 메모리를 공유하는 애플리케이션의 오버헤드를 피한다. 오버레이 하드웨어를 사용하면 전력 사용을 줄이고 애플리케이션에 더 높은 성능을 제공할 수도 있다. 전용 오버레이 하드웨어를 사용함으로써 시스템은 간단하고 빈번한 창 동작에 전기를 잡아먹는 GPU를 사용하는 것을 피했다. 또한 오버레이를 사용하면 애플리케이션에서 그래픽 집약적인 연산이나 게임을 가속하는 데 사용할 수 있도록 GPU를 남겨 둘 수 있었다.[20]

이러한 창을 각각 화면에 수동으로 그리거나 GPU에 OpenGL ES를 통해 그리라고 하기보다 하드웨어 컴포저는 각 창을 서로 다른 오버레이로 보낸다. 디스플레이 하드웨어는 이러한 오버레이들을 화면 위에 합성해 서로 완전히 다른 프로세스가 아니라(실제로는 다르지만) 정보가 하나로 매끄럽게 이어진 화면처럼 보이게 만든다.

문제는 오버레이가 실제로는 사용하기가 까다롭다는 점이었다. 기기마다 오버레이 수와 능력이 달랐기 때문이다. G1의 GPU에 제한이

---

19 오버레이는 서로 다른 그래픽을 가진 창, 특히 비디오와 게임을 비롯해 빠르게 움직이는 이미지를 가진 창을 표시하기 위한 특수한 디스플레이 하드웨어다.
20 오버레이 사용은 사실 G1에 필요한 요구 사항이었다. G1에서 GPU는 한 번에 한 프로세스에서만 사용할 수 있었다. 그래서 하드웨어 컴포저가 GPU를 사용하면 앱은 GPU를 사용할 수 없었다. 오버레이 하드웨어 사용은 이런 제한에 대한 좋은 회피 방법이었다.

있기는 했지만 기기의 비교적 괜찮은 오버레이 지원 덕분에 마티아스와 제이슨 샘스는 기발한 접근 방식을 제시할 수 있었다. 무수한 오버레이 변형판을 하드웨어 컴포저로 직접 처리하기보다 소프트웨어로 하드웨어 컴포저에서 필요로 하는 것을 하부 하드웨어에 알려주고 하드웨어가 요구 사항을 지원하지 않으면 OpenGL ES를 사용했다. 시간이 지나 하드웨어 판매사가 오버레이 연산을 직접 처리하는 이점을 알게 됐고, 플랫폼의 중요한 부분을 위해 기기에 추가 성능을 제공하는 것은 하드웨어 판매사의 영역이 되었다.

마이크 리드와 스키아

마티아스의 모든 작업은 화면에 표시할 무언가가 있다는 데 근거를 두었다. 바로 애플리케이션의 그래픽 콘텐츠다. 애플리케이션이 사용자 인터페이스에 그래픽 콘텐츠를 그릴 시스템을 만들 필요가 있었다. 이를 위해 안드로이드는 스키아라는 렌더링 시스템을 사용했는데 마이크 리드가 개발한 시스템을 초기에 인수한 것이다.

'그래픽 기술 연쇄 창업가'가 정말 있다면 바로 마이크 리드다.

마이크 리드는 적어도 많은 초기 안드로이드 엔지니어들에 비하면 뒤늦게 프로그래밍을 시작했다. 리드는 과학과 수학으로 대학에서 학위를 받았다. 그런데 1984년 첫 매킨토시가 출시되고 그가 다니던 대학에 모습을 드러냈다. "그 일로 모든 게 바뀌었어요. 나는 그래픽을 하고 싶었는데 맥이 정말 강점을 드러내는 분야였기 때문이죠. 그래서 수학 학위를 받았지만 프로그래밍을 독학했습니다."

리드는 대학원을 마치고 애플에 채용되어("간신히 취업했죠.") 그곳에서 미래의 스키아 공동 창시자인 캐리 클라크[21]를 만났다. 애플에서 몇 년간 일한 후 리드는 애플을 떠나 헤드스핀HeadSpin이라는 회사를 시작해 시디롬 게임에서 사용하는 게임 엔진을 만들었다. 헤드스핀은 미스트Myst라는 게임의 제작사인 사이언Cyan에 인수됐고 리드는 알파마스크AlphaMask라는 새로운 그래픽 기술 회사를 시작했다. 알파마스크는 모바일 기기용 브라우저 소프트웨어를 제공하는 오픈웨이브Openwave에 인수됐다.

리드는 2004년 오픈웨이브를 떠나 전 애플 동료인 캐리와 함께 스키아라는 회사를 시작해 그래픽 렌더링 엔진을 만들었다. 스키아는 다양한 고객에게 엔진의 라이선스를 판매했는데 그중 몇몇 회사는 캘리포니아에 있었다. 한 번은 리드가 캘리포니아에 출장을 다녀오는데 캐리가 리드에게 캐리의 웹티비 시절 전 동료인 앤디 루빈과 크리스 화이트가 세운 안드로이드라는 스타트업을 만나 보라고 제안했다.

2004년 후반 안드로이드는 매우 작았고 공동 창업자 두 명과 새로운 직원인 브라이언 스웨트랜드, 트레이시 콜뿐이었다. 안드로이드는 카메라 운영 체제에서 휴대 전화 운영 체제로 막 전환하는 중이었다. 그런 상황이기는 했지만 루빈은 사용자 인터페이스를 표시할 렌더링 엔진이 필요하다는 걸 알았다. 그래서 리드에게 비용을 지불하고 스키아 평가 라이선스를 구매하고는 다시 연락하기로 했다. 그러나 리드는 루빈으로부터 다시 연락을 받지 못했다. "루빈은 그냥 연락이 두절됐고 이메일에 답장을 주지 않았어요."

몇 달 후 2005년 여름 루빈이 마침내 리드에게 연락했다. "그가 말하더군요. '연락을 못해 미안해요. 새 이메일 주소로 이메일을 보내

---

21 캐리 역시 몇 년간 구글 스키아 팀의 엔지니어였다.

요.' 아니나 다를까, 그 주소는 루빈아이디@google.com이었어요. 이 어지는 메일 내용은 '회사가 인수됐어요. 우리 그 라이선스 건을 마무리 짓죠'였어요."

그러나 구글은 또 다른 스키아 렌더링 엔진 라이선스 소지자가 되지 않고 리드의 회사를 인수했다. 안드로이드는 채용 중인 상황이었고 결국 (돈만 있다면) 인수가 여러 사람을 빠르게 채용하는 효과적인 방법이었다.

인수는 2005년 11월 9일 발표됐고 스키아 엔지니어 네 명(마이크 리드, 캐리, 리언 스크로긴스, 패트릭 스콧)은 12월부터 일하기 시작했다.

협상 사항 중 한 가지는 근무지였다. 리드와 캐리는 몇 년 전에 캘리포니아를 떠나 노스캐롤라이나에 정착하기로 결정했고 베이 에어리어로 돌아가는 것에 탐탁지 않아 했다. 구글은 팀이 노스캐롤라이나에 남는 데 동의했고 그들은 채플 힐Chapel Hill에 새 사무실22을 마련했다.

스키아 팀은 구글에서 일을 시작한 후 스키아를 안드로이드용 그래픽 엔진으로 만드는 작업을 했다. 기초를 이루는 렌더링 소프트웨어 자체는 꽤 완성되어 있었다. 그들은 안드로이드에 필요한 2D 그리기 연산(선, 모양, 텍스트, 이미지)을 C++로 완전하게 지원했다. 사실 안드로이드에서 스키아의 그래픽 기능은 초창기 이후로 거의 바뀌지 않았다(도중에 하드웨어 가속 같은 주요한 개선이 이뤄지기는 했지만). 그러나 안드로이드가 애플리케이션용 주 프로그래밍 언

---

22 스키아 팀이 늘어나고 안드로이드 이후 그래픽 렌더링 프로젝트를 맡게 됨에 따라 채플 힐 사무실은 오랜 기간에 걸쳐 확장됐다.

어로 자바를 선택했기 때문에 스키아를 C++가 아니라 자바에서 호출할 수 있어야 했다. 그래서 팀은 자바 바인딩binding[23]을 작성했다.

스키아용 바인딩을 작성하고 엔진을 나머지 안드로이드 플랫폼으로 통합하는 것은 그다지 어렵지 않아서 스키아 팀은 곧 다른 프로젝트 몇 가지를 골랐다. 프로젝트 중 하나는 새 사용자 인터페이스 시스템이었는데 오래 가지 못했다. 리드의 팀은 안드로이드에서 사용자 인터페이스를 표시하는 데 스키아의 기존 시스템을 사용하자고 제안했다. 그들은 개발자가 자바스크립트와 XML 조합으로 프로그래밍을 할 수 있는 시스템을 이미 가지고 있었다. 그러나 자바로 옮긴 데다 조 오노라토가 했던 어떤 작업 때문에[24] 팀은 다른 길로 가게 된다.

---

23 바인딩은 기반을 이루는 C++ 기능을 감싼 자바 함수다. 바인딩 함수를 호출하면 기본적으로 실행을 자바 코드에서 C++ 코드로 넘긴다.

24 이후 나오는 '14장 시각적인 사용자 인터페이스 툴킷'에서 오노라토의 노력에 대해 더 자세히 다룬다.

12

'그 벨 소리'는 누가 만들었을까?

소프트웨어 엔지니어가 미디어에 대해 이야기한다면 대개 오디오와 비디오를 의미하는 멀티미디어를 말하는 것이다. 이 기술들은 서로 완전히 다르고 둘 다 깊은 전문성을 필요로 한다. 그래서 엔지니어들은 보통 오디오나 비디오 한 가지만 하고 둘 다 하지는 않는다. 그렇지만 오디오와 비디오 엔지니어는 대체로 같은 '미디어' 팀에 모인다. 아마도 둘 다 사용자가 신뢰할 만하게 동작하려면 기기에서 성능과 메모리를 필요로 하고 소프트웨어에서 극도의 최적화를 필요로 하기 때문일 것이다.

데이브 스파크스와 벨 소리

데이브 스파크스는 살면서 프로그래밍 수업을 딱 한 번 들었는데 고등학교 2학년 때 포트란 수업이었다. 그 수업에서 하는 프로그램 작성은 코드를 천공 카드에 찍어서, 그 카드 뭉치를 고무 밴드로 묶은 후 사무실에 가져다주면 거기 있는 컴퓨터로 코드를 실행하는 것으로 이뤄져 있었다. 학생들은 며칠 후 그들의 프로그램 결과를 출력물로

받았다.[1]

스파크스는 교실 뒤에 있던 오래된 몬로봇 XIMonrobot XI[2] 시스템에 강한 흥미를 느꼈다. 그 시스템은 대략 1960년산 기계로 저장을 위해 회전 자기 드럼을 사용했다. 그는 그 오래된 시스템에서 기계 코드로 프로그램 만드는 방법을 배우다가 포트란 수업에서 거의 낙제할 뻔 했다.

스파크스의 프로그래밍 경력은 고등학교 졸업 후 라디오 섁Radio Shack[3]에서 일하면서 시작됐다. 하루는 레이 돌비Ray Dolby[4]가 매장에 들어와 도움을 요청했다. 그는 그의 주식 자료를 스프레드시트로 다운로드할 수 있는 프로그램을 원했다. 관리자는 도움을 줄 수 있는 사람으로 스파크스를 가리켰다. 프로그램 하나로 50달러를 벌고 나서 스파크스는 전문 프로그래머가 됐다.

2000년대 초 통신 회사는 다양한 벨 소리 형식을 지원하는 휴대 전화를 필요로 했다. 요구 사항이 더 복잡해진 건 통신 회사마다 서로 다른 형식을 사용하는 바람에 휴대 전화 제조사들이 서로 다른 시장에 자사의 기기를 팔기 위해 여러 형식을 지원해야 했기 때문이었다.

야마하가 그 요구 사항을 처리할 수 있는 전용 신시사이저 칩을 제공했는데 단말기당 몇 달러였다. 제조사들은 비용을 줄일 방법을 늘 찾고 있었다. 그래서 소니복스Sonivox라는 회사에서 소프트웨어 기반

---

1 개발자들은 오늘날 대형 안드로이드 애플리케이션 컴파일 속도에 대해 불평하는데 몇 초 걸릴 수도 있고 때때로 아주 복잡한 빌드는 좀 더 오래 걸리기도 한다. 그리고 그보다 훨씬 오래 걸릴 수도 있다.
2 (옮긴이) 미국 방위 산업체 리턴 인더스트리에서 출시한 프로그램 내장식 컴퓨터. 실물 사진은 영문판 위키백과 'Monrobot XI' 페이지를 참고하라.
3 (옮긴이) 1921년 설립된 미국의 전자 기기 소매점
4 돌비 잡음 감소(Dolby noise reduction) 시스템 발명자이자 돌비 연구소 설립자인 그 레이 돌비다.

솔루션을 발표해서 단말기당 1달러에 팔기 시작했다.

데이브 스파크스는 소니복스에서 그 제품을 담당하고 있었는데 앤디 루빈이 연락을 했다.

운영 체제를 오픈 소스로 만드는 안드로이드의 계획 때문에 루빈의 요구는 소니복스의 전형적인 고객들과는 달랐다. 그는 제품을 원했지만 그 소스 코드를 공개하기를 바랐는데 그렇게 되면 사실상 향후 판매 가능성을 없애는 것이었다. "이건 미래에 오픈 소스가 될 거예요. 돈은 얼마든 내죠." 스파크스가 기억하고 있는, 루빈이 제시한 계약 내용이었다.

계약은 2007년 초 이뤄졌다. 3월 스파크스가 구글에서 와서 피커스 커크패트릭과 함께 몇 시간 동안 작업해서 그 소프트웨어를 시스템에 통합했다. 갑자기 안드로이드에서 벨 소리를 재생할 수 있게 됐다.

몇 달 후 여전히 소니복스에서 일하고 있던 스파크스에게 루빈이 전화를 걸어 안드로이드에 합류해 미디어 팀을 만들어 달라고 부탁했다. 스파크스는 2007년 8월 안드로이드에 합류했다.

마르코 넬리선과 오디오

피커스는 소니복스 소프트웨어로 벨 소리가 울리게 한 후 MP3 벨 소리도 하나 재생되게 만들었는데 날스 바클리Gnarls Barkley의 〈크레이지 Crazy〉란 곡이었다. 조 오노라토가 설명했다. "MP3 재생은 엄청난 일이었어요. 그가 MP3 소리가 나게 만들자마자 우리는 벨 소리가 필요했습니다. 그가 〈크레이지〉의 MP3를 가져왔고 그게 '그 벨 소리'가 됐죠."

안드로이드 폰은 전화가 올 때마다 똑같은 벨 소리를 울리는데 그 노래가 모든 사람을…, 더 이야기하지 않아도 무슨 이야기인지 알 것이다.

팀은 벨 소리 시스템을 범용화하는 데 도움이 필요해서 몇 년간 오디오 소프트웨어를 작성해 온 개발자인 마르코 넬리선을 채용했다.

마르코가 네덜란드에서 고등학교를 다닐 때 그의 부모님이 코모도어 64Commodore 64[5]를 사 주었다. 처음에는 컴퓨터로 게임을 했지만 곧 프로그래밍을 하기 시작했고 베이식과 어셈블리를 배웠다. 그는 텍스트 편집기를 만들고 나서 사운드트래커 프로SoundTracker Pro[6]라는 음악 시퀀싱 앱을 비롯한 멀티미디어 애플리케이션도 가지고 놀기 시작했다.

대학 졸업 후 마르코는 멀티미디어 개발을 계속했는데 첫 회사에서 필립스 CD-iCompact Disc-interactive[7] 플랫폼용 소프트웨어를 만들었고 그다음에는 비에서 일했다. 그는 비의 많은 동료들처럼 비가 인수된 후 팜에 입사했다. 그는 2006년 초 대부분의 팀원들이 안드로이드에서 일하기 위해 구글에 입사한 후에도 오랫동안 팜소스에 남아 있었다. 마르코는 마침내 2007년 안드로이드 팀에 합류했다.

마르코는 안드로이드의 오디오 기능에 뛰어들었다. 그의 첫 프로젝트는 점점 중요해지고 있던 벨 소리 선택 기능을 추가하는 것이었다. "내가 그 노래를 싫어해서가 아니라 몇 분마다 누군가의 휴대 전

---

5 (옮긴이) 1982년 발표된 8비트 컴퓨터. 제품 이름의 64는 탑재 메모리 용량(64KB)을 가리킨다. 실물 사진은 영문판 위키백과 'Commodore 64' 페이지를 참고하라.

6 사운드트래커 프로는 지금도 다운로드할 수 있고 모든 아미가(Amiga: 코모도어에서 1985년부터 출시한 개인용 컴퓨터 제품군으로 영상, 음악 등 멀티미디어에 강점을 보였다. 1996년 단종됐다.) 사용자를 위한 유튜브 영상도 있다. 아미가 쓰는 사람?

7 (옮긴이) 필립스에서 개발한 오디오, 텍스트, 그래픽을 함께 담기 위한 시디 규격

화가 울릴 때 똑같은 걸 듣는다면 싫증이 날 거예요."

그는 사운드와 멀티미디어 작업을 계속했다. 그는 시뮬레이터(소프트웨어 디버깅을 위해 팀에서 쓰던)에 사운드 기능을 추가했고 안드로이드용 첫 음악 앱을 만들었다. 그는 또한 나중에 이클레어(안드로이드 2.1)용 첫 라이브 배경 화면(사운드·음악 비주얼라이저)을 만들었는데 넥서스 원과 함께 출시됐다.

AudioFlinger

풀어야 했던 또 다른 오디오 문제는 G1 때문에 생겼다. 원래의 G1용 HTC 오디오 드라이버는 버그가 너무 많아서 소리를 이미 재생하고 있는 상태에서 두 번째 소리를 재생하는 단순한 동작을 수행하려고 해도 기기가 리부팅됐다. 안드로이드 팀은 드라이버 소스 코드에 접근할 수 없어서 드라이버 위에 AudioFlinger라는 레이어를 도입하는 방식으로 문제를 피해 가려 했다.

마티아스가 SurfaceFlinger를 작성한 경험을 바탕으로 그 이름을 제시했다. SurfaceFlinger는 그래픽 쪽에서 관련된 문제를 풀었는데 애플리케이션에서 화소 버퍼를 만들어 내면 SurfaceFlinger가 화면에 표시하는 방식이었다. 마찬가지로 AudioFlinger는 기기가 리부팅되지 않게(이게 핵심적인 부분이다) 여러 오디오 스트림을 한 스트림으로 합쳐 드라이버에 보내는 것이었다. 마티아스는 마르코, 아르베, 피커스와 함께 AudioFlinger를 G1에서 동작하게 만드는 작업을 했다. AudioFlinger는 특정 기기용 플랫폼에서 임시 차선책으로만 쓰려던 것이었지만 소프트웨어에서 자주 그렇듯이 꽤 오랫동안 살아남았다가 마침내 시스템이 기기를 리부팅시키는 문제가 없는 드라이버와 직접 통신할 수 있도록 재작성되면서 쓸모가 없어졌다.

아무도 좋아하지 않았던 비디오 코드

비디오 처리는 복잡하다. 우선 비디오는 비디오 파일을 불러들이고 저장하는 데 코덱codec[8]이 필요하다. 비디오 소프트웨어는 또한 코덱이 불러들인 콘텐츠를 재생하는 기능이 필요하다. 그리고 일단 그 모든 게 동작하면 그것들이 매우 빠르게 동작하도록 최적화해야 한다. 부드럽게 재생되지 않는 비디오는 '비디오'라기보다는 '짜증을 일으키기' 때문이다.

그러면서 소프트웨어는 하드웨어와 통신할 수 있어야 하는데 이 작업은 비디오 전용 하드웨어가 기기마다 대단히 다양해서 까다로웠다.

작은 팀으로 비디오에 필요한 모든 걸 구현하기는 어려웠다. 그래서 루빈은 내부에서 만들기보다는 필요한 기술을 사기로 결정했다. 그는 피커스 커크패트릭에게 어떤 선택지가 있는지 조사해 보라고 요청했다가 패킷비디오PacketVideo라는 회사에 초점을 맞춰 알아보게 했다. 당시 패킷비디오는 안드로이드에 필요한 모든 작업을 하는 소프트웨어 모음의 라이선스를 판매하고 있었다.

계약이 진행되면서 피커스는 심층 분석보다는 타당성 여부만 조사했다. 피커스는 그때 일을 기억했다. "루빈이 무슨 문제가 있든 상관없이 계약을 진행할 거라고 했어요." 팀의 나머지 사람들처럼 그도

---

8 코덱은 '인코더-디코더'를 줄인 것으로 어떤 형식의 파일을 저장(인코딩)하고 불러들이는 (디코딩) 소프트웨어다. 예를 들어 비디오 시스템은 일반적으로 MP4 파일을 저장하고 불러들일 수 있어야 한다.

당시 다른 일로 바빴고 계약은 처음부터 정해진 결론 같아서 그는 상황을 평가하는 데 많은 시간을 쓰지 않았다. "나는 그 일이 중요하다고 생각하지 않았어요. 코드가 좋다고 생각하지는 않았지만 터놓고 이야기하지는 않았죠."

피커스는 다른 선택지를 잠시 조사했다. 그는 대안 하나를 거부했는데 코드 상태 때문이었다. 그 다른 회사는 그들의 제품을 윈도우에서 동작하도록 만드는 데 너무 집중해서 다른 운영 체제(안드로이드에 필요했던 리눅스 같은)에서는 사용할 수 없는 가정을 바탕으로 소프트웨어를 개발하고 있었다. 패킷비디오는 비교적 더 나은 선택이었다. "아마도 내가 봤던 것 중에서 그나마 덜 끔찍한 미디어 프레임워크였을 거예요."

루빈이 제안한 계약은 패킷비디오에 곤란한 내용이었다. 루빈은 패킷비디오 사업의 핵심에 해당하는 걸 공개하자고 제안했다. 회사는 비디오 소프트웨어의 라이선스를 팔아서 돈을 벌었다. 그런데 안드로이드에 필요한 건 코드의 기능뿐 아니라 코드 자체였다. 안드로이드는 패킷비디오의 코드를 포함해 플랫폼용 코드를 전부 오픈 소스로 공개하기로 계획하고 있었다. 그래서 루빈이 제안한 계약은 안드로이드가 그들의 소프트웨어를 가져다가 공개함으로써 본질적으로 향후 라이선스 판매 가능성을 파괴하는 것이었는데 잠재적인 고객이 안드로이드 코드를 그냥 베끼면 됐기 때문이다. 피커스가 말했다. "루빈은 '여러분의 사업은 라이선스 판매에서 전문 서비스로 바뀔 거예요. 우리가 그 전환의 다리 역할을 할 수 있도록 돈을 드릴 겁니다'라고 설득했어요."

계약이 이뤄졌고(톰 모스의 도움으로[9]) 코드가 통합됐는데 안드로이드 팀은 기뻐하지 않았다.[10] 피커스는 당시를 기억했다. "코드가 그다지 좋지 않았어요. 최적화하기가 정말 힘들었죠."

마티아스 아고피안도 동의했다. "기술적 관점에서 재앙이었어요. 문서만 보면 패킷비디오는 정말 좋았어요. 코덱도 많고 재생도 되고 레코딩도 되고 비디오, 오디오도 됐죠. 문서만 보면 문제는 해결된 상태였어요. 그러나 우리는 문제를 수정하느라 몇 년을 썼고 결국 모든 걸 재작성했습니다."

피커스가 이야기를 계속했다. "아마도 그들의 API를 출시하는 걸 반대하고 매우 간단한 API인 MediaPlayer/MediaRecorder만 출시한 게 내 유일한 기여였을 거예요. 복잡도가 낮고 기능이 적은 API여서 내부적으로 많은 걸 바꿀 수 있었어요." 다시 말해 피커스는 팀이 그 문제를 다룰 시간이 좀 더 생기면 비디오 구현 방식의 세부 사항을 나중에 바꿀 수 있도록 좀 더 복잡한 패킷비디오 기능을 직접 노출하는 대신 간단하고 일반적인 비디오 기능만 애플리케이션 개발자에게 제공했다.

사실 비디오 구현 방식은 결국 나중에 바뀌었다. 몇 년 후 시스템의 이 레이어는 스테이지프라이트stagefright라는 구성 요소로 완전히 재작성됐다. 당시 미디어 팀 엔지니어 앤드리어스 후버Andreas Huber가

9 톰 모스는 루빈을 위해 사업 계약을 했다. 톰에 대해서는 '28장 세계적으로 규모를 확장하다'에서 좀 더 다루겠다.
10 소프트웨어 개발에서 중요한 요소는 프로젝트는 제품이 출시돼도 끝나지 않는다는 것이다(적어도 프로젝트가 성공적이면 끝나지 않는다). 제품에 그 기능이 남아 있는 한 팀에서 코드를 계속해서 지원해야 한다. 그래서 비디오 코드가 필요로 하는 일을 했더라도 계속되는 버그, 성능 문제, 추가 기능 요구 사항, 다가올 수년간의 일반적인 유지 보수 때문에 팀에는 여전히 부담이었다.

패킷비디오 코드 부분을 꾸준히 재작성했다. 결국 오래된 코드가 더는 호출되지 않자 그는 그 코드를 지웠고 패킷비디오 코드는 더 이상 존재하지 않게 됐다.

13

안드로이드의 뼈대, 프레임워크

댄 샌들러는 마운틴 뷰 사무실에 방문할 때마다 화이트보드에 그림을 그리고 갔다.
이 그림은 마운틴 뷰 사무실 방문 중에 프레임워크 팀 구역에 그린 것이다.

프레임워크[1]는 안드로이드 팀에서 내부 운영 체제 수준의 것들을 망라하는 핵심 플랫폼 부분(커널을 제외한 거의 모든 시스템의 기저를 이루는 소프트웨어)과 그 기능에 접근하기 위해 사용하는 API에 적

---

1   프레임워크는 소프트웨어(그리고 안드로이드 팀)에서 아주 많은 뜻으로 쓰이는 용어다. 이 용어는 책 마지막 부록 용어 해설에서 좀 더 자세히 다룬다.

용되는 용어다. 프레임워크 기능의 예는 다음과 같다.

- 패키지 관리자: 기기에 애플리케이션을 설치하고 관리한다.
- 전원 관리: 예를 들어 화면 밝기 설정을 제어한다(화면은 기기에서 전력을 가장 많이 사용한다).
- 창 관리: 화면에 애플리케이션을 표시하는 것을 처리하고 애플리케이션이 열리고 닫힐 때 애니메이션 효과를 준다.
- 입력: 터치스크린 하드웨어로부터 정보를 받아 입력 이벤트로 바꿔서 애플리케이션으로 보낸다.
- 액티비티 관리자: 안드로이드에서 멀티태스킹 시스템을 담당하며 기기에 메모리가 너무 부족할 때 어느 애플리케이션을 죽일지 같은 것을 결정한다.

2005년 후반 프레임워크 엔지니어들이 안드로이드에 들어오기 시작했을 때만 해도 이 중 아무것도 없었다. 그래서 당시 안드로이드 팀에서 일하기 시작한 사람들은 프레임워크를 하나씩 구축해야 했다.

다이앤 핵본과 안드로이드 프레임워크

> "안드로이드 플랫폼의 형태를 대부분 정의한 사람은 분명히 다이앤이에요. 다이앤은 자신이 끼친 영향이 대단하지 않다고 생각할 게 틀림없지만 그렇지 않습니다."
>
> – 피커스 커크패트릭

2005년 말 몇 가지가 프레임워크로 개발되기 시작했지만 갈 길은 여전히 멀었다. 애플리케이션에서 사용할 API와 시스템이 필요로 하는 여타 모든 기능을 만들어야 했다. 그때 다이앤 핵본이 팀에 합류했다.

다이앤(팀에서 쓴 별명은 'hackbod'[2])은, 팀원 대부분이 동의할 텐데, 전체 안드로이드 프레임워크와 전반적인 플랫폼을 가장 잘 이해한 사람이다. 우선 그녀는 플랫폼의 모든 부분이 어떻게 맞물려 있는지 종합적으로 이해하고 있었고, 운영 체제와 API 전반에 대해 폭넓은 지식을 갖고 있었다.

또한 다이앤은 프레임워크 코드 대부분을 작성했다.

다이앤은 컴퓨터 명문가 출신이었다. 그녀의 아버지는 HP 프린터 사업부에서 일을 시작했고 한때 CEO 후보로 고려되기도 했다. 다른 아이들이 비디오 게임을 통해 컴퓨터를 경험할 나이에 다이앤은 시스템 설계에 빠져들었다. "나는 시스템이 동작하는 방식과 시스템이 애플리케이션과 스레드를 다루는 방식을 살펴봤어요."

대학 졸업 후 다이앤은 루슨트 테크놀로지에서 일했고 여가 시간에 BeOS를 가지고 놀았다("애플리케이션과 프레임워크를 좀 만들었죠. 사용자 인터페이스 레이아웃 프레임워크 같은 것들이요."). 결국 그녀는 그 일이 취미 이상이기를 바랐고 베이 에어리어로 옮겨 비에서 일하기 시작했다.

"닷컴 호황 시기였어요. 돈을 벌지 못하거나 돈을 어떻게 벌지 확실하지 않은 회사에서 일해도 모두가 운영 체제 작업을 하고 싶어 했죠.

---

2 다이앤의 별명은 대학 컴퓨터 과학과에서 그녀를 위해 자동으로 생성한 계정 이름에서 비롯됐다. 그 시스템은 성의 첫 여섯 글자와 이름의 첫 글자를 사용했다. 초특급 개발자 느낌이 드는 hackbod라는 별명이 만들어진 건 순전히 우연이었다.

그 이유 때문에 거기에 있었던 거예요. 돈을 벌려는 게 아니었어요."[3]

다이앤은 1999년 후반 비에서 일을 시작했는데 그녀가 들어간 부서에는 나중에 팜소스에서 함께 일하게 되고 안드로이드에 합류했을 때도 함께 일하게 되는 사람들이 있었다. 그녀는 비에서 프레임워크 작업을 했고 팜소스에서도 같은 일을 했다.

비에서 다이앤은 BeOS 차기 버전을 개발했는데 그 운영 체제의 마지막 제품이 됐다.

"그들은 마이크로소프트와 경쟁하려 했어요. 뿌리를 단단히 내린 플랫폼과는 경쟁이 안 되죠. 마이크로소프트가 제 발등을 찍지 않는 한 불가능해요. 마이크로소프트 생태계는 강력한 추진력을 지니고 있어서 여러분이 무언가를 그들보다 잘하면 그들은 몇 년 안에 여러분에게 대응해서 그게 문제가 되게 만들죠.

그리고 달걀과 닭의 문제인데요. 사용자가 있어야 그 사용자에 관심 있는 앱 개발자를 끌어들일 수 있고, 개발자가 흥미로운 앱을 만들어야 사용자가 흥미를 느끼죠. 사용자가 좀 생기더라도 어디선가 추진력을 얻으려고 하면 지배적인 플랫폼이 그 시장에 진출해 여러분을 죽여 버리죠. 경쟁은 불가능해요."

결국 팜이 비를 인수했다. 팜은 자사 기기를 위해 좀 더 탄탄한 운영 체제를 만들려는 계획이 있었고, 그 일을 이뤄 내는 데 적합한 전

---

3 다이앤이 비에서 한 경험은 닷컴 스타트업에서 일확천금을 바라며 베이 에어리어와 기술 업계로 몰려든 다른 많은 사람과 대조된다. 베이 에어리어 생활은 당시에는 물가가 적당해서(그래도 싸지는 않았다) 돈에 대해 큰 신경을 쓰지 않아도 가능했다. 지금도 엔지니어들은 일에 대한 보상보다는 일에 대한 흥미에 의해 움직이는 경향이 있다(적어도 이상적인 상황에서는). 많은 기술 직업이 있는데(적어도 현재와 최근 상황에서는) 깨어 있는 대부분의 시간 동안 할 일을 자신의 흥미를 끄는 것 중에서 찾아보면 어떨까?

문성을 지닌 엔지니어들이 필요했기 때문이다. 그 인수를 계기로 다이앤은 모바일 컴퓨팅을 접하게 된다. "당시에는 모바일에 대해 전혀 생각해 보지 않았어요. 그러나 팜을 보자 정말 흥미가 생겼죠. 마이크로소프트와 경쟁할 방법처럼 보였어요. 팜은 새로운 종류의 기기니까 그 기기의 플랫폼을 만들 수 있다면 윈도우보다 더 큰 생태계를 갖출 수 있고 기회가 생길 것 같았죠. 조짐이 보였어요. 하드웨어는 점점 강력해지고 있었고 시장은 이미 PC보다 더 커졌죠."

그러나 팜소스는 고군분투했다. 팜에서 분사할 때 원래 아이디어는 팜(과 다른 회사들)이 사용할 운영 체제를 제공하는 것이었다. 그러나 팜소스가 팜 OS 6[4]를 내놓았을 때 팜은 팜소스가 분리될 즈음 만든 운영 체제를 계속 사용하기로 결정했다. 팀이 제품 수준의 품질을 갖춘 운영 체제를 거의 다 만들었고 삼성 기기에 탑재될 뻔했지만[5] 계약은 이뤄지지 않았다. 그 후 운영 체제 구매자는 보이지 않았고 회사는 회사 자체를 인수 매물로 내놓았다.

당시 다이앤과 팀이 처리해야만 했던 모바일 운영 체제의 흥미로운 역학 관계가 있었는데 나중에 안드로이드에서 다시 떠오른다(안드로이드의 경우는 성공적으로 처리했다). "휴대 전화 제조사가 다른 누군가의 플랫폼에 흥미를 느끼게 하기는 정말 어려웠어요. 그들은 자기 회사만을 위한 소프트웨어를 만들었고 휴대 전화가 PC와 똑같아지는

---

4 팜소스에서 수년간 개발한 팜 OS 6는 출시되지 않았다. 영문판 위키백과를 보면 팜 OS 6 버전을 소개하는 난감한 문구가 있다. "팜 OS 6는 이 버전이 애초에 팜 OS 5를 대체하려는 것이 아니었음을 명확히 하기 위해 팜 OS 코발트로 이름을 바꾸었다." 아픈 곳을 찌르는 말이다.

5 (옮긴이) 삼성에서 팜 OS 6 이전 팜 OS 3.5~5.4.1을 탑재한 팜 계열 기기를 출시했던 적이 있다. 자세한 목록은 영문판 위키백과 'List of Palm OS devices' 페이지 'Samsung' 항목을 참고하라.

걸 무서워했어요. PC 세계는 플랫폼을 소유한 어떤 소프트웨어 판매사가 하드웨어를 일상 용품으로 만들어 버리는 곳이었으니까요."

소프트웨어가 더 단순했던 시절에는 하드웨어 회사가 독자적인 운영 체제를 만드는 모델이 잘 돌아갔다. 플립 폰에서 전화 통화와 연락처 정보를 처리하는 건 이런 회사들도 할 수 있는 일이었다. 그러나 아이폰 출시 이후 성능과 기능에 대한 요구가 끊임없이 늘어나면서 이런 회사들은 그 추세를 따라가기 어려웠다. 아이폰 출시를 계기로 운영 체제가 필요해진 회사들은 자신들이 만들 수 있는 것보다 더 복잡한 뭔가를 찾고 있었고 그에 따라 좀 더 기꺼이 안드로이드와 함께 일하려고 했다.

"소프트웨어가 하드웨어보다 가치가 좀 더 커졌죠. 요즘 들어 투자는 대부분 소프트웨어에 이뤄집니다. 그리고 그런 경우라면 소프트웨어에 가장 많이 투자할 수 있는 회사가 가장 강력해지겠죠. 그리고 그건 아마도 서로 다른 하드웨어에서 동작하는 플랫폼에 전념하는 회사가 될 거고요."

팜 OS 6에는 강력한 사용자 인터페이스 프레임워크가 있었다. 팜소스 인수를 잠정적으로 검토했던 모토로라는 자사 기기에 쓰기 위해 팜 OS 6와 그 프레임워크에 관심이 있었다. 그러나 모토로라의 인수 시도는 실패했고 팜소스는 액세스에 인수됐다. "모토로라가 인수했다면 정말 흥미로웠을 거예요. 우리도 그걸 바랐고요. 그들은 우리가 만든 것을 가져다 사용하고 싶어 했거든요." 한편 액세스는 현재 흐름에 올라타지 못했다.

인수 후 액세스는 팀의 운영 체제 전략을 바꾸었다. 다이앤과 그녀의 팀은 해체됐다. "팜소스는 끝이 났어요. 단말기 제조사는 다른 누군가의 플랫폼을 건드리고 싶어 하지 않는데 조력자 역할로 머물고 싶지 않기 때문이에요. 나는 내 팀원들이 떠나는 걸 지켜봤어요(나는 거기에서 프레임워크 팀을 관리하고 있었어요). 마티아스와 오노라토가 떠났죠. 그들이 제게 연락해서 말했어요. '다이앤, 구글로 와요. 여기 정말 멋진 일들이 있어요.' 그들이 내게 넌지시 말했죠. '플랫폼이고 오픈 소스에요.' 돈 걱정할 필요가 없는 구글에서 오픈 소스 모바일 플랫폼 일을 한다니? 어떻게 싫다고 말하겠어요? 완벽했죠."

다이앤은 구글에 입사해 2006년 1월부터 안드로이드 팀에서 일하기 시작했다.

다이앤은 일찍부터 구글이 취한 안드로이드 전략을 알게 됐다. "내가 합류했을 때 래리와 세르게이가 말하는 내용과 루빈의 발표를 들어보면 그들은 단지 제품을 원하지 않았어요. 제품보다 더 거대한 전략, 구글의 미래 생존이었죠. 그들은 마이크로소프트가 PC 플랫폼을 소유한 것처럼 폐쇄적인 사유 플랫폼으로 그 세계를 소유하고 통제하는 회사를 원하지 않았어요. 돈을 벌어야 하는 일이 아니었어요."[6]

---

6 나는 앞서 구글의 안드로이드 인수를 다룬 장에서도 이야기했고 이후 안드로이드의 성공 요인에 대해 이야기할 때도 이 주제를 다룰 것이다. 안드로이드 인수 뒤에는 몇 가지 이유가 있었고 구글이 이루고자 했던 것들도 있었는데 그들이 경쟁의 장을 원했다고 요약할 수 있다. 즉, 그들은 자사 서비스에 접근할 수 있는 잠재적인 구글 서비스 사용자를 원했다. 시장을 지배하는 기존 회사들이 그 일을 어렵게 만들 수 있었다. 예를 들어 마이크로소프트가 PC 세계에서 했던 대로 모바일 영역에서도 그대로 했다면 사용자가 자신의 기기로 구글 서비스에 공개적으로 접근하기 어렵게 만들었을 것이다.

액티비티

"다이앤이 열중하고 있을 때는 코딩을 그만두게 하기 어려웠어요. 그녀는 자신이 원하는 것에 대한 비전이 있었고 그냥 앉아서 타이핑을 했죠."
– 제프 해밀턴

안드로이드에 합류한 후 다이앤은 현재 프레임워크라고 부르는 여러 기본적인 부분을 작업하기 시작했다. 그러한 부분 중 하나가 액티비티였는데 조 오노라토가 했던 초기 작업을 인계받은 것이었다.

액티비티는 그들이 팜소스에서 일할 때부터 오랫동안 생각해 온 아이디어가 발전한 것으로 애플리케이션을 관리하는 안드로이드의 독특한 방법이다. 좀 더 전통적인 운영 체제에서는 애플리케이션이 시작할 때 main() 메서드를 호출하고 그런 다음 루프를 돌면서 동작을 시작한다(그리기, 입력 폴링, 필요한 계산하기 등). 안드로이드에서는 애플리케이션이 하나 이상의 '액티비티'로 나뉘어 각 '액티비티'는 자체적인 창을 가진다. 액티비티(와 애플리케이션)는 main() 메서드가 없지만 대신 액티비티 생성/파괴와 사용자 입력 같은 이벤트에 반응해 운영 체제에 의해 호출된다.

액티비티의 또 다른 중요한 부분은 다른 애플리케이션에서 호출할 수 있는 특정한 진입점을 정의하는 것이다. 이를테면 사용자를 애플리케이션으로 안내하는 시스템 UI의 알림이나 바로 가기가 있다.

다이앤이 말했다. "팜은 모바일 기기를 정말 잘 이해했어요. 우리가 팜에서 배운 것 하나는 모바일 앱은 데스크톱 앱과 근본적으로 다르다는 점이었어요. 사용자는 한 번에 한 앱만 사용할 수 있고 모바일 앱은 작고 특정 작업에 집중하는 경향이 있었죠. 이러한 점 때문에 앱을 쉽게 연동할 수 있어야 했어요. 팜 OS에서는 이러한 해킹을 '서브론칭sublaunching'이라고 불렀는데 사용자가 연락처를 추가할 수 있는 사용자 인터페이스를 보여 주는 것과 같은 일을 하기 위해 한 앱에서 또 다른 앱을 효과적으로 호출하는 기능이었죠. 우리는 이 기능이 모바일 앱을 위한 중요한 기능이라고 봤지만 복잡한 멀티프로세스 보호 메모리(와 앱 샌드박스) 환경에서 좀 더 안정적으로 동작할 수 있게 잘 정의된 개념으로 형식화해야 했어요. 그래서 앱이 자신의 일부분을 다른 앱(과 시스템)에 노출하고 필요할 때 실행할 수 있는 방법을 정의하는 액티비티가 고안된 거죠."

액티비티는 안드로이드를 위한 강력한 개념이었다. 또한 엔지니어링 팀에서 일어난 첫 번째 큰 의견 충돌의 중심에 있었다. 몇몇 사람이 선호했던 좀 더 전통적인 접근 방식보다 액티비티와 관련된 복잡도가 확실히 더 컸다. 특히 안드로이드 애플리케이션 수명 주기(액티비티 생성/파괴 등 처리)는 이해하기 어려웠고 그 복잡함을 다루기가 어렵고 오류를 일으키기 십상이어서 많은 안드로이드 개발자가 피하고 싶어 한 일이었다.

제프 해밀턴(곧 등장할 프레임워크 엔지니어)이 말했다.

"안드로이드 초기에 운영 체제가 어떤 모습이어야 하는지 경쟁하는 비전이 두 가지 있었습니다. 하나는 애매모호한 특성을 지닌 액티비티였고 다른 하나는 호출 방식의 main() 함수였어요. 다이앤과 오노라토는 액티비티로 앱 셋업을 좀 더 모듈화하는 개념을 밀어붙였어요.

단순한 모델을 추진하는 다른 진영에는 마이크 플레밍[7] 같은 사람들이 수두룩했어요. 한동안 큰 충돌이 있었죠."

마이크 플레밍이 말했다. "나는 애플리케이션 수명 주기에 회의적이었어요. 너무 복잡해지지 않을지 우려했죠." 황웨이[8]도 동의했다. "액티비티 수명 주기가 너무 복잡하다고 생각한 지점이 있었어요. 코드 규모가 더 커지면 제어 불가능 상태가 될 수도 있었죠."

그러나 팀은 액티비티 접근 방식을 받아들이기로 결정했다. 해밀턴이 어떤 식으로 그렇게 됐는지 설명했다. "다이앤에게는 그녀가 원하는 비전이 있었고 그냥 앉아서 타이핑을 했죠. 그렇게 된 거예요. 그녀가 생산적이었고 일을 마무리했기 때문이죠."

이 결정 모델은 오노라토가 구현한 초기 뷰 시스템 같은 다른 부분에서도 마찬가지였다. 팀은 일을 어떻게 해야 하는지에 관해 회의를 하거나 위원회를 열거나 논쟁을 벌이는 데 시간을 많이 쓰지 않았다. 그래서 누군가가 해법을 단숨에 만들어 내면 일이 거기서부터 진행됐다. 다이앤이 말했다. "한다고 하고 그냥 하는 사람은 많지 않아요. 사람들 간에 많은 토론이 벌어지지만 그 일을 하는 사람이 착수하게 되는 거죠." 호만 기(나중에 사용자 인터페이스 툴킷 작업을 하러 합류)가 덧붙였다. "안드로이드에서 가장 존경받는 건 그냥 뭔가를 이뤄 내는 누군가죠." 그리고 보통은 그 누군가가 다이앤이었다.

---

7 플레밍은 전화와 달빅 런타임 작업을 했다.
8 황웨이는 안드로이드 브라우저 작업을 했다. '17장 데스크톱 웹을 스마트폰으로 가져오다'에서 소개하겠다.

리소스

다이앤은 리소스 시스템도 작업했는데[9] 또 다른 안드로이드만의 개념이었다. 안드로이드에서는 애플리케이션 개발자가 자기 앱의 텍스트, 이미지, 크기, 기타 요소의 서로 다른 버전을 정의할 수 있는데 이 것들을 리소스 파일이라고 부른다.

예를 들어 애플리케이션에 버튼이 있는데 Click이라고 표시해서 그 버튼을 클릭해야 한다고 사용자에게 알려 줄 수 있다. 그러나 Click이라는 낱말은 사용자가 영어를 해야만 이해할 수 있다. 사용자가 러시아어를 한다면? 또는 프랑스어를 한다면? 아니면 그 외 다른 언어를 한다면? 개발자는 리소스 파일을 사용해 그 문자열을 서로 다른 언어 버전으로 저장할 수 있다. 버튼이 문자열로 채워질 때 리소스 시스템은 사용자가 선택한 언어에 적합한 버전을 보여 준다.

마찬가지로 개발자는 사용자 인터페이스가 화면 구성에 따라 어떻게 보일지 정의하고, 화면 밀도density에 따라 여러 가지 크기의 이미지를 사용할 수 있다. 이 경우에도 리소스 시스템은 애플리케이션이 시작될 때 사용자 기기에 적합한 버전을 불러들일 수 있다.

리소스, 그리고 특히 리소스가 가변적인 밀도 문제를 푸는 데 사용된 방식은 안드로이드가 1.0 이전 초기에도 단일 기기 제품이 아니라 소프트웨어 플랫폼으로서 개발됐음을 보여 주는 훌륭한 예다. 팀이 그냥 화면 크기가 미리 정의된(당시 제조사들은 대부분 그랬다) 특정 기기만 대상으로 개발했다면 이런 작업은 전혀 필요 없었을 것이다. 그러나 그렇게 하면 애플리케이션은 초기 가정에만 매여 개발된다.

---

9 패튼이 첫 리소스 시스템을 구현했는데 사용자가 설정한 언어 기반으로 파일을 선택할 수 있는 단순한 시스템이었다. 다이앤은 "내가 그걸 가져다가 복잡하게 만들었어요"라고 말했다.

그러다 크기가 다른 화면이 나중에 나오면 그 앱들은 제대로 보이지 않을 것이다.

다이앤이 말했다. "이 기기들은 데스크톱과 달라요. 기기가 데스크톱보다 애플리케이션에 더 큰 영향을 미치기 때문이죠. 데스크톱에서는 화면이 더 커도 앱에는 별로 상관이 없죠. 그냥 창 크기를 조정하면 되니까요. 그러나 모바일 기기에서는 화면이 더 커지면 앱도 커진 화면에 맞게 정확히 그려져야 해요."

또 다른 요인은 화면 밀도[10]였다. "데스크톱에서 화면 밀도는 절대 바뀌지 않죠. 그러나 우리는 모바일 기기용 화면 밀도가 바뀐다는 걸 알았어요. 우리는 팜에서 그걸 겪었어요. 우리는 플랫폼을 장기간에 걸쳐 발전시킬 수 있도록 뭔가를 설계해야 했는데요. 팜 OS에서 당장 필요한 것만 개발하는 접근 방식을 취했을 때 벌어진 일을 봤기 때문이에요. 팜 OS에서 서로 다른 화면 밀도를 지원하는 건 재앙이었죠. 우리는 안드로이드 플랫폼을 위해 늘 '모바일 기기를 위해 이걸 만들지만 장기적으로 이게 확장되고 다른 사용 사례도 해결하기를 바라요'라는 접근 방식을 취했어요."

이와는 대조적으로 iOS와 아이폰은 처음에 화면 밀도를 고려하지 않았다. "애플은 이 문제에 대해 생각하지 않았어요. 애플은 고품질 소프트웨어도 개발할 수 있는 몇 안 되는 하드웨어 회사 중 하나인데요. 대부분의 하드웨어 회사는 하드웨어 제품에 집중하고 소프트웨어는 그냥 하드웨어에 필요한 무언가로 여기죠. 애플은 특정 하드웨

---

10 밀도는 인치당 화소 수다. 두 기기가 화면 크기는 같지만 하나가 밀도가 더 높다면 다른 기기보다 화소가 더 작고 많은 것이다. 시스템이 화소 크기를 있는 그대로 그리는 한 가지 방법만 지원한다면 밀도가 높은 화면에 나타나는 항목은 더 작게 보일 것이고, 일반적으로 개발자나 사용자가 이렇게 되길 원하진 않을 것이다..

어 제품과 별개로 소프트웨어에 장기적으로 투자하는 접근 방식을 취할 수 있어요. 그런데 애플이 여전히 하드웨어 중심 회사임을 보여 주는 측면은 화면 크기를 바꿔야 하는데 생각해 보지 않았다는 거죠."

창 관리자

"다이앤이 말했어요. '창 관리자를 만들 거예요.' 그리고 자판을 두드렸는데 창 관리자가 생겼어요."

– 마이크 클러론

1.0이 출시되기 한참 전에 다이앤은 창 관리자도 만들었는데 이는 창 열기, 닫기, 애니메이션 동작을 처리하는 것이었다. 창 관리자 개발은 풀어야 했던 문제의 복잡도뿐 아니라 다이앤이 했던 많은 일들처럼[11] 그녀가 대부분 개발했다는 사실 때문에 주목할 만했다.

소프트 키보드

1.0 출시 후에도 할 일은 여전히 많았다. 당시 다이앤이 프레임워크 팀에서 아미스 야마사니Amith Yamasani와 함께했던 일 한 가지는 터치 전용 기기에 필요한 소프트 키보드 또는 온스크린 키보드 지원이었다.

첫 G1은 하드웨어 키보드를 가지고 있었다. 텍스트를 애플리케이션에 입력하려면 전화기의 화면 부분을 슬라이드 방식으로 밀어서 키보드가 나오도록 해야 했다. 이 메커니즘은 잘 작동했다(그리고 사실 많은 스마트폰 사용자가 몇 년 동안은 하드웨어 키보드를 계속 선

---

11 다이앤은 원래 창 관리자 코드를 혼자서 작성하고 유지 보수했다. 그 코드는 이제 전체 팀원이 유지 보수하고 있다.

호했다. 특히 블랙베리 팬들이 그랬다). 그러나 사용자들은 기기 크기는 줄이면서 기기 내에서 화면이 차지하는 크기는 키울 것을 요구했고 이로 인해 온스크린 키보드를 갖춘 전면 터치 기기 지원이 매우 중요해졌다. 사실 컵케이크Cupcake 릴리스(버전 1.5)와 함께 출시되는 기기는 하드웨어 키보드가 없었다.

전형적인 안드로이드 개발 방식에 따라 그 소프트 키보드를 프레임워크에 대충 끼워 넣지는 않았다. 안드로이드는 성능을 얻거나 출시일을 맞추기 위해 절충을 하는 것으로 유명했지만 팀은 특정 제품 기능을 위해 어설픈 해킹을 하기보다는 범용적인 플랫폼 기능을 만드는 데 우선순위를 두었고 키보드 솔루션이 그러한 경우였다. 팀은 일반적인 입력을 확장성 있고 유연하게 지원하는 시스템을 만들었다. 예를 들어 키보드 지원은 그냥 키보드라고 부르지 않고 IMEInput Method Editor라고 불렀다. 단지 표준 키보드 입력을 지원하는 것으로는 충분하지 않고 시스템은 음성을 비롯해 어떤 입력 메커니즘의 입력이든 받아들일 수 있어야 했다.

동시에 입력 지원은 프레임워크에서 사용할 내부 메커니즘으로서뿐 아니라 개발자가 이용할 수 있는 확장 기능으로서 만들어졌다. 안드로이드는 안드로이드 시스템에 들어 있는 키보드뿐 아니라 사용자가 제공한 IME의 입력을 받아들일 수 있는 IMFInput Method Framework를 제공했다. 즉, 안드로이드는 단지 사용자에게 소프트 키보드만 제공한 것이 아니라 사용자가 기본 키보드 대신 사용할 수 있는 키보드 앱을 개발자가 만들 수 있도록 API도 제공했다. 단기적인 필요는 대부분의 사용 사례에 충분히 쓸 수 있을 정도의 입력 시스템을 만드는 것이었다. 그러나 팀은 사용자가 원하고 개발자가 도울 수 있는 다른 경험, 다른 기능이 있을지도 모른다는 것을 알고 있었다. 그래서 그들은 그걸 할 수 있는 시스템을 만들었다. 시장에 안드로이드 기기가 몇 가지밖에 없을 때도 팀은 장기적인 게임을 생각했고 잠재적으로 거대하고 다양한 사용자와 기기 생태계를 예상했다.

다이앤이 말했다. "입력 관련 기능을 플랫폼에 하드 코딩하는 건 고려해 보지 않았어요. 여러 언어에 대한 요구를 해결할 수 있다는 실용적인 측면에서 우리는 이 기능이 사용자가 선택할 수 있는 구성 요소가 되어야 한다고 생각했어요."

IME 지원은 안드로이드 초기에 많은 개발자(와 사용자)를 끌어들인 훌륭한 예다. G1 같은 초기 기기는 가장 멋진 스마트폰은 아니었지만, 열린 생태계의 힘과 유연성은 많은 사용자와 개발자에게 매력적이었다. 아이폰도 iOS에 들어 있는 것 이외의 키보드 앱을 사용할 수 있는 기능을 결국 제공했지만 안드로이드 개발자들이 그러한 앱을 제공한 지 한참 후였다.

2009년 자이수민翟樹民은 IBM 연구소에서 일하고 있었다. 그는 셰이프라이터ShapeWriter[12]라는 자신이 만든 앱을 사용해서 대안적인 입력 메커니즘을 연구하고 있었다. 그의 앱을 사용하면 사용자는 각 글자를 타자하는 게 아니라 손가락으로 키보드 위를 긋는데 손가락이 글자들 위를 지나가면 앱이 그 모양을 추적한다. 그의 키보드는 사용자가 손가락으로 화면을 그을 때 그 낱말이 무엇인지 알아내기 위해 확률과 휴리스틱을 사용한다.

자이수민은 2004년 페르 올라 크리스텐손Per Ola Kristensson과 함께

---

12 *https://www.shuminzhai.com/shapewriter*

셰이프라이터를 만들어 처음에는 윈도우 태블릿 PC용으로 출시했다. 그들은 2008년 아이폰용 셰이프라이터를 출시했지만 그들이 제공한 필기 앱에서만 동작했다. 아이폰에는 당시 안드로이드의 IMF에 해당하는 게 없었기 때문이다. 그래서 시스템 키보드를 대신할 수 없었다. 안드로이드가 2009년 중반 컵케이크 릴리스에서 IMF 지원을 공개하자 자이수민은 안드로이드용 셰이프라이터를 만드는 데 집중해서 그해 후반에 안드로이드 마켓에 앱을 출시했다.[13]

그는 특히 안드로이드용으로 개발하기를 좋아했는데[14] 그가 새로운 기능을 제공할 수 있도록 시스템 키보드를 자신이 만든 키보드로 교체하는 데 필요한 실험을 할 수 있는 능력을 제공했기 때문이다. 자이수민은 연구원이어서 큰 시장을 목표로 하는 것 같지는 않았다. 그러나 비슷한 시기에 어떤 회사에서 스와이프Swype라는 앱을 출시해 인기를 얻었는데 비슷한 제스처 기반 입력 기능을 갖추고 있었다.

자이수민은 결국 안드로이드 팀에 합류해 안드로이드 표준 IME용 제스처 기반 입력을 구현하는 팀을 이끌었다. 이제 손가락 제스처를 추적해 낱말을 입력하는 기능은 안드로이드 키보드에 기본으로 내장되어 있다. 그러나 안드로이드는 지금도 개발자들이 만들고 싶어 하는 맞춤 기능을 위해 자신만의 키보드 앱을 제공할 수 있도록 허용하고 있다.

---

13 셰이프라이터는 또한 2009년 후반 두 번째 안드로이드 개발자 챌린지 경진 대회 수상작 중 하나였다. '39장 SDK 출시'에서 안드로이드 개발자 챌린지에 대해 좀 더 다룬다.
14 자이수민이 당시 내게 말해 주어서 알고 있다. 내가 IBM 앨머데인 연구소에서 강연을 할 때 그가 나를 데리고 가서 그의 프로젝트를 보여 주었다. 나는 당시 키보드나 입력 연구 또는 안드로이드에 대해 아무것도 몰랐고 그저 어도비에서 일하는 그래픽 엔지니어였을 뿐이다. 그러나 나는 그 연구원이 플랫폼의 핵심 기능을 넘어서서 실험할 수 있는 이 플랫폼에 대해 흥분해 있었던 걸 기억한다.

제프 해밀턴이 성과를 쌓아 나가다

다이앤이 전설적인 생산성을 발휘했지만 전체 프레임워크가 완성되려면 해야 할 일이 많았고 다이앤 혼자서 할 수는 없었다. 방대한 분량의 프레임워크 코드를 작성하는 몇 사람이 또 있었다. 그중 한 명이 제프 해밀턴(팀에서 쓴 별명은 'jham')이었다.

해밀턴은 다이앤과 같은 날 구글에서 일하기 시작했다. 두 사람은 비와 팜소스에서 함께 프레임워크 코드를 개발했고 안드로이드에서도 같은 일을 다시 했다.

해밀턴은 대학에 다니던 중에 인턴으로 비에 들어가면서 플랫폼 일을 하기 시작했다. 그는 사실 면접에서 떨어졌다. BeOS에서 인터럽트 처리기interrupt handler[15]가 어떻게 동작하는지에 대한 그의 대답 때문이었는데 BeOS의 인터럽트 처리기는 리눅스와 다르게 동작했다. 그는 집에 돌아와 차이점을 조사해 그 설명을 정확한 답과 함께 보냈고 회사는 마음을 바꿨다. 그들은 해밀턴이 대학에 다니던 그해 여름과 그다음 해 여름에 해밀턴을 인턴으로 일하게 했고 그가 대학을 마치자 결국 정규직 직원으로 채용했다.

비에서 해밀턴은 커널 팀 소속으로 터치스크린 디스플레이와 USB 같은 하드웨어 드라이버를 개발했다. 그는 또한 어수선한 실리콘 밸리 회사에서 일하는 법을 알게 됐다. "첫날 내 컴퓨터를 봤는데 케이스와 키보드뿐이었어요. 회사 사람들이 말했어요. '마더보드는 저기

---

15 인터럽트 처리기는 시스템의 한 부분에서 또 다른 부분으로 전환하는 데 사용되는데 제어를 다른 곳으로 넘기는 시스템 신호다. 예를 들어 키를 누르면 하드웨어 인터럽트를 일으켜 키 이벤트를 처리할 입력 소프트웨어로 제어를 넘긴다.

에 있어요. CPU는 조지에게 물어보세요.' 램이 없어서 프라이Fry's[16]
에 가서 사야 했어요."

대학 졸업 후 해밀턴은 비에 정규직으로 입사했고 2001년 비가 인
수된 후 팜소스에 들어갔다. 그러나 오노라토, 다이앤, 마티아스를
비롯한 다른 팀원들처럼 해밀턴도 결국 팜소스가 지겨워졌다. "2005
년 8월이 되자 고객이 없다는 게 분명해 보였어요." 그는 텍사스 오
스틴으로 이사해서 그 지역에서 일자리를 찾아보다가 완벽해 보이는
모토로라에서 기회를 찾았다. "현지에서 구할 수 있는 일자리였어요.
모토로라는 새롭고 현대적인 스마트폰 운영 체제를 만들어서 한 종
류가 아니라 모든 스마트폰에 탑재하고 싶어 했어요. 내가 들어간 부
서는 팜소스를 인수하는 계약을 맺으려고 했죠.[17] 그들은 그 일에 내
가 딱 맞을 거라고 했어요. 정말 괜찮아 보여서 팜소스를 그만두고
2005년 모토로라에 들어갔어요."

그러나 계약이 완료되기 전에 액세스가 끼어들어 더 많은 금액을
제시했고 팜소스는 더 높은 입찰액을 선택했다. 모토로라에서 스마
트폰 운영 체제를 만들 가능성이 사라지자 해밀턴은 모토로라에 남
아 있는 게 내키지 않았다. 다행히도 비-팜소스 동료들이 구글에서
안드로이드 팀 면접을 보는 과정에 있었다. 해밀턴은 그의 친구 오노
라토로부터 그 기회에 대해 들었다. "나는 검색이나 웹에 대해 아무
것도 모르고 팀에 아는 사람이 없는데 새로운 일을 원격으로 시작하

---

16 프라이 일렉트로닉스(Fry's Electronics)는 실리콘 밸리의 시장이었다. 컴퓨터광들이 자신
　에게 필요한 물품을 사러 가거나 선반에 놓인 컴퓨터 관련 제품을 눈을 반짝거리며 바라
　보는 곳이었다. 그러다가 온라인 쇼핑이 대세가 되면서 컴퓨터 앞을 떠나지 않고도 필요
　한 걸 좀 더 쉽게 살 수 있게 됐다.
17 해밀턴은 당시에는 그 사실을 몰랐고 모토로라에 들어간 후에 알았다.

고 싶지 않다고 말했어요. 오노라토가 '첫 번째 문제는 걱정하지 말아요. 그리고 절반 넘는 팀원이 이미 아는 사람이에요. 그냥 와서 면접 한번 봐요'라고 말했어요." 오노라토는 몇 년 전 원격 근무임에도 오노라토가 비에 채용될 수 있게 해 준 해밀턴의 호의에 보답했다. "내가 오스틴 집에서 일하더라도 나를 채용해야 한다고 오노라토가 루빈을 설득했어요."

해밀턴이 팀에서 일을 시작했을 때 안드로이드는 플랫폼이라기보다는 마구잡이 코드 조각, 프로토타입, 기술 시연 모음이었다. "오노라토가 화면에 기본적인 모양인 사각형을 그리는 창 관리자를 시연했어요. 전화 작업을 하는 사람[18]이 있었고요. 마티아스는 그래픽 작업을 하고 있었죠. 그러나 아무것도 동작하지 않았어요. 진짜 운영체제는 아니었죠."

브라이언 스웨트랜드로부터 받은 해밀턴의 첫 업무는 기기에서 실행되는 안드로이드 애플리케이션 디버깅을 위한 프로토콜[19] 구축이었다. 독자적인 시스템을 바닥부터 구현하기보다 해밀턴은 gdb(표준 디버깅 도구)를 사용했다. 이는 스레드나 디버깅 심벌[20]처럼 gdb

---

18 마이크 플레밍
19 프로토콜은 언어를 일컫는 매우 컴퓨터광스러운 방식이다. 프로토콜은 기본적으로 시스템이 서로 통신하는 표준적인 방식으로 양측은 상대방이 이해할 수 있는 정보를 보내는 방법을 알고 있다. 해밀턴은 데스크톱 컴퓨터를 사용하는 사람이 안드로이드 기기에서 실행되는 애플리케이션을 디버깅할 수 있는 디버깅 프로토콜을 구축했다. 이 프로토콜로 시스템 간에 정보를 주고받는 표준 메커니즘이 확립되었다.
20 디버깅 심벌은 앱을 디버깅할 때 알아야 할 코드에 대한 정보 모음이다. 디버깅 심벌은 바이너리 애플리케이션 코드라는 언어의 사전과 같아서 0과 1이라는 기계어 코드를 기계어를 이해해야 하는 사람이 읽을 수 있는 함수 이름으로 번역한다. 예를 들어 코드가 특정 함수에서 충돌한다면 시스템에 위치한 함수의 주소(심벌이 없을 경우 존재하는 유일한 정보)보다 함수의 심벌 이름(예: myBuggyFunction())을 알면 유용할 것이다. 심벌은 데이터의 추가적인 부분으로 시스템에 필요하지는 않지만 사람에게 디버깅 용도로 필요하다.

에서 필요로 하는 많은 것을 운영 체제에서 동작하게 만들어야 함을 의미했다.

일단 디버깅이 되자 해밀턴은 바인더Binder 작업을 시작했다.

바인더

바인더는 팜소스 출신 엔지니어들에게는 팜소스에서 운영 체제를 개발하던 시절부터 익숙했던 개념이다.[21] 바인더는 IPCInter-Process Communication[22] 메커니즘이다. 한 개 이상의 프로세스가 관여해야 하는 어떤 일이 운영 체제에서 일어나면 IPC는 서로 다른 프로세스 간에 이러한 메시지를 보내는 시스템이다. 예를 들어 사용자가 PC 키보드에 글자를 입력하면 시스템 프로세스가 키 이벤트를 처리하는 포그라운드 애플리케이션 프로세스에 그 정보와 함께 메시지를 보낸다. IPC 시스템(안드로이드의 경우 바인더)은 그러한 통신 메커니즘을 정의한다.

안드로이드 기기에는 많은 프로세스가 항상 실행되며 시스템의 서로 다른 부분을 처리한다. 시스템 프로세스는 프로세스 관리, 애플리케이션 시작, 창 관리, 다른 저수준 운영 체제 기능을 처리한다. 전화

---

21 사실 바인더의 원래 개념은 훨씬 이전인 비까지 거슬러 올라간다. 비에서 그래픽·프레임 워크 팀을 이끌었던 조지 호프먼(George Hoffman)은 비의 불운한 인터넷 어플라이언스의 자바스크립트 사용자 인터페이스 레이어가 저수준 시스템 서비스와 통신할 수 있는 메커니즘이 필요했다. 바인더는 그 결과물이었다. 바인더는 계속 발전해서 많은 비(Be) 엔지니어들이 팜소스에서 팜 OS를 만들 때도 개발했고 안드로이드에 가서도 계속 발전시켰다. 조지는 안드로이드에서 일하지 않았지만 비와 팜소스에서 많은 장래 안드로이드 엔지니어와 일하면서 액티비티와 인텐트(Intent) 등 안드로이드에 들어갈 많은 개념을 설계했다.

22 프로세스 간 통신을 뜻하며 여러 프로세스가 서로 메시지를 보낼 수 있게 하는 운영 체제의 표준 요소다.

프로세스는 전화 연결을 유지한다. 또 사용자가 실제로 상호 작용하는 포그라운드 애플리케이션이 있다. 시스템 UI는 내비게이션 버튼, 상태 바, 알림을 처리한다. 그리고 기타 등등 많고 많은 프로세스가 있다. 그 프로세스들은 모두 어느 순간 다른 프로세스와 통신해야 한다.

IPC 메커니즘은 대체로 단순하고 저수준인데 전 데인저 엔지니어들이 원했던 것이었다. 황웨이가 말했다. "데인저에서는 빠르게 일하는 것을 좋아했습니다. 단순하고 빠르게요. 그러나 대부분 단순했죠." 그러나 해밀턴, 다이앤을 비롯해 비에서 온 팀원들은 그들이 팜 소스에서 구현했고 기능을 좀 더 완전히 갖춘(그리고 복잡한) 메커니즘인 바인더 접근 방식을 선호했다. 그리고 바인더는 오픈 소스였기 때문에 이 새 플랫폼에 사용할 수 있었다.

이 의견 불일치는 팀원 간에 문제를 일으켰다. 마이크 플레밍은 데인저 편을 들었다.

"나는 바인더에 회의적이었어요. 충분히 생각해서 만들어진 것 같지 않았어요. 그들이 팜에서 그걸 만든 건 사실이죠. 그걸 제품으로 출시하지 못한 것도 사실이고요.

특히 화가 났던 건 바인더 호출이 블로킹 방식[23]이어서 다른 쪽에서 호출을 차단한다는 점이었어요. 나는 그게 불필요한 스레딩을 일으키고 내 사용 사례에 아무 가치도 제공하지 못한다고 생각했어요. 또 첫 리눅스 커널 바인더 드라이버는 그다지 안정적이지 않았어요. 완전히 안정될 때까지 많은 작업이 필요했죠."[24]

---

23 블로킹 방식 호출은 호출자가 동작을 계속 진행하기 전에 함수가 반드시 동작을 끝내야 하는 호출 방식이다. 이는 호출자가 오래 기다리지 않도록 호출된 함수가 빨리 성공적으로 종료되어야 함을 암시한다. 바인더는 결국 (1.0 전에) 논블로킹 방식 호출도 지원했다.
24 아르베 히엔네보그가 나중에 드라이버를 완전히 재작성해서 안정성 문제를 해결했다.

바인더 회의주의자들은 싸움에서 이기지 못했다. 해밀턴과 팀은 빠르게 진전을 보였고 바인더를 구현했다. 바인더는 안드로이드 프레임워크 아키텍처의 기본적인 부분이 됐다. 그러는 동안에도 플레밍은 그의 전화 작업에서 바인더를 무시했다. "나는 자바 프로세스와 네이티브 인터페이스 레이어 프로세스 간에 유닉스 도메인 소켓[25]을 열었죠."

데이터베이스

해밀턴은 첫 바인더 모듈을 작동시킨 후 데이터베이스로 옮겨 갔다. 애플리케이션은 대개 정보를 저장해야 한다. 데이터가 사소하지 않은 것이라면 탄탄하고 기능을 완전히 갖춘 저장소가 필요하다. 그들은 데이터베이스가 필요했다. 팜소스에서 해밀턴은 데이터베이스 작업을 했지만 그 회사는 새로운 무언가를 만들기를 원했다. 안드로이드는 뭔가를 발명하려고 하지 않았다. 그저 해법이 필요했다. "나는 SQLite[26]를 보고 생각했어요. 우리가 우리만의 휴대 전화를 만들어 가능한 한 빨리 세상에 내놓아야 한다면 데이터베이스를 바닥부터 직접 만들지 않는 게 나았어요. SQLite가 있고 잘 돌아가니까요." 그래서 해밀턴은 라이브러리를 이식해 SQLite가 안드로이드에서 동작하게 했고 앱 개발자가 접근할 수 있는 API를 만들고 나서 다음 프로젝트로 옮겼다.

---

25 소켓은 바인더보다 간단한 메커니즘으로 두 프로세스 사이에서 정보가 흐르는 네트워크 연결 같은 것이다.
26 흥미로운 오픈 소스 데이터베이스 엔진

주소록과 기타 앱

해밀턴은 애플리케이션 데이터를 이미 다뤄 봤기 때문에 애플리케이션이 데이터를 어떻게 공유할지 정의하는 프로젝트를 시작했다. 사용자의 연락처 데이터는 기기의 다른 애플리케이션에서 사용할 수 있어야 했다(예를 들어 친구에게 전화하거나 메시지를 보내는 것). 그 결과로 ContentProvider API가 나왔고 제프는 주소록 애플리케이션 개발을 시작하면서 그 API를 사용했다. "확실히 연락처와 통화 기록이 있어야 했어요. 그래서 전화를 거는 데 쓸 주소록을 개발하려고 ContentProvider API를 만들기 시작했죠." 일단 API가 동작하자 그는 계속해서 소프트웨어 스택 위쪽으로 올라가 주소록 애플리케이션 자체의 사용자 인터페이스를 작업했다.

주소록 이후 해밀턴은 플랫폼의 다른 다양한 부분과 핵심 애플리케이션으로 옮겨 갔다. 그는 한때 황웨이가 주로 개발하던 SMS 앱 개발을 도왔다. 또 마이크 플레밍이 작성하던 전화 소프트웨어 작업도 도왔고 그다음에는 전화 통화용 다이얼러 앱 개발도 지원했다.

당시 다이얼러와 주소록은 같은 애플리케이션의 일부분이었다. 해밀턴은 다이얼러의 몇 가지 동작을 더 쉽게 만들기를 원해서 그가 '스트리퀀트Strequent'라고 부른 논란이 될 만한 사용자 인터페이스 기능을 만들었다. "다이얼러에는 다이얼러용 탭 하나, 통화 기록용 탭 하나, 연락처용 탭 하나가 있었어요. 나는 스트리퀀트라는 탭을 만들었어요. 자주 전화하는 사람들을 별표[27]로 표시한 연락처였죠. 모두가 정말 이상하다고 했어요. 스티브 호로위츠[28]는 별로 좋아하지 않

---

27 (옮긴이) star+frequent다.
28 호로위츠는 1.0 이전 엔지니어링 디렉터였다.

았지만 리치 마이너는 좋아했던 게 기억나네요." 그래서 리치가 호로 위츠를 설득했다.

해밀턴은 결국 대부분의 핵심 애플리케이션을 만들고 앱 팀을 관리하게 됐다. 그는 캘린더와 관련된 특정 사용자 문제를 기억했다. "구글 공동 창업자 세르게이가 잠깐 들렀어요. 캘린더 앱이 충돌이 난다는 거예요. 그의 아내가 아웃룩에 있는 자기 일정을 그와 공유하려고 했다고 해요. 아웃룩이 반복되는 이벤트에 대해 우리가 전에 보지 못한 예외를 일으킨다는 게 밝혀졌어요. 우리의 이벤트 파서가 충돌이 난 거죠."

해밀턴은 세르게이에 가서 문제를 설명했다. "'문제를 알아냈어요. 문제가 된 캘린더에 우리가 전에 보지 못해서 예상 못한 데이터가 있었고 그게 앱에 충돌을 일으켰어요'라고 세르게이에게 말했어요. 세르게이가 '내 데이터가 당신이 만든 앱에 충돌을 일으킨 게 아니에요! 당신이 만든 앱이 내 데이터에 충돌을 일으키는 거라고요!'라고 말했어요." 해밀턴은 몇 년 후에도 그 상황을 똑똑히 기억했다. 구글 창업자이자 임원인 사람이 자신과 논쟁을 벌인 일을 잊어버리기는 어려울 것이다.

해밀턴이 통과한 과정, 즉 네이티브 디버거가 작동하게 만들기 위해 가장 낮은 수준의 시스템에서 시작해 그다음에 프레임워크 내부와 API를 개발하고 나서 데이터 기능과 API를 작업한 후 자신이 구축한 저수준 코드를 이용해 애플리케이션을 작성한 것은[29] 팀에서 사

---

29 해밀턴은 그 이후로도 다양한 시스템을 개발했다. 그는 NFC(인접 네트워크 기술로 스마트폰을 사용해 커피값을 낼 수 있다. 다른 것들도 지불할 수 있다고 한다)와 게임 작업을 했고 결국 구글 플레이 서비스를 시작하고 이끌게 됐다.

람들이 무슨 일을 할 수 있는지 보여 주는 좋은 예다. 해밀턴이 팀에 들어오기 전에는 기본적으로 아무것도 없었다. 그래서 그는 하나씩 만드는 걸 도우면서 이전에 만들었던 것 위에 새로운 것을 만드는 식으로 더 많은 기능을 선보였다. 비슷한 방식으로 팀의 모든 사람이 기초부터 만들기 시작해 그들이 할 수 있는 상위 기능으로 옮겨 가면서 마침내 안드로이드의 사용자 경험을 정의한 애플리케이션을 작성했다.

제이슨 파크스가 망가뜨렸어요

다이앤의 프레임워크 팀을 도우러 온 또 다른 비-팜소스 동창생은 제이슨 파크스로 2006년 봄 구글 안드로이드 팀에 합류했다.

제이슨 파크스(팀에서 쓴 별명은 'jparks')는 "내가 망가뜨리지는 않았지만 어떻게 고치는지는 알아요!"라는 기발한 문구를 만들어 냈다. 이 문구와 콘셉트는 그를 따라다녔고 결국 그가 작업한 운영 체제에 JPARKS_BROKE_IT이라는 레이블이 붙은 오류 코드가 등장했다.

파크스는 프로그래밍을 일찍 시작했는데 6학년 때 베이식을 배웠다. 그는 어린 시절 내내 프로그래밍을 했고 대학에도 갔지만 졸업을 하지는 않았다. "나는 언어를 정말 못했어요. 영어 과목을 마치지 못했죠. 졸업하려면 22학점이 남았는데 우연히 회사에 지원하게 됐어요." 파크스는 혼자서 BeOS를 가지고 놀았는데 비에서 낸 구인 공고를 보고는 지원했다.

"그런데 잘못된 직무에 지원했어요. 관리자·아키텍트 직위에 지원한 거죠. 비의 시스템에서는 한 번에 한 직위만 지원할 수 있었어요.

나는 생각했죠. '기회는 이미 지나갔으니 이쯤 하고 다시 구인할 때까지 기다려야겠네.' 그런데 내가 절대 자격이 되지 않는 직무를 위한 전화 면접을 보자는 이메일을 받았어요." 그는 결국 면접을 보고 일자리를 제안받았는데 다른 직위였다. 그는 잘못된 직무에 지원한 게 확실한데 왜 연락했는지 회사에 물었다. 그는 그의 지원서가 주목을 끈 건 그가 그 역할에 자격이 되지 않아서였다는 대답을 들었다.[30]

파크스는 다이앤, 해밀턴, 오노라토 등 장래 안드로이드 사람들과 비에서 함께 일하다 그들과 함께 팜으로 옮겼고 결국 팜소스를 떠나 안드로이드 팀에 합류했다.

해밀턴과 오노라토처럼 파크스 역시 플랫폼의 여러 영역에서 일했다. 그는 첫 주에 시간대를 처리하는 소프트웨어 작업을 했다. 그러고 나서 두 번째 주에는 전화 데이터 작업을 했다. 그런 다음 시간이 지나면서 다양한 프레임워크와 앱을 개발했다.

파크스는 또한 전체 조직에서 중요한 역할을 맡았는데 사람들이 일을 하게 하는 역할이었다. 이와 같은 역할을 수행한 방법 하나는 서로 다른 그룹 사이에서 중재자가 되는 것이었다. 사람들 사이에 의견 불일치(데인저 대 팜소스 파벌 충돌 같은)가 있을 때 파크스는 그러한 문제를 누그러뜨리려고 했다.

"전화 담당자가 API 때문에 화가 나면 내게 와서 프레임워크 팀 사람들에게 말해 달라고 부탁하죠. 스웨트랜드와도 마찬가지였어요. 호로위츠가 메시지를 보내 스웨트랜드와 이야기해서 그를 진정시켜

---

30 회사에 채용되는 건 주의를 끄는 데서 시작된다. 어느 기술 회사나 수많은 이력서를 끊임없이 받으므로 누군가의 주목을 끄는 게 중요하다. 그 목표를 이루려고 잘못된 직무에 지원하는 걸 추천하지는 않지만 파크스에게는 통했던 것 같다.

달라고 하기도 했죠. 마이크 클러론, 나, 다이앤은 업무 관계가 좋았어요. 나는 다른 사람들에게 일이 어떻게 마무리되어야 하는지 설명했어요.

성급한 사람도 많았고 충돌도 많았죠. 팜소스 대 데인저 일뿐 아니라 찾아와서 '반드시 그렇게 해야 해요'라고 이야기하는 구글러들도 상대해야 했어요. 그러나 충돌이 우리에게 도움이 됐다고 생각해요."

파크스는 또한 스티브 호로위츠로부터 어떤 일들을 꼭 해내야 한다는 과제도 받았다. "나를 불도그라고 부르는 사람들이 팀에 있었어요. 내가 호로위츠의 투견이었거든요. 그는 해야 하는 일이 있으면 나를 내보냈어요."

뼈대를 세우다

프레임워크 팀의 프로젝트 목록은 끝이 없이 이어지는데 프레임워크가 정말 안드로이드 플랫폼의 심장이자 영혼이기 때문이다. 시스템의 나머지 많은 부분은 다이앤, 해밀턴 그리고 다른 사람들이 이 팀에서 만든 기초에 의존하고 있다. 그리고 프레임워크는 2005년 후반 사람들이 팀에 합류하기 시작하면서 바닥부터 만들어졌다. 그러면서 플랫폼의 다른 부분과 앱이 프레임워크 위에서 만들어졌는데 마치 좌석이 승객으로 가득 찬 채로 날고 있는 비행기를 만드는 것과 같았다. 추락하지 않고 목적지에 도착하기를 바라면서 말이다.

14

시각적인 사용자 인터페이스 툴킷

사용자 인터페이스 툴킷은 화면에 대부분의 시각적 요소를 제공한다. 버튼, 텍스트, 애니메이션, 그래픽 등 모든 요소를 그리는 것이 안드로이드에서 사용자 인터페이스 툴킷이 하는 일이다.

2005년 후반에는 사용자 인터페이스 툴킷이 없었다(그 비슷한 것도 없었다). 저수준 그래픽 기능이 있어서 스키아 라이브러리를 사용해 화면에 뭔가를 그릴 수 있을 뿐이었다. 그리고 그래픽 엔진 위에 사용자 인터페이스 툴킷을 어떻게 구축할지 두 가지 아이디어가 충돌하고 있었다.

한편에서는 마이크 리드의 스키아 팀이 동작 중인 시스템을 갖고 있었는데 XML로 사용자 인터페이스를 기술하고 자바스크립트 코드로 프로그래밍 로직을 제공했다.

다른 한편인 프레임워크 팀은 코드 중심적인 접근 방식을 선호했다.

안드로이드에서 다른 많은 일처럼 이 결정은 순전히 노력의 결실로 이뤄졌다. 앤디 루빈은 그즈음 안드로이드에서 주 프로그래밍 언어로 자바를 사용하기로 결정했다. 조 오노라토는 자바로 사용자 인터페이스 레이어를 구현하는 데 착수할 때라고 판단했다. "기본적으로는 맹렬히 '뭐든 만들자'는 시기였어요. 거의 하루 24시간 마라톤이었죠.[1] 나는 화면에 사용자 인터페이스 요소인 뷰를 만들어 냈습니다."

마티아스 아고피안이 오노라토에 대해 말했다. "그는 누구에게도 말하지 않았어요. 어느 날 아침 그가 나타나 말했어요. '문제를 풀었어요. 자바로 만들었어요. 이제 그 문제에 대해 더는 이야기할 필요 없어요. 다 만들었으니까요.'"

마이크 리드는 오노라토의 구현을 따르기로 한 결정을 기억했다. "오노라토가 매우 명확한 아이디어를 제시했어요. 스키아 팀은 노스캐롤라이나에 있었고 우리는 원격 근무였기 때문에 그저 한 발짝 물러서서 그 방식대로 진행되는 걸 지켜봤어요."

오노라토가 그의 작업을 루빈에게 시연했는데 그가 바랐던 만큼 잘되지는 않았다. "내가 루빈에게 처음 보여 주었을 때 그는 그다지 감명 받지 않았어요. 내가 처음 한 시연은 사용자 인터페이스로부터 화면에 빨간 X를 그리는 것이었는데요. 겉으로 보기에는 데인저 기기가 커널 패닉[2]을 일으켰을 때와 비슷했어요. 나는 주요한 성과라고 생각한 걸 그에게 보여 주었어요. '보세요. 뷰 계층 구조를 완성했어

---

1 오노라토가 말했다. "나는 폭주하듯 코드를 작성할 때 인디 록 밴드 더 포스털 서비스 (The Postal Service)의 〈기브 업(Give Up)〉 음반을 반복해서 들었어요. 그 음반을 들을 때 기이한 무아지경에 빠졌던 걸 아직도 기억해요."
2 커널 패닉은 기본적으로 운영 체제가 완전히 충돌이 난 것이다. 리눅스 커널 패닉은 윈도우의 죽음의 파란 화면에 해당한다.
(옮긴이) 파란 화면의 변천사는 영문판 위키백과 'Blue Screen of Death' 페이지를 참고하라.

요.' 그러나 그에게 그건 기기가 그냥 충돌한 것처럼 보였어요. 루빈이 '와, 커널 패닉을 일으켰군요'라고 하더군요."

그러나 오노라토의 작업은 의미심장했다. 팀 개발자들이 사용자 인터페이스 기능이 필요한 시스템을 작성하기 시작할 수 있었기 때문이다.

물론 시스템의 많은 부분이 개발 초기 동안 쏟아져 나왔고 사용자 인터페이스 툴킷은 그중 하나였다. 오노라토가 구축한 시스템은 멀티스레드 방식[3]이었다. 이 접근 방식은 사용자 인터페이스 툴킷에서 흔하지 않았다. 스레드의 영향을 고려하지 않고 닥치는 대로 들어오는 요청을 정확히 처리하기 위해 신중한 코딩이 필요했기 때문이다.

2006년 3월 오노라토가 첫 뷰 시스템을 작성하고 석 달 후 마이크 클러론이 안드로이드에 합류했다. 그는 오노라토의 멀티스레드 사용자 인터페이스 툴킷에 의존하는 코드 기반이 커지면서 복잡성이 증가하고 있다는 것을 알게 됐다.

마이크 클러론과 사용자 인터페이스 툴킷 재작성

마이크 클러론은 대학에 들어갈 때까지만 해도 자신이 컴퓨터 과학을 공부하리라고는 상상해 보지 않았다. "나는 경제학 기초 수업을 들었을 때까지만 해도 경제학 전공을 하려고 했어요." 그런데 그의 컴퓨터 과학 수업 성적이 더 좋았다.

"프로그래밍뿐 아니라 데이터 구조와 알고리즘을 공부하는 1학년

---

3 멀티스레드 프로그래밍을 설명하자면 이 책의 범위를 훨씬 벗어난다. 멀티스레드 아키텍처는 단일 스레드 아키텍처보다 훨씬 복잡하다고만 해도 충분할 것이다. 사용자 인터페이스 코드는 애플리케이션의 다양한 부분, 잠재적으로 서로 다른 스레드에서 호출될 때 제어하기 어렵기 때문이다.

과정을 정말 즐겼어요. 나는 이진 트리 순회가 가장 멋진 것이라고 생각했어요. 최고 수준의 너드였죠.

컴퓨터 과학은 내가 학위를 받을 수 있을 것 같은 유일한 전공이었는데 내 뇌가 지쳐서 멈췄을 때에도 꽤 괜찮게 뭔가를 할 수 있는 유일한 일이었기 때문이에요. 나는 전공 외에 정치학 수업도 많이 들었는데요. 새벽 한 시에 500쪽을 읽어야 하는 숙제를 하는데 250쪽을 읽다가 잠이 들었어요. 그러나 열여섯 시간 동안 프로그래밍 숙제를 해도 내 파충류의 뇌reptile brain⁴는 VT100⁵에서 이맥스로 계속 프로그래밍을 했어요. 나는 생각했죠. '컴퓨터 과학을 전공하는 게 낫겠어. 그래야 졸업할 수 있을 테니까.'"

클러론은 계속해서 컴퓨터 과학을 공부해서 결국 석사 학위를 받고 스탠퍼드에 강사로 남아 학부생들이 그가 배웠던 것보다 덜 엄격하게 컴퓨터 과학에 진입할 수 있는 교육 과정을 개발했다(스탠퍼드가 컴퓨터 과학 학위를 준 것도 클러론 때가 처음이었다). "강사로서 내 임무는 내 발자취를 따라오는 사람들이 내가 겪었던 어려움을 덜 느끼도록 하려는 것이었어요. 스탠퍼드에서는 모든 학부 과목의 난이도를 좀 다르게 생각하더군요. 중급 컴퓨터 과학 과목 정도를 들어야 '이제 학부 과정을 시작했군요'라고 말하더라고요. 그들은 학부생들이 컴퓨터 과학 교육을 이미 받았고 이제 컴파일러와 오토마타에 대해 좀 더 알아야 한다고 가정했어요."

---

4 (옮긴이) 미국의 신경 과학자 폴 맥린(Paul MacLean)의 삼중 뇌 모형에서 생존을 위한 신체 기관을 관장하고 본능적 행위를 담당하는 영역
5 VT100은 연구실에 있는 더 큰 컴퓨터에 연결된 비디오 터미널로 텍스트 문자를 보여 준다. 이런 터미널들은 모든 사람이 PC나 랩톱을 가지기 전에 흔히 볼 수 있었고, 맥OS와 윈도우가 널리 퍼진 후 일반화된 그래픽 인터페이스에 앞서 쓰였다.

클러론은 학교를 떠난 후 애플에서 일했다가 1996년 웹티비로 옮겨 여러 명의 장래 안드로이드 엔지니어와 함께 일했다. 웹티비는 1997년 마이크로소프트에 인수됐고 클러론은 몇 년 더 그곳에서 계속 일했다.

2006년 초 클러론의 마이크로소프트 상사인 스티브 호로위츠가 퇴사 후 구글 안드로이드 팀에 합류했다. "나도 떠날 때라고 생각하게 된 계기는 호로위츠의 퇴사였어요. 마이크로소프트에서 일하는 게 더는 재미있지 않았고 호로위츠가 그만둔다니 더 나아질 것 같지도 않았고요."

호로위츠가 말했다. "마이크 클러론과 이야기를 나눈 게 기억납니다. 내가 구글에 가기 전에 이야기했었죠. '클러론, 알려 줄 게 있어요. 구글에서 안드로이드를 인수하는데 엔지니어링을 이끌어 달라는 제안을 막 받아들였어요'라고 말했어요. 내가 말을 끝내기도 전에 그가 '내 이력서 여기 있어요!'라더군요. 클러론은 내가 처음 채용한 사람이었는데 내가 구글에 입사한 후 바로 따라왔죠."

클러론은 사용자 인터페이스 툴킷 작업을 하면서 안드로이드 생활을 시작했는데 론처[6]와 시스템 UI를 비롯해 기타 여러 가지를 개발했다. 그는 결국 '프레임워크 팀'이라 부르던 곳의 관리자가 되었는데 사용자 인터페이스 툴킷, 프레임워크 팀[7] 그리고 잠금 화면, 론처, 알림

---

6 팀은 홈 앱을 론처라고 불렀는데 홈 화면과 모든 앱 화면으로 구성되어 있었다. 론처는 사용자가 아이콘을 눌렀을 때 애플리케이션을 시작하는(띄우는) 것을 담당했다.

7 그렇다. 프레임워크 팀 안에 프레임워크 팀이 있었다. 재귀는 소프트웨어에서 매우 중요해서 조직 구조에까지 사용된다. 처음에는 프레임워크 팀이라 부른 작은 부서에서 이 모든 일을 했다. 그러나 팀이 커지고 사람들이 각자 다양한 부분(이를테면 시스템 UI와 사용자 인터페이스 툴킷)에 집중하자 더 큰 프레임워크 팀은 몇 개의 하위 팀으로 구성됐는데 그중에는 실제 '프레임워크' 팀이 있었고 그 팀이 API와 운영 체제에서 사용자 인터페이스가 아닌 부분을 담당했다.

시스템 같은 시스템 UI의 다양한 부분을 다루는 팀으로 구성됐다.[8]

2006년 3월 안드로이드 합류 후 클러론의 첫 프로젝트 중 하나는 조 오노라토가 작성한 사용자 인터페이스 툴킷 코드를 재작성하는 것이었다. 툴킷 아키텍처에 관해 의견 충돌이 커지자 팀의 몇몇 사람은 시스템의 멀티스레드 특성이 코드와 그 코드를 사용하는 앱에 지나친 복잡성을 야기한다고 생각했다.

클러론은 사용자 인터페이스 툴킷에 세 가지 가능한 접근 방식이 있다고 생각했다. "최선책은 여러 스레드가 변수나 객체에 동시에 접근해도 프로그램 실행에 문제가 없고(스레드 안전) 멀티스레드를 사용하기 쉬운 것이었어요. 두 번째는 단일 스레드인데 적어도 이해할 수는 있습니다. 최악은 멀티스레드 방식이지만 버그투성이인 것인데 문제의 원인을 알아낼 수 없기 때문이죠. 우리는 마지막 방식을 따르고 있었어요."

마티아스 아고피안이 멀티스레드 시스템용으로 코드를 작성하는 것에 대해 이야기했다. "뷰를 작성할 때 멤버 변수를 가지고 전통적인 방식으로 할 수는 없어요.[9] 많은 멀티스레드 버그가 생기는데 앱 개발자가 그 방식에 익숙하지 않기 때문이죠. 특히 크리스 드살보 Chris DeSalvo[10]가 이 멀티스레드 방식에 격렬하게 반대했어요. 오노라토와 드살보는 서로 공격하고 늘 싸웠죠. 드살보는 그건 쓰레기이고 잘 동작하지 않는다고 했어요. 클러론이 끼어들어서 무엇을 할 수 있

---

8 클러론은 2018년까지 전체 프레임워크 팀을 계속 관리했다. 그는 내가 사용자 인터페이스 툴킷 팀에서 일할 때 몇 년간 내 상사였다.
9 멀티스레드 프로그래밍의 복잡성은 어느 스레드든 아무 때나 멤버 변수 같은 것의 값을 바꿀 수 있다는 데 있다. 그래서 한 스레드가 특정 값을 취하고 나서 또 다른 스레드가 그것을 바꿔 버리면 불일치와 예측할 수 없는 결과를 야기한다.
10 드살보는 프레임워크 팀 엔지니어였다.

을지 알아내려고 했죠."

스티브 호로위츠가 엔지니어링 팀 디렉터로서 관여했다. "무엇을 고를지 결정하는 것은 내 책임이었습니다. 팀원들이 서로를 설득하지 못했기 때문이죠. 솔직히 어느 방향이든 괜찮다고 생각했지만 결정을 내려야 했어요."

마티아스가 계속 말했다. "오노라토가 사실상 포기했어요. '마음대로 해요. 이제 더는 내 일이 아니에요'라면서요."

클러론은 그 후 사용자 인터페이스 툴킷을 현재의 단일 스레드 형태로 재작성했다. "내가 작업한 가장 좋지 않은 변경 목록changelist, CL[11]이었는데 모든 걸 다른 방식으로 동작하게 하려고 노력했습니다." 클러론의 코드는 그때 이후 안드로이드 시스템에 들어가는 사용

2007년 8월 구글에서 안드로이드에 대해 첫 번째 내부 기술 발표 중인 마이크 클러론(사진은 브라이언 스웨트랜드의 허락을 받고 게재)

11 부록 용어 해설에서 설명한다.

자 인터페이스 툴킷의 기초를 이루었다.[12]

그 과정에서 클러론은 View(모든 사용자 인터페이스 클래스의 기본적인 빌딩 블록), ViewGroup(뷰들의 컨테이너), ListView[13](사용자가 스크롤할 수 있는 데이터 목록), 다양한 레이아웃 클래스(자식 클래스의 크기와 위치를 정의하는 ViewGroup) 같은 안드로이드 사용자 인터페이스 툴킷의 기본적인 부분을 작성하거나 적어도 물려받아 향상시켰다.

그러나 안드로이드 사용자 인터페이스 툴킷은 뷰와 레이아웃 클래스만으로 이뤄진 게 아니다. 예를 들어 사용자 인터페이스 툴킷은 텍스트 처리를 담당한다.

에릭 피셔와 TextView

마이크 클러론이 말했다. "내가 안드로이드에 들어왔을 때, 내가 아는 한 에릭 피셔가 어딘가 산 속 동굴에서 TextView를 찾아냈어요. 완성된 형태의 TextView가 있었죠. 나는 누군가가 TextView를 만드는 걸 본 적이 없어요. 그냥 있었거든요."[14]

몇 년 전 피셔는 마이크 플레밍과 함께 초기 매킨토시 팀원 몇 명이 창립한 이젤Eazel에서 일했다. 피셔와 플레밍 둘 다 이젤이 2001년 문을 닫자 데인저로 이직했다.

데인저 같은 작은 회사의 매력 중 하나는 다양한 프로젝트를 할 수

---

12 그리고 오늘날까지도 여전히 그렇다. 물론 더 늘어난 개발 팀이 작업해서 지난 몇 년간 기능이 추가되고 수정돼서 더 커졌지만 기본적인 뷰 시스템은 여전히 오노라토가 하룻밤 사이에 작성했다가 클러론이 단일 스레드로 재작성한 그것이다.

13 (옮긴이) 안드로이드 5.0부터 ListView를 개선한 RecyclerView가 도입됐다.

14 (옮긴이) 에릭 피셔가 단기간에 TextView의 많은 부분을 작업했음을 과장되게 표현한 것으로 보인다.

있다는 점으로 큰 제품의 일부분만 지원하는 팀에서 얻을 수 있는 기회와는 비교된다. 데인저에서 일하는 동안 피셔는 텍스트와 국제화부터 빌드 시스템과 성능 최적화까지 모든 일을 했다. 또 데인저에서 일한 덕분에 몇 년 후 피셔는 안드로이드의 더 빠른 개발 과정의 진가를 알 수 있었다. "소프트웨어에 무엇이 들어갈지에 대한 최종 책임이 통신 회사가 아니라 구글에 있어서 안드로이드는 좀 더 빠르고 유연한 개발을 보장할 수 있었어요."

피셔는 2005년 11월 구글 안드로이드 팀에 합류했다. "내 안드로이드 첫 코드는 C++ 텍스트 스토리지 클래스였는데요. 첫 몇 주 동안 사용자 인터페이스 요소를 자바스크립트 바인딩이 있는 C++ 클래스로 작성할 거라고 생각했어요." 몇 주 후 루빈은 안드로이드에서 자바를 표준으로 하겠다고 결정했다.

"자바를 대신 사용하기로 결정한 이상 동작하는 시스템을 만드는 첫 번째 단계는 자바 표준 라이브러리 핵심 클래스를 새로 구현하는 것이었어요. 내가 그중 여러 가지를 만들었죠. 내 기억으로는 시간대 처리를 제외한 모든 코드는 첫 번째 공개 릴리스 전에 아파치 코먼스 Apache Commons 구현으로 대체됐을 거예요.

나는 소프트웨어의 다른 부분들도 좀 건드렸지만 텍스트 디스플레이와 편집 시스템을 주로 작업했어요. 초기 개발 하드웨어는 숫자 키패드 열두 개뿐인 초코바[15] 폼 팩터 휴대 전화였는데, 심하게 느린 텍스트 입력 때문에 MultiTapKeyListener라는 클래스가 있었죠. 다행

---

15 '초코바' 폼 팩터는 위에 화면이 있고 아래에 키보드가 있는데 초코바를 닮은 긴 직사각형 모양 때문에 붙은 이름이다(아마도 눈을 정말 가늘게 뜨고 보거나 사막에서 정말 배가 고프다면 초코바로 보일지도 모른다).

왼쪽은 초기 초코바 휴대 전화인데 별명은 토네이도였고 나중에 수너 기기가 올 때까지 팀에서 사용했다. 오른쪽 휴대 전화는 HTC 엑스캘러버로 몇 가지 산업 디자인 수정(그리고 윈도우 모바일 OS를 안드로이드로 교체) 후 수너의 기반이 됐다(사진은 에릭 피셔의 허락을 받고 게재).

히 우리는 작은 쿼티 키보드가 달린 수너 개발 하드웨어로 얼른 옮겼어요.

양방향 텍스트 레이아웃을 처음부터 다뤄야 했는데 히브리어는 만족스러웠지만 아랍어는 그렇지 못했어요."[16]

소프트웨어 엔지니어는 자신의 코드에 감정적 애착을 지니는 경향이 있는데 피셔가 그 경우였다. 그는 자기 자동차 번호판에 열정을 드러냈다. "나는 캘리포니아주에서 발급받은 EBCDIC이라는 개인 번호판을 가지고 있었는데 아스키ASCII와 경쟁한 1960년대 IBM 문자 코드를 기리기 위해서였어요. 44번 건물의 어떤 사람은 UNICODE라는

---

16 아랍어는 양방향 텍스트 지원을 필요로 하는데 파브리스 디메기오(Fabrice DiMeglio)와 구글 국제화 팀 엔지니어들이 2011년 아이스크림 샌드위치(Ice Cream Sandwich) 릴리스 (안드로이드 4.0)에서 마침내 구현했다.

구글 주차장에서 텍스트 표준을 놓고 유니코드가 엡시딕과 싸우고 있다(EBCDIC이라고 적힌 번호판이 달린 게 피셔의 차다. 사진은 에릭 피셔의 허락을 받고 게재).

번호판을 가지고 있더군요."[17]

텍스트 렌더링(화면에 보이는 텍스트의 실제 화소를 그리는 것)은 스키아(앞서 '11장 손바닥만 한 화면을 그리는 복잡한 기술'에서 다뤘다)에 의해 다른 레이어에서 처리됐다. 스키아는 프리타입Free Type[18]이라는 오픈 소스 라이브러리를 사용해 글꼴 문자를 비트맵(이미지)으로 렌더링했다.

안드로이드 초기에 만연했던 문제 중 하나는 성능이었다. 많은 소프트웨어 설계와 구현 결정이 당시 하드웨어의 제한된 성능에 좌우됐다. 이 결정은 플랫폼과 애플리케이션 코드를 작성하는 방법에도

17 아스키와 엡시딕은 컴퓨터용 텍스트 문자 인코딩 표준을 두고 경쟁했다. 엡시딕이 더 큰 문자 집합(256 대 128)을 제공했지만 더 복잡하고 프로그래머에게 직관적이지 않았다. 유니코드는 텍스트 인코딩 국제 표준으로 아스키(와 더 많은 것)를 포함하고 있다.

18 우연의 일치로 프리타입은 데이비드 터너가 만든 것인데 그는 2006년 후반 안드로이드에 합류해 전혀 관련 없는 기술인 안드로이드 에뮬레이터를 만들었다.

영향을 미쳤다. 피셔가 말했다. "매우 느린 초기 하드웨어에서 사용할 수 있을 만큼 빠르게 실행되어야 한다는 긴급한 성능 문제 때문에 일반화는 제대로 시도하지 못했어요. 말줄임표나 비밀번호 숨김 같은 스타일 마크업과 변환이 없는 일반 아스키 문자열을 배치하고 그릴 때 메모리 할당과 부동 소수점 연산을 피하기 위해 온갖 특별한 빠른 경로를 집어넣었죠."

피셔는 어떻게 만들어야 하는지에 관한 의견 불일치로 팀에 긴장이 계속되는 걸 봤다. "때로는 성공하지 못할 것 같았어요. 전형적인 두 번째 시스템 효과였는데 우리 중 많은 사람이 전에 비슷한 일을 해 봐서 처음에 했던 실수를 전혀 하지 않고 다시 잘할 수 있다고 생각했어요. 데인저에서 온 우리는 자바 클래스 상속에 기반을 둔 또 다른 사용자 인터페이스 툴킷을 만들고 싶어 했는데 제대로 된 운영체제가 맨 아래 자리하고 있었고 네트워크 저편에는 탄탄한 서비스 아키텍처가 있어서 이번에는 제대로 할 수 있다고 생각했죠. 팜소스에서 온 사람들은 자신들의 액티비티 수명 주기 모델과 프로세스 간 통신 모델을 다시 개발하고 싶어 했고 이번에는 잘할 수 있다고 했어요. 스키아에서 온 사람들은 퀵드로QuickDraw GX를 다시 시도하고 싶어 했고 이번에는 성공할 수 있다고 자신했어요. 그런데 우리 모두 틀렸고 서로 심하게 대립했죠. 우리의 잘못된 초기 결정과 소통의 결과를 바로잡는 데 몇 년이 걸렸습니다."

호만 기와 사용자 인터페이스 툴킷 성능

2007년 프랑스에서 온 호만 기가 인턴으로 들어오면서 사용자 인터페이스 툴킷 개발을 도왔다.

호만은 고등학교를 다닐 때 기술 기사 필자가 돼서 다양한 프로그래밍 언어, 운영 체제, 코딩 기법에 관한 기사를 썼다. 이 프리랜서 일 덕분에 그는 그 시대에 쓰인 많은 플랫폼과 운영 체제를 경험하고 그것들에 접근할 수 있었다. 그는 리눅스, 아미가OS, BeOS 같은 운영 체제를 접했고 자바 전문가가 됐다.

호만은 프랑스에서 대학에 들어가 컴퓨터 과학을 전공했다. 그러나 그 학교는 순수한 프로그래밍보다 리더십과 프로젝트 관리 기술에 치우쳐 있었는데 호만은 소프트웨어 개발에서 프로그래밍 부분을 더 좋아했다. 그래서 그는 실리콘 밸리로 갔다.[19]

호만은 썬[20]에서 인턴직을 구했는데 그곳에서 자바 플랫폼의 사용자 인터페이스 툴킷인 스윙Swing을 개발하며 1년을 보냈다.

다음 해인 2007년 4월 호만이 구글 인턴직 때문에 미국에 돌아왔다. 그는 구글 도서 팀에 자리를 잡았는데 그 팀에서 지메일과 관련된 데스크톱 애플리케이션 작업을 하게 됐다. 그가 흥미를 느낄 만한 일거리가 아니어서 그는 그 프로젝트에서 단 일주일밖에 버티지 못

---

19 프로그래밍 대 관리의 역학 관계는 오늘날에도 계속되고 있다. 나는 단지 프로그래머라는 이유로 프로그래머의 관리자만큼 존경을 받거나 보상받지 못하는 여러 나라에 친구들이 있고, 그런 나라에 사는 많은 개발자와 이야기를 나눠 봤다. 그러나 프로그래머로서 일을 잘한다는 것이 꼭 누군가가 프로그래머를 관리하는 데 능숙하다는(또는 흥미가 있다는) 의미는 아니다. 그래서 프로그래밍에 열정적이고 그 일을 계속하고 싶어 하는 개발자가 자신이 속한 사회에서 허용하는 것보다 많은 돈을 벌고 존경을 받고 싶다면 컨설팅 회사를 세우거나(전업 프로그래머가 받는 급여보다 더 많은 돈을 회사에 청구), 포기하고 프로그래밍 직업이 대단히 존경받는 다른 곳(이를테면 실리콘 밸리)으로 옮기게 된다.

20 나는 2005년 썬에서 호만을 처음 만났다. 나는 같은 팀에서 그래픽 개발을 했다. 우리는 자바 사용자 인터페이스 기술에 관한 책을 함께 쓰기 시작했는데 호만이 학위를 마치러 프랑스에 돌아가 있는 동안 완성했다. 책 제목은 《Filthy Rich Clients》인데 그건 전적으로 또 다른 이야기다.

했다. 그는 구글에서 일하는 밥 리(비슷한 시기에 안드로이드 핵심 라이브러리 팀으로 옮겼다), 딕 월(안드로이드 개발자 지원 팀에서 일했다), 세드릭 부스(안드로이드 지메일 앱 작성) 같은 사람들을 알았다. 그들은 안드로이드 팀으로 오라고 호만을 설득했다. 세드릭은 스티브 호로위츠에게 영향력을 행사해 달라고 부탁했고 호로위츠와 루빈의 검토를 거쳐 호만은 안드로이드에 합류했다.[21] 호만은 사용자 인터페이스 툴킷 팀으로 옮겨서 마이크 클러론을 도왔다.

여름이 끝날 무렵 호만은 프랑스로 돌아가 학위를 받고 나서 구글[22]로 돌아와 정규직으로 일하기 시작했다. 그는 썬과 구글 양쪽에서 제안을 받았지만 구글에 입사하기로 결정했다.

"썬에서 구글보다 훨씬 더 좋은 제안을 했어요. 하지만 내가 안드로이드 팀에 합류한 건 그 비전과 이 일을 하는 이유 때문이었죠. 구글을 선택한 이유는 많았는데 구글은 좋은 오픈 소스 운영 체제를 만들 수 있는 곳이라는 생각도 있었어요. 당시 그 정도 규모에서 소비자용으로 발전 가능성이 있는 건 없었어요.

리눅스가 이미 어느 정도 발전해 있었지만 내게는 이게 더 나은 기회였는데 특정 제품에 초점을 맞추고 있어서였어요. 안드로이드는 운영 체제 명세 또는 구상이었을 뿐 아니라 제품 개발이기도 했어요. 분명한 도전이었고 성공하지 못할 수도 있었지만 우리는 시도했죠. 비전을 실현하는 가장 좋은 방법은 그 일을 돕는 것이었습니다.

21 딕 월(Dick Wall)도 호로위츠와 같은 이야기를 나누었다. 아마도 호로위츠가 부담을 느낄 만큼 호만을 열정적으로 추천한 게 호만이 한동안 옮기지 못했던 이유인 것 같다.
22 한편 나는 당시 여전히 썬에서 일하고 있었고 호만이 자바 클라이언트 그룹에 재합류해야 한다고 주장하고 있었다. 그러나 그는 대신 구글 안드로이드 팀에 들어가기로 결정했다. 지나고 나서 보니 그가 딱 맞는 경력을 선택한 것 같다(나는 몇 달 후 결정을 내리고 2008년 썬을 떠났다가 2010년 결국 안드로이드에 합류했다).

초기에 일이 재미있었던 건 실제로 그 부분 때문이었어요. 아마 진 저브레드[23]나 아이스크림 샌드위치[24] 때까지도 생존할 수 있을 정도로 성공할지 확실하지 않았어요. 모든 릴리스가 '죽기 살기'는 아니었지만 '목표를 중시한다면 해야 한다'였죠."

호만이 2007년 10월 정규직 직원으로 일하기 시작했을 때 첫 SDK가 막 출시됐다. 1.0이 되려면 플랫폼에 해야 할 작업이 여전히 많았다. 그가 한 첫 번째 일은 터치 입력이 기능하게 만드는 것이었는데 첫 릴리스의 어려운 요구 사항이었다.

호만은 또한 툴킷 코드를 더 빠르게 만드느라 상당한 시간과 노력을 들였다. "클러론이 무효화invalidation[25]와 재레이아웃[26] 성능을 개선해야 한다고 요청했어요. 그때까지 invalidate()[27]는 정말 바보 같았죠. 계층 구조를 거슬러 올라가서 모든 것에 무효 표시를 해야 했어요. 그 작업을 다시 해야 한다면 다시 거슬러 올라가야 하는 거죠. 정말 느렸어요. 그래서 온갖 지저분한 플래그[28]를 추가하느라 많은 시간을 썼죠. 그렇게 했더니 크게 달라졌어요."

---

23 2010년 후반 출시된 안드로이드 2.3
24 2011년 후반 출시된 안드로이드 4.0
25 '무효화'는 사용자 인터페이스 객체가 바뀌어(이를테면 버튼의 텍스트 변경) 다시 그려져야 할 때 일어난다.
26 '재레이아웃'은 사용자 인터페이스 요소가 추가되거나 제거되거나 크기가 바뀌거나 위치가 옮겨지면서 그에 따라 다른 컨테이너와 요소의 위치 및 크기가 바뀔 때 일어난다.
27 invalidate()는 무효화를 실행하기 위해 호출되는 메서드다.
28 사용자 인터페이스를 그리는 코드는 깨지기 매우 쉽다. 각각의 사용자 인터페이스 요소가 그려진 상태에 대한 정보를 담고 있는 '플래그'가 많기 때문이다. 그 복잡한 로직은 초기 기기에서 사용할 수 있을 정도로 안드로이드가 빨라지는 데 도움이 됐다. 그러나 다소 깨지기 쉽고 유지 보수하기 어려운 코드가 만들어졌다. 여러 번 누군가가 버그를 고치거나 새 기능을 구현하다가 이 플래그 때문에 실수하거나 무효화 로직을 무심코 깨뜨리고는 했다.

그러나 호만이 이 작업을 하는 데 필요한 도구가 아직 없었다.

안드로이드 팀은 한 가지 목적을 위한 작은 개발자 도구를 많이 가지고 있는 위대한 전통이 있었는데 각각의 도구는 저마다 조금씩 다르게 동작했고 어느 것도 함께 돌아가지 않았다. 이 전통은 시간이 지나면서 바뀌었고 그러한 앱 대부분이 안드로이드 스튜디오Android Studio 통합 개발 환경으로 통합돼서 개발자들은 일관된 도구를 갖게 됐다. 그러나 초기에는 도구가 필요한 개발자들이 하나씩 개별적으로 도구를 작성했다.

뷰 무효화 성능 작업 때문에 호만은 새로운 도구가 필요했다. "나는 '계층 구조 뷰어'를 작성했는데 뭐가 무효화되는지 알아내기가 정말 어려웠기 때문이에요. 그래서 그 뷰어를 작성했는데 뷰어는 뷰를 나무 형태로 보여 주면서 뷰가 더러워졌다고 표시됐을 때, 뷰가 그려질 때, requestLayout()[29]이 있을 때 서로 다른 색깔로 깜박거렸어요. 최적화를 하면서 무슨 일이 일어나는지 볼 수 있었고 덜 깜박거리게 만들었죠."

호만이 맡은 또 다른 사용자 인터페이스 성능 프로젝트는 ListView였다.

ListView는 (그러니까) 아이템 목록을 담은 컨테이너다. 이 요소를 다루는 요령은 특성상 성능에 엄청나게 민감하다는 점에 주의하는 것이었다. 이것의 유일한 목적은 수많은 데이터(이미지와 텍스트)를 담아서 아이템을 빠르게 스크롤하는 것이다. 관건은 '빠르게'다. 아이템이 화면에 나오기 시작하면 사용자 인터페이스 툴킷은 이 모든 새 항목을 만들고 그 크기를 조정해 제자리에 놓는데, 이 항목들은

---

29 requestLayout()은 앞선 언급한 재레이아웃 과정이 시작될 때 호출되는 메서드다.

화면 다른 쪽으로 스크롤되어 화면 밖으로 벗어나자마자 사라진다. 이 모든 동작을 하는 데는 많은 작업이 필요한데 초기 하드웨어에서는 툴킷이 이를 해내지 못했다. 그래서 사용자 경험이 별로였다.

호만이 마이크 클러론으로부터 이 위젯을 물려받았을 때 위젯은 아이템을 담아서 렌더링하고 스크롤할 수 있었다. 그러나 성능은 전혀 받아들일 만하지 못해서 호만은 그걸 최적화하는 데 어마어마한 노력을 들였다. 객체와 사용자 인터페이스 요소 생성을 피하는 것은 당시 성능상의 이유 때문에 안드로이드 개발의 일반적인 패턴이었고 ListView는 그 패턴이 발전한 이유를 쉽게 알 수 있는 부분이었다.

론처와 앱

호만은 팀의 다른 사람들처럼 초기(와 그 이후)에 안드로이드의 많은 프로젝트에 뛰어들었다. 핵심 사용자 인터페이스 툴킷을 담당한 것 외에도 그는 클러론(프레임워크 팀을 이끌기 시작했고 코딩 이외에도 다른 책임을 맡았다)으로부터 론처 애플리케이션을 인계받았고 외주 개발자가 개발하다 그만둔 이메일Email 앱[30] 개발도 도왔다. 다행히도 호만은 기술 기사 필자 시절 관련된 경험을 했었다. "IMAP 구현 방법에 관한 기사를 쓴 적이 있어서 내 수준을 완전히 벗어나는 일은 아니었어요. 하지만 이메일 앱은 우리가 개발하는 모든 것 위에서 동작하는 것이어서 일이 좀 많았죠."

호만은 또한 다른 앱 개발도 도왔다. 새로운 플랫폼이었기 때문에

---

30 이메일 앱은 당시 그리고 그 이후 몇 년 동안 지메일과는 별개였다. 지메일은 지메일 계정에서 메일을 받아오는 데 사용하는 앱이었고 그뿐이었다. 이메일 앱은 마이크로소프트 익스체인지(Microsoft Exchange) 같은 백엔드를 사용하는 다른 메일 서비스에 연결하는 데 사용됐다.

많은 기능이 애플리케이션 요구 사항에 대응해 개발됐다. 애플리케이션이 플랫폼의 새 기능을 필요로 하면 그들은 그것들을 구현하기 위해 플랫폼 팀과 함께 일했다.

당시 앱 팀을 위해 계속했던 노력 중 하나는 성능이었다. "그들의 필요를 채워 주는 것은 중요했지만 또한 그들에게 그 비용을 이해시켜야 했어요. 그게 계층 구조 뷰어를 만든 이유죠. 앱이 너무 많은 뷰를 만들었기 때문이었어요. 뷰 계층 구조는 우리 기기에는 너무 비쌌어요. 계층 구조 뷰어는 앱 개발자에게 그 사실을 보여 주는 방법이었습니다. '여러분이 만든 이 괴물 같은 트리를 보세요. 이건 우리에게 매우 비싸요'라고 알려 주는 거죠. 우리가 모든 최적화를 했지만 여전히 꽤 무거웠어요. 그래서 나는 그들이 필요한 것을 이루도록 돕고 성능을 복구하기 위해 merge, include 태그와 viewstub[31]를 제안했습니다."

밀도 처리

1.0 출시 후에도 플랫폼을 팀이 원래 마음속에 그리던 상태로 만들기 위해 해야 할 일이 여전히 많았다. 초기부터 시작했지만 1.0에서 완전히 실현하지 못한 프로젝트 중 하나는 서로 다른 화면 밀도 지원이었다. 1.0 이후 호만은 다이앤이 초기에 시작했던 작업을 인계받아 2009년 가을 이클레어 출시에 맞춰 마무리했다.[32]

---

31 merge, include, viewstub는 모두 사용자 인터페이스 요소로, 기본적으로 계층 구조에서 플레이스홀더(placeholder)처럼 동작하고 뷰의 개수와 툴킷의 오버헤드를 최소화하는 데 도움이 된다.

32 이클레어는 드로이드와 함께 출시됐다. 드로이드는 이전 기기보다 화면 밀도가 더 높아서 그때까지 화면 밀도 작업을 마치는 게 중요했다.

화면 밀도는 인치당 화소pixels per inch, PPI 수다. 이 숫자는 주어진 물리적 화면 영역에 담을 수 있는 정보의 양을 나타낸다. 화면 밀도는 그 화면에 나오는 이미지 품질에 직접적인 영향을 미치는데 화면 밀도가 높으면 같은 공간에 더 많은 정보를 나타낼 수 있어서 더 선명하고 좋은 이미지를 보여 줄 수 있다. 화면 밀도가 더 높아지면서 지난 몇 년간 휴대 전화와 랩톱 디스플레이 화질이 더 좋아졌다. 고밀도 카메라 센서는 또한 고품질 사진으로 이어졌고 그러한 센서로부터 만들어지는 수백만 화소 이미지가 급증했다.[33]

초기 G1 기기와 드로이드 전까지 모든 안드로이드 기기는 밀도가 160PPI였는데 이는 구분되는 160가지 화소를 가진다는 것(가로세로)을 의미했다. 드로이드는 밀도가 265PPI였다. 이처럼 밀도가 더 높아져 더 많은 정보를 나타낼 수 있었고, 결과적으로 더 부드러운 곡선과 텍스트 또는 더 세밀한 이미지를 표현할 수 있었다. 그러나 개발자들이 이런 밀도 변경을 이용할 수 있도록 사용자 인터페이스를 정의할 방법이 필요했다.

다이앤 그리고 그다음에 호만이 구현한 시스템 덕분에 개발자들은 dpdensity-independent pixel라는 단위로 기기 화소의 실제 크기에 독립적인 사용자 인터페이스를 정의할 수 있었다. 그렇게 하면 애플리케이션이 실행되는 기기의 실제 밀도에 맞게 시스템이 사용자 인터페이스를 조정했다. 화면 밀도를 처리하는 메커니즘, 밀도에 기반을 두고 서로 다른 애셋asset을 제공하는 리소스 시스템 관련 기능, 화면 크기

---

33 화소 밀도 작업은 호만에게 잘 맞았다. 그의 취미가 풍경 사진(그의 작업은 크롬캐스트 화면 보호기와 flickr.com/romainguy에서 볼 수 있다)이기 때문이다. 그래서 그가 안드로이드에서 이러한 개선 사항을 활용할 수 있게 만들자 그 자신도 하드웨어 화소 밀도 발전의 혜택을 받을 수 있었다.

와 독립적으로 사용자 인터페이스 구성을 처리하는 전체 사용자 인터페이스 레이아웃 시스템은 안드로이드가 성숙해지면서 매우 중요해졌다. 제조사들이 고객을 위해 엄청나게 다양한 형태의 제품을 출시하기 시작하면서 안드로이드는 한 종류의 기기(G1 그리고 크기와 밀도가 같은 후속 기기) 위에서 동작하는 플랫폼에서 온갖 화면 크기와 밀도의 기기로 가득한 세상에서 사용되는 플랫폼으로 바뀌었다.

툴킷 성능

팀에서 사용자 인터페이스 툴킷이라고 부르는 것은 많은 부분으로 구성되어 있다. 기본적으로 전체 프레임워크의 시각적 측면이기 때문이다. 당시 팀(오노라토, 클러론, 피셔, 호만 그리고 다른 사람들)이 한 작업을 제대로 정의한다면 툴킷 API와 기능을 제안하고 성능을 끊임없이 개선하는 것이었다.[34] 안드로이드 사용자 인터페이스는 기본적으로 사용자가 보는 전부이므로 플랫폼에서 이러한 최전선의 성능이 더욱 중요하다. 문제가 있으면 바로 눈에 띄기 때문이다. 그래서 팀은 계속해서 최적화했고 어느 정도는 지금도 하고 있다.

---

34 성능은 모두의 책임이었는데 2006년 후반 제이슨 파크스가 장기적으로 앱 성능을 검토하고 작업하는 사람들로 이뤄진 터틀(Turtle) 팀을 만들었다.

15

안드로이드의 얼굴?

안드로이드의 시스템 UI는 사용자가 앱 화면 밖에서 상호 작용하는 모든 시각적 요소의 모음으로 내비게이션 바, 알림 패널, 상태 바, 잠금 화면, 론처 같은 것을 포함한다.

팀 초기에는 이 모든 작업이 전체 프레임워크 팀에서 이뤄졌는데 팀은 몇 명 안 되는 사람들로 구성되어 있었다. 상태 바, 잠금 화면, 론처 같은 기능을 작성한 사람들이 핵심 프레임워크와 사용자 인터페이스 툴킷 코드도 만들었다.[1] 이는 서로 다른 부분들을 처리하는 데 효율적인 방법이었다. 이 부분을 작성하는 동일한 사람들이 필요한 플랫폼 기능을 작성했기 때문에 양쪽 문제를 해결하는 데 필요한 모든 걸 구현할 수 있었다. 반면 이는 그들 모두가 엄청나게 바빴다는 사실도 의미했다.

론처

1.0 출시를 준비하던 2008년 론처(애플리케이션을 보고 실행하는 것을 담당하는 홈 화면 앱)는 그저 사용자 인터페이스 툴킷의 또 다른

---

[1] 사실 이 기능 모음을 위한 이름 같은 것도 없었다. 댄 샌들러는 그가 2009년 중반 팀에 들어왔을 때 그것들은 모두 그냥 개별적인 부분들이었다고 말했다. 그와 조 오노라토가 이 기능 모음에 시스템 UI라는 이름을 붙였고 그대로 굳어진 것처럼 보인다.

구현 세부 사항일 뿐이었다. 사용자 인터페이스 툴킷 팀의 첫 개발자인 마이크 클러론은 론처 작업을 하다 호만 기에게 넘겼다. 호만은 그가 맡은 사용자 인터페이스 툴킷의 나머지 작업에 더해 몇 번의 릴리스 동안 그 앱을 맡아서 개선했다.[2]

호만이 론처(그리고 나머지 시스템)를 위해 계속 진행했던 프로젝트 중 하나는 성능이었다. 호만은 스티브 호로위츠가 그에게 준 제약을 기억했다. "론처는 0.5초 안에 콜드 스타트cold start[3]할 수 있어야 했어요. 론처는 모든 apk[4]를 들여다보고 아이콘과 문자열을 불러들여야 하는데요. 그래서 멀티스레드 코드, 일괄 처리, 사용자 인터페이스 스레드의 업데이트 지연이 많았죠."

호만은 또한 론처에 애플리케이션 아이콘 정리용 폴더, 애플리케이션 위젯, 바로 가기(홈 화면의 아이콘), 배경 화면과 홈 화면 페이지 사이에서 일어나는 시차 효과parallax effect 같은 기능을 계속 추가했다.

나중에 넥서스 원 출시를 위해 앤디 루빈은 시각적으로 흥미진진한 뭔가를 원했다. 조 오노라토가 당시 상황을 설명했다. "이클레어때 루빈은 화려한 걸 원했어요." 루빈은 화려한 게 뭔지 구체적으로 말하지 않았다. 오노라토는 루빈이 "그냥 멋진 것 좀 만들어 봐요"라

---

2 마침내 2010년 중반 3D 데스크톱 환경을 개발하던 범프톱(BumpTop)이라는 회사를 구글이 인수하고 그 회사 엔지니어들을 대부분 론처 개발에 배정하면서 론처 전담 팀이 생겼다.

3 콜드 스타트는 애플리케이션이 리부팅 후 처음으로 실행되는 것을 의미한다. 이는 애플리케이션에 최악의 시나리오인데 시작할 때 모든 걸 읽어 들여야 하기 때문이다. 반면 웜 스타트(warm start)는 애플리케이션이 여전히 백그라운드에서 실행 중인 덕분에 많은 것이 계속 메모리에 있어서 시작이 훨씬 빠르다.

4 apk(Android package)는 안드로이드 앱 파일 형식이다. 앱이 시작되어 실행되는 데 필요한 코드, 이미지, 텍스트, 기타 모든 것을 전부 담고 있다. 개발자가 소스 코드를 apk 파일로 빌드해 플레이 스토어에 올리면 사용자가 자기 기기로 받는다.

넥서스 원의 모든 앱 화면은 앱 목록을 스크롤하면 위아래 가장자리가 멀리 사라지는 3D 효과를 보여 주었다.

고 말한 걸 기억했다. 두 달 만에 그들은 새 기기의 3D 기능을 이용해 새로운 론처를 작성했다. "GL이 충분히 잘 동작하기 시작해서 3D 론처를 만들었죠."

3D 론처는 모든 앱 화면에서 특수 효과를 보여 주었고 몇 번의 릴리스 동안 유지됐다. 사용자는 일반적인 2D 그리드로 배열된 애플리케이션들을 보지만 목록을 스크롤해서 위로 올리거나 아래로 내릴 때 위아래 가장자리가 영화 스타워즈 도입부 텍스트 효과처럼 멀리 사라져 간다. 이 효과는 미묘했지만 강력했는데 시스템(그리고 잠재적으로 시스템의 많은 앱)에 숨겨진 3D 성능을 암시했다. 그러나 지나치게 화려했고 내비게이션이 어려웠다.

알림

스마트폰 시대가 오기 몇 년 전 나는 자주 여러 회의에 빠지거나 늦었다. 나는 내 PC에서 일정 앱을 사용했지만 그 앱은 내가 약속을 놓칠 것 같다고 알려 주기보다는 놓쳤다고 알려 주는 걸 더 잘했다. 실시간으로 이벤트를 알려 주는 방법이 생겨서 내가 약속을 그만 놓칠 수 있게 되기를 빌었던 걸 기억한다.[5]

우리 생활의 디지털 데이터가 시기적절하게 업데이트되도록 연결하는 것은 스마트폰 알림을 통해 마침내 이뤄졌다. 물론 이 업데이트는 일정 이벤트를 넘어 이메일 메시지, 문자 메시지, 스마트폰의 다양한 애플리케이션과 서비스에서 보내는 수많은 업데이트까지 아우른다.

갓 시작했을 때부터 안드로이드의 독특하고 강력한 기능 한 가지는 알림 시스템이었는데 사용자가 애플리케이션을 사용하고 있지 않을 때에도 설치된 애플리케이션에서 보내는 정보에 주의를 기울일 수 있게 만들어졌다.

스마트폰 이전에는 알림이 더 단순했다(그리고 덜 유용했다). 팜 파일럿 PDA 같은 초기 데이터 기기에도 일정과 알람alarm 앱에 비슷한 기능이 있었다. 사용자는 이 애플리케이션들이 소리를 낼지, 대화 상자를 보여 줄지, LED에 빛이 나게 할지 설정할 수 있었다. 이러한 알림은 사용자가 입력한 것으로 제한됐다. 기기의 모든 데이터는 사용자가 만들고 동기화했고 외부에서 기기로 들어오는 정보는 없었다.

그러나 일단 기기들이 인터넷에 연결되기 시작하자 이메일, 메시지, 심지어 새 약속을 비롯한 새로운 정보가 기기에 비동기적으로 들

---

5 아니면 최소한 내가 놓치고 싶은 약속을 선택할 수 있기를 바랐다.

어왔고 사용자가 이를 알아야 했다. 따라서 알림에 대한 필요가 생겼고 해법이 나타났다. 2009년 안드로이드에 합류해 시스템 UI 팀을 이끈 댄 샌들러가 말했다. "데인저 힙톱-사이드킥 기기는 최첨단 알림으로 가기 전에 실험적인 단계를 거쳤는데 트랙볼[6] 아래에 무지갯빛 알림 조명이 들어와서 SMS와 새 이메일 알림에 사용할 수 있었어요. 안드로이드는 데인저의 트랙볼 기능을 선택해서 받아들였죠."

앱과 운영 체제 사이에는 항상 긴장이 있었다. 모든 개발자는 자신이 만드는 앱이 사용자의 생활에서 가장 중요한 앱이어서 당연히 사용자가 항상 그 앱에서 나올 수 있는 정보를 가능한 한 전부 알고 싶어 한다고 가정한다. 반면 사용자는 막 설치한 게임에서 새 레벨에 도전할 수 있다고 알려 주는 알림을 받으면 놀라기도 하고 짜증이 날 수도 있다. 수년간 시스템 UI 팀의 업무 중 일부는 사용자가 쉴 새 없이 울려 대는 애플리케이션 소리를 끌 수 있는 도구뿐 아니라 애플리케이션이 따라야 할 제한을 제공하는 것이었다. 사실 샌들러가 설명했듯이 그게 운영 체제 자체의 일 중 일부였다. "애플리케이션에 제한을 거는 것이었어요. 대체로 이러한 제한은 파일, CPU 시간, 네트워크 같은 기기의 공유 자원에 대한 것이었어요. 알림이 생기자 사용자의 주의가 산만해지지 않도록 운영 체제가 조정해야 했죠."

다이앤 핵본이 첫 번째 알림 시스템을 구현했는데 아이콘이 화면 상단 상태 바에 나타나 사용자에게 다른 애플리케이션에 정보가 있다고 알려 주었다. 그런 다음 다이앤과 조 오노라토는 알림 패널을 만들었는데 사용자가 패널을 화면 상단에서 끌어내리면 알림에 관해 더 자세한 정보를 보여 주는 방식이었다. 사용자는 패널에 있는 항목

6 (옮긴이) 실물 사진은 영문판 위키백과 'Danger Hiptop' 페이지를 참고하라.

을 눌러서 해당 애플리케이션을 실행해 새 이메일을 보거나 새 문자 메시지를 읽거나 할 수 있었다. 오노라토가 설명했다. "다이앤이 패널을 끌어내리는 걸 처음 만들었어요. 하지만 그걸 자연스럽게 움직이게 하려고 내가 많은 시간을 썼죠.[7]"

에드 헤일이 말했다. "오노라토가 주말 내내 작업한 끝에 마침내 그걸 동작하게 만든 게 기억나요. 그가 사무실을 돌아다니며 모두에게 보여 주었어요. '자, 이거 어때요? 봐요, 이렇게 끌어내리면 항목을 보여 주고 그런 다음 그냥 사라져요.'"

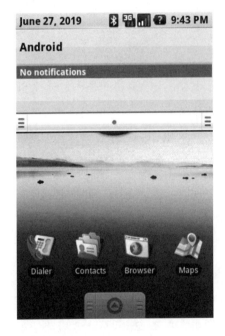

안드로이드 초기 버전 알림 모양이다. 화면 상단에서 알림 패널의 그림자 부분을 끌어내리면 사용자가 모든 애플리케이션의 현재 알림을 볼 수 있었다.

7 오노라토는 패널이 부드럽게 화면 안으로 들어왔다 밖으로 나가게 하는 하는 방법을 알아내야 했는데 그 정도의 제한된 하드웨어에서는 어려웠다. 묘책은 전체 창 세 개를 패널이 필요한 부분, 즉 백그라운드, 항목, 상태 바에 미리 할당하는 것이었다. 그래서 패널이 보이지 않을 때에도 필요할 때 자연스럽게 나타나서 사용자가 실망하지 않을 수 있도록 귀중한 자원을 확보해 두고 있었다.

안드로이드를 처음부터 스마트폰 시장에서 다른 회사들과 구분해 준 것은 바로 알림이었다. 더 버지The Verge에 실린 'Android: A 10-Year Visual History'[8]라는 기사에는 다음과 같이 언급됐다. "안드로이드가 첫날부터 알림 시스템에서 성공을 이뤄 냈음을 거의 누구나 알 것이다. iOS는 사용자의 늘어나는 모바일 앱 모음에서 메시지와 알림을 효과적으로 선별하는 디자인을 선보이는 데 3년이 더 걸렸다. 비밀은 G1의 독특한 상태 바에 있는데 아래로 끌어내리면 문자 메시지, 음성 메시지, 알람 등 모든 알림을 목록 하나로 보여 주는 것이다. 기본적인 개념은 오늘날 안드로이드 최신 버전에도 (다듬어진 형태로) 살아 있다."

라이브 배경 화면

1.0은 배경 화면이라는 기능과 함께 출시됐는데 사용자가 론처로 홈 화면의 배경에 넣을 그림을 선택하는 기능이었다. 배경 화면은 스마트폰의 큰 디스플레이를 뽐내고 개인화하는 재미있는 방법이었다.

그러나 루빈은 2010년 1월 이클레어 2.1과 함께 출시될 넥서스 원을 위해 새롭고 특별한 뭔가를 원했다. 그는 라이브 배경 화면이라는 기능을 요청했다. 스마트폰은 큰 화면뿐 아니라 화면 뒤에 강력한 컴퓨터도 갖추고 있으니 컴퓨터로 움직이고 즐길 수 있는 풍부한 그래픽 경험을 할 수 있다면 멋지지 않을까?

그래서 루빈은 프레임워크 팀에 그걸 만들어 달라고 요청했다. 다이앤 핵본과 조 오노라토가 기반이 되는 시스템을 작업했고 호만과

---

8 *https://www.theverge.com/2011/12/7/2585779/android-10th-anniversary-google-history-pie-oreo-nougat-cupcake*

다른 사람들이 실제 배경 화면을 작업했는데 첫 번째 배경 화면 모음을 위한 디자인과 전체 모양, 실제 기능을 제시했다.

그들이 그걸 만드는 데는 5주가 걸렸다.

루빈은 원래 배경 화면을 그래픽 렌더링 시스템인 프로세싱Processing으로 구현해 달라고 요청했다. 기능 관점에서는 훌륭한 아이디어였지만 호만이 프로세싱을 안드로이드에서 실행해 보니 휴대 전화에서는 그다지 빠르지 않다는 사실을 알게 됐다. 애니메이션 속도가 초당 1프레임밖에 되지 않아서 배경 화면이 살아live 있다기보다는 죽어 있었다. 그래서 호만은 다른 방법을 찾았다.

제이슨 샘스(역시 마티아스, 다이앤, 오노라토 그리고 다른 사람들과 함께 비와 팜소스에서 일했던 그래픽 엔지니어)는 렌더스크립트 RenderScript라는 저수준 그래픽 시스템을 개발하고 있었는데 이는 애플리케이션이 그래픽을 빠르게 그리는 데 CPU와 GPU 둘 다 활용하는 시스템이었다. 호만은 렌더스크립트를 사용해 배경 화면에 필요한 부드러운 애니메이션을 만들어 냈고 출시를 위해 네 가지 배경 화면을 만들었다.

넥서스 원과 함께 출시된 네 가지 라이브 배경 화면: 풀잎, 나뭇잎, 은하계, 입자(사진 출처: 안드로이드 개발자 블로그 2010년 2월 5일자 글, *https://android-developers.googleblog.com/2010/02/live-wallpapers.html*)

- 풀잎: 하늘을 배경으로 부드럽게 흔들리는 풀잎을 보여 준다. 색깔은 기기가 있는 곳의 시간에 따라 바뀐다.
- 나뭇잎: 나뭇잎이 물에 떨어지면서 표면에 물결이 이는 모습을 보여 준다. 이것은 팀 작업으로 마이크 클러론이 자기 마당에서 찍은[9] 일본 단풍나무 잎사귀 사진에 물결 효과(원래 마티아스 아고피안이 만들었거나 아니면 제이슨 샘스였을 것이다)를 집어넣은 것이다.
- 은하계: 우주의 '3D'[10] 뷰를 보여 주는데 가운데에서 거대한 별 무리가 회전하고 있다.
- 폴러 클록Polar Clock: 시각적으로 좀 더 흥미로운 방식으로 시간을 보여 준다.

이 배경 화면 외에도 마이크 클러론이 입자Particles라는 배경 화면을 만들었고[11] 마르코 넬리선(플랫폼용 오디오 작업)이 두 가지 사운드 비주얼라이저가 포함된 배경 화면 세 개를 만들었다.

5주 기간 마지막에 팀은 외부 개발자들이 자신만의 배경 화면을 만들 수 있는 API가 포함된, 완전히 기능하는 라이브 배경 화면 시스템

---

9 숙련된 사진작가인 클러론이 말했다. "나는 이미지가 급하게 필요했고 엄청난 법적인 저작권 검토를 거치고 싶지 않았어요." 나는 누군가가 애플리케이션이나 발표에 쓸 간단한 사진이 필요한데 일시적인 필요 때문에 다른 사람의 작품을 사용하는 데 허락을 받느라 부담스럽거나 시간이 허비될 때 사진을 찍는 취미가 시작되거나 최소한 권장된다고 생각한다.

10 3D에 따옴표를 친 것은 은하계가 삼차원처럼 보였기 때문인데 그래픽은 실제로는 2D 이미지로만 구성됐다. 호만이 말했다. "당신에게 보여 주려고 만든 그래픽이에요. 괜찮게 보이면 그걸로 충분하죠."

11 (옮긴이) 넥서스 원에는 마이크 클러론이 만든 배경 화면인 입자와 호만 기가 만든 배경 화면인 은하계, 풀잎, 나뭇잎이 들어갔다(220쪽 그림 참고). 호만 기가 만든 폴러 클록은 라이브 배경 화면을 소개하는 안드로이드 개발자 블로그 2010년 2월 5일자 글에는 소개되어 있지 않다.

을 만들었다. 안타깝게도 호만 혼자 5주 기간 동안 네 가지 배경 화면을 고안하고 디자인하고 프로토타입을 만들고 구현할 수 있어서 팀은 루빈이 요청했던 열 가지 배경 화면보다 적은 개수를 기기에 탑재해 출시했다.

안드로이드의 얼굴

안드로이드의 시스템 UI는 사용자가 자신의 기기를 제어할 수 있는 그래픽 기능을 제공한다. 로그인부터 시기적절한 알림, 사용자 인터페이스 내비게이션, 앱 실행까지 시스템 UI는 사용자가 자신의 기기에서 상호 작용하는 첫 번째 앱 같은 것이다. 이를 통해 사용자는 필요한 기능과 정보에 접근할 수 있는데 스마트폰에서 매우 중요한 것이라고 할 수 있다.

댄 샌들러가 내게 이 그림을 보내면서 말했다. "시스템 UI를 '안드로이드의 얼굴'이라고 여러 번 설명 한 후 이 비공식 로고를 만들었어요. 팀원 대부분이 끔찍해하더군요."

16

성공과 실패를 가르는 디자인

"디자인이 가장 중요하죠. 디자인은 사람들이 제품을 보는 방식이고 제품을 사용할 때 느끼는 것이거든요. 어떤 것이 성공하고 어떤 것이 실패하는지 디자인이 일부 설명해 줍니다."

– 이리나 블로크(Irina Blok)

이리나 블로크와 안드로이드 마스코트

안드로이드 운영 체제에서 가장 눈에 띄는 것 하나는 녹색 로봇 마스코트인데 이리나 블로크가 디자인했다.

이 로고는 전 세계적으로 안드로이드를 대표하게 됐지만 원래는 그냥 개발자들을 위한 것이었다. 이리나가 말했다. "개발자 커뮤니티에 즐거움을 주고 리눅스 펭귄[1] 같은 걸 만드는 게 목표였어요."

디자인 프로젝트에는 제한이 많지 않았다. 안드로이드 팀은 이리나가 일하던 사내 브랜딩 팀에 가서 요청했다. 그들은 제품 이름이 안드로이드이고 주목할 만한 출시 스토리를 원한다고 이야기했다. 안드로이드 팀원들은 사람처럼 보이면서 개발자들의 흥미를 끌 만한 것을 바란다고 제안했다.

이리나는 일주일 정도 다양한 아이디어를 제시하고 나서 최종 디자인을 제출했다.

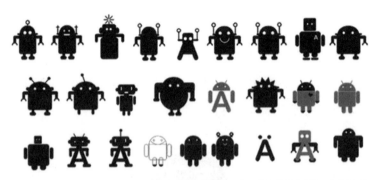

이리나가 최종 버그드로이드(bugdroid) 이미지(둘째 줄 가장 오른쪽 이미지)를 완성하는 과정에서 만들어 낸 일련의 스케치(이미지는 이리나 블로크의 허락을 받고 게재)

스케치 종이에 보이는 검은색 로고는 '검은색'이 아니라 무색無色을 나타낸다는 데 주의하자. 검은색은 그냥 이리나가 초기 모양과 아이디어를 반복하는 동안 사용하는 무채색일 뿐이다. 안드로이드의 A가 많은 아이디어에 포함되어 있는 걸 볼 수 있다(최종안에는 포함되지

---

1 (옮긴이) 리눅스 공식 브랜드 캐릭터로 이름은 턱스(Tux)다.

않았다). 또한 최종 로고의 검은색 버전이 초기 디자인의 맨 아래 줄 가운데 있는 것도 볼 수 있다. 검은색 버전은 완성된 디자인(안테나 두 개 추가)에 가까운데 이리나는 그 버전을 첫 아이디어 중 하나로 기억하고 있다.

최종 디자인에서 중요한 요소 한 가지는 모양 자체였다. "로고는 국제적 심벌에서 영감을 받았어요. 매우 간단한 인간 심벌인데요. 안드로이드에 해당하는 심벌을 제시하려고 노력했죠." 이리나는 다른 브랜딩 프로젝트에 사용한 그림 문자pictogram 아이디어를 가지고 작업했는데 이는 강력했다. "사람들이 그림 문자와 기호를 보는 방식과 말을 하지 않고 소통하는 방식 때문이에요. 그것들은 아주 단순해서 모든 문화에서 통하죠."

이리나는 단순함도 얻으려고 노력했다. "로고는 청사진으로 의도됐기 때문에 모양 자체가 복잡해서는 안 됐어요."

청사진은 최종 디자인의 또 다른 측면을 나타내는데 로고는 오픈 소스로 공개됐고 개발자들이 로고를 사용해 그 주제의 변형 작품을 만들도록 권장됐다. "로고는 다르게 꾸밀 수 있어요. 그게 바로 이 로고 시스템이죠."

이리나의 청사진 시스템이 잘 돌아갈 수 있도록 마스코트 공개 방식에도 몇 가지 요소가 추가됐다. 하나는 크리에이티브 코먼스Creative Commons 라이선스에 따라 버그드로이드[2]를 재사용할 수 있도록 명시적으로 허가한 것이다. 안드로이드 브랜드 가이드라인 사이트[3]를 보

---

2 로봇은 여러 이름으로 불렸다. 예를 들어 원래 아트 파일에는 그냥 로봇이라고 되어 있었다. 그러나 안드로이드 팀에서 사용한 유일한 이름은 버그드로이드인데 패튼이 지었다.

3 (옮긴이) *https://developer.android.com/distribute/marketing-tools/brand-guidelines*

면 다음과 같이 나와 있다. "다음의 Creative Commons 저작자 표시 문구가 광고 소재에 포함되어 있는 경우에만 초록색 Android 로봇을 복제하거나 수정할 수 있습니다."[4]

이 라이선스는 로봇을 사용하고 수정할 권리를 누구에게나 준다. 그러나 그냥 작은 JPG 파일이라면 흥미로운 변형 작품이 나오지 않을 것이다. 전략의 두 번째 부분은 여기에서 시작된다. 로고는 재디자인하는 데 도움이 되는 여러 파일 형식으로 공개됐다. 우선 투명 배경의 고해상도 PNG 형식이 있다. 그러나 이미지를 정말 수정하고 싶다면 로봇의 지오메트리를 직접 다룰 수 있는 다른 벡터 형식EPS, SVG, AI도 필요할 것이다.

로봇을 자유롭게 사용하게 한 건 획기적이었다. 이리나는 좀 더 전통적인 브랜딩 접근 방식에 대해 이야기했다. "독자성이 브랜드 가이드라인에 도입되고 정말 엄청난 제약이 따라붙죠. '로고 주위에 빈 공간이 있어야 해요. 색상은 이렇고요. …' 로고는 신성시되죠. 그런데 이 로고가 전통적인 관념을 완전히 산산조각 냈어요." 로고의 이러한 측면은 안드로이드 팀 자체에서 나온 게 아니라 안드로이드 오픈 소스화에 대응해 이리나의 브랜딩 그룹에서 나온 것이다. "이 방식은 그 문제를 해결하려는 우리의 창의적인 아이디어였어요. 디자이너로서 업무는 제품이 무엇을 상징하는지 소통하는 것이에요. 그건 당시로서는 획기적이고 창의적인 아이디어였어요. 오픈 소스는 우리에게 제약이 아니라 해법이었고 이 로고 작업 중에서 가장 잘한 일이라고 생각해요."

로봇이 세상에 공개되자 구글과 안드로이드 밖에서 커 가기 시작

---

4 (옮긴이) 해당 사이트 문장을 그대로 인용했다.

했다. "로고가 시스템으로서 공개되자 스스로 생명을 얻기 시작했어요. 입체 버전이 나오기 시작했고 입상立像도 볼 수 있었죠. 아기를 낳고 나서 자라는 모습을 보는 것과 같았어요. 아기가 첫발을 떼고 나서 말하기 시작하고 그런 다음 자라면 멀리서 아이가 성장하는 모습을 지켜보듯이요."

일단 외부 커뮤니티에서 로봇을 손에 넣게 되자 원래 대상인 개발자 커뮤니티 밖에서도 생명을 얻었다. "그건 그냥 개발자 릴리스였어요. 소비자 대상 로고로 의도한 게 절대 아니었죠. 개발자에 초점을 둔 작은 프로젝트였어요. 그런데 유명해져서 점점 커지고 커지더니 소비자 대상으로 확대됐죠."

제품 브랜딩의 효과를 측정하기는 어렵다.

"때로는 정말 브랜드의 영향을 측정할 수 없습니다. 브랜드는 제품에 개성을 주죠. 그리고 흥분도 불러일으키고요. 우리는 모두 사람이고 감정적이어서 그게 이야기를 전달하는 데 도움이 되고 제품과 연결되기 때문이에요. 또 개발자들이 뭔가를 더 개발하도록 자극하고 소비자들도 자극하죠.

디자인이 가장 중요하죠. 디자인은 사람들이 제품을 보는 방식이고 제품을 사용할 때 느끼는 것이거든요. 어떤 것이 성공하고 어떤 것이 실패하는 이유를 디자인이 일부 설명해 줍니다.

작업 당시에는 그런 것들에 대해 생각하지 않고 그저 만들기만 하죠. 그래서 직관에 따른 작업이고요. 로고에 대해 사용자 조사를 하지는 않습니다. 그냥 만들죠."

녹색인 이유

그렇다면 원본 로고의 상징이 되는 녹색은 어떨까? 로봇 변형 작품이 온갖 색으로 나왔지만 녹색이 원본이고 로고와 연관된 주 색상이다. 이리나가 말했다. "녹색은 코드의 원래 색상이죠."

VT100처럼 검은색 터미널 화면의 녹색 텍스트는 옛날 프로그래밍을 떠오르게 한다(영화 〈매트릭스〉의 장면은 똑같은 터미널 코딩을 시각적으로 표현한 것이다). 로고는 늘 소프트웨어를 나타냈다.

최종 디자인과 함께 이리나는 사람들이 로고를 가지고 놀 수 있도록 영감을 주기 위해 몇 가지 변형 작품을 보내 왔다.

"내 일은 이 로고를 사용하는 방법에 대해 가이드라인을 제시하고

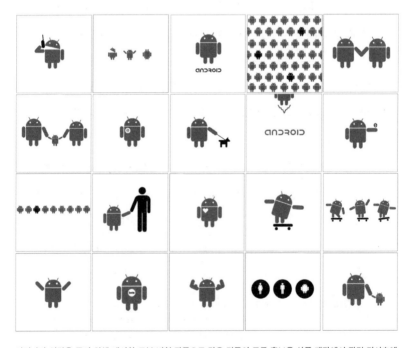

이리나가 영감을 주기 위해 제시한 로봇 변형 작품으로 많은 것들이 구글 홍보용 상품 매장에서 팔린 티셔츠에 쓰였다(사진은 이리나 블로크의 허락을 받고 게재).

영감을 주는 것이었어요. 하지만 로고가 내게 무슨 의미인지 되풀이 하려던 건 아니었어요. 내가 아니라 모두에게 의미가 있어야 했기 때문이죠."

제프 액식과 사용자 인터페이스 디자인

안드로이드 사용자 인터페이스 디자인은 몇 년간 왜곡과 발전을 여러 번 거치며 점진적으로 다듬어졌고 각 작업에 일관성이 생겼다. 그러나 처음에는 디자이너 한 명조차 없었으니 디자인 팀이나 디자인 콘셉트가 있었을 리 만무하다.

제프 액식은 초기 안드로이드 디자인 팀이었다. 그는 안드로이드 팀이 구글에서 일을 시작하고 나서 6개월이 지나 채용을 늘릴 즈음인 2005년 12월부터 안드로이드에서 일하기 시작했다.

제프는 그의 경력을 넥스트에서 시작했는데 나중에 웹티비(마이크로소프트에 인수됨)로 옮겼다가 그곳에서 크리스 화이트, 앤디 루빈, 스티브 호로위츠를 비롯해 장래 안드로이드 사람들과 함께 일했다. 안드로이드를 공동 창업하고 화이트는 제프에게 연락해 자신들의 스타트업(당시에는 카메라 운영 체제에 집중하고 있었다)에 합류하는 데 흥미가 있는지 알아보았다. 그러나 화이트는 안드로이드에서의 미래가 제프의 마이크로소프트 일자리만큼 보장될지 약속하지 못했고 제프는 마이크로소프트에 남았다. 그리고 나서 구글이 2005년 7월 안드로이드를 인수했고 제프는 그해 12월 안드로이드 팀에 합류했다.

제프가 일을 시작했을 때는 디자인할 게 많지 않았는데 초기 안드로이드 시스템이 정말 막 탄생했기 때문이었다. 그래서 그는 버튼 모양 같은 기본적인 시각적 요소를 작업했다. 그리고 체크 박스를 만들었다. 그는 또한 색상 팔레트, 그레이디언트, 글꼴도 작업했다.

"첫 번째로 한 일 한 가지는 '무슨 글꼴을 쓸 것인가'였어요. 나는 당시 모든 오픈 소스 글꼴을 봤어요. 내가 찾은 첫 글꼴은 구글이 의도했던 국제적인 제품을 만들기에는 글꼴 종류가 충분치 않았어요.[5] 그래서 글꼴 제작 스튜디오인 어센더Ascender와 함께 작업했어요. 아트 디렉터를 맡아 시스템 글꼴인 '드로이드'의 첫 버전 글꼴 제작을 도왔습니다."

디자인 스케치와 최종 드로이드 글꼴 모음(사진은 스티브 매티슨의 허락을 받고 게재)

제프는 2006년 9월 게르만 바우어German Bauer가 합류하자 그의 도움을 받게 됐다. 제프와 게르만은 사용자 인터페이스를 제어하는 모양

---

5 안드로이드가 처음부터 목표를 높게 잡았음을 보여 주는 또 다른 예로 단지 미국 시장만 겨냥한 제품이 아니라 큰(국제적인) 생태계를 위한 궁극적인 플랫폼을 생각했음을 알 수 있다.

부터 론처, 메일과 브라우저 애플리케이션의 디자인까지 넓은 스펙트럼의 디자인 작업을 했다.

결국 첫 출시에 필요한 디자인 작업이 많아지자 루빈은 스웨덴의 사용자 경험 디자인 회사인 TAT_{The Astonishing Tribe}와 계약을 맺었다. TAT는 시스템의 전반적인 모양과 출시될 G1의 핵심 경험을 디자인했다.[6] 제프와 게르만은 설정 앱 같은 다양한 앱 작업을 도왔고 시스템용 위젯 모음(버튼, 체크 박스, 기타 사용자 인터페이스 요소)을 다듬었다. 그들은 또한 TAT 계약이 만료되자 TAT의 작업을 이어받았다.

1.0을 준비하면서 사용자 인터페이스를 재구현하느라 미친 듯이 서둘렀다. 어떻게 보이고 기능해야 하는지에 대해 몇몇 법적 제약이 있어서 일정상 시간이 많이 남아 있지 않았지만 많은 재디자인 작업이 필요했다. "우리는 서둘렀어요. 실제로 출시할 수 있도록 휴대 전화 경험을 재디자인하기 위해 엄청난 노력을 쏟아부었습니다. 나는 그레이디언트 색상으로 다크 테마 사용자 인터페이스를 디자인했어요. 통화 중일 때는 녹색, 전화를 끊었을 때는 빨간색이었죠. 출시 전 마지막을 향해 가고 있을 때 앤디 루빈, 나, 세르게이 브린이 검토했어요. 속도로 악명이 높았던 세르게이가 말했어요. '그레이디언트가 왜 필요하죠? 프로세싱 능력을 더 많이 소모하잖아요.' 나는 그가 화면 위에 큰 버튼이 있어서 좋아할 거라고 생각했는데 그렇게 말하니 재미가 없었어요. 나는 마이크로소프트에서 구글로 온 사람이고 여전히 신참이었죠. 세르게이 브린과 래리 페이지가 그런 식으로 운영하는지 정말 몰랐어요. 그래서 세르게이 때문에 기분이 좀 상했죠."

---

6 TAT에서 만든 절묘한 이스터 에그가 있다. G1의 아날로그 시계 문자판이 'Malmo'라는 낱말을 보여 주는데 바로 TAT가 위치한 도시 '말뫼'다.

밥 리가 이러한 창업자-디자인 역학 관계에 대해 언급했다. "우리가 처음 시작했을 때 래리와 세르게이가, 아마도 세르게이였을 거예요, 애니메이션을 없애야 한다고 주장했어요.[7] 시간 낭비였기 때문이죠. 이제 안드로이드 폰을 좀 보세요. 그게 안드로이드가 스파르타식 딱딱한 느낌을 주는 이유에요."

시스템이 발전함에 따라 1.0 이후에도 할 일이 여전히 많았다. 제프는 초기 소프트웨어 키보드 경험 작업을 했는데 1.0 이후 새로운 작업이었다. G1은 1.0에서 하드웨어 키보드만 사용했기 때문이다. 디자인 팀은 또한 1.0 이후 인원이 늘어나기 시작해서 더 많은 디자이너와 팀을 이끌 사람들이 추가됐다.

장난감

제프가 도운 또 다른 일은 안드로이드 장난감이었다.

제프는 1.0을 향해 가던 초창기에 어번 비닐urban vinyl[8] 장난감에 빠져 있었다. 그는 안드로이드 장난감을 만들자는 아이디어를 냈다. 안드로이드 엔지니어 데이브 보트는 아티스트 스튜디오 데드 제브러 Dead Zebra, Inc.[9]를 운영하는 앤드류 벨Andrew Bell[10]과 친구였다. 제프는

---

7 다이앤은 그때 일을 기억했다. "우리는 이 문제에 대해 논쟁을 좀 했어요. 내가 창 관리자에 애니메이션을 구현하기 시작했는데 그걸 끄도록 강요받았죠. 그걸 영원히 꺼야 했다면 기분이 나빴을 거예요. 하지만 적어도 1.0을 만들 때는 일거리가 줄어들었네요."

8 나는 제프가 그 말을 사용하기 전까지는 어번 비닐이 뭔지 몰랐다. '그래픽 노블'이 '만화책'을 좀 더 성숙하고 지적으로 표현하는 방식이듯이 나는 그게 어른들이 괜찮다고 느낄 수 있도록 '액션 피겨'를 좀 더 복잡하게 부르는 방법이라고 생각한다.

9 (옮긴이) 데드 제브러 쇼핑몰(https://shop.deadzebra.com)에서 안드로이드 기념품을 주문할 수 있다.

10 그들은 예전에 샌디에이고 코믹콘에서 만났다.

자신이 생각하고 있던 아이디어를 앤드류에게 보냈고 그들은 데이브 보트, 댄 모릴과 함께 작업해서 장난감을 만들었다.

제프가 안드로이드 피겨 제 품군을 만들자고 제안하기 위해 루빈에게 보낸 첫 모형 (사진은 제프 액식의 허락을 받고 게재)

그 최초의 장난감을 시작으로 수집할 수 있는 안드로이드 장난감 시 리즈가 계속 나왔다. 정기적으로(거의 해마다) 또 다른 새 디자인 모 음이 나왔다(그리고 금세 매진됐다). 제프는 누글러Noogler, 레이서 Racer, 메카Mecha 이 세 디자인에 기여했다.

대표적인 버그로이드와 함께 찍은 제프의 레이서(오른쪽) 피겨(사진은 앤드류 벨의 허락을 받고 게재)

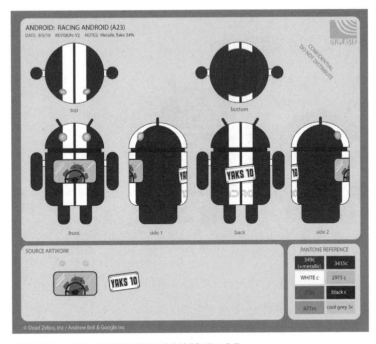

레이서 피겨의 디자인 시트(사진은 앤드류 벨의 허락을 받고 게재)

제프가 디자인한 누글러 피겨. '누글러(new Googler)'는 구글에서 회사에 새로 들어온 사람들을 가리키는 데 사용하는 용어다. 피겨의 모자는 모든 누글러가 구글에서 첫 주에 받는 모자와 비슷하다(사진은 앤드류 벨의 허락을 받고 게재).

제프가 기여한 다른 피겨 디자인 한 가지는 규모가 좀 달랐는데 바로 최초의 야외 입상이었다. 1.0 출시가 다가오자 루빈은 구글 구내 안드로이드 건물에 입상이 필요하다고 결정했다. 루빈은 발포 고무 입상을 만드는 사람을 알았다. 바로 조반니 칼라브레세Giovanni Calabrese로 시멘더스Themendous라는 회사의 소유자였다. 루빈은 제프와 조반니를 연결해 주었고 제프가 디자인을 보내자 시멘더스에서 입상을 만들었다. 루빈이 원래 요청했던 입상은 더 큰 것이었는데, 스튜디오에서 운반하는 문제 때문에 크기를 줄여 만들었다.[11]

2008년 10월 첫 안드로이드 입상(별명은 '빅드로이드') 옆에 앤디 맥패든이 크기 비교를 위해 서 있다. 입상은 몇 년간 초기 팀이 대부분 일했던 44번 건물 앞 잔디밭에 서 있었다(사진은 호만 기의 허락을 받고 게재).

11 초기 안드로이드의 모든 것은 크기 제한하에서 만들어야 하는 상황이 수반됐다.

제프는 안드로이드와 구글의 디자인 변화에 대해 회상했다. "내가 구글에 입사했을 당시 분위기는 마이크로소프트가 윈도우 95를 시작으로 이후 비스타를 출시하던 시기와 비슷했을 거예요. 그때부터 디자인이 중요해지기 시작했어요. 넥스트, 마이크로소프트, 구글 모두 엔지니어링 기반 회사죠. 디자인이 중요하다고 엔지니어링 팀을 설득하는 게 늘 도전이었어요. 애플이 상황을 눈에 띄게 바꿨다고 생각해요. 디자인이 중요해진 거죠."

17

데스크톱 웹을
스마트폰으로 가져오다

안드로이드 브라우저 애플리케이션을 이해하려면 안드로이드 이전
웹 브라우징 상황을 먼저 이해하는 것이 중요하다.

구글은 웹 기술에 늘 깊은 관심을 쏟았다. 처음부터 구글의 주요
임무는 검색 질의에 결과를 제공하는 것이었다. 그래서 브라우저 같
은 웹 기술에 좀 더 광범위하게 투자하는 것이 타당했고, 그러한 결
과를 전달하는 수단이 더 좋을수록 구글이 검색 결과를 위해 제공하
는 경험도 더 좋아질 수 있었다. 이는 2000년대 초 당시 브라우저 회
사들에 의해 벌어진 웹 브라우징 상황 때문에 구글에 특히 중요했다.

거대한 브라우저 전쟁

인터넷 초창기에는 넷스케이프 브라우저가 왕이었다. 데스크톱 사용
자는 넷스케이프를 다운로드해 사용했다. 그게 웹에 접속하는 방법
이었기 때문이다. 그러나 마이크로소프트가 자사 브라우저인 인터넷
익스플로러를 내놓았고 결국 윈도우에 끼워팔았다. 인터넷 익스플로
러를 끼워팔면서 사실상 마이크로소프트 브라우저가 대부분의 사용
자에게 기본 브라우저가 됐는데 운영 체제의 일부분으로 설치됐고

(당시에는) 꽤 괜찮았기 때문이었다. 인터넷 익스플로러는 애플이 2003년 사파리 브라우저를 내놓기 전까지는 심지어 맥OS에서도 기본 브라우저였다.

넷스케이프와 인터넷 익스플로러 간 긴장은 영문판 위키백과에서 재미있게(하지만 정확하게) 부른 '1차 브라우저 전쟁'의 중심에 있었는데 소송으로 이어진다. 인터넷 익스플로러[1]가 세상을 차지하자 넷스케이프는 종말을 고한다.

이 시기 동안 마이크로소프트는 기본적으로 사람들이 웹에 접근하는 방법을 좌우하는 위치에 있었는데 인터넷 익스플로러가 갈수록 사람들이 웹에 들어가는 문이 되었기 때문이다.

모든 사용자가 새롭게 소개되는 웹 기술을 비롯해 훌륭한 웹 경험을 누릴 수 있도록 보장하기 위해 구글은 웹 브라우저 기술 개발에 투자하기 시작했다. 처음에 구글은 모질라 재단과 협력하면서 파이어폭스 브라우저 개발을 도왔다. 특히 구글은 성능 향상, 인라인 맞춤법 검사, 소프트웨어 업데이트 시스템, 브라우저 확장 기능 같은 브라우저 개선을 돕거나 기능을 구현함으로써 엔지니어링 자원을 기여했다. 구글은 마이크로소프트나 애플처럼 브라우저를 끼워팔 운영 체제가 없었지만 더 나은 브라우저 대안을 제공해 사람들이 그 대안으로 바꾸도록 장려했다.

2006년 구글은 크롬 브라우저 개발을 시작하면서 이 접근 방식을

---

1 1997년 나는 마이크로소프트 기술 '전도사(evangelist)'와 크로스 플랫폼에서 실행되는 웹 애플리케이션 작성에 관심이 있는지 이야기를 나누었던 적이 있다. 당시 개발자들은 인터넷 익스플로러용으로 작성된 웹 앱은 윈도우에서만 실행된다고 우려했는데 인터넷 익스플로러용 기능이 넷스케이프 브라우저용 기능과 달랐기 때문이다. 그의 대답은 어느 정도 농담조였는데(하지만 어느 정도는 농담이 아니기도 했다) 모두가 인터넷 익스플로러와 윈도우를 쓴다면 크로스 플랫폼은 관심사가 아니라는 것이었다.

더 밀어붙이기로 결정했다. 구글은 바닥부터 개발하기 시작해서(오픈 소스 웹킷 코드 사용) 구글이 사용자에게 제공하고 싶은 웹 경험을 가능하게 할 완전히 새로운 브라우저를 만들었다. 구글은 현대적인 웹 기능을 추가하고 브라우징을 빠르게 만드는 데[2] 초점을 두었다. 구글은 또한 크롬에 기본으로 자사 검색 엔진을 탑재해 제공했는데 브라우저 주소 표시 줄에 검색 질의를 입력하면 사용자가 구글 홈페이지에 가서 검색 창에 입력한 것처럼 google.com 검색 결과를 보여 주었다.

크롬은 2008년 9월 출시됐고 결국 상당한 견인력을 얻었다. 사용자는 데스크톱 컴퓨터에 기본 설치된 브라우저를 그냥 사용하는 대신 브라우저 앱을 다운로드하는 세상으로 돌아왔다.

안드로이드에 브라우저가 필요하게 되다

안드로이드가 모바일 브라우저를 필요로 했던 건 구글이 데스크톱 브라우저를 필요로 했던 것과 달랐다.

데스크톱 브라우저 상황과 달리 안드로이드 플랫폼은 바닥부터 만들어졌다. 그들은 더 나은 브라우저가 필요했던 게 아니라 아무 브라우저나 필요했다. 특히 그들은 사용자들이 데스크톱에서처럼 휴대전화에서도 웹 사이트를 볼 수 있는 애플리케이션이 필요했다. 또한 웹 콘텐츠를 다른 애플리케이션으로 직접 통합할 방법도 필요했는데 모바일 애플리케이션과 웹 콘텐츠 사이의 경계가 흐릿해지고 있음을

---

2 크롬 팀이 2010년 유튜브에 공개한 'Google Chrome Speed Tests'라는 영상(*https://youtu.be/nCgQDjiotG0*)은 웹 사이트를 불러오는 속도를 감자 총, 음파, 번개와 비교함으로써 크롬이 빠르다는 주장을 증명한다. 웹 사이트나 브라우저가 그런 물건들과 어떤 관련이 있는지는 분명하지 않지만 제법 재미있고 요점을 잘 말하고 있는 영상이다.

깨달았기 때문이다.

예를 들어 모바일 애플리케이션으로 사용자에게 웹 사이트 콘텐츠를 보여 주고 싶다고 하자. 때로는 사용자를 브라우저 앱으로 보내기보다는 앱에서 콘텐츠를 직접 보여 주는 게 더 낫다. 이러한 기능은 좀 더 매끄러운 경험을 제공할 뿐 아니라 그 덕분에 사용자가 앱을 장시간 떠나지 않을 수 있다. 또한 많은 개발자가 웹의 언어인 HTML과 자바스크립트에 좀 더 익숙해서 개발자에게 모바일 앱에서 웹 콘텐츠를 만들 방법을 제공하면 개발자 지지를 확대할 수 있었고 사람들이 기본적인 안드로이드 애플리케이션을 더 빨리 만들 수 있었다.

안드로이드 팀은 이 필요에 대한 답으로 웹뷰WebView를 만들었다. 웹뷰는 더 큰 안드로이드 애플리케이션에 끼워 넣을 수 있는 웹 페이지 뷰어다. 웹뷰는 안드로이드 브라우저와 함께 개발됐는데 그 브라우저는 기본적으로 웹뷰를 추가 컨트롤과 사용자 인터페이스로 둘러싼 것이었다.

그러나 처음에는 이 중 아무것도 존재하지 않았고 플랫폼은 이 모든 걸 필요로 했다. 그래서 그것들을 통합할 개발자가 필요했다. 다행히 그들은 그 일을 할 엔지니어와 함께 데인저에서 일했다. 바로 황웨이다.

황웨이와 안드로이드 브라우저

황웨이는 웹 브라우저와 여타 소프트웨어를 수년간 개발한 경험이 있었다. 그런데 그 경험이 어린 시절부터 시작된 것은 아니었다.

황웨이는 열두 살 때 프로그래밍 수업을 들었다. 그러나 이진수 계산을 프로그래밍으로 다루는 게 이해되지 않아서 포기했다. 그의 어머니가 컴퓨터가 미래라는 내용의 기사를 그에게 보여 주자 황웨이는 자기 삶을 망쳤다고 확신했다.

몇 년 후 고등학교에서 황웨이는 프로그래밍을 다시 시도했는데 이번에는 좀 더 성공적이었다. 그는 결국 전기 공학 학위를 받았고 대학원에서 컴퓨터 그래픽 프로그래밍과 사랑에 빠졌다.

대학원 졸업 후 황웨이는 마이크로소프트에 입사해 스티브 호로위츠를 비롯해 다른 장래 안드로이드 사람들과 함께 일했다. 황웨이는 웹티비와 IPTV 제품용 웹 브라우저 작업을 하면서 데스크톱 화면이 아닌 곳에서 웹 콘텐츠를 렌더링하는 데 무엇이 필요한지 배웠다. 그러나 결국 그는 다른 걸 하고 싶었다. "사람들이 텔레비전을 좀 더 보게 만드는 건 별로 훌륭한 일 같지 않았어요."

호로위츠는 황웨이에게 데인저의 앤디 루빈을 소개했다. 데인저는 휴대 전화로 아직 전환하지 않은 상황이었고 '너터 버터'라는 데이터 교환 기기를 여전히 작업하고 있었는데 황웨이에게는 흥미롭지 않았다. "그게 팔릴지 잘 모르겠더군요. 사업 모델이 좀 약해 보였어요. 그래서 아방고AvantGo[3]에 가기로 결정했어요. 나는 거기에 좀 더 확실히 성공할 수 있는 일이 있다고 생각했습니다. 그다지 똑똑한 선택은 아니었죠."

아방고는 황웨이가 입사한 후 얼마 되지 않아 2000년 9월 기업 공개를 했는데 닷컴 호황이 무너지기 시작하던 즈음이었다. 아방고는

---

3 (옮긴이) 인터넷에 이따금 접속하는 PDA 등 모바일 기기에 W3C 호환 브라우저 경험을 제공하는 소프트웨어를 개발하기 위해 1997년 설립된 회사로 2009년 사이베이스 자회사인 사이베이스 365에 인수됐다.

다른 많은 스타트업과 마찬가지로 손해를 보았다. "타이밍이 너무 안 좋았던 거죠. 나는 호황의 끝자락을 잡았었고, 그 다음 모든 게 박살 났어요." 또한 일과 문화도 황웨이가 바라던 게 아니어서 그는 다른 회사를 알아봤다. "나는 루빈에게 연락했어요. 벤처 투자를 받은 후 그들은 휴대 전화를 만들기로 결정했죠. 좀 더 흥미진진하게 들리더 군요. 그래서 2001년 1월 데인저에 입사했어요."

데인저에서 황웨이는 다시 웹 브라우저 작업을 했다. 데인저 폰은 기능이나 성능이 매우 제한되어 있어서 브라우저가 데스크톱 컴퓨터 (또는 나중에 안드로이드 폰)에서 실행되는 방식과는 모델이 달랐 다. 데인저는 서버에서 헤드리스headless[4] 브라우저를 실행했다. 사용 자가 데인저 폰에서 브라우저 앱으로 웹 페이지에 접속하면 그 페이 지는 서버에서 렌더링된다. 그런 다음 서버는 페이지의 서식을 재구 성해서 간단한 버전으로 휴대 전화에 보낸다. 이 접근 방식은 휴대 전화에서 완전한 웹 기능을 제공하지 못했다. 웹 페이지의 동적인 기 능이 빠져 있었기 때문이다. 그러나 다른 휴대 전화에서보다 더 풍부 하고 데스크톱 컴퓨터에서 익숙했던 것에 가까운 웹 브라우징 경험 을 할 수 있었다.

황웨이는 데인저에서 4년 동안 일하며 데인저 힙톱 기기 몇 대에 브라우저를 탑재했다. 그는 새로운 일을 할 준비를 했고 그게 또 다 른 스타트업이기를 바랐다. 데인저 시절 친구인 크리스 드살보가 앤 디 루빈에게 연락해 보라고 제안했는데, 루빈은 데인저를 떠나서 안 드로이드라는 비밀스러운 스타트업을 운영하고 있었다. 황웨이는 그

---

4 헤드리스는 기본적으로 디스플레이가 없는 컴퓨터를 의미한다. 이 경우 서버가 다른 곳 에 표시할 콘텐츠를 만들어 낸다.

날 저녁 루빈에게 인스턴트 메시지를 보냈다. 루빈은 황웨이에게 합류하고 싶은지 물었다.

"루빈이 말했어요. '아, 그런데 구글에서 우리 회사 인수를 진행하고 있어요.'

가슴이 철렁하는 느낌이 들었는데 나는 스타트업을 찾고 있었기 때문에요. 구글은 스타트업이 아니었어요. 생각해 봐야 했죠. 나는 당시 구글에 대해 잘 몰랐으니까요. 그냥 검색 회사인 줄 알았어요. 나는 구글이 품은 야심의 전체적인 범위를 제대로 이해하지 못했죠. 그렇지만 루빈이 전해 준 흥미로운 내용 때문에 합류해야겠다는 확신이 들었어요."

황웨이는 2005년 9월부터 구글 안드로이드 팀에서 일하기 시작했다. 그는 인수 후 두 번째 직원이었는데 친구 드살보가 입사하고 난 후에 들어왔다.

황웨이의 첫 프로젝트는 또 다른 브라우저였다. 그러나 브라우저 애플리케이션을 개발하기 전에 할 일이 많았다. 플랫폼으로서 안드로이드가 아직 제대로 존재하지 않았기 때문이다. "코드 기반을 다운로드했는데 조금 놀랐어요. 자바스크립트 코드 더미만 갖고 구글에 어떻게 회사를 판 건가 싶었죠."

첫 작업은 브라우저 작업의 출발점을 고르는 것이었다. 안드로이드가 시작했을 당시에는 여러 가지 오픈 소스 브라우저 엔진이 있었다. 그래서 황웨이는 전체 애플리케이션을 바닥부터 작성할 필요가 없었다. 또 다른 오픈 소스 브라우저 프로젝트인 KHTML에 기반을 둔 웹킷이 있었는데 이는 애플에서 시작했고 애플 사파리 브라우저의 기반이었다. "나는 웹킷 코드 기반을 정말 좋아했어요. 내게는 쉬운 결정이었죠."

황웨이는 웹킷 엔진에 기반을 둔 브라우저를 만들기 시작했다. 그러면서 브라우저 팀이 늘어났고 관리자가 일하기 시작했는데 바로 리치 마이너였다.

리치 마이너가 팀을 만들다

안드로이드 초기 기업 협력 관계를 맺는 걸 도우러 온 리치 마이너는 사업과 기술을 알았다. 그는 초등학교 때 프로그래밍에 입문했는데 수업에서 천공 카드로 포트란을 배웠다. "그때 경험으로 인해 지금도 우리가 앱에서 메모리를 얼마나 소비하는지 알면 놀랍고, 수정된 코드를 제자리에 억지로 밀어 넣기 위해 내가 뭘 했었는지 생각해요."

리치는 대학 1학년 때 사업과 기술을 넘나들었다. 그는 코모도어 64 컴퓨터용 게임을 만들어서 친구 몇 명의 도움을 받아서 팔았다. "룸메이트와 내가 기숙사에 카세트⁵ 복사기를 갖고 있었고 포장도 직접 만들었죠. 나는 돌아다니며 문자 그대로 행상처럼 게임을 지역 코모도어 대리점에 팔았어요. 그리고 한 코모도어 잡지에 광고를 냈고 이메일로 주문을 처리했죠."

---

5 카세트 테이프는 초기 개인용 컴퓨터 기기에 장기 저장 장치로 흔히 사용됐다. 플로피 디스크가 일반화되기 전 그리고 하드 디스크 가격이 적당해져 널리 퍼지기(용량도 커지기) 한참 전 일이다. 사용자는 컴퓨터에 연결된 플레이어에서 카세트를 '재생'해서 프로그램을 불러들였는데 기본적으로는 저장된 비트를 컴퓨터 메모리로 스트리밍하는 것이었다. 코모도어 64용 초기 카세트 기기는 카세트 한 면당 약 100KB를 담았고 카세트에서 불러들이는 데 30분이 걸리는 속도로 데이터를 전송했다. 이 크기를 2008년 첫 G1의 256MB(2500배 더 크다)와 현재 기가비트 인터넷 스트리밍 속도(2500만 배 더 빠르다)와 비교해 보자. 카세트 저장 장치는 크지 않았고 느렸다.

리치는 매사추세츠 로웰 대학에 들어가 물리학을 공부하다 곧 전공을 바꾸었다. "나는 반 한기를 건디다 컴퓨터 과학을 공부해야 한다는 걸 깨달았어요. 내 학점을 보면 알 수 있었죠."

학부 기간 동안 리치는 학교 생산성 강화 센터 리더가 됐고 디지털, IBM, 아폴로 같은 회사에서 보조금 수백만 달러를 유치했다. 그는 대학원에 다니는 동안 연구실에서 계속 일하면서 박사 과정 중에 공동 디렉터가 됐다. 연구실에서 지원한 프로젝트 중 한 가지는 리치가 1990년 12월 와일드파이어 커뮤니케이션이라는 회사를 시작하는 계기가 됐다. 와일드파이어는 전화를 걸고 메시지를 받는 음성 기반 자동화 비서 서비스를 제공했다. 와일드파이어는 거의 10년간 계속되다가 프랑스 통신 회사인 오렌지에 인수됐다. 인수 후 리치는 케임브리지에 위치한 오렌지 랩에서 일하기 시작했는데 그는 연구 및 벤처 투자 디렉터를 맡았다.

오렌지에서 일하는 동안 리치는 오렌지 네트워크에 첫 윈도우 모바일 폰을 출시하는 일을 도왔다. 그런데 마이크로소프트가 최종 기기에 바란 통제 조치 때문에 긍정적인 경험은 아니었다. 리치는 플랫폼 제공자에 의해 제한된 선택을 하고 싶지 않았고 모바일 생태계를 위한 오픈 플랫폼에 대한 바람이 있어서 프로젝트를 떠났다.

리치 마이너는 안드로이드 공동 창업자이자 사업 팀의 한 부분을 맡아 안드로이드가 인수되도록 도왔다. 그러나 구글에 와서는 늘어나는 엔지니어링 팀을 도울 방법을 찾고 있었다. 그는 초기 브라우저 작업을 관리하는 업무를 맡았다.

안드로이드 인수 후 리치는 마운틴 뷰의 나머지 팀과 멀리 떨어진 보스턴에 머물렀다. 구글은 보스턴 중심지에 작은 영업 사무실밖에 없어서 리치는 구글 경영진인 에릭 슈미트(CEO)와 앨런 유스티스(엔지니어링 부사장)에게 엔지니어링 사무실을 열어야 한다고 설득했지만 쉽지 않았다. "슈미트는 동부에서 나쁜 경험을 했어요. 그가 썬에서 일하던 시절 썬이 동부에 엔지니어링 사무실을 시작했죠. 그러나 도시 외곽 변두리에 열었어요. 나는 대학 근처에 있어야 가장 재능 있는 사람들을 끌어들일 수 있다고 그를 설득해야 했습니다. 우리가 훌륭한 사무실을 꾸리려면요."

리치는 경영진을 설득했고 구글은 MIT에서 좀 떨어진 중심지 케임브리지에 사무실을 열었다.[6] 리치는 거기에서 첫 엔지니어 몇 명을 채용했는데 안드로이드에서 일할 사람도 포함되어 있었다.

리치는 오렌지 랩 전 직원들도 채용했다. 앨런 블라운트Alan Blount가 브라우저 팀에 들어왔다. 한편 마운틴 뷰에서는 황웨이가 팀에서 일할 또 다른 엔지니어를 찾았는데 그레이스 클로바였다. 몇 년 전 황웨이가 어도비에서 일하고 있을 때 박사 과정을 그만두고 함께 일하자고 그레이스를 설득한 적이 있었는데 이번에는 어도비를 그만두라고 설득했다.

그레이스 클로바, 웹뷰, 안드로이드 브라우저

그레이스는 어머니한테서 프로그래밍을 처음 배웠는데 그녀의 어머니는 1970년대 후반 중국에서 컴퓨터 교육을 받은 1세대였다. 그녀의 어머니는 3개월간 집중적인 프로그래밍 과정을 이수한 후 금방

---

6 이제 그곳은 여러 건물과 수백 명의 엔지니어가 있고 구글 모바일 작업 이외의 프로젝트가 진행되는 사무실이다.

학생에서 교사가 됐고 대학으로 돌아가 컴퓨터 실습실을 운영하면서 프로그래밍 언어 수업을 가르쳤다. 그 과정에서 그레이스는 베이식과 포트란 프로그래밍을 배웠다.

그레이스는 이미지 처리 연구실에 있는 멋진 설비를 보고 학부 전공을 선택했다. 선택은 훌륭했고 그녀는 컴퓨터 과학과 전기 공학의 기초를 배울 수 있었다. 대학 졸업 후 그녀는 미국 스탠퍼드 대학의 컴퓨터 그래픽 대학원 과정에 들어갔다. 스탠퍼드 친구 중 한 명이 황웨이였는데 10년 전 중국에서 학교를 함께 다녔다.

그레이스는 박사 자격 시험을 통과하고 논문 주제를 찾고 있었는데 황웨이가 연락해서 어도비에서 일할 기회를 알려 주었다. 그레이스는 대학원을 떠나 어도비에 입사해 몇 년간 일했다. 그러고 나서 2006년 황웨이(이제는 구글에 있던)가 다시 연락했고 그레이스는 면접을 보고 구글에서 입사 제의를 받았다.

황웨이는 그레이스가 자신과 함께 브라우저 팀에서 일하기를 바랐지만 호로위츠를 설득해야 했다. 안드로이드는 임베디드 시스템, 모바일 기기, 운영 체제 플랫폼에서 일한 적이 있는 분야 전문가를 채용했는데 그레이스는 그런 경험이 없었다. 그러나 황웨이는 그레이스가 잘할 거라고 호로위츠에게 장담했고 그레이스는 2006년 3월 안드로이드 브라우저 팀에 합류한다.[7]

그레이스가 풀어야 했던 문제 한 가지는 웹 콘텐츠를 당시 휴대 전화의 작은 화면에서 더 쉽게 볼 수 있게 하는 것이었다. 그녀는 텍스

---

7 그레이스는 일하는 데 필요한 것을 브라우저 팀에서 배웠다. 그래서 팀을 이끌 만했고 팀이 더 큰 규모로 늘어나자 몇 년간 계속해서 팀을 이끌었다.

트 콘텐츠 레이아웃 작업 경험이 있었는데[8] 이 경험은 웹 페이지 제작자가 원래 HTML 콘텐츠를 작성할 때 구상한 더 큰 콘텐츠 영역을 사용하지 않고 브라우저가 작은 디스플레이에 텍스트를 합리적인 방법으로 표시할 수 있게 만드는 과정에서 유용했다.

그레이스는 팀에 있는 동안 브라우저와 웹뷰 구성 요소 전체에 걸친 많은 문제를 해결했다. 안드로이드가 등장하고 나서 첫 몇 년 동안 결국 몇 안 되는 사람들이 방대한 기능을 지원한 것이다. 그녀가 구현한 것들에는 멀티스레드 지원, 개선된 네트워크 성능, 탭 같은 공통 브라우저 사용자 인터페이스 요소 등이 있다.

또 2010년 1월 초 넥서스 원 출시를 위해 핀치투줌pinch-to-zoom[9]을 동작하게 만든 막바지 프로젝트도 있었다. 그레이스가 휴가에서 돌아오자 앤디 루빈이 그 기능을 구현하는 데 얼마나 걸릴지 물었다. 루빈은 그달 예정된 출시를 위해 그 기능을 정말 원했다. 3주 후 그레이스가 그 기능을 만들어 냈고 기기는 새로운 기능과 함께 출시됐다.

캐리 클라크와 브라우저 그래픽

안드로이드 팀은 대부분 마운틴 뷰 한곳에 있었다. 그러나 브라우저 팀은 그 규칙의 눈에 띄는 예외였다. 그레이스는 마운틴 뷰에, 황웨이는 시애틀에, 리치와 블라운트는 보스턴에 있었다. 그러다 노스캐

---

8 텍스트 레이아웃은 보기보다 더 어려운 문제인데 글꼴의 복잡성, 문자 크기, 언어 지원 때문이다. 텍스트 기술은 컴퓨터 기술의 깊은 동굴과도 같다. 내가 알고 지내는 엔지니어들은 대부분 텍스트 전문가인데 그들은 경력 전체를 한 분야에 바쳤다. 텍스트 기술이 한없이 복잡하기 때문이다(그리고 모두가 이 일을 기피하는데 이 일이 자신을 영원히 삼켜 버릴 걸 알기 때문이다).

9 핀치투줌은 화면 위에서 손가락을 벌리거나(확대) 오므려서(축소) 콘텐츠를 확대, 축소하는 데 사용하는 제스처의 이름이다.

롤라이나에 있던 스키아 팀이 그래픽 엔진이 동작하게 만드는 걸 마친 후 브라우저 작업에 합류했다.

브라우저는 드로잉 요구 사항이 나머지 안드로이드 팀과 달랐다. 그래픽 렌더링은 스키아 팀이 잘하는 일이어서 그들이 브라우저 콘텐츠 렌더링 작업을 맡았다. 예를 들어 캐리 클라크는 상당한 시간을 들여 데스크톱 컴퓨터용으로 작성된 웹 페이지가 매우 제한된 기기에서 적절하게 보이면서 반응하도록 만들었다.

캐리는 안드로이드 팀에 오기 전에 2D 그래픽과 브라우저 분야에서 일한 긴 이력이 있었다. 그러나 그의 프로그래밍 경력은 훨씬 전으로 거슬러 올라간다. 1968년 열한 살 때 그는 성탄절 선물로 디지컴프 I Digi-Comp I[10]을 받았다. 이 기기는 오늘날 우리가 아는 컴퓨터는 아니었지만 플라스틱과 금속 부품을 사용해 간단한 불 연산과 0부터 7[11]까지 세는 수학 연산을 할 수 있었다. 캐리는 이 기계에 매료되어 망가질 때까지 사용했고 다음 성탄절 때 똑같은 선물을 사 달라고 부모님에게 부탁했다.

캐리는 대학에 다니던 1970년대 후반 중고 애플 II를 사서 기숙사 방에서 스티브 워즈니악의 베이식 구현을 뜯어보면서 프로그래밍을 공부하느라 너무 많은 시간을 쓰다가 성적 불량으로 퇴학당했다. 그는 결국 복학해 학위를 마쳤으나 그 사이 당시 컴퓨터가 취미인 사람들을 대상으로 하는 컴퓨터 매장에서 판매 일을 시작했다. 손님이 애

---

10 (옮긴이) 조립식 형태로 판매된 교육용 기계식 컴퓨터 장난감. 실물 사진은 영문판 위키백과 'Digi-Comp I' 페이지를 보라.

11 7은 수를 세는 시스템이 멈추는 임의의 위치인 것처럼 보인다. 이 장난감의 한계 한 가지는 정보를 3비트로 표현한다는 것이었다. 3비트는 바이너리로 숫자 0(3비트로 모두 0으로 설정)부터 7(3비트를 모두 1로 설정)까지 표현하는 데 쓰였다.

플 컴퓨터에 대해 질문하면 캐리는 답을 얻기 위해 지역 애플 기술 지원 사무실에 전화를 걸었는데 지원 직원이 컴퓨터가 실제로 어떻게 돌아가는지 전혀 모른다는 것을 깨달았다. 그래서 입사 지원을 하고 일자리를 얻었다. 지역 지원 업무의 일환으로 그는 이따금 쿠퍼티노 본사에 전화를 걸었는데 그곳 지원 직원도 아는 게 별로 없다는 사실을 알아챘다. 그는 요란하게 불평을 늘어놓고는 결국 쿠퍼티노로 가서 애플 주 기술 지원 사무실에서 일하기 시작했다.

리사Lisa[12]와 맥이 개발되는 동안 캐리는 관리직으로 옮겼는데 따로 여전히 프로그래밍을 했다. 그러나 그는 결국 소프트웨어 엔지니어링 일을 전업으로 하기로 선택했다. "나는 형편없는 관리자였어요." 그는 1994년까지 애플에서 일하며 맥의 원래 퀵드로 라이브러리보다 더 빠른 새로운 2D 그래픽 라이브러리인 퀵드로 GX[13] 개발을 이끄는 등 다양한 일을 했다. 이 프로젝트의 코드명은 스키아였는데 캐리가 벽에 드리우는 그림자를 일컫는 그리스어 단어에서 고른 것이었다. 퀵드로 GX의 주요 기능은 윤곽을 그리고 그 안을 채우는 것이어서 코드명이 딱 맞았다.

캐리는 결국 애플을 떠나 웹티비 그리고 인수 후 마이크로소프트를 비롯해 다양한 기술 회사에서 일했는데 그곳에서 여러 장래 안드로

---

12 리사는 어떤 의미에서는 매킨토시의 전신인데 맥보다 1년 전인 1983년 1월 출시됐다. 비싼 가격, 느린 성능, 매킨토시와의 경쟁(내부적으로나 외부적으로 둘 다)을 비롯한 다양한 요인 때문에 시장에서 실패했다. 그러나 리사에 사용된 그래픽 사용자 인터페이스는 맥 그리고 윈도우가 등장하리라는 신호였다.

13 나는 1990년대 초 WWDC(애플의 연례 개발자 콘퍼런스)에서 맥 그래픽에 대해 기술 발표를 하던 캐리 클라크를 본 기억이 난다. 나는 나중에 구글에서 일하면서 스키아 팀에서 그와 마주칠 때까지 그 일을 까맣게 잊고 있었다. 기술 세계는 좁디좁은 동네다. 전 세계에 걸쳐 수백만의 주민이 북적대는 세상이지만 그럼에도 작은 동네여서 어디선가 만났던 사람과 계속 마주칠 수 있다.

이드 엔지니어와 함께 일했다. 캐리는 웹티비 브라우저 작업을 하면서 데스크톱 컴퓨터용으로 만들어진 콘텐츠가 입력 메커니즘이 완전히 다른 텔레비전에서 적절한 방식으로 보이고 상호 작용할 수 있게 만들려고 시도했다. 그는 실리콘 밸리를 떠나 노스캐롤라이나 채플힐로 옮겨서 원격으로 마이크로소프트 일을 했다. 거기에서 그는 애플에서 일하던 시절 알고 지내던 마이크 리드와 이야기를 나누었다. 리드는 캐리를 오픈웨이브로 끌어들였고 그곳에서 캐리는 다시 브라우저 기술을 개발했다. 그리고 나서 리드는 오픈웨이브를 떠났고 캐리에게 다시 연락해서 캐리의 퀵드로 GX 코드명을 기념해 스키아라는 이름을 붙인 그의 새로운 그래픽 스타트업에 캐리를 데려왔다.

캐리가 안드로이드 브라우저 작업을 시작했을 때 풀어야 할 문제가 몇 가지 있었다. 예를 들어 입력이 복잡했는데 키보드, D-패드, 트랙볼, 터치 이벤트를 웹 페이지에서 상호 작용하는 데 쓸 수 있도록 만들어야 했다. 리드가 말했다. "터치스크린을 단 첫 기기가 여전히 트랙볼과 화살표 키를 가지고 있었어요. 그래서 우리는 두 세상에서 살아야 했죠. 두 가지를 처리하는 건 브라우저에서 다소 까다로웠는데요. 흥미 있거나 집중하려는 현재 항목을 설정하는 방법이 두 가지가 있었기 때문이에요. 손가락으로 화면을 터치하거나 아니면 화살표 키를 여러 번 누를 수도 있죠. 그래서 좀 복잡했어요."

웹 페이지 링크 내비게이션 방법도 복잡했다. 사용자가 D-패드로 내비게이션을 하려고 한다면 '다음' 링크로 갈 방법이 필요했다. 그래서 D-패드 오른쪽 버튼을 누르면 초점이 오른쪽에 있는 다음 링크로 움직여야 했다. 그러나 웹 페이지에는 링크의 상대적인 위치에 대한 개념이 없어서 사용자의 입력에 따라 어느 링크에 초점을 두어야 할지 분명하지 않았다. 또한 캐리는 사용자가 선택 버튼을 누를 때 어느 링크가 클릭될지 알 수 있도록 특정 링크에 초점이 있는지 시각적으로 나타내는 시스템을 고안해야 했다.

부드러운 스크롤은 또 다른 장애물이었다. 리드가 말했다. "애플이 기대치를 설정해 버리는 바람에 모두가 부드러운 스크롤을 원했죠. 트랙볼과 화살표 버튼이 있던 첫 번째 버전에서는 부드러운 스크롤 기능이 없었어요. 화소 20개를 스크롤한다면 지구상의 모든 데스크톱처럼 그냥 획 움직였어요. 그러다 갑자기 손가락을 튕기든 그렇지 않든 모든 걸 부드럽게 스크롤되도록 만들어야 했고요. 우리가 정말 열심히 노력했던 때였죠. 캐리가 Picture[14] 객체를 발명했는데[15] 그때까지 스키아에 없던 디스플레이 리스트였어요. 브라우저가 느린 자바 단일 스레드의 디스플레이 리스트를 살펴본 후 다른 스레드로 넘깁니다. 그런 다음 그림을 뿌려서 가능한 한 빨리 그리면 브라우저와 통신할 필요가 없게 되죠."

또 다른 작업은 현실 세계 웹 페이지를 메모리가 제한된 작은 기기에서 적당하게 표시하는 것이었다. 캐리는 몇 년 전 웹티비 제품에서 관련된 문제를 다뤄 본 적이 있었는데 데스크톱 컴퓨터용으로 작성

---

14 스키아의 Picture 객체는 기본적으로 시스템이 특정 장면을 그려야 한다는 명령어를 선처리하는 리스트다. 페이지를 스크롤하면서 그리기 위해 웹 콘텐츠를 분석하기보다 스키아는 페이지를 Picture 객체로 변환하는데 그렇게 하면 좀 더 효율적으로 그릴 수 있다.

15 캐리는 그가 스키아용 Picture를 구현했다는 데 동의했지만 그가 개념을 발명하지는 않았다고 말했다. 그는 그 공로를 빌 앳킨슨에게 돌렸다. 빌 앳킨슨은 애플 매킨토시 팀의 최초 엔지니어 중 한 명으로 맥용 퀵드로 2D 그래픽 엔진 개발을 도왔다. "빌 앳킨슨이 그걸 발명했어요. 그도 다른 누군가로부터 훔쳤을지도 모르죠. 나는 그냥 거인의 어깨 위에 서 있는 거예요." 대부분의 소프트웨어는 기존 개념을 재구현하거나 그 위에 구축하거나 그것을 새로운 방식으로 확장하는 것이다.

된 웹 페이지를 텔레비전 화면에서 적절하게 나타내는 작업이었다. 그러나 그가 안드로이드 브라우저에서 마주한 문제는 새로운 것이었다. 웹 페이지에 콘텐츠가 지나치게 많았다. "페이지가 비상식적으로 길었어요. 특히 기기 화면 폭에 맞출 때 그랬죠."

캐리가 당시 가장 자주 들었던 예는 영문판 위키백과 cheese[16] 페이지였는데 몇 가지 이유 때문에 정말 긴 표제어였다. "아주 많은 화소가 있었어요. 우리의 연산 시스템으로는 화소 수를 나타낼 수 없어서 그걸 고칠 방법을 알아내야 했어요."

그 문제가 해결되자 또 다른 문제가 생겼다. 사용자가 매우 긴 페이지의 콘텐츠를 모두 볼 수 있더라도 스크롤하는 데 매우 긴 시간이 걸렸다. 그래서 캐리는 사용자가 반복해 스크롤하는 걸 감지하면 화면에 돋보기 객체를 띄워 전체 페이지의 축소된 뷰를 보여 주어 사용자가 페이지의 특정 위치로 빨리 이동할 수 있는 시스템을 브라우저에 구현했다.

---

16 cheese 페이지(*https://en.wikipedia.org/wiki/Cheese*)는 수천 개의 낱말로 작성됐는데 'Earth' 페이지 길이의 3분의 1이 넘고 'Universe' 페이지 길이의 거의 절반에 이른다. cheese 페이지가 긴 이유는 분명하지 않다. 치즈가 그렇게 복잡하리라고 누가 알았을까?

18

런던에서 온 도움

브라우저 팀의 개발 능력을 끌어올린 또 다른 힘은 바다 건너에서 왔다.

구글 런던 엔지니어링 사무실은 원래 안드로이드가 아니라 모바일 프로젝트를 위해 시작됐다. 런던 엔지니어들은 당시 사용할 수 있었던 어마어마하게 많은 모바일 플랫폼과 기기에서 구글 앱과 서비스가 동작하게 만들었다. 아이폰과 안드로이드 이전에는(그리고 두 제품 출시 후 처음 몇 년간) 전 세계에서 많은 휴대 전화 플랫폼이 쓰이고 있었고 구글은 자사 앱이 그 플랫폼에서 돌아가게 만들고 싶었다.

모바일 작업은 처음에는 마운틴 뷰에서 시작했고 세드릭 부스[1] 같은 엔지니어를 끌어들였는데 그는 지메일이 모바일 기기에서 동작하도록 만드는 팀을 이끌었다. 그러나 결국 구글은 런던에 새 사무실을 열고 당시 가장 널리 퍼진 두 가지 모바일 운영 체제인 심비안과 윈

---

1 나중에 살펴보겠지만 세드릭은 안드로이드에서 지메일을 사용할 수 있게 하려고 안드로이드 팀으로 왔다.

도우 모바일용 소프트웨어 개발을 맡겼다.

초기 팀에서 일한 안드레이 포페스쿠[2]가 이 작업을 위해 런던이 선택된 이유에 대해 이야기했다.

"2007년 핵심 모바일 전문 기술은 미국이 아니라 유럽에 있었어요. 유럽은 미국보다 앞서 3G가 있었죠. 당시 개발된 모바일 운영 체제를 보면 우수한 제품은 유럽에서 나왔습니다. 심비안[3]은 런던에서 개발됐고 시리즈 60Series 60과 UIQ[4]는 노키아와 에릭슨이 심비안 위에서 개발한 것이었어요. 그래서 구글은 런던에 최고의 모바일 센터를 만들기로 의도적인 결정을 내렸습니다.

우리는 채용도 잘했어요. 런던은 채용하기에 훌륭한 곳이죠. 우리는 전 세계에서 인재를 끌어들일 수 있었는데 유럽 전역에 걸쳐 우수한 컴퓨터 과학 학교가 있어서였습니다. 그리고 지리적으로도 설명이 되죠."

런던은 캘리포니아(구글 본사가 위치한)에서 매우 가까운 주요 유럽 도시 중 하나이고 두 도시 간 직항이 있었기 때문이다.

그러나 사무실에는 모바일 작업을 위한 리더가 필요했다. 그래서 2007년 초 구글은 데이브 버크를 채용한다.

데이브 버크와 런던 모바일 팀

데이브 버크는 어렸을 때부터 컴퓨터에 빠져들었다. 그는 조이스틱,

---

2 안드레이는 결국 런던 안드로이드 엔지니어링 디렉터가 됐다.
3 심비안은 노키아에서 대규모로 사용했다. 노키아 엔지니어링 사무실은 유럽 전역에 있었고 본사는 핀란드에 있었다.
4 시리즈 60과 UIQ는 심비안에 기반을 둔 사용자 인터페이스 소프트웨어 플랫폼으로 노키아에서 사용했다.

광전지, 가족 프로젝터에서 뗀 확대경, 그가 작성한 코드를 엮어서 그의 방에 들어오는 사람에게 고무 밴드를 쏘는 장치를 만들었다. "완전히 빠져 있었어요. 여동생이 불쌍했죠."

버크는 학부부터 박사까지 전기 공학을 공부했고 졸업 후 스타트업에서 엔지니어링 팀을 운영했다. 2007년 그는 작은 회사에서 할 수 있는 것보다 더 많은 경험을 하고 싶어서 구글에서 새로운 모바일 팀을 이끄는 일을 맡는다. 그는 당시 실리콘 밸리로 옮기고 싶었지만 기회가 있었던 곳은 런던이었다.[5]

2007년 런던에서는 두 가지 다른 모바일 작업이 이뤄지고 있었는데 바로 모바일 검색과 브라우저 관련 작업이었다. 팀은 이 분야의 구글 소프트웨어를 안드로이드 이외의 다양한 기기에서 동작하게 만들었다. 한편으로 버크는 안드로이드를 만지기 시작하면서 API와 안드로이드 앱 프로그래밍을 배웠다.

버크가 합류하고 나서 9개월 후 안드로이드 SDK가 공개됐다. 런던에서 큰 행사가 열릴 예정이었고 리치 마이너가 버크에게 안드로이드에 대해 발표하면서 청중에게 SDK를 소개해 달라고 부탁했다. 그래서 버크는 참석자 앞에서 라이브 코딩[6]을 했는데 간단한 웹 브라우저 애플리케이션을 8분 만에 만들었다.

---

5 이후 2010년 그는 마운틴 뷰로 옮겨서 안드로이드 그래픽·미디어 팀을 이끌었고 결국 전체 안드로이드 엔지니어링 팀을 맡게 됐다.

6 실황, 실시간으로 코드를 작성하는 것은 전형적인 발표 방식이 아니다. 코드를 작성하며 청중을 지루하게 하거나(작성할 게 많다면) 실패하는(발표자가 간단한 뭔가를 잊어버려 컴파일 오류가 나는 바람에 점점 실망하고 불안해하는 청중 앞에서 지루하게 고쳐야만 하는) 것보다 코드를 발표 자료에 붙여 놓고 설명하는 게 훨씬 쉽다. 그러나 무언가가 얼마나 간단한지 시연하는 데는 훌륭한 방법이 될 수 있는데 그 발표에서 버크의 목적이 그것이었다.

발표는 잘됐고 버크는 그다음 날까지 기분이 꽤 괜찮았다. "앤디 루빈이 보낸 이메일을 받았는데 '도대체 이 인간이 누군데 내 프로젝트에 대해 공개적으로 이야기하는 겁니까?'라는 내용이었어요." 알고 보니 리치가 버크에게 발표를 부탁했다는 걸 루빈에게 알리지 않은 것이었다.

버크가 말했다. "루빈과 내 관계는 좋지 않게 시작했어요. 그래도 더 나아질 거라고 생각했어요."

시간이 지나 런던 팀은 더 많은 안드로이드용 프로젝트를 시작했다. 한편 버크의 팀이 작업한 앱들은 결국 제품 팀이 직접 맡게 됐다 (유튜브 같은). 모바일 팀은 해산됐고 버크의 조직은 안드로이드로 이동했다.

안드레이 포페스쿠와 런던 브라우저 팀

안드레이 포페스쿠의 팀은 런던에서 모바일 브라우저 작업을 담당했다. 안드레이에게 그 프로젝트는 자연스러운 선택이었는데 그가 노키아에서 일했기 때문이다.

루마니아 부카레스트에서 컴퓨터 과학으로 학사 학위를 받은 후 안드레이는 핀란드 헬싱키에서 석사 학위를 받기 위해 고국을 떠났다. 그는 학위를 받고 루마니아로 돌아가리라 생각했다. 그리고 20년이 넘게 지났다. "나는 여전히 여정 중에 있습니다."

2002년 대학원을 마치고 안드레이는 헬싱키에서 노키아에 취직했다. 그는 MMSMultimedia Messaging Service[7] 편집기를 개발했다. "나는 매우 우울했어요. 두 나라에서 그 모든 걸 공부하고 석사 학위까지 받았는

---

7 문자 메시지로 사진을 보낼 때마다 사용하는 프로토콜

데 여기에서 형편없는 사소한 거나 프로그래밍하고 있다니 도움이 되지 않았죠. 운영 체제는 당시 매우 불가사의하고 기괴해 보였고 그 위에서 정말 괴상한 C++ 변형판으로 코드를 작성하고 있었으니까요. 당시에 나는 세상을 바꾸고 있고 또한 다음 수십 년의 내 경력을 이끌 기술(모바일)을 개발하고 있다는 걸 알아차릴 통찰이 없었습니다."

다행히 그는 노키아에서 안티 코이비스토Antti Koivisto를 만났는데 그 는 좀 더 흥미로운 일을 하고 있었다. "그는 비밀리에 웹킷이라는 라 이브러리를 기반으로 노키아 폰, 심비안에 탑재할 완전한 웹 브라우 저를 만들고 있었어요." 그들은 이 브라우저를 개발해서 아주 많은 노키아 사용자에게 완전한 브라우저 애플리케이션을 제공했다.

그 프로젝트 이후 안드레이는 런던에 가고 싶어 했다. 아무 일자리 나 상관없고 그냥 옮기고 싶었다. "구글은 꿈에서나 생각할 수 있는 회 사였어요. 그런데 당시 런던에 가야 할 동기가 생겼습니다. 지원서를 수백 장 보냈고 한 회사로부터 답장을 받았는데요. 바로 구글이었죠."

안드레이는 2007년 1월부터 구글 모바일 팀에서 일하기 시작했다. 처음에는 구글 지도를 노키아 폰에서 동작하게 만드는 프로젝트를 했다. 그러나 곧 리튬이라는 프로젝트를 시작했는데 윈도우 모바일 용으로 완전한 웹 브라우저를 만드는 것이었다.

안드레이 팀에는 벤 머독(당시 인턴[8]), 스티브 블록Steve Block, 니콜 라 로드가 있었다.

런던 모바일 팀의 노력과 성과

프랑스에서 대학을 다니고 스타트업에서 일한 후 니콜라는 웨일스에

---

8 벤은 결국 정규직으로 채용됐고 그 이후 런던 사무실에서 안드로이드 관련 프로젝트를 했다.

서 박사 과정을 시작했다. 그러다 연구 지원금이 바닥났다. "나는 여전히 제 자신을 먹여 살려야 했어요." 그래서 박사 과정을 다니는 중에 니콜라는 구글 런던에 지원해 2007년 4월부터 일하기 시작하는데 안드레이의 리튬 프로젝트 작업을 하게 된다.

리튬은 웹킷 브라우저 엔진 위에 만들어진 애플리케이션이었다. 휴대 전화에서 사용하는 브라우저가 휴대 전화에 기본으로 들어 있지 않아서 이를 별도 애플리케이션으로 다운로드해야 하는 경우를 생각해 보자. 프로토타입은 전망이 좋아 보였지만 거대했다. 리튬은 사용자가 자기 휴대 전화에 매우 큰(특히 당시에는) 바이너리 파일을 받도록 요구했다. 프로젝트는 죽었고 안드레이의 팀은 대신 구글 기어스Google Gears 작업을 하기 시작했다.

구글 기어스는 구글에서 당시 브라우저에 로컬 저장소와 지오로케이션geolocation[9] 같은 더 풍부한 기능을 제공하려는 노력의 일환이었다. 이러한 기능이 HTML5로 브라우저에서 표준이 되자 기어스는 결국 중단됐다. 기어스는 2007년 데스크톱용으로 출시됐고 안드레이 팀이 기어스를 모바일 브라우저에서 작동하게 만들었다.

처음에 팀은 기어스를 윈도우 모바일로 이식했다. 이때 안드로이드 SDK가 출시돼서 안드로이드 플랫폼과 제품이 최소한 어느 정도는 나올 거라는 게 분명해졌다. 그래서 팀은 기어스를 안드로이드 브라우저로 이식하는 작업을 했다. 기어스는 2009년 후반 도넛Donut 릴리스에서 유지 보수가 중단될 때까지 브라우저의 일부분으로 계속

---

9 지오로케이션은 사용자가 허가하면 브라우저가 사용자의 위치를 사용할 수 있게 하는 것이다. 지도 앱에서 길 찾기 같은 걸 할 때 유용하다(어딘가에 가는 방법을 알고 싶다면 어디에서 출발할지 알면 좋다).

출시됐다. 그러한 기능을 브라우저에 직접 통합했다면 좀 더 타당했을 것이다.

안드로이드 초기에 안드로이드 팀에 속하지 않은 구글 엔지니어들은 일상적으로 안드로이드에 코드를 기여하지 않았다. 사실 할 수 없었다. 안드로이드 팀 외부의 누구도 코드를 기여할 권리나 허가를 받지 못했기 때문이다.[10] 그러나 안드레이 팀의 작업은 안드로이드 플랫폼에 중요해서 포함됐다. 루빈은 안드레이 팀이 전체 소스 코드에 접근할 수 있도록 허가했고 당시 안드로이드 외부에서 접근 권한이 있는 유일한 팀이 됐다.

팀이 안드로이드 브라우저 작업을 많이 할수록 그들은 전체 브라우저 팀의 일부분이 되어 갔다. 안드레이 팀은 진보적인 브라우저 기능에 주로 집중했다. 예를 들어 그들은 지오로케이션 웹 표준을 구현하는 작업을 했다. 또한 비디오 엘리먼트[11](또 다른 HTML5 기능)를 브라우저에서 동작하게 만들었다.

2008년 안드로이드 1.0을 준비하면서 모바일 팀 부사장(빅 군도트라)이 데이브 버크의 런던 팀을 비롯한 모바일 팀을 해체했다. 모바일 프로젝트는 대신 개별 제품 팀으로 흡수됐다. 모바일 작업이 처음

---

10 이처럼 벽을 세워 안드로이드 코드를 분리한 것은 나머지 구글 코드와 상황이 뚜렷이 달라서였다는 점을 아는 게 중요하다. 대부분 구글 소프트웨어는 단일 공유 저장소에 보관되어 있어서 엔지니어들이 다른 프로젝트 코드를 쉽게 보고 기여할 수 있었다. 그러나 안드로이드 코드는 다른 곳에 존재했고 팀원이 아니면 볼 수도, 바꿀 수도 없었다.

11 비디오 엘리먼트는 비디오 콘텐츠(유튜브 영상 같은)를 브라우저에서 재생하는 기능이다. 이 기능은 웹 브라우저에 중요한 변화였는데 이 기능 이전에 브라우저에서 비디오를 재생하는 주요한 방법은 어도비 플래시 플러그인을 통하는 것이었기 때문이다. 브라우저에 직접 비디오 기능을 만든다는 것은 사용자가 비디오 콘텐츠를 보기 위해 플러그인을 설치할 필요가 없음을 의미했다. 이는 모바일 기기에서 특히 중요했는데 플래시 같은 브라우저 플러그인이 꼭 동작하는 건 아니었기 때문이다.

시작된 이후로 모바일 컴퓨팅과 기기 지형이 급격하게 바뀌었다. 2007년 중반 이후 아이폰이 나왔고(그리고 유명해졌다) 안드로이드도 곧이어 출시됐다. 스마트폰이 이끄는 새로운 세상에서는 모바일 앱이 회사에 점점 중요해졌고 회사가 모바일 기능을 제품에 직접 통합하게 됐다.

버크의 팀은 성공적이었고 안드로이드에 유용했음이 증명됐다. 히로시 로카이머의 도움으로 그들은 루빈을 설득해 안드로이드로 옮겼다. 그들은 다른 플랫폼을 위해 하던 작업을 다 그만두고 안드로이드 엔지니어링 작업에 온전히 집중했다.

안드로이드와 웹 앱

안드로이드 브라우저와 웹 기술은 계속 개선됐고 팀은 프로젝트에 노력과 사람을 점점 더 투입했다. 2013년 회사는 비슷한 기술 목표에 집중하는 여러 팀과 프로젝트가 있는 게 타당하지 않다고 결정하고 안드로이드 브라우저(와 웹뷰)를 크롬으로 대체했다. 웹뷰와 브라우저는 모바일 기술 스택에서 여전히 중요한 부분으로 이를 통해 사용자는 풍부한 웹 사이트를 브라우징할 수 있고 개발자는 웹 기술을 사용하는 애플리케이션을 작성할 수 있다.

19

앱이 없으면 무슨 소용?

모바일 애플리케이션 생태계

안드로이드 사용자가 사용할 수 있는 수많은 애플리케이션은 플랫폼의 실용성을 유지하는 데 매우 중요했다. 사용자가 스마트폰에서 가장 많은 시간을 쓰는 건 결국 앱을 사용할 때다.

함께 운영되는 애플리케이션 스토어 없이(빽빽하게 채워진 앱 스토어가 아니더라도) 새 기기나 플랫폼을 내놓는다면 절대 잘되지 않을 것이다. RIM은 자사의 마지막 스마트폰용 운영 체제인 블랙베리 10[1]을 선보이면서 사용자가 안드로이드 애플리케이션을 설치하고 실행할 수 있는 호환 모드를 추가했다. 그들은 블랙베리 애플리케이션 생태계(수년간 회사와 기기의 터전이었던)가 안드로이드와 iOS 앱 스토어에서 얻을 수 있는 애플리케이션의 폭과 다양함을 제공하지 못한다는 사실을 깨닫고 이 기능을 추가한 것이다.

그러나 앱 시장이 거대해도 플랫폼에 딸려 오는 핵심 앱이 여전히 있어야 하는데, 특히 구글과 애플 같은 회사는 그러한 앱을 통해 사용자가 그 회사들에 기대하는 서비스와 기능에 접근할 수 있도록 한다.

---

1 RIM은 더는 블랙베리 10 운영 체제를 개발하거나 그 운영 체제가 탑재된 기기를 출시하지 않는다. 이제 그들은 안드로이드를 실행하는 스마트폰을 만든다.

안드로이드가 갓 나왔을 때는 다른 앱 생태계가 없었다. 그래서 안드로이드 팀은 핵심 앱을 만들어 기기와 함께 출시해 사용자에게 강력한 기능을 제공했다.

오늘날 이 구글 앱(지메일, 지도, 검색, 유튜브 등)은 그 제품을 담당하는 팀에서 개발한다. 그래서 안드로이드 팀이 유튜브 앱을 작성하는 게 아니라 유튜브 사업부에서 핵심 유튜브 서비스와 인프라스트럭처, 웹 앱, 안드로이드 앱, 기타 클라이언트 애플리케이션을 만들어서 더 큰 제품으로 묶는다.

그러나 초기에는 다른 어느 제품 팀에서도 이 일을 할 수 없었다. 다른 부서는 모두 저마다 할 일이 많아서 새롭고 증명되지 않은 플랫폼을 위해 애플리케이션을 개발할 시간이 없었다. 또한 안드로이드 플랫폼과 API는 1.0 출시 때까지 지속적으로 바뀌었다. API가 내부적으로 바뀔 때마다 코드를 다시 짜야 하는데 안정된 제품 부서에서 뭐하러 골치 아프게 앱을 작성하는[2] 일을 떠맡으려고 할까?

그래서 안드로이드 팀 엔지니어들은 핵심 애플리케이션 초기 버전을 작성하는 업무를 맡았다. 그런데 팀이 아니라 개인 단위로 개발했고 초기 애플리케이션을 개발하는 데 한두 명 이상이 작업하는 건 드문 경우였다(같은 애플리케이션을 이제는 훨씬 더 큰 팀에서 개발하고 유지 보수한다). 예를 들어 안드로이드용 첫 지메일 클라이언트는 세드릭 부스가 주로 작성했고 마이크 클러론이 성능 개선을 지원했다.

---

2 패튼이 말했다. "그들은 또한 안드로이드 앱(캘린더 같은)에만 영향을 미치는 서비스 버그를 고치는 데도 관심이 없었어요. 조사해 보지도 않았죠. 분노를 다시 참아야 할 것 같네요."

세드릭 부스와 지메일

"나는 우리가 뭔가를 처음으로 이뤄 낼 가능성이 있다는 걸 알았어요. 그래서 푸시 알림을 만들 수 있었죠."

– 세드릭 부스

안드로이드용 지메일은 다른 플랫폼용 버전에 뿌리를 두고 있었는데 주 개발자가 세드릭 부스였다.

2004년 세드릭은 구글에 입사해 광고 사업부에서 일하게 됐다(서버 사이드 경험이 있는 많은 신입 엔지니어들처럼). 1년 후 그는 새로운 일을 찾다가 모바일 기술 작업을 하는 작은 팀을 알게 됐다. 그 부서는 당시 다양한 모바일 기기에서 동작하는 구글 앱과 서비스를 만드는 일을 하고 있었다. 세드릭은 그 팀에 합류해 지메일 작업을 시작했다. 그는 결국 J2ME 지메일 애플리케이션을 개발한 20여 명의 인원으로 이뤄진 팀을 이끌게 됐다.

당시에는 오늘날 존재하는 두 운영 체제(iOS와 안드로이드)처럼 널리 보급된 모바일 '플랫폼'이 없었다. 대신 마이크로소프트 윈도우 CE와 RIM 블랙베리 운영 체제처럼 시장의 특정 부분을 차지하는 제조사 고유 플랫폼이 많이 있었다. J2ME도 있었는데 똑같은 언어(자바)와 J2ME 라이브러리의 몇 가지 변형판을 사용해 광범위한 기기에서 실행될 수 있다고 주장한 기술이었다. 그래서 생태계 전반에 걸쳐 광범위한 기기를 대상으로 제품을 개발하려고 했던 회사는 J2ME의 개념이 흥미롭다고 여겼다. 그러나 J2ME를 실제로 사용해 보면 쉽지 않았다.

세드릭이 말했다. "우리는 J2ME로 지메일을 만들 방법을 찾기 시작했습니다. 그런데 그건 끔찍한 아이디어였다는 사실이 금방 명백해졌어요. J2ME는 어디에나 쓰였지만 한 제조사에서 그리고 심지어 같은 모델에서도 서로 다른 버전을 사용하더군요. 똑같은 프로파일을 모두 구현하지도 않았어요. 어떤 건 블루투스가 있는데 다른 건 없었죠. 제한이나 명세 준수 같은 것도 없었어요. 아무 휴대 전화나 J2ME 호환이라고 주장할 수 있었고 우리에게 필요한 건 절반이나 지원하지 않았죠. 그래서 어마어마한 괴로움을 겪었습니다."

그렇지만 세드릭의 팀은 더 작고 제한된 기기에서 실행되지만 웹 버전 지메일의 핵심 경험에 충실한 지메일 버전을 결국 출시했다. "우리는 꽤 괜찮은 사용자 인터페이스를 갖춘 J2ME 지메일을 약 300 가지 기기용으로 출시했어요. 몇몇 기기는 다른 기기들보다 더 많은 문제를 일으켰지만 우리는 해냈습니다."[3]

안드로이드가 구글에 인수되고 나서 얼마 후 앤디 루빈이 세드릭에게 연락을 했다. 모바일 지메일 팀 리더로서 세드릭은 초기 안드로이드 플랫폼용 지메일 개발을 도울 수 있을 것 같은 사람이었다. 세드릭은 이미 관심이 있었고, 루빈이 프로젝트가 기술적으로 어떻게 운영되는지 설명하자 설득됐다. 루빈의 팀은 저수준 커널 전문가 집단이어서 제약이 많은 모바일 기기를 출시한 경험을 지닌 사람이 많았다.[4] 그들은 자바 프로그래밍 언어(세드릭은 자바 팬이자 전문가였다)에 기반을 둔 플랫폼을 만들고 있었고 애플리케이션을 작성할

---

3 2006년 11월 2일 세드릭은 J2ME 지메일을 발표하는 글을 블로그에 올렸다(*https:// googleblog.blogspot.com/2006/11/gmail-mobile-client-is-live.html*). 그가 안드로이드 팀에 온 지 두 달이 됐을 때였다.

4 특히 데인저에서 일했던 사람들

전문가가 필요했다. "이 사람들이 편협하지 않고 자바로 애플리케이션을 만들어야 한다는 이야기를 듣자 더 관심이 생겼고 매력적으로 느껴졌어요."

많은 초기 안드로이드 엔지니어처럼 세드릭은 관련된 경험과 의견이 있었고 안드로이드에서 앱을 제대로 만들어 보고자 하는 강한 바람이 있었다. "나는 그 괴로움을 알았고 같은 일이 다시 벌어지기를 바라지 않았어요. J2ME 디버깅은 디버거에 연결할 수 없다는 걸 의미했어요. 지금 코드 어느 부분이 실행되고 있는지 알아내기 위해 상태 바에서 println()[5]을 사용해야 했는데요. 완전 악몽이었어요. 그래서 나는 그걸 고치고 싶었죠."

세드릭이 일을 시작했을 때 두 가지 앱이 안드로이드용으로 개발되고 있었는데 바로 지메일과 캘린더였다.

지금이야 앱이 제품 부서에서 개발되는 게 당연하다. 그러나 당시에는 앱과 안드로이드 플랫폼 자체를 안드로이드 팀 엔지니어들이 개발하는 게 유용했다. 우선 플랫폼과 모든 API가 끊임없이 바뀌어서 애플리케이션은 그 변경에 대응해야 했다. 또한 많은 경우 애플리케이션 개발자들이 요구 사항 지원을 위해 플랫폼 변경을 요청했다. 세드릭 같은 앱 개발자들은 애플리케이션을 주로 담당했지만 필요할 경우 핵심 플랫폼과 안드로이드 API 개발을 도왔는데 특히 앱이 주도하는 플랫폼 변경에 참여했다.

"나는 마이크 클러론과 레이아웃 시스템, 뷰 시스템, 레이아웃과

---

5 println()은 콘솔 창에 텍스트를 출력하는 자바 메커니즘이다. J2ME 디버깅은 기본적으로 화면에 텍스트를 직접 출력하는 것을 의미했다. 디버깅 도구는 소프트웨어 초창기 이래로 크게 발전해 왔지만 println() 방식은 그 모든 발전을 무시했고 고통스러운 출발점으로 되돌려 놓았다.

2패스 알고리즘을 위한 첫 API 작업을 했습니다. 다이앤 핵본 그리고 다른 사람들과는 인텐트[6]를 개발했고요. 지금은 인텐트라고 부르는 것을 당시에 뭐라고 이름을 붙일까 몇 시간 동안 사무실에서 고민했던 기억이 납니다. 가장 좋은 낱말이 무엇인지 생각해 내느라 자전거 보관소 토론bike shedding[7]을 했는데요. 결국 '인텐트'를 제안했죠.[8]

우리는 인텐트의 범용적인 아이디어에 신이 났어요. 어떻게 해야 다른 앱이 설치됐는지 설치되지 않았는지 모르는 상태에서도 어떤 앱이 다른 앱을 호출할 수 있을까요? 우리는 '누가 이걸 처리할 수 있을까요?'라고 물었어요. 그들이 할 수 있다고 했고 우리는 흥분했죠."

플랫폼이 발전하고 팀이 성장하면서 이 모든 일이 이뤄졌다. "나는 인원을 늘리는 일에도 참여했어요. 우리는 자바 개발자가 필요했는데요. 아주 많은 자바 개발자가 당장 필요했죠. 그래서 당시에는 미친 듯이 인원을 늘리고 채용하고 면접을 보고 또 많은 코드를 작성했어요. 그리고 많은 코드를 버렸는데 내가 작성한 많은 코드에서 호출

---

6 인텐트는 애플리케이션에서 요청하는 동작에 기반을 두고 다른 애플리케이션을 실행하는 안드로이드 시스템이다. 이를테면 '사진 찍기'는 카메라 앱을 실행하고, '메시지 보내기'는 메시지 앱을 실행한다.

7 그다지 중요하지 않은 뭔가를 작업하느라 너무 많은 시간을 쓰는 과정을 표현하기 위해 소프트웨어 엔지니어링에서 흔히 사용되는 문구다. 영문판 위키백과에서는 이를 사소함의 법칙(Parkinson's Law of Triviality)과 동일한 것으로 보는데 원자력 발전소 계획을 토론하기 위해 구성된 위원회가 직원들의 자전거 보관소를 어떤 색으로 칠할지 토론하는 데 대부분의 시간을 쓰는 것을 예로 들고 있다. 이 경우는 정말 자전거 보관소 토론이었는데 토론에 많은 시간을 써 놓고는 결국 오래 전 팜소스 시절 아이디어를 구체화한 첫 제안(인텐트)을 사용하기로 결정했기 때문이었다.

8 API 이름에 관해 쓴 시간과 노력은 외부에서 보면 터무니없어 보이지만 API 개발자에게는 타당한 일이다. 좋은 이름은 서술적이면서 간결해야 한다. 그리고 플랫폼과 애플리케이션 개발자 사이의 공적인 약속의 일부분이 될 그 이름은 플랫폼이 살아 있는 한 모두가 받아들이는 것임을 절대 잊어서는 안 된다. 그래서 시간을 들여 좋은 이름을 지으려고 노력해야 한다.

한 API가 일주일 후면 바뀌거나 삭제되거나 수정됐기 때문이죠."

동시에 개발되는 플랫폼 위에서 코드를 작성할 때 애플리케이션 개발자는 곡예를 부려야 했다. 플랫폼의 많은 기능과 API가 쏟아져 들어오고는 있었지만 애플리케이션에 필요한 단순한 기능은 아직 부족했다.[9] 그래서 애플리케이션이 해야 하는 일을 할 수 있도록 이 기능을 누군가가 구현해야 했다. 안드로이드에서는 그런 일이 애플리케이션과 플랫폼의 다양한 부분에서 많은 일을 하는 작은 팀에 의해 이뤄졌다. 호만 기가 말했다. "팀은 작았는데 변경 사항들은 꽤 빨리 만들어져서 우리 모두 전체 소스 트리에 접근해야 했어요. 1.0을 준비하면서 뷰 시스템을 크게 바꾸고 API를 정리했던 게 기억납니다. 파일 800개를 건드리는 변경 목록을 만들고 모든 앱을 건드리고 그때마다 수정했죠. 이런 작업을 꼭 앱에서만 해야 하는 건 아니었어요. 앱에서도 하긴 했지만요. 모두가 협력했어요."

지메일 앱이 처리해야 했던 까다로운 제약 한 가지는 성능이었다. 원래 지메일 앱은 모든 메시지를 각각의 웹뷰[10]로 보여 주도록 작성됐다. 기본적으로 각 메시지는 별도의 웹 페이지여서 사용자가 화면에서 보는 텍스트로는 알 수 없는 오버헤드가 많았다. 호만이 말했다. "그런데 그 기기에서는 너무 어려운 방식이었어요. 그래서 클러론이 전부 재작성했죠."

---

9 다이앤이 이 역동에 대해 이야기했다. "플랫폼을 개발하다 보면 수월한 내리막에 들어섰음을 알 수 있는 전환점이 있어요. 플랫폼 위에서 앱과 여러 가지를 개발하려고 하는데, 필요한 기능을 동작하게 만들기 위해 하던 일을 잠시 멈추고 플랫폼에 뭔가를 구현해야 할 필요가 더 이상 없다는 걸 알게 될 때가 그때죠." 플랫폼은 지메일이 개발되고 있을 때 내리막에 들어서기에는 아직 거리가 멀었다.

10 웹뷰는 웹 콘텐츠를 표시할 수 있는 사용자 인터페이스 요소다. 웹뷰에 관한 더 자세한 내용은 '17장 데스크톱 웹을 스마트폰으로 가져오다'를 보라.

당시 안드로이드 엔지니어링 팀 디렉터였던 스티브 호로위츠는 지메일 성능 문제에 대해 다음과 같이 이야기했다.

"세드릭이 아키텍처에 접근한 방식은 특정 지점까지는 괜찮았어요. 솔직히 말하자면 부분적으로는 당시 뷰 시스템의 성능 때문이었는지도 모르겠네요. 이메일을 대화 형식으로 만들기 위해 뷰를 얼마나 쌓을 수 있었을까요?

그래서 클러론이 많은 문제를 해결했는데 전체 대화가 독립적인 뷰들이 아니라 하나의 뷰로 렌더링되도록 재개발했어요. 그렇게 하기 위해 지메일 아키텍처를 근본적으로 바꿨죠."

한편 웹뷰를 사용해야 한다는 요구 사항 때문에 팀에 추가적인 요청이 들어왔다. 웹뷰를 사용하는 것은 타당했다. 이메일 메시지에 웹 기능이 필요했기 때문이다. 많은 이메일 메시지가 일반 텍스트를 표시하지만, 텍스트에 무엇을 담을 수 있고 어떻게 서식화할 수 있는지에 대해서는 다양한 변형이 존재해서 메시지의 HTML(웹) 버전을 표시하는 능력이 필요했다.

그래서 팀은 브라우저 팀에서 개발한 웹뷰 구성 요소에 의존했다. 그러나 지메일 메시지에 삽입된 HTML은 일반 HTML이 아니었다. 콘텐츠 타입과 익스펙트 헤더expect header의 부분 집합이었는데 콘텐츠 표시 방식을 설명하는 것이었다. 안드로이드에서 지메일을 동작하게 만들려면 지메일이 백엔드에서 뭘 하는지 이해하고 브라우저(와 웹뷰) 팀이 이 이상한 HTML 변형판을 표시할 수 있어야 했다.

지메일 앱 개발의 좋은 점은 더 있었다. 당시 안드로이드 애플리케이션을 개발하는 데 동기가 됐던 한 가지는 플랫폼이 어디에도 존재하지 않는 기능을 가지고 있었다는 것이었다. 엔지니어들은 기존보다 훨씬 강력한 애플리케이션 경험을 만들어 낼 수 있었다.

"나는 우리가 뭔가를 처음으로 이뤄 낼 가능성이 있다는 걸 알았어요. 그래서 푸시 알림을 만들 수 있었죠. 우리가 할 수 있을지 확실하지는 않았어요. 연결을 연 채로 서버가 우리에게 '새로운 메일이 도착했습니다'라고 알려 주게 해야 했거든요. J2ME에서는 그걸 할 수 없었습니다. 계속 새로 고침을 해야 했어요. 그러나 어느 시점에 이메일을 보낼 수 있었고 내 휴대 전화가 반응하는 걸 봤어요. 나는 가장 먼저 스티브 호로위츠의 사무실로 달려가 그에게 보여 주었죠. 그의 입이 떡 벌어졌어요. 그는 우리가 그걸 만들고 있다는 건 알았지만 우리가 해내리라고 생각하지는 않았거든요."

호만 기가 말했다. "첫 안드로이드 폰과 안드로이드 1.0에서 좋아했던 것은 이메일과 채팅용 푸시 알림이었는데 당시에는 엄청난 것이었어요. 아이폰에는 그런 기능이 없었거든요. 내 휴대 전화가 데스크톱보다 빨리 이메일을 받았던 게 기억이 납니다. 내 휴대 전화가 울리고 나서 몇 초인가 몇 분 후에 데스크톱에 새 메일이 보이더군요."

세드릭이 지메일의 안드로이드 쪽을 책임졌지만 전반적인 애플리케이션의 실질적인 부분은 지메일 백엔드와 통신하는 메커니즘에 의존했다. 그 작업은 안드로이드 서비스 팀에서 이뤄졌다.

20

위스키, 불 붙은 서버, 벽돌

"마우스 클릭 한 번으로 모바일 산업에서 전례가 없는[1] 재해로부터 벗어나자."

– 안드로이드 서비스 팀 구호

대부분의 경우 안드로이드 팀은 구글의 나머지 부서와 분리되어 운영됐다. 구글은 프로젝트에 자금을 댔고 팀 리더들과 연락했지만 그 외에는 내버려 두었다. 안드로이드 팀은 숨어서 구글의 더 큰 엔지니어링 조직과 교류 없이 운영 체제, 도구, 앱 그리고 필요한 모든 걸 개발했다.

예외는 서비스 팀이었다.

로컬 기기와 저장소만 처리하면 되는 1인용 게임을 만든다면 백엔드 인프라스트럭처나 메커니즘과 독립적으로 개발할 수 있다. 그러나 애플리케이션 외부의 정보를 처리해야 하는 대부분의 애플리케이션이나 기기 밖에 저장해야 하는 데이터의 경우 백엔드 시스템과 상

---

1 댄 에그노어가 데인저에서 서버 정전으로 막대한 사용자 데이터를 잃어버린(데인저가 마이크로소프트에 인수된 후 2009년 10월에 일어난 사고다) 후 '전례가 없지는 않게' 됐다고 지적했다. 아이고.

호 작용이 필요하다. 기기에서 로컬로 실행되는 애플리케이션은 실은 단지 창일 뿐이고 그 창을 통해 외부 서버에서 관리되는 데이터와 서비스에 접근할 수 있다. 지도, 검색, 지메일, 캘린더, 주소록, 구글 토크, 유튜브 이 모든 애플리케이션은 구글 서버에 저장된 데이터와 기능에 의존한다.

구글은 자사의 애플리케이션과 서비스를 안드로이드 운영 체제를 통해 모바일 사용자에게 제공하기를 원했다. 그래서 안드로이드 기기를 백엔드에서 실행되는 구글 서비스에 연결하는 방법을 생각해 내는 게 다른 무엇보다 중요했다.

이 일을 확실히 이뤄 내기 위해 안드로이드는 서비스 팀을 만들었는데 처음에는 프레드 퀸타나Fred Quintana, 맬컴 핸들리Malcolm Handley, 데바짓 고시 세 사람이었다.

데바짓 고시와 캘린더

데바짓은 대학에 들어가서 과학을 공부하고 프로그래밍은 그의 주된 학문적 관심사에 도움이 되는 보조 수단일 거라고 언제나 생각했다. 그러나 고등학교 때 프로그래밍이 자신의 주요 관심사라는 걸 깨달았다. 그래서 방향을 바꿔 대학에 가서 컴퓨터 과학을 전공하고 1998년 석사 학위를 받았다.

데바짓은 몇 년간 음성 인식 작업을 했는데 사용자가 즉석에서 정보를 얻을 수 있는 능력에 대해 연구하면서 모바일에 대한 관심도 늘어났다. 2005년 한 동료가 구글에 들어가 음성 인식 부서를 만들었다. 그 동료는 데바짓에게 연락해서 구글에 와서 모바일 기술 작업을 하는 데 관심이 있는지 물어봤다.

처음에 데바짓은 관심이 없었고 '구글? 나는 구글에서 일하고 싶지 않아. 너무 큰 회사잖아'라고 생각했다. 그러나 모바일의 가능성에 대해 생각해 보다가 마음이 흔들렸고 생각이 달라졌다. '구글이라는 회사에 대해서는 확신이 없지만 모바일에 대해 배운다면 정말 흥미로울 거야.'

데바짓은 2005년 초 구글의 작은 모바일 팀(안드로이드 팀은 아니었다)에서 일을 시작했다. 모바일 팀은 회사의 서비스를 기존 모바일 기기에서 돌아가도록 만들기 위해 꾸려졌고, 데바짓을 데려와서 서버 사이드 팀을 이끌게 했다. "내가 한 첫 프로젝트는 전통적인 웹 페이지를 당시 휴대 전화에 들어 있던 정말 저급한 브라우저에서 볼 수 있도록 트랜스코딩하는 것이었어요." 휴대 전화의 브라우저 애플리케이션이 웹 사이트를 보여 달라고 요청하면 사이트 콘텐츠가 구글 서버에 전달되어 기능이 매우 제한된 휴대 전화가 처리할 수 있는 콘텐츠로 변환돼서 더 단순한 버전이 휴대 전화로 전송되는 방식이었다. 이는 데인저에서 몇 년 전 힙톱 폰 브라우저에 사용했고 그 전에 웹티비에서 텔레비전 브라우저에 사용한 방식과 비슷했는데, 서버가 원래 웹 페이지를 모바일 기기에 표시할 수 있는 웹 페이지로 변환하는 것이었다.

2005년 봄 데바짓은 휴가에서 돌아와 이력서 더미가 책상에 쌓여 있는 걸 발견했다. 그리고 구글이 인수에 관심을 보이고 있는 '안드로이드'라는 스타트업 사람들 면접을 봐 달라는 요청도 함께 받았다. "휴가 후 흐리멍덩한 상태여서 무슨 일인지 파악하려고 했어요. '안드로이드? 안드로이드라는 게 뭐지?"

데바짓은 안드로이드 팀 엔지니어들의 면접을 봤는데 그중에는 브라이언 스웨트랜드와 피커스 커크패트릭이 포함되어 있었다. "피커스가 오랫동안 스웨트랜드에 대해 이야기하더군요. 그래서 몇몇 사람의 성격을 일찍부터 알게 됐어요."

데바짓은 모바일 팀에서 계속 일하면서 앤디 루빈이나 그의 팀과 이따금 연락했다. 그 후 2006년 후반 그는 모바일 팀 전 동료인 세드릭 부스에게 연락했다. 그는 또 안드로이드 엔지니어링 디렉터인 스티브 호로위츠와도 이야기를 나누면서 그들이 무엇을 필요로 하는지 알게 됐다. 그 팀은 구글 서비스에 대해 고민하기 시작하고 있었다. 예를 들어 안드로이드는 캘린더 앱을 구상해야 했고 구글 캘린더 서비스 동기화 방법을 생각해 내야 했다.

한편 데바짓은 부프로젝트로 일정 정보를 J2ME 기기에 동기화하는 작업을 하고 있었다. 그는 사람들에게 즉석에서 정보를 전달하는 데 여전히 관심이 있었고 일정 데이터는 그 문제의 중요한 일부분이었다. 안드로이드 팀과 이야기를 나누다 그는 그 팀에 합류해서 그의 부프로젝트를 전업으로 할 수 있다는 걸 깨달았다. 그래서 그는 안드로이드로 옮겨서 구글 서비스 작업을 하는 세 사람으로 이뤄진 팀에 합류했다.

팀의 각 엔지니어는 특정 애플리케이션용 서비스 작업을 했다. 프레드 퀸타나는 안드로이드용 주소록 앱을 작성하고 있던 제프 해밀턴과 함께 일했다. 맬컴 핸들리는 세드릭과 함께 지메일 작업을 했다. 그리고 데바짓은 잭 빈스트라Jack Veenstra와 함께 캘린더[2] 작업을 했다. 이 모든 애플리케이션은 구글 서버와 데이터를 주고받아야 한다는 요구 사항이 같아서 팀은 중앙 집중식 동기화 메커니즘을 공동 개발했다.

초기 서비스 엔지니어링 팀이 돌아가기 시작하고 나자 곧이어 앤디 루빈은 데인저 시절 알던 사람을 데려와서 프로젝트를 이끌도록 맡겼다. 바로 마이클 모리시였다.

마이클 모리시와 서비스 팀

마이클 모리시는 대학과 대학원에서 수학을 전공했지만 프로그래밍을 하는 편이 더 낫겠다는 걸 깨달았다.[3] 그는 비박스를 가지고 놀다가 결국 비에서 일자리를 얻게 됐다.

마이클이 가장 흥미롭다고 생각한 것 한 가지는 프린팅이었다. 그는 운영 체제 상호 작용, 드라이버, 그래픽 코드를 접하며 즐거운 시간을 보냈다. 이건 잘된 일이었는데 당시 BeOS의 프린팅 상태가 끔찍했기 때문이다. 마이클은 당시를 기억했다. "비의 창업자이자 CEO인 장 루이 가세Jean-Louis Gassée가 하루는 정말 화가 났었는데 프린트를 할 수 없다는 거예요. 뭔가를 프린트하려면 늘 맥으로 바꿔야 한다면서요. 그는 정말 미친 듯이 화를 냈어요."

마이클은 외부 개발자에게 비에서 사용할 프린터 드라이버를 작성해 보라고 권했다. 그렇게 하다 마티아스 아고피안(나중에 안드로이

---

2 캘린더 앱은 전에 조 오노라토가 일부 작업을 시작했다.

3 스키아 팀의 마이크 리드도 배경이 비슷한데 학교에서 수학을 전공하고 경력을 프로그래밍으로 전환한 경우다. 나도 똑같다. 아마도 모든 수학 전공자가 자신이 프로그래머임을 아직 깨닫지 못한 것인지도 모른다.

드 그래픽 팀에서 일한다)을 처음 만난 것이다. "그가 엡손 드라이버를 멋지게 작성했어요. 그는 프린팅 색상에 정말 관심이 많았죠. 계속 드라이버를 보내 왔고요." 마티아스는 이 일을 취미로 하다가 결국 비에 입사했다.

마이클은 시원찮았던 기업 공개와 그 결과 때문에 회사가 희망 없는 인터넷 어플라이언스 기기로 전환하는 모습을 본 후 비를 떠났다. 히로시 로카이머의 제안으로 그는 2000년 3월 데인저에서 일하게 된다. 처음에 회사는 기기에 저장된 연락처와 이메일을 다른 기기와 연결해 동기화하는 소형 기기를 개발했다. 그러나 마이클이 입사한 지 얼마 안 돼서 닷컴 거품이 터지는 바람에 다른 제품으로 방향을 전환해야 했고 결국 데인저의 힙톱 폰이 나왔다.

데인저에서 일하는 동안 마이클은 백엔드 서비스를 개발했는데 휴대 전화의 애플리케이션을 데인저 서버의 데이터 그리고 인터넷과 연결하는 일이었다. "나는 서버 사이드 일을 좋아했어요. 그래서 백엔드를 구축하고 기기와 서버 간 프로토콜을 만들었죠." 예를 들어 데인저 폰 사용자는 여러 종류의 이메일 서비스에 접속해야 했는데, 이 모든 서비스를 기기에서 로컬로 처리하기보다 데인저 서버에서 다양한 이메일 서비스에 접속해 결과를 데인저 기기가 이해할 수 있는 단일 프로토콜로 변환하는 것이었다. 마찬가지로 브라우저도 서버에서 완전한 웹 페이지를 단순한 표현으로 바꿔서 휴대 전화로 보내는 방식으로 동작했다.

데인저의 혁신 한 가지는 기기와 서버 간의 지속적인 연결이었다. 이 연결을 통해 기기는 새 이메일이나 메시지를 즉시 받을 수 있었다. 이는 2002년에는 엄청난 것이었다. 당시 이메일 기능이 있는 휴대 전화를 가지고 있었더라도 그러한 기기들은 대개 컴퓨터와 수동으로 동기화해야 했다. 그래서 참석해야 할 회의에 대한 메시지를 회의가 끝나고 나서 한 시간 뒤에 받기도 했다. 그러나 데인저 폰에서는 회의를 깜박했다는 걸 회의가 열릴 때 알 수 있었다.

2005년 마이클은 데인저에서 마이크로소프트로 옮겼는데 마이크로소프트 폰을 만드는 초기 프로젝트에 끌려서였다. 당시 마이크로소프트는 자사의 운영 체제 라이선스를 HTC 같은 제조사에 판매했다. 그러나 마이크로소프트에서 누군가가 마이크로소프트 고유의 휴대 전화도 만드는 미래를 구상했다. 이는 기본적으로 애플이 추구한 모델이다. 그러나 마이크로소프트는 운영 체제 라이선스 판매도 덧붙였다(안드로이드와 비슷하지만 안드로이드는 공짜다).

그러나 프로젝트는 회사에서 견인력을 얻는 데 어려운 시간을 보냈다. 마이크로소프트의 전통적인 소프트웨어 사업을 거스르는 것이었기 때문이다. 어떤 절망적인 회의에서 마이클은 한 임원이 그들의 폰을 윈도우 기기로 승인하지 않았다고 이야기했다. 파워포인트를 실행할 수 없기 때문이었다. 그런 사용 사례는 휴대 전화의 핵심이 아니고 매우 제한된 기기에서 그러한 추가 부담을 지기에는 성능이 부족한 데도 말이다. 이런 식의 회의와 다양한 장애물을 거치면서 프로젝트는 앞으로 나아가는 데 어려움을 겪었다.

한편 앤디 루빈은 마이클이 안드로이드에 와서 일을 도와주고 싶어 하는지 알아보려고 분기마다 지속적으로 연락을 하고 있었다. 결국 마이클은 마이크로소프트에서 프로젝트를 하는 데 인내심이 바닥났고 2007년 봄 안드로이드에 합류해 서비스 팀을 이끌게 된다. 그는 팀의 상황을 보고 루빈과 호로위츠에게 그들이 해야 할 일에 대해 이야기했다. "두 사람이 말했어요. '좋아요! 당장 하죠.'"

마이클은 일이 제대로 진행되도록 팀을 조직했다. "나는 데인저에서 이런 일을 했던 좋은 경험이 있어서 일이 진행되게 하는 패턴을 알았어요. 나는 서비스 아키텍처 구성 방식이라는 관점에서 더 큰 그림을 봤어요. 지속적 연결을 어떻게 만들 것인가, 전송 레이어는 어떻게 보여야 하는가 그리고 조심해야 할 지뢰는 무엇인가 같은 것들이요."

마이클은 또한 팀 충원 작업도 했다. 그는 구글 인프라스트럭처를 다룰 줄 아는 사람들이 필요했다. "내가 매우 일찍 깨달은 것 한 가지는 구글 내부 출신이 없으면 성과를 낼 수 없다는 것이었어요. 구글은 일하는 방식이 별났기 때문이죠. 모바일 산업 분야 지식은 있지만 구글 지식이 없는 사람을 데려오면 좋지 않은데 구글 시스템을 통과하는 데 시간이 한없이 걸리기 때문입니다. 구글에 있는 사람을 안드로이드로 데려오고 그 과정에서 모바일 분야를 가르치면 더 빠르겠다고 생각했어요."

풀어야 할 초기 문제 중 하나는 푸시 기능이었다. 서버 사이드에서 뭔가가 바뀌면(예를 들어 사용자의 받은 편지함에 이메일이 도착하거나 일정 이벤트가 업데이트되면) 서버는 기기를 업데이트해서 휴대 전화와 서버의 데이터가 일치되게 해야 했다. 데바짓이 '간지럼tickle'이라는 용어를 고안했다. "우리는 기기를 '간지럽히고' 싶었어요. 가벼운 간지럼Light Tickle이라는 용어를 제안했는데 뭔가가 바뀌었으니 동기화하라고 기기에 알려 주는 것이었죠. 묵직한 간지럼Heavy Tick-le도 있었는데 이미지 같은 데이터가 포함된 것을 가리켰어요. 우리는 가벼운 간지럼 방식을 좋아했지만 사용 사례에 따라 달랐습니다."

팀은 휴대 전화가 백엔드 구글 서버에 단일한 전용 연결을 맺는 접근 방식을 제안했다. 모바일 연결 서버mobile connection server는 지속적인 연결을 제공해서 메시지를 항상 보내거나 받을 수 있고 서버에 새 정보가 있을 때마다 휴대 전화가 알림을 받을 수 있도록 보장했다. 애플리케이션마다 데이터에 대한 고유한 요구 사항이 있었지만 그것들 모두 이 단일한 연결을 공유했고 이 연결을 통해 서버는 기기에 뭔가가 바뀌었다고 알려 주었다. 이 연결은 메시지를 주고받는 초기 구글 토크 기능에도 사용됐다.

구글 서버와 지속적 연결을 맺는 것은 단지 기술적인 문제만은 아니었다. 그것은 또한 제한된 자원 중 한 가지이기도 했다.

G1 출시 하루 전인 2008년 10월 21일 마이클 모리시(사진은 브라이언 스웨트랜드의 허락을 받고 게재)

네트워크 운영 팀이 안드로이드에 필요한 지속적 연결 메커니즘을 통제했다. 당시 구글은 네트워크 연결이 필요한 건 웹 기반일 뿐이라는 가정하에 개발을 했는데 데이터 전송 요청은 표준 웹 HTTP 요청 메커니즘을 사용했다. 그러나 안드로이드는 완전히 다른 프로토콜을 사용해야 해서 가상 IPVirtual IP라는 전용 네트워크 자원을 요청했다. 문제는 네트워크 팀이 그들에게 그걸 주고 싶어 하지 않았다는 점이었다. "자세히 이야기하기에는 따분한 온갖 이유 때문에 구글 시스템은 다루지 않겠습니다. 가상 IP가 아주 적었어요. 정말로 수용 가능한 게 200개밖에 되지 않았어요. 이미 많이 쓰고 있어서 네트워크 팀이 절대 주지 않으려고 했던 거죠."

데바짓과 마이클은 네트워크 팀과 자주 만나서 안드로이드에 가상 IP를 달라고 설득했다. 이러한 토론은 마이클에게 새로운 일이 아니었다. "내 업무 중 많은 일이 지메일, 캘린더, 주소록 팀원들과 어울리면서 이 일이 구글에 중요하고 그 부서들에서 엔지니어링과 SRE Site Reliability Engineer[4] 지원으로 우리를 도와야 한다고 설득하는 것이었습니다."

마침내 네트워크 운영 팀이 동의하고 안드로이드 팀에 필요한 가상 IP를 일시적으로 주기로 했는데 선의의 내기를 하기로 했다. 그들은 안드로이드가 첫 6개월 안에 100만 사용자에 이르지 못하면 가상 IP를 회수하겠다고 말했고 마이클과 데바짓은 그들에게 위스키 한 상자를 걸었다. 데바짓은 그때 일을 기억했다. "위스키는 확실히 이 토론의 일부였어요. 화폐였죠."

그들은 지속적 연결을 설정했고 모바일 연결 서버를 포트 번호

---

4 SRE는 서버와 네트워크가 계속 동작하게 한다.

5228[5]에서 실행했다.

마이클은 기간을 언제로 정의하느냐에 따라 다르다고 말했지만 안드로이드는 내기에서 이겼다. 네트워크 운영 팀은 그들이 가상 IP를 준 때부터라고 말한 반면, 마이클은 1.0 출시 때부터라고 정의했다. 어느 경우든 당시 모든 안드로이드 기기가 연결을 잃지 않는 게 보장될 정도로 안드로이드가 성공했음은 분명하다.

서버에 불이 붙다

지속적 연결에 대한 안드로이드의 독특한 요구 사항은 안드로이드가 특정 데이터 센터의 전용 서버를 필요로 했음을 뜻했다. 데이터를 처리해 본 사람이라면 주 시스템이 뭔가 잘못됐을 경우를 대비해 백업이 늘 필요함을 알 것이다. 이것이 여러분의 디스크 어레이와 백업 저장 장치를 갖고 있는 이유이고, 많은 가정에서 아이들이 원하는 답을 바로 얻지 못했을 때 부모 중 다른 한 사람에게 물어볼 수 있도록 부모가 두 명인 이유다.

그러나 안드로이드는 사용자 한 명 또는 몇 명에게 서비스를 제공하는 게 아니었다. 그들은 더 많은 사용자로 확장할 수 있는 시스템이 필요했다. 백업 사이트 하나로는 충분하지 않았다. 한 시스템이 완전히 정지할 수도 있었다. 그리고 그럴 리 없을 것 같지만 두 번째 시스템도 문제가 생길 수 있었다. 그래서 그들은 만약의 경우를 대비해 세 번째 데이터 센터를 가동했다. 데이터 센터 세 곳이면 이 모든 상황을 충분히 감당할 수 있을 것 같았다.

출시일은 2008년 10월 22일이었다. 안드로이드 서버 하나가 전 주

---

5 28은 데바짓의 하키 셔츠 번호를 보고 골랐다.

에 이미 정지한 적이 있었다. 그러나 다행히 출시에 맞춰 다시 동작했다. 출시일에 두 번째 서버가 '갑작스러운 유지 보수' 때문에 중단됐다. 구글이 고치기를 원해서 그 서버는 시스템에서 빠졌다. 출시일에 닥쳐서 안드로이드에 남은 서버는 두 대로 줄었다. 다행히도 두 서버는 튼튼하고 실패에 안전한 시스템이었다.

그러다 그 서버들 중 한 대에 불이 붙었다.

그날 데이터 센터에 과열 문제가 있어서 그들은 시스템을 중지시키고 수리에 들어갔다. 마이클이 말했다. "우리는 정말 엄청나게 걱정했어요. 데이터 센터가 하나밖에 남지 않았으니까요! 막 두 개를 잃었는데 세 번째가 중단된다면 동기화 기능이 아무것도 제대로 동작하지 않을 거고 채팅이고 뭐고 아무것도 안 될 테니까요. 우리는 정말 공황 상태가 됐어요."

그 마지막 서버는 견뎌냈고 중단도 전혀 없었다. 그러나 팀은 그들이 생각했던 것과 달리 하마터면 실패할 뻔했다.

댄 에그노어와 무선 업데이트

> "조심하지 않으면 무선 다운로드 때문에 기기가 벽돌brick[6]이 될지도 몰라요."
>
> – 마이클 모리시(댄 에그노어의 기억에 따르면)

처음부터 안드로이드 운영 체제에서 인상적이었던 것 한 가지는 무

---

6 유용한 컴퓨팅 기기가 벽돌 같은 직사각형 물체로 바뀌는 것을 일컫는데 다만 벽돌처럼 무거워지지는 않는다. 벽돌이 된다는 말은 모바일 세계에서 흔히 쓰는 용어로 소프트웨어를 업데이트하다 문제가 생겨 스마트폰을 사용할 수 없게 되는 것을 나타낸다(비싼 벽돌이 필요하지는 않을 것이다).

선 업데이트 시스템이었다. 이따금(내부적인 사전 릴리스 빌드를 실행하다 보면 그보다 자주) 스마트폰에서 시스템을 업데이트한다는 알림을 받을 때가 있을 것이다. 결국 끊임없는 잔소리 같은 알림에 지쳐서 업데이트를 승인하면 업데이트가 진행된다. 시스템은 업데이트를 다운로드하고 재부팅하고 설정하고 로그인 화면을 보여 준다. 다시 사용할 준비가 됐다.

사용자로서는 이해하기 어려울 수도 있지만 스마트폰의 핵심적인 부분이 동작 중에 완전히 교체됐는데 모든 게 그냥 잘 돌아간다. 마치 커피숍에서 줄을 서서 기다리는 동안 여러분의 뇌를 교체하고 아무 일도 일어나지 않은 것처럼 커피를 주문하는 것과 같다.

그리고 그냥 잘 돌아간다. 늘 그렇다. 아, 맞다. 한 번은…, 그 이야기는 나중에 하겠다.

초기에 팀은 원격 업데이트의 중요성을 깨달았다. 업데이트는 플랫폼의 차기 릴리스 같은 주요 릴리스(예를 들어 안드로이드 8.1 오레오에서 안드로이드 9 파이로 업그레이드하는 것 같은)와 월간 보안·버그 수정 릴리스 같은 더 작은 릴리스에 필요했다. 또는 릴리스에서 뭔가가 심각하게 잘못됐을 경우 긴급 수정에 필요하기도 했다. 어느 경우든 안드로이드 업데이트를 사용자에게 보내는 데 방해가 될 수 있는, 협력사, 통신 회사 그리고 그 어느 것도 거치지 않고 기기가 업데이트를 받을 수 있는 메커니즘이 필요했다.

2007년 8월 마이클 모리시는 업데이트 시스템 작업을 위해 댄 에그노어를 데려왔다.

에그노어는 어렸을 때 그의 어머니가 가르치던 대학 컴퓨터실에서 많은 시간을 보내며 프로그래밍을 했다. 그러다 대학에서 집중 단속을 해서 교직원 자녀가 컴퓨터실에 출입하지 못하게 했고 그렇게 되자 그의 어머니는 그에게 아타리 400[7]을 사 주었다. "나는 그걸 집중적으로 사용했어요. 형편없는 멤브레인 키보드로 내가 얼마나 빨리 타자를 하는지 어른들이 보고 전부 강한 인상을 받았죠."

대학 졸업 후 그는 마이크로소프트에서 일하다가 스타트업에 들어갔고 그다음에는 월 스트리트에서 정량 분석가quant, quantitative analyst[8]가 됐다. 2002년 구글에서 프로그래밍 경진 대회를 열었는데 에그노어는 재미로 참가했고 우승했다. "문서 한 무더기를 주더니 뭔가 재미있는 걸 해 보라더군요. 나는 조그만 지리 검색 앱을 만들었어요. 그들은 나를 마운틴 뷰로 부르더니 여러 사람과 대화를 나누게 했고 채용 면접을 보듯이 질문을 던졌어요."

에그노어는 채용 제의를 거절했다. 그는 뉴욕에 남고 싶었고 구글은 당시 그곳에 사무실이 없었다. 그가 거절하자 구글에 있던 팀은 혼란에 빠졌다. 경진 대회는 채용을 위한 수단이었기 때문이다. 1년 후 구글은 뉴욕 사무실을 열었고 에그노어는 두 번째 직원으로 채용됐다. 그는 검색과 지도 관련 프로젝트를 하다가 결국 마운틴 뷰로 옮기게 됐다.

그러다 에그노어는 나머지 구글 사람들과 같이 소문을 듣게 됐는데 앤디 루빈의 비밀 프로젝트가 진행되고 있다는 것이었다. "카메라를 만드는 거예요? 앤디 루빈이면 데인저의 그 사람 맞죠?' 모든 게

---

7 (옮긴이) 아타리에서 1979년 출시한 8비트 컴퓨터
8 수학, 컴퓨터, 금융 지식을 사용해 증권의 가격 그리고 거래 가격과 전략을 결정하는 직군이다.

매우 비밀스러웠어요."

에그노어는 늘 모바일광이었다. "나는 데인저 힙톱을 늘 가지고 다 녔고 열성 팬이었습니다. 그리고 모바일 컴퓨팅 팬이었어요. 나는 괴 상한 미니 PC와 어디서든 인터넷에 연결할 수 있는 무선 통신 시스 템을 가지고 다녔는데 당시에는 거기에 완전히 열중해 있었죠. 초기 와이파이와 관련 기술에도 열광했는데 당시에는 아주 새로운 기술이 어서 이 기술이 모든 걸 어떻게 바꿀지 다른 와이파이 열광자들과 이 야기를 나눌 수 있는 사용자 모임이 있었어요." 그래서 그는 안드로 이드 부서에서 무슨 일이 벌어지고 있는지 흥미를 느꼈다.

동시에 마이클 모리시는 서비스 팀에서 일할 에그노어 같은 사람 들을 찾고 있었다. 그는 구글 백엔드에 익숙한 엔지니어가 필요했다. 안드로이드 기기가 그 서버들과 통신해야 해서 그 작업을 하는 소프 트웨어를 만들 전문가가 필요했다. 시기가 딱 맞았고 에그노어는 1.0 출시 약 1년 전이자 SDK 출시 석 달 전인 2007년 8월 팀에 합류했다.

에그노어는 작은 서비스 팀에 합류했는데 당시 팀은 관리자 마이 클 모리시와 엔지니어 데바짓 고시, 맬컴 핸들리, 프레드 퀸타나로 구성되어 있었다. 다른 엔지니어 세 명은 데이터 동기화와 그들이 작 업하는 애플리케이션(각각 캘린더, 지메일, 주소록)의 세부 사항에 집중하고 있었다. 에그노어는 그 일들 일부와 전반적인 서비스의 핵 심 인프라스트럭처 작업을 도왔지만 주로 기기 관리Device Management 라는 것을 담당했다. 이 작업에는 무선 업데이트 서비스뿐 아니라 체 크인 서비스도 포함되어 있었다. 기본적인 업데이트 메커니즘은 이 미 있었지만 에그노어는 그것을 재작성해서 출시할 때 안드로이드에서 사용할 시스템에 넣었다.

에그노어는 그의 상사의 도움과 조언을 받았다. "마이클 모리시는 역전 노장 같았어요. 그러니까 내 말은 그가 나보다 늙었다는 게 아니라 지혜가 있었다는 의미에요. 그는 데인저에서 비슷한 걸 관리했었죠. 그 과정에서 많은 쓰레기 같은 것들이 실패하는 걸 봤고 무엇에 주의해야 하는지, 무엇에 집중해야 하는지, 어떤 아키텍처가 잘될지, 무엇이 고충이 될지에 관해 확실히 지혜를 얻었죠. 그는 문제를 고치는 무선 업데이트 기능으로 회사가 위험한 고비를 넘긴 때가 여러 번 있었음을 기억하고 있었어요. 그래서 이 기능이 정말 중요했습니다. 뭔가 출시했는데 잘 동작하지 않는다면 얼른 수정 사항을 출시할 수 있죠. 또는 보안 문제가 있다면 무선 업데이트로 얼른 고치는 게 중요하고요. 우리가 문제를 막을 수 있다면 이 일을 통신 회사 수중에 두고 싶지 않았습니다."

한편 무선 업데이트 시스템 자체는 기기 저장 공간 부족부터 업데이트 도중 재시작, 보안 취약점까지 잘못될 수 있는 모든 것을 예상해 조심스럽게 설계되어야 했다. 팀은 이 모든 문제에 대해 면밀히 생각했고 어느 정도 가능성 있는 아키텍처를 제안했다.

우선 팀은 기기의 파티션을 시스템과 데이터로 나누었다. 시스템 파티션에는 안드로이드 플랫폼 자체와 사전 설치된 앱이 들어 있었고 읽기 전용이었다(무선 업데이트는 예외). 다운로드한 애플리케이션, 애플리케이션 데이터, 사용자 환경 설정, 계정 정보를 비롯한 기기의 나머지 정보는 데이터 파티션에 저장됐다. 이렇게 분할하면 재앙이나 다름없는 문제가 생겨 기기를 공장 초기화해 전체 데이터 파티션을 날려 버려도 기기가 최소한 동작은 할 수 있다. 사용자가 계정을 다시 설정하고 애플리케이션을 재설치해야 할 수 있다. 그리고 애플리케이션 고유의 데이터를 일부 잃어버릴 수도 있다.[9] 그러나 어쨌든 많은 데이터가 안전한데 외부 SD 카드 저장 장치나 클라우드에 저장되기 때문이다.

업데이트하는 동안 읽기 전용 시스템 파티션은 변경 가능하도록 바뀌어야 한다. 새 업데이트를 설치해야 하기 때문이다. 문제는 다음과 같았다. 저장 공간이 충분한지, 정확히 수정되는지, 기기가 업데이트 도중 재시작되거나 배터리가 바닥나는 것 같은 극단적인 상황에서도 업데이트가 진행될 수 있는지 등을 업데이트 시스템이 어떻게 보장할까 하는 것이었다.

해법은 일련의 증분 업데이트였다. 전체 안드로이드 시스템을 단일한 무정형 블로브blob, binary large object로 취급하기보다 업데이트를 개별적인 부분으로 나눠 따로 처리하는 것이었다. 예를 들어 업데이트에 새 프레임워크, 미디어 스택, SMS 드라이버가 있다고 하자. 그러면 이것들은 독립적으로 처리할 수 있는 서로 다른 모듈에 들어 있을 수 있다. 업데이트 시스템은 각 모듈 업데이트를 패키지로 만들어서 업데이트 과정을 시작하기 전에 모두 다운로드한다. 리부팅돼서 업데이트 앱이 시작되면 각 모듈을 하나씩 차례대로 설치하고 결과가 예상대로인지 검증하고 구 버전을 새 버전으로 교체한 후 그다음 모듈로 진행한다. 기기가 업데이트 과정 중간에 죽거나 재시작하더라도 시스템을 업데이트가 마무리되지 않은 애매한 상태로 두지 않고 남은 설치를 계속할 수 있다. "우리의 목표는 화면에 '기기를 *끄지 마*

9 아, 이런, 캔디 크러시(Candy Crush) 게임이 나를 레벨 1로 돌려놓았다.

세요'라고 나왔는데도 전원을 껐다 컨다든지, 배터리가 뽑힌다든지, 무슨 일이 일어나든지 간에 결국 완전한 업데이트 상태에 도달하게 만드는 것이었습니다."

한 가지 문제는 저장 공간을 다 써 버리는 것이었다. 업데이트를 다운로드할 기기에 여유 메모리가 부족하면 어떻게 될까? 또는 업데이트를 하는데 시스템 크기가 가용한 메모리보다 커서 업데이트 도중 공간이 부족해지면 어떻게 될까? 이것은 특히 초기 안드로이드 기기에서 우려되는 부분이었는데 저장 공간이 지나치게 비쌌고 사용자가 가용 저장 공간 대부분을 다 써 버리는 게 충분히 가능했기 때문이었다.

다행히도 팀은 이 문제를 예상했다. 업데이트를 위한 공간이 충분한지 확인하는 주요한 전략은 캐시를 사용하는 것이었다. "그 목적으로 따로 떼어 둔 캐시 파티션이 있었습니다. 그 파티션은 애플리케이션에도 공유됐어요. 각 애플리케이션은 임시 데이터를 거기에 두었다가 지울 수 있었죠. 그러나 캐시 파티션은 주로 무선 업데이트 시스템이 업데이트를 다운로드하기 위해 존재한 것입니다." 캐시는 표면적으로는 애플리케이션이 임시 파일을 위해 사용할 수 있었지만 진짜 목적은 업데이트 시스템이 기능할 수 있게 하는 것이어서 업데이트를 다운로드하고 설치하기에 충분한 공간이 늘 있었다.

물론 어떻게 해도 시스템에 공간이 다 바닥날 이론적 가능성은 늘 있었다. 결국 안드로이드는 예측할 수 없는 온갖 구성을 가진 제조사 기기에서 사용하도록 만들어졌다. 그러한 경우라면 무선 업데이트는 불가능할 수도 있지만 그래도 기기를 사용 불가능한 상태로 만들지는 않을 것이었다. "기이한 일이 생겨서 기기나 캐시가 꽉 차거나 데이터를 지우지 않아서 무선 업데이트 다운로드가 실패할 수도 있습니다. 그래서 무선 업데이트를 받지 못할 수도 있죠. 아주 중요한 업데이트라면 안 좋은 상황이겠지만 업데이트 때문에 벽돌이 되는 것만큼 나쁘지는 않죠."

업데이트를 위해 해결해야 할 마지막 영역은 보안이었다. 업데이트는 읽기 전용 파티션에 쓰기를 허용해서 기기의 핵심 운영 체제를 업데이트할 수 있었다. 그렇다면 악의적인 소프트웨어가 업데이트인 척 가장해서 비슷하게 시스템 소프트웨어를 바꿔 버리는 건 어떻게 막을 수 있을까?

안드로이드 보안 팀의 도움을 받아 에그노어와 팀이 사용한 접근 방식은 신뢰할 수 있는 파일만 시스템 파일을 교체할 수 있게 하는 것이었다. 업데이트 모듈은 각각 안드로이드에서 신뢰할 수 있는 시스템에서 검증한 키로 서명됐다. 보안 팀은 개별 모듈에서 사용하는 것 외에도 전체 업데이트에 추가적인 키 암호화 수준을 갖도록 보안 수준을 덧붙였다. 그 모든 암호화와 보안 레이어로 인해 시스템은 안전하다고 간주됐고 출시될(그리고 업데이트될) 수 있었다.

출시 후 에그노어는 웹을 검색해 업데이트의 보안 측면을 찔러 본 사람이 있는지, 아무 문제가 없는지 확인해 봤다. 그는 해킹 포럼에서 그 문제에 대한 토론을 발견했다. "사람들이 이 스마트폰을 해킹할 방법이 있는지 관심을 보였어요. 포럼에서 꽤 인정받는 어떤 사람이 '포기해요. 코드가 견고해요. 어떻게 동작하는지 읽어 보았는데요. 보안 시스템을 통과할 수 없을 거예요. 게임 끝이에요. 다른 거나 봐요'라고 말하더군요."

에그노어는 그해 연간 인사 고과 면담에서 그가 작업한 무선 업데이트 시스템에 대해 이야기하면서 그 토론을 인용하며 마무리했다. "인터넷에서 수많은 개발자가 제 코드를 검토했습니다."

안드로이드 무선 업데이트에서 인상적이었던 것 한 가지는 처음부터 신뢰할 수 있었다는 점이다. 팀 엔지니어들은 내부 사전 릴리스와 공식 릴리스용 업데이트를 수없이 실행했는데 문제가 없었다.

그런데 다른 문제가 생겼다.

원래 업데이트 메커니즘은 전체 시스템용으로 거대한 단일 파일을 제공했다. 그래서 플랫폼의 특정 영역에서 작은 업데이트가 있어도 업데이트는 여전히 전체 시스템을 다운로드해 설치해야 했다. 그처럼 큰 업데이트에 필요한 크기, 대역폭, 시간 때문에 아주 좋은 경험은 아니었다(사용자에게나 통신 회사에게나).

1.0 출시 후 곧이어 무선 업데이트 팀(이제 댄 에그노어뿐 아니라 더그 종커가 포함된)은 델타delta 업데이트를 구현했다. 시스템이 이전 시스템과 새 시스템 간에 무엇이 바뀌었는지 알아내서 바뀐 부분만 다운로드해 설치하는 것이었다. 시스템은 잘 돌아갔고 팀은 출시할 준비가 됐다고 생각했다.

당시 마이클은 시애틀에서 마운틴 뷰로 옮기는 중이었다. 그가 말했다. "모든 게 꽤 괜찮아 보여서 일주일 휴가를 내고 가족을 데려오려고 했어요. 며칠 후 화요일 밤 10시였어요. 전화가 울리더군요. 댄 에그노어였죠. 전화를 받고 말했어요. '에그노어, 무슨 일이에요?' 그가 말했어요. '먼저 이걸 알았으면 해요. 모든 게 완벽했어요.' 그 말은 상황이 안 좋다는 뜻이었죠. '그런데 기기 여러 대가 벽돌이 됐어요.'"

문제는 업데이트용 델타를 만드는 데 사용한 이미지가 HTC(G1 제조사)가 기기에 넣은 것과 약간 달랐다는 점이었다. 델타를 사용하는 업데이트 메커니즘은 시스템이 정확히 일치해야만 동작했다. 그래서 업데이트를 그 기기에 적용했을 때 시스템이 손상됐고 기기가 벽돌이 된 것이다.

나쁘지 않은 소식은 기기 129대만 문제의 영향을 받았다는 것이었다. 그래도 그 기기 사용자들에게는 끔찍한 일이었고 벽돌이 된 스마트폰을 교체해야 하는 많은 고객 서비스가 진행됐다. 이 재앙에 가까운 사고에서 모든 G1 중 129대만 벽돌이 된 게 그나마 다행이었다. 문제가 널리 퍼지지 않은 이유는 팀이 사용한 단계별 배포와 체크인 서비스 메커니즘이 의도대로 작동했기 때문이었다. 에그노어와 더그는 업데이트를 배포하면서 모니터하고 있었다. 그들은 문제를 즉시 발견하고 업데이트를 멈춘 후 문제를 진단하고 수정했다.

이 사고 이후 같은 사고가 다시 일어나지 않도록 새로운 정책과 과정이 만들어졌다. 그리고 지금까지는 비슷한 사고가 다시 일어나지 않았다.

팀이 무선 업데이트 시스템을 개발하고 있을 때 업데이트는 모바일 기기에 일반적인 기능이 아니었다(물론 데인저는 제외). 아이폰은 처음 출시됐을 때 이와 같은 업데이트가 없었다. 아이폰을 업데이트하려면 맥에 연결해 아이팟에서 음악을 동기화하는 것과 똑같은 일을 해야 했다. 오늘날 무선 업데이트는 무선 모바일 생활에서 당연히 있어야 하는 기능이다. 기기는 무선으로 전체 운영 체제를 다운로드하고 재설정해서 새 운영 체제로 리부팅한다. 그리고 물론 모든 게 괜찮다. 뭐가 잘못될 수 있겠는가?

무선 업데이트가 신뢰할 만하게 동작하도록 만드는 데 필요한 부분 한 가지는 체크인 서비스였는데 안드로이드 서버가 실제 사용되는 기기를 모니터하는 기능을 제공하는 것이었다. 에그노어가 시스템의 기초를 작성했지만 2008년 초 팀에 합류한 챈치우키의 도움을 받았다.

챈치우키와 체크인 서비스

챈치우키는 여덟 살 때 어머니가 여름 프로그래밍 수업에 그녀를 등록시키면서 소프트웨어 개발을 배우기 시작했다. 부모님은 그저 컴퓨터 사용 기술을 배우는 거라 생각했지만 수업은 베이식 프로그래밍을 다루었고 챈치우키는 즐겁게 배웠다. 특히 그녀는 수업에서 어떤 힘을 깨닫게 됐다. "여덟 살 때 나는 컴퓨터에 명령을 내리는 게 즐거웠어요. 현실의 삶에서는 사람들이 나한테 이래라저래라 했지만요. 그러나 아이라도 실제로 컴퓨터에 뭔가를 시킬 수 있었어요."

컴퓨터 과학으로 석사 학위를 받고 나서 챈치우키는 2003년 구글에 입사해 검색 품질 작업을 하게 된다. 그 프로젝트는 그녀에게 잘 맞았는데 그녀가 대학원 과정에서 텍스트 처리를 전공했기 때문이다.

몇 년간 검색 일을 한 후 챈치우키는 새로운 일을 하고 싶었다. 검색 팀에서 알던 댄 에그노어를 비롯한 친구들이 안드로이드 팀에 있어서 그녀는 2008년 2월 서비스 팀에 합류했다. 안드로이드 팀은 그전해 가을에 공개 SDK를 출시했지만 1.0을 출시하려면 아직 몇 달이

나 남아 있었다.

에그노어처럼 챈치우키는 구글 백엔드 인프라스트럭처를 다뤄 본 경험이 있어서 서비스 팀은 그녀가 안드로이드에서 일을 시작하는데 적절한 곳이었다. 나중에 그녀는 안드로이드 마켓 팀과 지도 팀에서 일하게 된다. 그러나 팀에 처음 합류했을 때는 1.0 출시에 맞춰 준비될 수 있도록 체크인 서비스 개발을 도왔다.

체크인 서비스는 업데이트가 전체 기기에 배포될 때 무선 업데이트 시스템과 함께 동작했다. 데인저에서 했던 경험에 따라 마이클은 추적하고 되돌릴 수 있게 업데이트를 천천히 배포해야 한다고 생각했다. 에그노어는 마이클이 한 이야기를 기억했다. "'조심하지 않으면 무선 업데이트 다운로드 때문에 기기가 벽돌이 될지도 몰라요.' 그는 카나리아[10] 과정에 따른 단계적 배포를 주장했어요. 내부 사용자에게 먼저 배포하고요. 내부 사용자들이 실제로 새 운영 체제로 부팅해서 계속 사용하고 있는지 모니터하는 거죠. 체크인 결과의 실시간 그래프 도표를 보면서요. 그래서 내부 사용자에게 전달하고 리부팅될 때 그래프 변동을 보는 거예요. 그런 다음 0.01%의 외부 사용자에게 전달하고 뭔가 이상한 게 있는지 똑같이 도표를 봅니다. 그러고 나서 0.01%에서 0.1%, 1%, 10%로 늘려 나가면서 차트를 지켜보며 신호가 있는지 보는 거예요."

---

10 카나리아는 안드로이드에서 자주 사용하는 용어로 소프트웨어의 최첨단 부분을 의미한다. 탄광에서 나오는 유독 가스를 감지하기 위해 카나리아를 데리고 들어간 것처럼(속담이자 실제인) 소프트웨어의 카나리아 빌드에서 문제를 처음 경험하게 되는데 팀은 더 큰 규모의 사용자에게 출시하기 전에 소수의 카나리아 사용자를 이용해 상황을 미리 살핀다.

뛰어난 서비스

서비스 팀이 안드로이드에 제공한 기반 기능은 과소평가될 수 없다. 그러한 기능은 사용자를 위해 안드로이드 플랫폼을 강력하게 만드는 데 기반이 됐다. 커널과 프레임워크 같은 플랫폼은 단지 기기가 부팅되고 실행되는 데 필요하다. 그러나 사용자가 메시지와 이메일을 즉시 받거나 일정 또는 연락처 정보를 동기화하거나 필요한 릴리스 업데이트를 받을 수 있는 서비스가 없으면 안드로이드는 스마트폰 플랫폼으로서 전혀 강력하지 못했을 것이다.

21

위치 서비스

찰스 멘디스와 바운스

지도는 매우 강력한 모바일 앱이다. 자신의 위치를 확인하고 길을 찾는 기능은 일반적으로 스마트폰을 위한 킬러 앱 중 하나다. 그러나 먼 옛날 안드로이드 1.0 이전에 이 앱은 존재하지 않았다. 안드로이드는 팀을 꾸려 이 앱을 만들어야 했다.

한편 구글의 또 다른 엔지니어인 찰스 멘디스는 지도 기술을 필요로 하는 다른 앱에 대한 아이디어가 있었다.

찰스 멘디스는 호주 금융 업계에서 일했는데 친구의 권유로 구글에 지원했다. 그 친구는 아마존에 갔지만 찰스는 2006년 구글에 입사했다. "미국을 알 수 있는 기회여서 입사했어요. 미국에 가 본 적이 없었거든요. 아내와 나는 결혼해서 세계를 여행하고 싶었어요. 구글 취업은 미국에 살면서 그 나라를 볼 수 있는 아주 좋은 방법 같아 보였죠. 원래 계획은 4년 후 시드니로 돌와와서 아이를 낳는 것이었어요." 원래 계획했던 4년에서 다시 몇 년이 지났지만 찰스는 여전히 캘리포니아에 살면서 구글에서 일하고 있다.

찰스는 광고 팀에서 일하기 시작했다. "일을 시작할 때 두 가지 중 하나를 고를 수 있었어요. 검색이나 광고죠.[1] 검색 일을 하고 싶나요, 아니면 돈을 벌고 싶나요? 나는 애드센스AdSense에 배치받았어요."

찰스는 당시 모바일 기술에 특별히 관심이 없었다. "나는 당시 스마트폰이 없었어요. 스마트폰을 좋아하지 않았죠. 골칫거리였어요. 사람들이 자기가 필요할 때마다 누군가를 들볶을 수 있잖아요. 누가 그런 걸 바랄까요?"

그러나 그다음 해 찰스의 아내가 첫 아이를 임신하자 앱에 대한 아이디어가 떠올랐다. "나는 아내가 어디에 있는지 알고 싶었어요. 아내를 태워 병원에 데려다주어야 한다면 위치를 알고 싶을 테니까요." 그는 이 정보를 그에게 알려 줄 앱을 만들고 싶었다.

2007년 봄 찰스는 안드로이드 팀에서 하드웨어 몇 대를 가까스로 얻어 왔다.

"나는 라이언 깁슨과 브라이언 존스를 괴롭혔고 그들이 안드로이드 기기 몇 대를 주었어요.

나는 안드로이드 개발에 익숙해지고 싶어서 내가 일하는 팀인 애드센스 프런트엔드 팀을 설득해 개발자 프로그램에 참가했어요. 라이언이 챌린지를 열었는데요. 그들은 사람들이 앱을 작성하기를 바랐고 수상자는 수녀 기기를 더 받을 수 있었습니다. 나는 기기가 몇 대 더

1　당시 구글에서는 구글 지도를 비롯해 다양한 프로젝트가 진행되고 있었다. 그러나 그가 채용됐을 때에는 많은 엔지니어링 작업(그리고 사람들)이 검색과 광고에 투입됐다.

필요했어요.[2] 아내에게 한 대, 나한테 한 대 필요했기 때문이에요. 그래서 우리는 스페이드[3]라는 게임을 만들었습니다. 네트워크 멀티플레이어 게임이었는데 네 사람이 참가해 스페이드 게임을 하는 거예요. 나는 금요일에 집에서 같은 부서 사람들과 그 게임을 하고는 했죠."

팀은 몇 달 만에 스페이드 앱을 작성했다.

"앱을 만든 후 우리는 그 게임을 다시는 하지 않았어요. 내가 앱을 테스트하라고 팀원들을 괴롭히자 팀원들이 '이 게임 싫어요. 절대 하고 싶지 않네요. 어떤 형태로든 다시는 하지 않을 거예요'라고 말하더군요.

하지만 좋은 소식은 우리가 3등을 했고 참가상으로 많은 기기를 받았다는 거죠."

2007년 8월 초 찰스는 그의 팀에 필요한 기기를 가지게 됐고 안드로이드 앱을 작성한 경험도 생겼다. 이제 그는 원래 염두에 두었던 친구들의 위치를 추적하는 위치 앱을 만들 수 있게 됐다. 그는 그 앱을 바운스Bounce라고 불렀다.

"우리는 사람들이 깡총깡총 뛰는 걸 상상했어요. 언제라도 나는 상대방이 어디에 있는지 알 수 있죠. 문제는 위치를 어떻게 알아내느냐 하는 것이었어요. 당시 수너 기기에는 GPS가 없었어요. 나는 아마존에서 아이스하키 퍽puck 모양의 블루투스 GPS 수신기를 샀습니다. 블루투스는 안드로이드에서 실제로는 돌아가지 않았어요. 있기는 했는

---

2 찰스와 그의 팀이 예산이 없어 공짜로 뭔가를 얻으려 한 게 아니라 그게 그들이 기기를 구할 수 있는 유일한 방법이었다. 1.0 이전 안드로이드를 물리적으로 실행할 수 있는 기기는 안드로이드 팀에서 사용하는 제한된 수의 프로토타입밖에 없었다. 그래서 찰스가 개발과 테스트를 위해 더 많은 기기가 필요했을 때 그는 기기가 개발에 적극적으로 쓰이려면 앱이 활발하게 개발될 수 있는 곳으로 가야 한다고 안드로이드 팀을 설득해야 했다.
3 같은 이름의 카드 게임과 비슷하다.

데 API가 아예 없었죠." 다시 말하면 시스템에는 블루투스 기능이 있었는데 애플리케이션에서 그 기능에 접근할 수 있는 방법이 없었다. 그래서 바운스는 블루투스를 사용해 GPS 수신기와 통신할 수 없었다.

하지만 윈도우 명령 프롬프트나 맥 터미널 콘솔에서 명령을 입력하듯이 애플리케이션에서 시스템에 명령을 내릴 수 있었다.

"정말 길고 복잡한 명령을 내려 블루투스로 GPS 수신기에 연결을 설정하면 GPS가 없는 걸 우회할 수 있었어요. 그런 다음 GPS 데이터 스트림을 계속 읽어 들여서 블루투스로 보내는 거죠."

이제 찰스는 블루투스를 통해 GPS 수신기에서 위치 데이터를 가져올 수 있게 됐다. 그러나 데이터 스트림으로 무엇을 해야 할까? 그는 서버를 작성해서 위치를 기록하고 싶지 않았다. 그냥 그걸 사용해 친구들과 실시간 위치 정보를 주고받고 싶었다.

"우리는 전송 프로토콜 겸 서버로 문자 메시지를 사용하기 시작했어요. 상대방과 내가 GPS 수신기가 달린 기기를 갖고 있다고 하죠. 내가 앱을 열고 '친구 위치 요청'이라고 하면 여러분의 기기로 문자 메시지가 오는데 바운스 앱이 그 메시지를 가로채서 '찰스가 친구인가요? 친구라면 내 GPS 위치를 보내겠습니다'라고 하는 거죠.

그렇게 기본적인 버전을 만들었고 내 아내가 내 위치를 볼 수 있게 됐어요."

9월 15일 임원진이 안드로이드 SDK 출시 여부를 검토했다. 에릭 슈미트, 래리 페이지, 세르게이 브린이 그 자리에 있었다. 앤디 루빈이 스티브 호로위츠와 함께 발표를 했는데 그들은 찰스에게 바운스를 시연해 달라고 부탁했다.

그날 아침 시연은 완벽하지 않았다. 찰스와 팀은 메모리 레인Memory Lane이라는 기능을 바운스에 추가했는데 위치 이력을 보여 주는 기능이었다. 그런데 그 기능은 최근에 추가된 것이어서 찰스는 그 기능을 시연하기 위해 실제 위치 이력을 추가해야 했다. 그래서 그는 차를 타고 운전하면서 사무실로 오는 길에 있는 데이터 포인트 몇 군데를 추가했다.

오전 9시 찰스는 준비가 됐다.

"블루투스 장비가 페어링됐는지 확인하고 회의에 들어갔어요. 슈미트가 탁자 머리 쪽에 앉아 있었고 래리와 세르게이는 두 사람이 늘 앉던 의자에 앉아 있었죠. 조나선 로젠버그도 있었어요. 꽤나 북적댔죠. 모든 팀이 그 자리에 있었고요. 나는 뒤에 앉았고 앤디 루빈이 발표를 시작했어요. '안드로이드가 무엇인지 이야기하려고 합니다. 그리고 마지막에는 몇 가지 시연을 하려고 합니다.'

슈미트가 '그냥 시연으로 건너뛰죠'라고 말했어요.

그들이 나를 쳐다봤어요. '그러죠. 찰스, 당신 차례에요.'"

찰스는 그들에게 바운스를 보여 주었고 그런 다음 회의 나머지 시간 동안 당시 안드로이드용 앱 개발이 어땠는지 물어보는 질문에 대답했다.

마지막에 슈미트가 루빈에게 출시를 승인한다고 말했다.[4] 그리고 두 달 후 SDK가 출시됐다.

---

4 한편 찰스의 첫 아이도 출산이 임박했다. 그가 일하고 있는데 그의 아내가 병원에 가야 할 시간이라고 전화를 했다. 찰스는 아내를 데리고 병원에 갔고 몇 시간 후 두 사람의 아들이 태어났다. 두 사람이 서로의 위치를 알기 위해 바운스가 필요하지는 않았지만 찰스의 아내는 수녀 폰으로 찰스에게 전화를 했다.

"회의 후 루빈이 호로위츠에게 말했어요. '저 친구가 내 팀에 들어와야겠네요. 합류시켜요.' 그리고 나서 호로위츠가 내게 말했죠. '자, 이제부터 안드로이드 팀에서 일하게 될 거예요!'

나는 '사실 애드센스에서 일하는 게 즐겁습니다'라고 말했어요."

찰스는 그의 팀에서 막 기술 리더가 됐고 일도 잘되어 가고 있었다. "그런데 호로위츠가 나를 잘 설득했죠. 몇 주 후 나는 안드로이드 팀에 합류했습니다."

원래 11월 출시 행사에서 바운스를 선보이려는 계획이 있었다. 당시 바운스는 다른 구글 서비스들이 사용하는 구글 토크 연결을 사용하고 있었는데 전에 사용했던 SMS 해킹보다 더 나았다. 그러나 구글 토크는 당시 그다지 안정적이지 못해서 연결이 끊어져도 앱에서 할 수 있는 게 없었다. 결국 호로위츠는 언론 앞에서 실수할 가능성을 피하기 위해 바운스를 시연하지 않기로 결정했다.

찰스는 바운스를 시연 프로그램에서 제품으로 바꿔야 했다. 그가 처음 한 일은 구글 토크 연결 문제를 해결하는 것이었다. 찰스는 황웨이와 함께 작업했고 결국 바운스와 나머지 구글 서비스 앱에서 구글 토크가 잘 동작하게 만들었다.

바운스가 개선해야 했던 또 다른 부분은 위치 서비스였다. 찰스가 시연용으로 사용한 GPS 수신기는 GPS가 없는 초기 수너 기기에서 쓴 우회 방법이었다. 9월 임원진 회의에서 세르게이는 무선 기지국과 와이파이 데이터를 가지고 위치를 알아내자고 제안했다. 이 접근 방식은 이미 논의되고 있었다. 찰스는 같은 건물에 있는 또 다른 팀과 작업을 시작했는데 그 팀은 내 위치My Location라는 지도 기능('파란 점'이라고도 부른)을 구현하고 있었다. 그 기술은 무선 기지국과 와이파이 공유기의 데이터를 이용해서 파란 점을 배치하는데 주변 원의 크기는 불확실한 반경을 나타낸다(무선 기지국과 와이파이 위치는 GPS만큼 정확하지 않기 때문이다).

그러나 찰스는 더 많은 위치 기능을 내장한 다른 기기를 위한 계획도 필요했다. G1 기기는 실제로 GPS 하드웨어가 있어서 바운스는 가능한 경우 그 데이터를 직접 사용할 수 있었다.

찰스는 마이크 록우드Mike Lockwood와 함께 일했는데 록우드는 GPS와 여타 하드웨어 센서를 지원하는 코드를 작성했다. 그러나 기기에서 GPS를 사용할 때 문제가 있었다. "전력을 정말 많이 잡아먹었어요. 그리고 정말 느렸죠." 해법은 위치 서비스에서 좀 더 가볍고 근사치를 제공하는 무선 기지국·와이파이 데이터를 사용하는 것이었다. 하지만 사용자가 좀 더 정확한 위치 데이터를 받기 위해 지도 애플리케이션을 직접 사용할 때는 GPS가 동작했다. 이 접근 방식을 사용하면 GPS 하드웨어가 지속적으로 실행될 때 생기는 전력 소모를 피할 수 있었고, 사용자가 확실히 원할 때 좀 더 정확한 위치 정보를 가져오는 이점이 있었다.

바운스에 필요했던 마지막 한 가지는 이름이었다. 바운스는 코드명이었다. 그러나 제품은 출시될 때 상표로 쓸 수 있고 저작권을 침해하지 않는 제대로 된 이름이 필요했다. 그래서 팀은 몇 가지 아이디어를 의논했다.

"구글에는 팀이 하나 있습니다. 이름을 짓는 일을 하죠. 그들에게 갔더니 많은 이름이 나왔어요. 그중에는 저작권에 걸리는 게 많았죠.

우리가 말했어요. '프렌드 파인더Friend Finder라는 서술적인 이름으로 가죠.' 그랬더니 어덜트 프렌드 파인더Adult Friend Finder라는 성인 데이트 사이트가 있다고 누군가가 지적했어요. 그래서 그 비슷한 이름은 아예 쓰지 않았어요."

팀은 이름이 없어서 이도저도 못하게 됐다. 그러다 출시 몇 주 전 래리 페이지에게 이야기했다. "래리가 말했어요. '래티튜드Latitude는 어때요? 자유, 움직임이라는 뜻도 있고 위치와 관련 있는 낱말이니까요.' 그렇게 래리가 그 이름을 제안했죠."

구글 창업자이자 임원이 되는 것만으로는 래리에게 충분하지 않았다. 그는 제품 이름도 지었다.

그 시점에서 래티튜드는 별도 앱이 아니라 지도 기능으로 통합됐다. 1.0에는 들어가지 못했는데 첫 출시를 위해 해야 할 우선순위가 더 높은 일들이 있었기 때문이다. 그러나 몇 달 후 2009년 2월 출시됐고 안드로이드, 블랙베리, 윈도우, 심비안, 웹에서 동시에 사용할 수 있게 됐다.

지도

"앱은 담당 권한 때문에 다소 논란이 있었어요." 스티브 호로위츠가 말했다. "예를 들면 지도죠. 지도는 구글용 모바일 앱의 스타와 같죠. 실제로 구글의 모든 모바일 서비스와 앱에 지도가 있었죠. 그래서 우리는 지도 앱을 작성하고 싶었고 그게 안 된다면 모바일 팀으로부터 지도 앱을 가져오고 싶었어요. 그런데 모바일 팀은 안드로이드를 그다지 믿지 않았죠. 결국 우리는 지도를 안드로이드 운영 체제로 이식하는 일을 도울 엔지니어를 파견해 달라고 그들을 설득했어요. 지도 팀의 애덤 블리스Adam Bliss가 와서 안드로이드에서 지도 앱이 실행될 수 있도록 주된 역할을 했습니다."

밥 리가 애덤과 사무실을 함께 썼다. "그가 안드로이드용 지도의 첫 번째 버전을 만들었어요. G1 화면 프로토타입이 있었는데요. 그가 시연을 했죠. 전체 화면 지도를 본 건 처음이었어요. 큰 화면에서 지도를 좌우로 움직일 수 있었죠. 앤디 루빈이 그것 때문에 팀에 있던 첫 G1 프로토타입을 그에게 주었어요."

2007년 후반 찰스가 애덤을 합류시켰는데 찰스는 지도 앱을 출시하는 데 집중하느라 그의 바운스 앱을 뒤로 미뤘다. "나는 바운스 작업을 하러 안드로이드에 합류했지만 우선순위가 더 높은 할 일이 있었기 때문에 바운스 개발은 중단했어요. 우리는 멋진 위치 추적 기능을 만들기 전에 지도 앱이 필요했거든요."

찰스가 지도만 개발한 것은 아니었다. 나머지 안드로이드 팀처럼 그는 해야 하는 일은 뭐든 했다. "나는 많은 대화 상자 API를 만들었고 시스템 서버의 기초가 되는 부분과 ListView, TextView를 작업했어요. 다이앤에게 일이 너무 많이 몰릴 때마다 그녀의 버그는 뭐든 나나 제이슨 파크스나 제프 해밀턴이나 마이크 클러론이 고쳤죠. 나는 필요한 곳에 출동하는 소방관 같았어요. SMS 앱, MMS 앱, 지메일 앱 등 많은 일을 했어요. 그러나 주 업무는 애덤과 지도 앱을 만드는 것이었죠. 그런데 나는 MapView API와 Location API도 원했어요. 바운스용 Location API가 필요했기 때문이에요."

찰스가 안드로이드에 합류하고 나서 1년 후(안드로이드 1.0이 출시됐을 때쯤) 그는 지도 팀으로 옮겨 리더가 되었다. "나와 함께 내 위치 작업을 하던 지도 팀이 있었어요. 나는 '우리가 지도 앱을 맡아서 팀을 합치고 지도 앱 기능을 확장해야 해요'라고 말하고 싶었어요. 그때 기억을 떠올려 보면 지도는 윈도우 모바일, 심비안, 블랙베리에서 실행됐어요. 블랙베리는 당시 왕이었죠. 블랙베리 앱이 규모가 가장 컸고 환승 같은 기능도 좀 더 많았어요. 전 세계에서 30~80명이 블랙베리 앱을 작업했어요. 반면 여기에서 안드로이드 앱을 작업하는 사람은 나와 애덤뿐이었어요. 그런데 우리는 같은 API로 앱을 만들었고 지도 서버 API를 사용하고 있었죠. 그래서 결국 숱한 토론 끝에 나는 애덤 블리스와 함께 안드로이드 팀에서 지도 팀으로 옮겼어요. 44번 건물에는 남아 있었죠. 책상만 좀 떨어져 있는 다른 방으로 옮겼어요."

지도 팀으로 옮기는 일환으로 찰스가 모바일 지도 전체 리더(안드로이드와 여타 플랫폼)가 된 것이다. 그러나 팀을 이끄는 일은 그의 생각대로 되지 않았다.

"그때 나는 모두를 설득하려고 했어요. '심비안, 윈도우 모바일, 블랙베리는 그만두고 안드로이드로 옮기죠. 미래는 거기에 있다고 생각해요.' 모두가 '말도 안 돼요! 안드로이드 사용자는 없어요. 매달 얼마나 많은 블랙베리가 출시되는지 봐요. 한 해 안드로이드 출시 대수보다 많아요'라고 말하더군요.

결국 안드로이드용으로 만든 코드 기반을 '통합 코드 기반'이라고 부르는 것으로 옮기기로 결정했어요. 그래서 우리는 API를 아주 단순화했고 안드로이드 API를 모두 사용하진 않았죠. HashMap이나

LinkedList는 사용할 수 없었고 Vector만 사용할 수 있었어요. 기본적으로 Vector가 가지고 있는 유일한 데이터 구조였어요.

그 코드 기반으로 옮기고 나서 안드로이드용 지도 앱에 많은 기능을 만들었습니다. 그래서 안드로이드 사용자들이 기능을 좀 더 완전하게 갖춘 지도 앱을 갑자기 갖게 됐죠. 그렇지만 안드로이드의 모든 기능을 활용할 수는 없었습니다."

마침내 2009년 후반 드로이드가 출시되고 안드로이드 사용자 기반이 커지기 시작하면서 지도 팀의 대화가 바뀌었다.

"안드로이드가 성장한 덕분에 나는 심비안, 윈도우 모바일, 블랙베리에서 안드로이드로 옮기자고 팀을 다시 설득할 수 있었어요.

팀을 맡았던 때가 기억나네요. 안드로이드에 모든 걸 걸어야 한다고 팀을 설득하는 데 2년이 걸렸어요. 그전까지는 팀원들이 '아뇨, 우리는 모든 플랫폼을 지원해야 해요'라고 말했어요. 그런데 특히 드로이드 이후 안드로이드 사용자 기반이 성장하기 시작했죠. 우리는 와이파이 스캔, 무선 기지국 스캔을 할 수 있게 됐어요. 처음에는 불확실한 반경을 보여 주는 파란 점이 800미터 정도였던 걸로 기억해요. 1~2년 만에 무선 기지국으로는 300미터, 와이파이로는 75미터까지 줄일 수 있었죠. 안드로이드를 들고 돌아다니며 수집한 데이터[5] 덕분에 파란 점이 정밀해졌습니다."

5 안드로이드는 위치 서비스를 사용하는 스마트폰에서 와이파이와 무선 기지국 위치에 관해 익명화된 데이터를 수집한다(이것은 사용자가 스마트폰을 설정할 때 선택할 수 있는 사항이다). 그 지역에 스마트폰이 많을수록 무선 기지국과 공유기에 대한 데이터가 많고 위치를 추적하기 위해 그 정보를 사용하는 다른 스마트폰에서 더 정확한 정보를 받을 수 있다.

내비게이션

찰스가 말했다. "나는 지도 팀에 합류하면서 턴바이턴turn-by-turn[6] 내비게이션 작업을 시작했어요. 당시에는 가민Garmin[7] 제품을 사서 돈을 내야 했어요. 심지어 아이폰에서도 관련 제품이나 서비스를 쓰려면 월 30달러가 들었어요. 우리가 멋진 사용자 경험을 만들 수 있겠다고 생각했죠."

그러나 또 다른 문제를 먼저 풀어야 했는데 바로 지도 앱이 사용하는 데이터 형식이었다. 당시 앱에 표시되는 지도는 기본적으로 그냥 정적인 사진이었는데 사용성과 크기 면에서 둘 다 문제가 있었다. "우리는 래스터raster 지도를 사용하고 있었는데 PNG[8]였어요. 지도를 회전시키면 텍스트가 뒤집혔죠. 지도를 기울이고 싶어도 기울일 수 없었어요." 또한 지도에 사용한 이미지가 커서 다운로드하는 데 큰 대역폭을 필요로 했다.

당시 시애틀 사무실에 있던 케이스 이토Keith Ito가 턴바이턴 내비게이션을 작업하고 있었다. 데이터 문제를 해결하기 위해 그는 벡터[9]를 사용해 지도를 표시하는 새로운 방식을 개발하고 있었다. 벡터는 사진이 아니라 지오메트리로 그래픽 이미지(지도 같은)를 기술하는 방식이다. 지도 이미지(사진에 텍스트를 삽입한 채로)를 보내기보다 서버는 기기가 적당한 해상도와 로테이션rotation으로 그릴 수 있는 지

---

6 (옮긴이) 좌회전, 우회전 방향 지시를 알려주는 기능
7 (옮긴이) GPS 기술 기반의 다양한 제품을 만드는 회사로 스마트 시계, 자동차 내비게이션 등 제품으로 잘 알려져 있다.
8 PNG는 JPEG, GIF 같은 이미지 파일 형식이다.
9 벡터는 위치와 방향이 있는 선분이다. 지도 정보는 기본적으로 선분의 집합이어서 벡터 표현이 지도 데이터를 캡슐화하기(encapsulate) 좋다.

오메트리 정보를 보낸다. 그리고 이렇게 하면 PNG 이미지 지도에서 필요로 하는 것보다 적은 데이터로 처리할 수 있다.

케이스는 새로운 벡터 기반 지도 시연 프로그램을 만들어 마운틴 뷰에 있는 찰스에게 보냈고 찰스는 루빈의 사무실로 그걸 가져갔다. "래리가 사무실에 있었어요. 나는 그들에게 벡터 지도를 보여 주었죠. 지도를 기울이고 확대, 축소할 수 있었어요. 전에는 불연속적인 줌 레벨이 있었는데요. 이제는 작게도 크게도 줌할 수 있었고 텍스트가 찌그러지지 않았어요."

그러나 절충이 있었다. 바로 성능이었다. "G1에서는 벡터 지도를 실행하기 힘들었는데 렌더링을 해야 했기 때문입니다." 즉, 이미지를 표시하는 것보다 지도의 벡터에 따라 지도의 지오메트리를 그리는 데 더 많은 작업과 시간이 필요했다. 그러나 데이터가 1000배 적게 들었다.

루빈은 그 기능이 곧 나올 버라이즌 기기에 중요하다는 걸 알았다. "드로이드에서 턴바이턴 내비게이션이 매우 중요한 기능 중 하나가 됐죠." 케이스는 계속해서 찰스와 함께 벡터 지도 제품화와 턴바이턴 내비게이션 기능 작업을 했다.

드로이드에 그 기능을 출시하는 데 넘어야 할 장애물이 여전히 있었다. 우선 버라이즌에는 VZ 내비게이터VZ Navigator라는 기존 애플리케이션이 이미 있었는데 그들은 그 앱에 비용을 청구하고 있었고 계속 제공하고 싶어 했다. 그러나 턴바이턴 내비게이션 기능은 결국 드로이드에 들어갔고[10] 세상에 선보였다. 턴바이턴 기능은 전반적인

---

10 *http://googlemobile.blogspot.com/2009/10/announcing-google-maps-navigation-for.html*

내비게이션과 지도 사용뿐 아니라 드로이드 판매를 이끄는 데도 도움이 됐다. 사람들은 자신의 스마트폰과 기존 데이터 요금제로 어디든 갈 수 있다는 걸 깨달았다.

22

안드로이드 마켓

오늘날 우리는 앱을 사러 가는 곳이 있다는 사실을 당연하게 여긴다. 스마트폰이 있으면 앱이 필요하고 애플리케이션 스토어에 가서 구한다. 더 말할 필요가 없다.

그러나 안드로이드와 아이폰 이전에는 그런 단순한 생태계가 존재하지 않았다.

회사들이 원하지 않은 게 아니다. 비슷한 뭔가를 만들려고 계속 시도했다. 통신 회사에서 서비스를 살 수 있었고(대부분 벨 소리와 간단한 유틸리티) 다양한 게임 저장소가 있었다. 그러나 앱 마켓은 없었다(당시에는 그런 제한된 기기에서 실행할 수 있는 앱이 많지 않았다). 그래서 사용자들은 그다지 아쉬워하지 않았다. 그러나 제대로 된 애플리케이션을 실행할 수 있을 정도로 강력한 기기가 등장하자 사용자들이 앱을 쉽게 구할 수 있는 방법이 필요했다.

그러나 통신 회사는 울타리 친 정원[1]을 만들어 초기 앱 스토어에 대한 접근을 통제했다. 그들은 악의적이거나 품질이 낮은 앱이 자사 네트워크를 망가뜨리지 못하게 하고 싶어 했다. 그래서 그들이 통제할 수 없는 임의의 애플리케이션이 그들의 네트워크에서 실행되는 걸 바라지 않았다. 그들은 데인저 폰 앱 스토어처럼 관리되는 곳을 만들었다. 그러나 귀찮은 절차와 상황이 덧붙자 많은 개발자가 앱 올리는 걸 단념했고 더 큰 앱 스토어 생태계는 탄생하지 못했다.

안드로이드는 이 문제를 안드로이드 마켓으로 고치고 싶었다. 그들은 누구나 앱을 올릴 수 있는 스토어를 원했다. 안드로이드 서비스 팀을 이끈 마이클 모리시는 닉 시어스에게 그의 목표에 대해 말했다. "나는 열네 살짜리 아이가 캔자스에서 아침에 앱을 작성해서 오후에 안드로이드 마켓에 올리고 그걸 모든 고객에게 팔기를 바랍니다."

티모바일(안드로이드 1.0 기기인 G1 출시 협력사)은 이 구상에 우려를 표했다. 캔자스의 아이가 티모바일 네트워크에 이상한 걸 올리지 않는다고 어떻게 검증할 수 있을까?

이 일이 이뤄질 수 있도록 세부 사항을 다듬기 위해 안드로이드와 티모바일 간에 긴 토론이 시작됐다. 티모바일의 동의를 얻기 위해 안드로이드 팀은 두 가지 일을 해야 했다. 첫째는 티모바일 네트워크가 안전할 것이라고 안심시키는 일이었고, 둘째는 안드로이드 마켓과 함께 티모바일에서 관리하는 앱 스토어를 운영할 수 있게 하는 일이었다.

---

1 '2장 인재 양성소'의 '데인저' 절(13쪽)을 보라.

첫 번째 사항인 안전성은 안전한 플랫폼과 함께 시작됐다. 커널 수준에서 앱을 샌드박싱함으로써 팀은 리눅스 보안 표준이 충분하다고 통신 회사를 설득할 수 있었다. 다음으로 팀은 개발자들에게 로그인하도록 요구했고 유튜브에서 사용하는 기존 인프라스트럭처와 정책을 사용해 개인이 회사에 지나친 위험을 초래하지 않는지 확인했다. 또한 그들은 크라우드소싱의 힘을 이용해 사용자가 나쁜 앱을 신고하면 팀이 해당 앱을 내릴 수 있는 시스템을 마련했다. 마지막으로 그들은 네트워크 문제가 생겨 티모바일이 손해를 본다면 구글도 마찬가지라고 통신 회사를 설득했다. 안드로이드와 구글의 평판 역시 위태로워지지 않으려면 안드로이드는 이 시스템이 잘 돌아가게 하고 앱과 네트워크를 안전하게 만들 당연한 동기가 있었다.

두 번째 사항인 티모바일용 맞춤 스토어는 구글이 만들었는데 시어스는 이를 "스토어 안의 스토어"라고 불렀다. 실제 애플리케이션 스토어는 구글 인프라스트럭처 위에서 운영됐는데 티모바일이 관리하는 제한된 앱 모음은 스토어 내에서 우선으로 배치받았다. 이렇게 티모바일을 달래서 첫 출시를 할 수 있었다. 그러나 결국 이 스토어는 사라졌다. 다른 통신 회사들은 계약의 일부로 이를 요구하지 않았고 이 요구 사항에 특별한 근거가 없음을 모두가 깨달았기 때문이다. 모든 작업은 인프라스트럭처를 관리하는 구글에서 했고 오픈 애플리케이션 스토어는 잘 돌아가는 것 같았다.

그렇게 울타리 친 정원은 무너졌다. 그리고 안드로이드와 티모바일은 구글 플랫폼에서 애플리케이션 스토어를 운영하기로 합의했다. 이제 스토어를 제대로 만들어야 했다.

안드로이드 애플리케이션 스토어는 서비스 팀에서 개발했는데, 팀은 구글 서비스와 기기 관리를 담당했다. 팀은 애플리케이션을 유치하고 판매하는 방법을 고안해 내기 위해 사람들을 채용했다. 그 프로젝트는 내부적으로 자판기vending machine라고 불렸다가 출시될 때는 안드로이드 마켓이라고 불렸다.

애플리케이션 스토어를 여는 건 늘 계획의 일부였다. 그러나 프로젝트는 늦게 시작됐는데 최우선순위가 1.0 릴리스와 G1 출시였기 때문이다. G1이 출시됐을 때 마켓이 있었지만 확실히 완성된 것은 아니었다. 우선은 마켓 베타[2]라고 불렸다. 더 중요한 것은 사용자들이 실제로 애플리케이션을 살 수 없었다는 점이다. 그 대신 모든 앱은 0달러라는 가격에 받을 수 있었다. 개발자가 앱을 마켓에 올리고 사용자가 앱을 스마트폰에 받는 메커니즘은 동작했지만 사용자에게 청구(그리고 개발자에게 지불)하는 추가 단계에는 더 많은 시간과 노력이 들어갔다. 마켓의 첫 버전은 공짜 앱을 받으려는 사용자에게는 훌륭했지만 자신의 노력에 대해 보상을 받으려는 개발자에게는 좋지 않았다.[3]

팀은 구글 결제 팀에서 전문가를 데려왔다. 아투로 크레스포Arturo Crespo가 마켓에서 애플리케이션 결제를 처리하는 데 필요한 인프라스트럭처를 통합하는 걸 도왔다. 2009년 2월 안드로이드 1.1이 출시되자 드디어 마켓에서 애플리케이션을 팔 수 있게 됐다(그리고 개발자는 안드로이드 앱으로 돈을 벌 수 있게 됐다).

마켓은 초창기 안드로이드의 매력 중 한 가지였다. 스토어에 애플

---

2 제품 이름에 베타가 들어 있으면 다듬어졌다거나 잘 만들어졌다는 느낌이 들지 않는다.
3 소프트웨어 개발자로서 나는 그렇다고 증언할 수 있다.

리케이션을 올리면 늘어나는 안드로이드 사용자에게 제공하기 쉬웠다. 당시 여행 앱을 개발하던 외부 안드로이드 개발자인 댄 루_{Dan Lew}가 말했다. "나는 유치한 부프로젝트를 여러 가지 해 봤는데요. 안드로이드는 그런 작업을 하기 좋은 곳이었어요. 플레이 스토어에 거의 무의미한 앱을 올리는 것도 상대적으로 어렵지 않았거든요."

그러나 마켓은 개발자와 사용자에게 편리함 이상이었다. 마켓 덕분에 앱 세상이 만들어져 안드로이드는 강력한 생태계를 이룰 수 있었고, 사람들이 사는 스마트폰과 그 스마트폰에서 실행되는 운영 체제 이상의 것이 될 수 있었다. 사용자는 기본적인 스마트폰과 내장 기능뿐 아니라 설치할 수 있는 거의 무한한 앱의 잠재력으로부터 혜택을 받았다. 전반적인 안드로이드 플랫폼을 위한 강력한 원동력을 만드는 데 도움이 된 것은 바로 안드로이드 마켓이었다.

23

통신

마이크 플레밍과 전화

스마트폰은 콘텐츠를 브라우징하고 게임을 하고 이메일과 메시지를 확인하는 것뿐 아니라 전화 통화를 위해서도 사용한다.[1] 아니면 적어도 안드로이드에서 1.0을 위해 만든 통신 소프트웨어의 배후에는 그러한 이론이 있었다.

기기 통신에는 두 가지 중요한 측면이 있다. 전화 통화와 문자 메시지다. 안드로이드는 이 기능들을 서로 다른 팀에서 개발했다. 그리고 여기서 '팀'이란 각각을 작업한 서로 다른 사람을 의미한다.

안드로이드 폰 플랫폼의 실제 전화 부분을 동작하게 만들기 위해 팀은 마이크 플레밍을 데려왔다. 플레밍은 그 분야를 이미 알았다. 데인저에서 전화 소프트웨어를 작성했기 때문이다.

마이크 플레밍은 2000년 초 실리콘 밸리에 와서 이젤이란 회사에서 일했는데 그곳에서 에릭 피셔(나중에 안드로이드 텍스트 기능을 작업)를 만났다. 1년 만에 이젤은 자금이 바닥나 거의 모든 사람을 해고했다. 첫 매킨토시 팀 엔지니어이자 이젤 창업자 중 한 명인 앤

---

1   사실이다. 자신의 스마트폰에서 전화 기능을 찾아보라.

디 허츠펠드[2]는 많은 직원이 애플이나 데인저[3]에서 일자리를 찾을 수 있도록 도왔다. 플레밍과 피서는 데인저로 갔다.

데인저는 그즈음 제품의 초점을 휴대 전화로 바꾸었다. 플레밍은 전화 애플리케이션 개발을 위해 채용됐는데 엔지니어링 관리자는 몇 주가 걸리리라 생각했다. 플레밍이 말했다. "우리는 그게 수많은 산업 표준과 인증으로 들어가는 입구라는 걸 깨달았어요. 그래서 예상보다 좀 더 복잡했습니다."

플레밍은 약 4년간 데인저에 남아서 일하다가 그가 아는 전 데인저 사람들이 있는 안드로이드 면접을 봤다. 그는 안드로이드에서 2005년 11월부터 일하기 시작했고 안드로이드 전화 기능 개발 업무를 맡았다. 적어도 그는 복잡한 그 일을 두 번째에는 어떻게 해야 할지 더 나은 아이디어를 갖고 있었다.

플레밍은 그 일을 맡으며 엇갈리는 감정을 느꼈다. "나는 안드로이드가 정말 세상에 나오기를 바라서 합류했어요. 그러나 솔직히 말해 정말 그 일을 하고 싶지는 않았어요. 전화 작업을 하느라 일종의 소진 상태였거든요. 그러나 누군가는 그 분야의 전문 지식을 발휘해야 했어요. 나는 안드로이드 일을 하려고 구글에 입사했지만 1.0 이후에도 남아 있을 생각은 없었습니다. 그래서 프로젝트에 들어가면서 기분이 이상했죠."

당시 안드로이드의 상태는 전화 외에도 다른 할 일이 많았다. 그래서 플레밍은 다른 작업도 맡았다. 예를 들어 그는 스웨트랜드와 함께

---

2 앤디 허츠펠드는 나중에 구글에 입사했고 초기에 안드로이드 팀과의 몇몇 미팅에 참석하기도 했다.
3 앤디 허츠펠드는 앤디 루빈을 알고 있었다. 허츠펠드는 제너럴 매직이라는 회사의 공동 창업자였고 앤디 루빈은 1990년 초 그곳에서 일했다.

디버그 로깅을 좀 더 효율적이면서 개발자들이 접근하기 좋게 만드는 작업을 했다. 안드로이드에서 이 시스템은 logcat이라 알려졌는데 로그 파일을 cat[4]하는 것을 뜻했다.

댄 본스테인이 재택근무 중 안드로이드 엔지니어링 팀에 '내가 키보드를 쓰지 못하게 방해하는 로그캣'이라는 제목으로 이메일을 보냈다(사진은 댄 본스테인의 허락을 받고 게재).

플레밍은 자바 런타임 개발도 도왔다. 댄 본스테인이 새로운 달빅 런타임을 개발하고 있었지만 팀은 그동안 대신 사용할 게 필요했다. 플레밍이 오픈 소스 자바 런타임인 잼VM 작업을 맡았다. 팀은 잼VM으로 자바 코드를 작성했고 그는 전화 소프트웨어 코드를 작성하는 데 필요한 기능을 확보했다. 달빅이 돌아가기 시작하자 그는 작업을 마무리할 수 있었다.

전화 작업에서 까다로운 부분 한 가지는 G1 폰이 티모바일의 새로운 3G 기능과 함께 출시된다는 점이었다. 티모바일도 같은 시기에 자사 네트워크를 작업하고 있어서 안드로이드 팀은 그걸 테스트할 방법이 필요했다. 그래서 티모바일은 G1 사용자들이 새 네트워크를

---

4 유닉스 명령어로 파일 내용을 출력하는 데 사용한다. cat은 'concatenate'을 의미하는데 여러 파일을 연결해 출력할 수도 있다.

테스트해 볼 수 있도록 전용 3G COW_{Cell On Wheels}[5]를 구글 구내에 주차시켰다.

COW #1: 티모바일이 안드로이드 건물 근처에 세운 이동형 기지국 중 하나(사진은 에릭 피셔의 허락을 받고 게재)

플레밍이 안드로이드에서 전화가 동작하게 만들었지만 전화 애플리케이션(다이얼러로 알려진)을 만들지는 않았다. 그는 그 일을 하고 싶어 했지만 말이다. 데인저, 비-팜소스, 웹티비-마이크로소프트에서 일했던 사람들의 파벌 간에 심각한 아키텍처 의견 충돌이 있었다. 결국 엔지니어링 팀을 운영하던 스티브 호로위츠가 관여해서 팀이 충돌과 미결정의 기간을 끝낼 수 있도록 처리했다. 플레밍은 당시를 기억했다. "어느 시점에 데인저 사람들이 시스템의 하위 부분을 작업하고 팜과 마이크로소프트 사람들이 상위 부분을 작업하기로 결정이 내려졌어요. 내 생각에는 스티브 호로위츠가 브라이언 스웨트랜드와 함께 그 타협을 중재했던 것 같아요. 당시에 나는 불만스러워했던 기

5   정확히 이러한 상황을 위해 존재하는 이동형 무선 기지국

COW #2: 테스트를 위해 구글 구내에 세워진 또 다른 기지국(사진은 에릭 피셔의 허락을 받고 게재)

억이 납니다. 나는 그 결정에 참여하지 못했거든요. 그렇지만 그렇게 해결은 됐죠."

데인저와 비-팜소스·마이크로소프트 팀의 분열은 다른 긴장과 철학적 차이를 불러일으켰다. 예를 들어 다이앤이 인텐트 모델을 제안했는데 이는 애플리케이션이 다른 앱을 실행해 특정 동작을 처리하게 하는 안드로이드의 메커니즘이다. 이를테면 '사진 찍기'는 카메라 앱을 띄우고 '이메일 보내기'는 이메일 앱을 실행하는 것이다. 애플리케이션은 처리할 수 있는 인텐트를 매니페스트manifest(애플리케이션에 함께 딸려 있는 파일로 앱에 대한 요약 정보가 담겨 있다)에 등록할 수 있었다. 애플리케이션 코드 자체가 아니라 매니페스트 파일에서 얻을 수 있는 정보를 가지고 시스템은 실행해야 하는 앱을 찾을 필요

없이 어느 앱이 인텐트를 빨리 처리할 수 있는지 알아볼 수 있었다.

그러나 팀의 다른 사람들은 납득하지 못했다. 황웨이가 말했다. "당시 우리는 말했어요. '왜 이렇게 복잡하게 만들어야 하죠?' 크리스 드살보와 마이크 플레밍이 단순하게 만드는 방식을 옹호했던 걸로 기억해요. 앱이 실행되고 있으면 그냥 처리하는 거죠. 다이앤은 플랫폼을 확장하는 방법에 관해 상세한 아이디어를 몇 가지 더 가지고 있었던 것 같아요. 그러나 동시에 나는 액티비티 수명 주기[6]가 좀 복잡했다고 생각해요. 그리고 스웨트랜드는 그것들이 너무 복잡해서 불만을 느꼈어요."

마이크 플레밍이 덧붙였다. "액티비티와 인텐트의 대안에 대해 의견을 나누는 토론회는 전혀 열리지 않았어요. 그게 아마도 내가 가장 화가 난 일이었던 것 같아요. 더 낮은 레이어 작업을 해 본 사람으로서 전문 지식을 가지고 있을 뿐 아니라 예전 회사에서 더 높은 레이어 작업에도 참여했기 때문에 내가 전체 비전의 일부가 될 수 없다는 게 정말 화가 났어요."

황웨이가 말했다. "그 사람들은 모바일 운영 체제를 만든 경험이 많았죠. 난관이 없지는 않았어요. 서로 함께 일하는 법을 찾아야 했죠. 우리는 의견이 서로 달랐으니까요. 그리고 아주 의견들이 강했어요.

---

6 안드로이드의 액티비티 수명 주기는 애플리케이션 상태를 제어하는 시스템이다. 애플리케이션은 실행되거나 실행되지 않거나 둘 중 하나라고 생각하겠지만 실제는 훨씬 복잡하다. 예를 들어 애플리케이션은 포그라운드(사용자가 앱과 상호 작용하며)에서 실행될 수도, 백그라운드(또 다른 애플리케이션이 포그라운드에서 실행될 때)에서 실행될 수도 있다. 애플리케이션이 시작되면 포그라운드로 옮겨졌다가 백그라운드로 보내졌다가 결국 종료되는데 수명 주기의 여러 단계를 거친다. 이 수명 주기 단계 간 구분은 안드로이드 개발자가 애플리케이션에 대해 이해해야 하는 내용 중 하나이고 완전히 이해하기에는 더욱 복잡한 부분 중 하나다.

전반적으로 봤을 때는 우리는 그런 차이를 그럭저럭 헤쳐 나간 것 같아요. 모두가 그렇지는 않았어요. 마이크 플레밍이 떠났거든요."

1.0이 나오기 6개월 전인 2008년 봄 플레밍은 안드로이드를 떠났다. 그가 말했다.

"제품을 하나로 합치려고 애쓰고 있었죠. 나는 제품을 세상에 내보내는 건 완전히 불가능하다고 느꼈어요. 소프트웨어는 기기에서 잘 돌아가지 않았고 느렸고 자주 충돌했어요. 사용할 수 있을 정도로는 돌아갔지만 불만족스럽고 실망스러운 제품이었어요.

전화와 달빅은 잘 관리되고 있었어요. 그래서 출시를 돕기 위해 내가 할 수 있는 일이 없다고 생각했죠. 나는 출시 후에도 남아 있을 거라고 기대하지 않았어요. 완성을 돕기 위해 내가 무엇을 할 수 있을지 모르겠더군요. 그래서 스타트업에 들어가려고 그만두었습니다."

당시 안드로이드에 대한 플레밍의 감정에도 불구하고 그는 떠나기 전에 전화 기능이 동작하게 만들었고 제품은 1.0으로 향하는 긴 여정을 계속했다.

황웨이와 메시지

안드로이드 최근 릴리스 사용자라면 구글에서 제공하는 많은 메시지 애플리케이션을 보고 의아해할 것이다. 그러나 안드로이드에는 이러한 앱이 늘 많았다. 어느 정도까지는 메시지 제품 종류가 많았던 탓이다. 이를테면 SMS(통신 회사를 통해 보내는 문자 메시지), MMS(사진 또는 단체 문자 전송), 인스턴트 메시지(다양한 종류), 비디오 채팅 등이 있었다. 초창기에도 사람들에게 메시지를 보내는 방법이 여러 가지 있었는데 대부분은 서로 다른 기반 프로토콜을 사용했고 서로 다른 앱을 요구했다. 그러나 그 모든 작업을 오로지 한 엔지니어가 했다. 바로 황웨이였다.

2006년 봄 황웨이는 안드로이드 브라우저 팀에서 일하고 있었다. 그러나 몇 년간 브라우저를 개발한 후(마이크로소프트, 아방고, 데인저, 안드로이드 순으로) 그는 새로운 뭔가를 하고 싶었다. 스티브 호로위츠가 황웨이에게 메시지를 맡아 보라고 제안했다. 안드로이드에 메시지 기능이 필요했는데 아무도 그 일을 맡지 않았기 때문이다. 그래서 황웨이는 구글 토크 애플리케이션뿐 아니라 SMS도 작업했다.

이 앱들을 둘 다 담당한다는 건 한 엔지니어가 많은 일을 하는 것처럼 보일 수 있다(그리고 실제로 이제는 여러 사람으로 이뤄진 여러 팀이 해당 앱을 개발한다). 사실 이 앱들이 동작하는 데 기초를 이루는 메커니즘은 서로 꽤 달랐는데 특히 SMS 메시지에 필요한 통신 회사 요구 사항이 서로 달랐다. 그러나 안드로이드 초기에 이는 일반적인 업무량이었다. 황웨이가 말했다. "당시에 우리는 기능당 엔지니어 한 명이라는 사치를 누리지 못했습니다. 사람들은 앱을 하나 또는 두 개씩 담당했어요."

황웨이는 구글 토크 작업에 먼저 뛰어들었는데 금세 시연할 수 있게 만들었다. 그렇게 만드는 데 도움이 된 한 가지는 구글 토크(구글 서버에 완전한 백엔드를 갖추고 있었고 데스크톱 앱으로 이미 존재했다)가 메시지를 전송하는 데 완전한 기능을 갖춘 프로토콜(XMPP[7])을 사용했다는 점이었다. 그래서 황웨이가 서버 연결을 설

---

7 Extensible Messaging and Presence Protocol
   (옮긴이) 구글은 현재 XMPP를 거의 사용하지 않는다.

정하고 메시지를 주고받는 앱을 만들기가 비교적 수월했다.

황웨이의 앱을 시연 프로그램에서 제품으로 만드는 데 어려웠던 부분 한 가지는 서버와 클라이언트 간 연결을 유지하는 것이었다. 연결이 자주 끊겼는데 클라이언트는 연결이 끊겨 메시지가 나가지 않은 줄 모르고 메시지를 계속해서 보냈다. 황웨이는 연결을 좀 더 신뢰할 만하게 만드느라 프로젝트에서 많은 시간을 썼는데 불가피한 끊김과 재시도를 처리하는 로직을 만들었다.

시스템의 기초가 일단 동작하자 서비스 팀을 이끌던 마이클 모리시가 모든 구글 앱(지메일, 주소록, 캘린더 포함)에 이 연결을 사용하자고 제안했다. 각각의 앱이 백엔드에 따로 연결을 유지하는 게 아니라 모든 앱이 단일한 지속적 연결을 공유할 수 있었다. 기기의 소프트웨어가 앱 데이터를 묶어 단일한 파이프를 통해 서버에 보내고 서버로부터 응답을 받아 해당 애플리케이션에 전달하는 방식이었다. 이것은 마이클이 데인저에서 구성하는 걸 도왔던 아키텍처와 비슷했다.

이 연결은 기존 앱에서도 사용할 수 있었을 뿐 아니라 다른 앱에서 오는 메시지를 푸시하는 데도 사용할 수 있었다. 찰스 멘디스는 그의 바운스 애플리케이션에서 친구의 위치가 바뀔 때 지도 앱에 알림을 보낼 수 있기를 바랐다. 이 지속적 연결을 통해 푸시 메시지가 가능해지자 지도 서버는 위치가 바뀌어서 기기에 그 정보를 보내야 할 때를 알 수 있게 됐고, 지도 앱에 위치 변경 정보를 보내 화면에 위치를 업데이트할 수 있었다.

황웨이는 데바짓과 함께 구현 작업을 했는데 이 모든 인프라스트럭처를 기존 구글 토크 연결 위에 올렸다. 그들은 구글 앱뿐 아니라

푸시 메시지를 사용하기를 원하는 어느 앱에서나 이 연결을 사용할
수 있도록 1.0에 이 기능이 출시되기를 바랐다. 그러나 보안 팀에 이
야기했더니 "이건 출시할 수 없어요"라는 이야기를 들었다. 안전하지
않아서였다.

그래서 메시지를 푸시하는 기능과 API가 0.9 릴리스에서 제거됐
다. 안드로이드 0.9 SDK 베타 릴리스 노트에는 다음과 같은 내용이
있다.[8]

> '외부' 기기로부터 임의의 데이터를 받을 때 내재하는 보안 위험
> 때문에 GTalkService의 데이터 메시지 기능은 안드로이드 1.0에
> 는 들어가지 않는다. GTalkService는 구글 토크 인스턴트 메시지
> 용 구글 서버로 연결을 제공할 예정이지만 서비스를 개선하는 동
> 안 API는 이번 릴리스에서 제거됐다. 이는 구글 고유 서비스가 될
> 것이고 안드로이드의 핵심적인 부분이 아니라는 점에 주의하라.

이 기능은 나중에 안드로이드에 들어갔고(팀이 보안 문제를 수정한
후) 결국 구글 클라우드 메시지[9]라는 구글 플레이 서비스 라이브러리
로 나온다.

SMS

한편 황웨이는 SMS 작업도 하고 있었다. 대부분의 프로젝트 작업은
통신 회사 인증에 필요한 복잡한 기능과 요구 사항을 구현하고 완벽

---

8 *https://developer.android.com/sdk/OLD_RELEASENOTES#0.9_beta*
9 나중에 파이어베이스 클라우드 메시지로 바뀐다.

하게 만드는 것이었다. 그는 말했다. "통신 회사 때문에 괴로웠어요."

오랫동안 황웨이는 혼자서 일했다. 그러나 1.0이 가까워지자 안드로이드는 중국에 있는 에스머텍Esmertec 엔지니어들과 함께 일했는데 특히 SMS와 MMS를 통합하고 통신 회사 규정에 맞게 동작하도록 만들기 위해서였다.

카메라와 오디오 드라이버를 개발해 온 피커스 역시 문자 메시지 기능이 신뢰할 만하게 동작하도록 만드는 작업에 합류했다. 그는 안드로이드 메시지 기능을 더 좋게 만들려는 개인적 열정이 있었다. "나는 좋은 안드로이드 개밥 테스터dogfooder[10]가 되려고 했는데 문자 메시지 기능을 써 보니 잘 안 되더군요. 어렸을 때는 문자 메시지 기능에 뭐가 부족한지 보였던 거 같아요. 문자 메시지는 2000년대 중반 사회생활의 큰 부분이었거든요. 나는 버그를 고치기 시작했고 코드를 저장소에 올렸어요. 내가 하던 일을 그만두고 SMS 작업을 시작해도 좋다는 승인은 받지 못했지만 그냥 했어요. 누군가는 고쳐야 했으니까요."

도움을 준 또 다른 사람은 우페이쑨[11]인데 프로젝트를 관리하고 있었다(안드로이드에서 다른 프로젝트도 추가로 관리했다). 외부 계약자와 통신 회사 테스트 같은 관리해야 할 세부 내용이 많았다.

---

10 개밥 테스트('개밥을 직접 먹어 보라'에서 유래)는 자사 제품을 직접 테스트하는 것을 의미한다.
　(옮긴이) 1970년대 아폴로 개 사료 광고에 출연한 배우가 해당 제품을 실제로 자기 개에게 먹인다고 했다는 데서 유래했다는 설과 칼 캔 펫 푸드 사장이 주주 총회에서 자사 사료를 직접 먹었다는 데서 유래했다는 설이 있다. 1988년 마이크로소프트 관리자 폴 매리츠가 '개밥을 직접 먹어 보라'는 제목의 이메일을 보내면서 회사 제품을 내부에서 사용하는 것이 중요함을 강조한 일을 계기로 소프트웨어 세계에서 널리 쓰이는 말이 됐다.
11 우페이쑨에 대해 더 자세한 이야기는 '27장 모든 걸 관리하다'를 보라.

통신 회사 테스트 때문에 통신 프로젝트가 복잡해졌다. 피커스는 "통신 회사 규정 준수 인증 작업이 많았는데 날 미쳐 버리게 했죠. 특히 MMS 표준은 정말 복잡했어요. 애니메이션을 실행하고 소리를 재생하는 슬라이드쇼와 이미지를 만드는 것과 관련 있는 모든 작업이었죠. 그런데 사람들이 실제로 원하는 건 사진 한 장을 보내는 것이라는 사실을 모두 알면서도 통신 회사 인증을 통과해야 했기 때문에 전부 구현해야 했어요"라고 설명했다.

2008년 6월 피커스, 황웨이, 우페이쑨은 중국으로 날아가서 외부 계약자와 함께 작업했다. 쓰촨四川에서 막 대형 지진이 나서 그들은 베이징北京에서 만나 2주간 구글 사무실에서 작업했다.

피커스는 이후 출장에서 똑같은 팀과 함께 일했던 걸 기억했다. "2008년 여름 출시를 위해 애쓰고 있었어요. 모든 프로토타입 기기

2008년 6월 베이징 출장 도중 황웨이와 피커스(사진은 우페이쑨의 허락을 받고 게재)

는 구글 직원의 관리를 받아야 했어요. 외부 계약자는 전부 중국 청두成都에 있었죠. 우리는 전에 베이징에서 만난 적이 있었어요. 하지만 이번에는 올림픽 기간이어서 만날 만한 장소가 마땅치 않았죠. GSM[12] 네트워크를 사용할 수 있고 테스트 기기가 있는 구글 사무실이 있어야 하고 외부 엔지니어들이 비자를 받아서 갈 수 있는 곳을 찾아야 했습니다. 그래서 2주간 취리히에서 만났죠."

구글 토크와 SMS(그리고 MMS)는 모두 1.0 출시에 맞춰 완성됐다.

---

12 (옮긴이) 유럽 통신 표준 협회에서 개발한 2세대 디지털 이동 통신 기술 표준

24

개발자들에게
쓸 만한 도구를 제공하라

"개발자, 개발자, 개발자, 개발자, 개발자, 개발자, 개발자, 개발자,
개발자, 개발자, 개발자, 개발자, 개발자, 개발자."

– 스티브 발머(Steve Ballmer), 마이크로소프트[1]

안드로이드가 성장한 이유 하나는 함께 만들어진 개발자 생태계로,
사람들은 그 생태계에서 수천 개(이제는 수백만 개)의 애플리케이션
을 찾아 다운로드해서 사용할 수 있다.

그런데 이러한 생태계는 저절로 생기지 않는다. 특히 시장 점유율
이 없는 새 플랫폼의 경우 더욱 그렇다. 애플리케이션 개발자들의 진
입 장벽을 낮추고 개발자들이 자기 애플리케이션을 쉽게 작성하고
판매할 수 있도록 하기 위해 안드로이드는 개발자 도구를 제공해야
했다.

완고한 개발자들은 코드를 작성하고 터미널에서 이해하기 힘든 명

---

1 오래 전 마이크로소프트 콘퍼런스에서 무대를 앞뒤로 휘젓고 다니며 "개발자!"라고 되풀
이해서 외치는 스티브 발머(당시 마이크로소프트 CEO)의 유명한 영상을 온라인에서 찾
을 수 있다. 어찌 보면 그 영상은 기술 역사에서 익살스러운 부분인데(그리고 업계의 밈
이다) 어찌 보면 그는 틀리지 않았다. 마이크로소프트 같은 회사와 안드로이드 같은 프로
젝트에는 플랫폼을 위해 애플리케이션을 작성하는 개발자가 정말 가장 중요하다.

령을 사용해서 그 코드를 애플리케이션으로 컴파일한다. 그 개발자가 단지 "Hello, World!"[2]를 작성하고 싶었다면 필요한 건 아마 그게 전부일 것이다.

그러나 실제 애플리케이션에는 많은 양의 코드와 여러 가지 파일, 이미지 리소스, 텍스트 문자열을 비롯한 여타 자료가 들어간다. 컴파일러 명령과 텍스트 편집기를 가지고 수작업으로 그 모든 걸 코딩해서는 그러한 복잡성 수준을 감당할 수 없다.

자비에 듀코이가 2007년 4월 팀에 들어온 이유는 이 일 때문이었다.

자비에 듀코이와 SDK

자비에는 몇 년간 도구 작업을 했다. 안드로이드 이전에는 비트웨어 Beatware에서 그리기 도구를 만들고 있었는데 그다지 안정적인 일자리는 아니었다. "급여가 늘 별로였죠." 그러나 그가 미국에서 일할 수 있게 해 줄 영주권 발급이 처리 중인 상황이어서 회사를 떠나면 그 과정이 위험에 처할 수 있었다. 또한 그는 작은 회사에 위기를 일으키지 않아야 한다는 책임감을 느끼고 있었다. "내가 떠나면 회사가 실패할 것 같았어요."

비트웨어는 결국 2006년 후반 하이피어리언 소프트웨어Hyperion Software에 인수됐다. 자비에는 그 회사에 좀 더 남아 있기로 결정했는데

---

2 "Hello, World!"는 개발자가 작성하는 첫 번째 애플리케이션의 표준으로 여겨진다. 이것은 애플리케이션의 존재를 알리려고 사용자에게 "Hello, World!"를 출력하는 것 외에는 별다른 일을 하지 않는 애플리케이션이다. 물론 프로그래머는 앱의 존재 가능성에 대한 첫 증명으로 좀 더 흥미로운 것을 제시할 수도 있다. 어쩌면 파이값을 계산하거나 그림을 그릴 수도 있을 것이다. 그러나 'Hello'라고 하는 것은 분명히 개발자로서 성취의 절정이다. 아마도 어두운 컴퓨터 과학 연구실에서 성장한 탓에 실제 사람에게 'Hello'라고 말할 기회가 제한되어 있었으니 신나는 일일 것이다.

그가 가지고 있던 주식 때문이었다. 그러나 2007년 3월 오라클이 하이피어리언을 인수했고 더 이상은 어쩔 수 없었다. 자비에는 오라클에 들어가고 싶지 않았다. 그는 구글에서 일하고 있던 그의 오랜 친구인 마티아스 아고피안에게 연락했다.

자비에는 비밀 프로젝트인 안드로이드에 대해 잘 알고 있었다. 비트웨어가 몇 가지 그래픽 기술 제공에 관해 초기에 안드로이드와 이야기를 나누고 있었기 때문이다. 비트웨어는 벡터 기반 이미지 편집 도구를 제공했고 안드로이드에서 사용자 인터페이스 그래픽에 사용했다. 벡터 이미지는 크기를 키웠을 때 순수한 비트맵 이미지보다 더 좋게 보인다는 이점이 있었다. 비트맵 이미지는 크기를 키우면 각이 지고 찌그러졌다. 그러나 안드로이드는 결국 그 용도로 나인패치 NinePatch[3]라는 독자적인 이미지 표현 방식을 개발했다.

자비에는 마티아스를 비 커뮤니티 시절부터 몇 년간 알았다. 자비에는 프랑스에서 대학을 다닐 때 BeOS를 가지고 놀았다. 그는 당시 파리 비 커뮤니티를 알게 됐고 마티아스와 장래 안드로이드 엔지니어가 될 장 바티스트 케루도 알게 됐다. 그래서 자비에는 새로운 일자리가 필요해지자 마티아스에게 연락했다. 그는 비트웨어에 있을 때 안드로이드 팀과 면접을 본 적이 있어서 해당 면접은 그냥 스티브 호로위츠와 점심 식사를 하는 것으로 진행됐다. 그는 3주 후 2007년 4월부터 일하기 시작했다.

---

3 나인패치 이미지는 이미지 크기가 바뀔 때 이미지에서 키우거나 키우지 말아야 하는 영역을 정의해서 크기를 키운 이미지를 더 보기 좋게 만들었다. 예를 들어 버튼의 둥근 모서리는 버튼 크기와 상관없이 절대 크기를 유지하는 반면 버튼의 내부 백그라운드는 새 크기로 조정된다. 안드로이드는 결국 몇 년 후 벡터 이미지 형식을 제공했고 나인패치를 대부분 대체했다.

첫날 자비에는 스티브 호로위츠, 마이크 클러론과 만났는데 그들은 그에게 도구 작업을 해 보라고 제안했다. 처음에 자비에는 DDMSDalvik Debug Monitor Server[4] 작업에 뛰어들었다. DDMS는 개발자의 데스크톱 시스템에서 실행되는 도구로 여러 가지 도구가 많이 들어 있었다. 예를 들어 DDMS는 호스트 컴퓨터에 연결된 안드로이드 기기에서 실행 중인 애플리케이션 목록을 제공했다. 그중 하나를 선택하면 애플리케이션이 호스트 컴퓨터 8700 포트에 연결됐는데 그렇게 되면 디버깅 도구로 해당 애플리케이션을 디버깅할 수 있었다.

자비에의 업무 개시 프로젝트는 DDMS에서 네이티브 메모리를 시각화할 수 있게 하는 작업이었다. 이는 대부분의 안드로이드 개발자에게는 그다지 중요하지는 않았지만 당시 안드로이드 플랫폼 팀에는 매우 중요했다. 그 프로젝트 후 그는 한 덩어리로 된 DDMS 도구를 핵심 기능, 사용자 인터페이스 레이어 그리고 다른 두 가지를 독립 실행 도구로 이어 붙이는 접착 코드로 구성된 별도의 부분들로 리팩터링했다.

DDMS를 리팩터링해서 자비에는 각 부분을 이클립스라는 기존 오픈 소스 통합 개발 환경과 연결할 수 있었다. 6월 그는 나머지 안드로이드 팀에 시연할 수 있었다. 시연 내용은 통합 개발 환경 내에서 애플리케이션 프로젝트를 열어서 컴파일하고 에뮬레이터에 배포해 실행하고 코드 중단점[5]에서 멈춰서 명령에 따라 코드를 단계별로 실행해 나가는 전체 작업 흐름이었다.

---

4 DDMS는 기기의 다른 서비스와 연결하기 위해 달빅 런타임과 통신했다.
5 중단점은 코드 특정 줄에 디버거로 표시를 해 놓는 것이다. 애플리케이션이 실행 도중 그 줄에 도달하면 실행을 멈추고 개발자는 디버거로 변수의 현재 값과 프로그램의 전반적인 상태를 볼 수 있다.

첫 SDK 출시일인 2007년 11월 12일 자비에(사진은 브라이언 스웨트랜드의 허락을 받고 게재)

이 프로젝트는 안드로이드에서 일이 어떻게 진행됐는지 보여 주는 좋은 예다. 누군가가 문제를 발견하면 해법을 강구해 냈다. 그것도 아주 빨리. 자비에는 4월 말에 합류했다. 일을 시작한 지 두 달 후 그는 완전하게 동작하는 새로운 도구를 팀에 시연했다. 그 도구 모음은 몇 달 후 SDK가 출시됐을 때 외부 개발자에게 제공되어 몇 년간 안드로이드 개발자 툴체인의 기반이 됐다. 그가 회사에 들어와 팀에 합류했을 땐 안드로이드에 대해 아는 게 아무것도 없었지만 단지 몇 달 만에 모든 안드로이드 개발자(플랫폼과 애플리케이션, 내부와 외부)에게 기반이 되는 도구를 제공했다.

자비에는 통합 개발 환경 프로젝트를 끝내자 안드로이드용 SDK를 만들었다. SDK는 설치 가능한 애플리케이션 개발자용 도구와 여타 코드 묶음으로 안드로이드 이클립스 플러그인(그리고 DDMS, ADB

Android Debug Bridge, 트레이스뷰 같은 모든 하위 도구)과 안드로이드 자체를 포함했다. 안드로이드 부분에는 개발자가 자신의 프로그램을 작성할 수 있는 코드 라이브러리, 에뮬레이터에서 실행할 수 있는 안드로이드 시스템 이미지, 개발자가 해야 하는 작업을 찾을 수 있는 문서가 포함되어 있었다. 자비에는 이번에도 필요를 파악하고 모든 걸 한데 모았다. 그리고 그건 그가 잘하는 일이었다. 이 작업은 2007년 8월경 한데 합쳐졌다. 그러는 동안 안드로이드 SDK는 그해 11월 출시되기로 정해졌는데 출시할 제품이 생긴 건 팀에 잘된 일이었다.

데이비드 터너와 에뮬레이터

초기 플랫폼 개발에서 개발자에게 아주 중요한 도구 한 가지는 그 플랫폼을 실행할 기기다. 애플리케이션을 실행할 수 없다면 앱이 의도대로 동작하는지 어떻게 검증할 수 있겠는가?

그러나 안드로이드가 처음 개발될 때 플랫폼을 실행할 기기는 사실상 없었다.[6] 그래서 팀은 가상 기기를 작성할 사람을 데려왔는데 바로 데이비드 터너(팀에서 쓴 별명은 'digit')였다.

첫 안드로이드 에뮬레이터를 작성하기 전 데이비드 터너는 글꼴 렌더링 라이브러리인 프리타입의 원저자로 프로그래밍계에서 유명했다. 구글이란 회사가 재미있는 점 한 가지는 특별한 일을 해서 유명한 사람이 많은데 구글에서는 그것과는 전혀 관련 없는 일을 하고 있다는 것이었다. 나는 유명한 고전 게임 개발자, 필수 그래픽 알고리즘 창안자, 3D 그래픽 전문가를 알고 있는데 그들이 유명해진 계

---

6 나중에 1.0 출시가 가까워졌을 때에도 기기는 여전히 구하기 어려웠다. 플랫폼과 기기 하드웨어가 동시에 개발되지 않았기 때문이다.

기가 된 소프트웨어 업적과 약간이나마 관련 있는 소프트웨어를 구글에서 개발하는 사람은 없었다.

다른 회사들은 사람들이 한 일을 보고 채용하고 그 일을 더 하라고 한다. 구글은 어떤 사람인지 보고 채용하고 그들에게 필요한 일은 뭐든 하라고 한다. 그 사람들이 과거에 한 일은 그들이 무엇을 할 수 있는지 보여 주는 훌륭한 예이지만, 구글이 보기에는 그들이 할 수 있는 일로 그들을 제한할 필요는 없었다. 그렇게 해서 뛰어난 글꼴 렌더링 전문가가 구글에서 에뮬레이터를 개발하게 됐다.

터너는 어렸을 때 애플 II+에서 베이식과 어셈블리 언어로 프로그래밍을 하면서 성능을 높이는 코딩에 대해 공부했고 그 과정에서 성능 향상을 위한 코딩의 중요성을 배웠다. "당시 컴퓨터는 성능이 부족해서 원하는 것을 얻어 내려면 모든 세세한 부분까지 처리해야 했어요."

몇 년 후 터너는 IBM에서 개발한 운영 체제인 OS/2를 실행하는 컴퓨터를 사용하고 있었는데 사용된 글꼴이 마음에 들지 않았다. 그래서 그는 스스로에게 도전 과제를 제시했다. 그는 명세를 직접 보고 가능한 한 적은 메모리와 코드를 사용하는 트루타입TrueType[7] 글꼴 렌더러를 작성했다. 그 결과로 만들어진 것이 프리타입 렌더러다. 그는 프리타입을 오픈 소스로 공개했다. 프리타입은 인기를 얻었고 텔레비전부터 카메라, 안드로이드까지 제한된 임베디드 시스템에서 널리 사용됐다. 프리타입은 안드로이드 그래픽 엔진인 스키아의 글꼴 렌더러였고 지금도 그렇다.

---

7 트루타입은 애플에서 1980년대 후반 만든 글꼴 형식이다.

2006년 안드로이드 팀의 한 엔지니어(임베디드 프로그래머를 늘 찾고 있었다)가 프리타입 소스 코드에서 터너의 이름을 보고 연락했다. "물론 왜 구글에서 내게 연락했는지 아무도 이야기해 주지 않았어요. 그래서 나는 엄청난 분량의 HTML, SQL, 웹 서버, 데이터베이스 자료를 읽고 면접을 준비했습니다. 놀랍게도 면접 질문은 죄다 기반 데이터 구조, 알고리즘, 임베디드 시스템에 대한 것이었어요. 그래서 내가 처음에 예상했던 것보다 대답을 더 잘할 수 있었죠."

터너는 2006년 9월 안드로이드 팀에서 일하기 시작했다.

터너의 첫 프로젝트는 C 프로그래밍용 유틸리티 라이브러리를 실행되게 하는 것이었다.[8] 안드로이드는 당시 아주 작은 기본 C 라이브러리를 사용하고 있었는데 필요한 기능이 부족했고 플랫폼을 언젠가 오픈 소스로 공개하기에는 라이선스에 제한이 많았다. 터너는 다양한 라이선스와 호환되는 BSDBerkeley Software Distribution[9] 유닉스 라이브러리를 가지고 안드로이드 '바이오닉Bionic' 라이브러리를 만들었는데, 리눅스 커널과 통합하고 BSD 코드 기반에 없는 리눅스 또는 안드로이드 고유 기능을 지원하기 위해 새로운 코드를 결합시켰다.

이 라이브러리 작업이 끝난 후 터너는 에뮬레이터 개발로 옮겼다.

처음에 안드로이드에는 시뮬레이터가 있었다. 시뮬레이터는 개발자의 데스크톱 컴퓨터에서 실행되어 안드로이드 기기 동작을 흉내내는 프로그램이다. 그러나 시뮬레이터는 많은 세부 동작을 제대로 흉내내지 못했다. 다시 말하자면 시뮬레이터는 겉으로 드러나는 시스

---

8 자바가 안드로이드 애플리케이션을 위한 주 프로그래밍 언어이기는 했지만 안드로이드 자체 내부 코드는 C, C++, 심지어 어셈블리어로도 작성됐다.
9 방임형 라이선스를 사용하는 유닉스 운영 체제

템의 동작은 흉내냈지만 많은 내부 세부 사항은 무시했다. 이는 전반적인 시스템 동작이 실제 기기 동작을 충실히 재현하지 않는다는 의미였다(그리고 실제 테스트에서 신뢰할 수 없었다).

패튼이 첫 시뮬레이터를 작성했지만 안드로이드에 일이 끊임없이 밀어닥쳐서 유지 보수하는 데 지쳐 있었다. 터너는 당시를 기억했다. "시뮬레이터는 우리가 고급 기능을 만들 때마다 그걸 고치느라 진저리가 난 엔지니어 한 명이 유지 보수하고 있었어요. 계획을 세웠습니다. 시뮬레이터는 사실상 죽었으니 좋은 에뮬레이터가 필요하다고요."

안드로이드는 큐에뮤Qemu라는 오픈 소스 프로젝트에 기반을 둔 에뮬레이터 개발을 이미 시작했었다. 큐에뮤는 터너의 친구인 파브리스 벨라르Fabrice Bellard가 만들었다. 터너는 이 구현을 완전히 뜯어고쳤다. "우리는 당시 큐에뮤 원본의 매우 오래된 버전을 아주 공격적으로 수정해 사용하고 있었습니다. 뭐가 어떻게 돌아가는지 정확히 아는 사람이 아무도 없었죠." 터너는 큐에뮤 최근 버전을 가져와서 작업을 시작했는데 그것대로 문제가 있었다. "당시(2006~2010년경) 큐에뮤 개발은 매우 안 좋았습니다. 단위 테스트도 전혀 없었고 전역 변수[10]가 여기저기 깔려 있었어요."

터너는 결국 에뮬레이터가 더 잘 돌아가도록 만들었지만 해야 할 일이 여전히 많았는데, 이를테면 리눅스 기반 큐에뮤 프로젝트를 윈도우와 맥에서도 동작하게 해야 했고, 테스트를 더 잘할 수 있도록

---

10 전역 변수는 코드 어디에서나 접근할 수 있는 변수다(좀 더 '범위가 엄격해서' 더욱 제한된 영역에서만 사용할 수 있는 변수와는 반대). 전역 변수는 전체 소스 코드에 걸쳐 정보를 공유할 수 있는 쉬운 방법을 제공하지만 문제를 일으킬 수 있는데, 특히 코드가 커지고 여러 개발자가 코드에 기여하면 그렇다. 어떤 변수에 언제 접근하는지 판단하기 어렵기 때문이다. 그래서 실제 코드에 전역 변수가 등장하면 눈쌀을 찌푸리게 된다. 특히 여러 사람이 참여하는 큰 프로젝트에서 그렇다.

에뮬레이터에서 안드로이드에 고유한 부분을 분리해야 했다.

에뮬레이터는 당시 대단히 중요했다. 하드웨어 기기를 구하기가 매우 어려웠기 때문이다. 실제 기기를 흉내내는 에뮬레이터가 있으면 안드로이드 팀 개발자들 그리고 결국은 외부 개발자들이 안드로이드 코드를 작성하고 테스트할 수 있었다.

에뮬레이터는 실제 기기와 비슷한데 실제 기기에서 일어나는 모든 동작을 따라 하기 때문이다. 안드로이드 폰처럼 보일(데스크톱 컴퓨터 창으로) 뿐 아니라 그 안에서 실행되는 것들도 칩 수준까지 실제 하드웨어 기기에서 실행되는 것과 정확히 똑같다.

실제 하드웨어 기기와 비교할 경우 에뮬레이터의 또 다른 이점은 속도였다(기기를 가진 개발자에게도 도움이 됐다). 호스트 컴퓨터의 에뮬레이터와 통신하는 게 USB 케이블을 통해 실제 기기와 통신하는 것보다 훨씬 빨랐다. 애플리케이션 또는 전체 안드로이드 플랫폼을 USB 케이블을 통해 기기에 보내려면 몇 분이 걸렸다. 에뮬레이터는 코드를 보내는 똑같은 데스크톱 컴퓨터에서 실행되고 있어서 에뮬레이터로 코드를 보내는 게 훨씬 빨랐다. 그래서 엔지니어들은 실제 기기보다 가상 기기에서 더 생산적이 될 수 있었다.

한편으로 에뮬레이터는 엄청나게 느리다고 늘 비판을 받았다. 특히 부팅 시간이 오래 걸렸다. 에뮬레이터는 시작될 때 기기 부팅을 흉내냈는데 기기가 하는 동작을 정확히 따라 했기 때문이다. 대부분의 상황, 특히 단순히 애플리케이션을 개발할 때는 에뮬레이터를 실행하지 않아도 됐다. 그러나 에뮬레이터의 시작 시간과 런타임 성능은 최근 릴리스[11]까지 계속해서 흔한 불평의 원인이었다.

에뮬레이터 프로젝트는 또한 안드로이드 초기에 프로젝트에 공격적으로 임했음을 보여 주는 좋은 사례다. 팀이 작아서가 아니라 팀조차 없었다. 이 기념비적인 노력을 단지 한 사람이 담당했고 에뮬레이터는 그가 작업한 여러 프로젝트 중 하나일 뿐이었다.

터너는 몇 년간 여러 업무 중 하나로 혼자서 에뮬레이터를 계속해서 개발하고 유지 보수했다.

더크 도허티의 문서: RTFM[12]

개발자가 무엇을 만들어야 할지 모른다면 세상의 모든 도구는 개발자가 코드를 작성하는 데 도움이 되지 않을 것이다. 어느 시점에 개발자는 애플리케이션을 만들기 위해 앱 작성 방법과 시스템에 대해 배워야 한다. 개발자는 문서가 필요하다.

안드로이드용 '참고 문서'는(다른 많은 플랫폼처럼) 기초를 이루는 기능과 API를 개발한 엔지니어들이 썼다. 즉, 어떤 엔지니어가 '아무거'라는 클래스를 추가한다면 그들은 그 클래스가 무엇을 위한 것이고 왜 개발자들이 관심을 가져야 하는지 설명하는 '아무거'용 개요 문서를 작성할 것이다(또는 작성해야 한다[13]). '아무거' 클래스 내부 함수 역시 그 함수를 언제 어떻게 호출하는지 설명하는 문서를 갖고 있

---

11 최근에 에뮬레이터는 호스트 컴퓨터의 CPU와 GPU를 활용하여 부팅과 런타임 성능을 개선했다.

12 개발자가 흔히 쓰는 준말로 'Read The F-ing Manual'이다. 이 문구는 대체로 질문자가 문서를 읽기 귀찮아서 손쉽게 답을 얻을 수 있는 질문을 엔지니어에게 했을 때 쓰인다. 대인관계 기술 때문에 엔지니어들이 컴퓨터에 흥미를 갖게 된 게 아니라고 내가 말했던가?

13 물론 그 규칙에는 많은 예외가 있는데 특히 초기 안드로이드 API가 그랬다. 공개 API로 수년간 살아남은 많은 안드로이드 클래스에 문서가 전혀 없었다.

을 것이다(또는 갖고 있어야 한다).

그러나 참고 문서의 역할은 거기까지다. 이를테면 액티비티 클래스 문서가 있고 그 사용법을 배울 수 있는 건 좋다. 그러나 액티비티를 찾아야 한다는 건 어떻게 해야 배울 수 있을까? 개발자에게 정말 필요한 것, 특히 안드로이드 같은 새로운 플랫폼에서 개발자에게 정말 필요한 것은 개요를 알려 주고 기본을 가르쳐 주는 좀 더 높은 수준의 문서다. 이 플랫폼은 무엇인가? 앱은 어떻게 작성하는가? 어떻게 만들어졌는지 볼 수 있는 샘플 코드는 어디에 있는가?

안드로이드 SDK는 2007년 11월 출시될 예정이었다. 출시 3개월 전 팀은 기술 문서 작성자가 필요해서 더크 도허티를 채용하기로 결정한다.

더크는 휴대 전화용 브라우저를 만든 오픈웨이브에서 일했다. 전 동료가 그의 이력서를 안드로이드 팀에 전달했다. 더크는 면접을 봤고 몇 주 후 일을 시작했다.

"나는 44번 건물에 찾아갔어요. 내 책상을 찾았죠. 로비 옆 회의실에 있더군요. 로비는 나중에 오락실[14]이 됐어요. 회의실에는 탁자들이 치워져 있었고 텅 비어 있었죠. 어떻게 된 일인지, 제대로 찾아온 건지 모르겠더군요. 제이슨, 모릴, 딕, 매클로클린이 오면서 일을 시작했고 개발자 지원 팀[15]이 됐습니다. 우리는 모두 44번 건물에서 플

---

14 한때 44번 건물에는 전자 오락실이 있었는데 몇몇 엔지니어가 가지고 있던 기계가 놓여 있었고 안드로이드 팀에서 완전한 게임 세트를 갖추려고 산 것들도 있었다. 사람들이 차례가 오기를 앉아 기다리는 그런 고전 오락실 게임이 있다는 게 조금 놀라웠다. 그러나 사람들은 게임을 하는 것보다 기다리는 데 더 많은 시간을 썼다. 그리고 일도 해야 했다.

15 문서, 샘플, 영상, 콘퍼런스 발표, 기사 같은 자료를 가지고 대부분의 외부 개발자 지원 활동을 하는 팀이다. 당시 안드로이드 개발자 지원 팀은 제이슨 천(Jason Chen), 댄 모릴, 딕 월, 데이비드 매클로클린(David McLaughlin), 응우앤 꽝(Nguyen Quang)이었다.

랫폼에 대해 배우기 시작했어요. 누군가가 화이트보드에 SDK 출시까지 남은 일수를 표시한 카운트다운 달력을 그렸고 그때부터 출시를 위해 작업을 진행해 나갔죠."

더크와 개발자 지원 팀은 SDK에 필요한 일들에 협력했다. "첫해에는 기본적인 문서를 올릴 웹 사이트를 준비하느라 전력을 다했어요. 대부분 참고 문서였고 약간의 가이드와 API 튜토리얼이 더해졌죠. 플랫폼이 안정되면서 계속해서 프리뷰를 공개하고 SDK를 업데이트 했고요. 개발자 챌린지가 열렸고 개발자들의 관심도 진지해서 문서를 확대해야 했습니다. 외부 문서 작성자의 도움을 받아 함께 일했는데[16] 그 사람이 내 파트너가 돼서 이 모든 게 어떻게 동작하는지 설명하는 안드로이드 기본 문서를 작성했습니다. 몇 달 후 또 다른 내부 문서 작성자가 충원돼서 작업에 합류했는데 스콧 메인Scott Main이었어요. 우리는 참고 문서를 살펴보는 데 필요한 기초를 만드느라 모든 시간을 썼고 그리고 나서 웹 사이트를 선보였죠. 엔지니어링 팀은 그 과정에서 어마어마한 지원을 해 주었고요. 일이 순조롭게 진행된 건 전체적인 팀의 노력 덕분이었죠."[17]

---

16 넥스트 컴퓨터, 비(Be) 그리고 오픈웨이브(더크와 함께)에서 일한 돈 라킨(Don Larkin)
17 당시 웹 사이트는 code.google.com/android였다(지금은 사라졌다). 개발자 문서는 현재 developer.android.com에 있다.

25

간결한 코드

"다 작성해 버렸다면 되돌아가서 다시 최적화할 수 없죠."

– 밥 리

아주 초기부터 안드로이드를 정의한 측면 한 가지는 당시 매우 제한된 모바일 기기에서 동작하도록 엄청나게 최적화했다는 점이었다. 팀의 성능에 대한 사고방식은 API(메모리 할당을 피할 수 있도록 특별한 방법으로 작성된 게 많다)부터 외부 개발자에게 제공하는 코딩 권장 사항까지 모든 것에 영향을 끼쳤다. 최적화된 코드를 작성하는 게 가장 중요했는데 매 사이클, 매 킬로바이트에 자원을 소모했고 어딘가에서 필요한 배터리를 써 버렸기 때문이다.

적어도 이처럼 성능을 우선적으로 중시한 것은 부분적으로는 초기 팀원들의 배경 때문이다. 전에 데인저에서 일한 엔지니어들은 안드로이드 G1보다 더 제한된 기기에서 동작하도록 운영 체제를 만들었다. 그리고 팜소스 출신 엔지니어들 또한 모바일의 제한과 현실에 익숙했다.

밥 리가 말했다.

"전 팜소스 엔지니어들은 팜 OS가 실패한 이유 한 가지가 하드웨어가 처리할 수 있는 것 이상을 하려고 했기 때문이라고 말했어요. 다 작성해 버렸다면 되돌아가서 다시 최적화할 수 없죠. 그들은 안드로이드에서 똑같은 실수를 하지 않으려고 한 것 같아요. 이게 다이앤과 모든 사람이 성능에 아주 신경을 많이 쓰고 많은 걸 극도로 최적화하려고 했던 이유 중 하나죠. 휴대 전화는 당시에 매우 느렸거든요.

나, 다이앤, 댄 본스테인 모두가 이 회의실에 모였던 날을 기억합니다. 릴리스 과정에서 모든 부분에서 사람들이 너무 많은 메모리를 썼기 때문이죠. 우리는 스와프swap[1]가 없었어요. 스와프를 쓰는 게 타당하지 않았기 때문이에요. 메모리가 바닥나면 충돌이 났죠. 회의실에 비장한 분위기가 감돌았는데 때로는 며칠씩 가기도 했어요. 그리고 언제 끝날지 아무도 모르지만 메모리 문제를 싹 다 없애려고 했죠.

메모리 페이지 할당이 가장 중요했는데요. 다이앤이나 브라이언 스웨트랜드가 데이터를 디스크에 쓰는 동안 수정된 메모리 페이지가 있는지, 어느 페이지가 건드려졌는지 찾는 도구를 작성했어요. 우리는 그 문제를 근절해야 했어요. 문제를 일으키는 앱을 정확히 집어내기 위해 끝도 없이 살펴봐야 했죠."

피커스는 비와 데인저 시절이 안드로이드에서 그가 한 일에 얼마나 영향을 미쳤는지 떠올렸다. "우리 중 많은 사람이 임베디드 시스템 출신이고 CPU 사이클 또는 메모리에 관한 한 절약의 철학이 있었어요. 그게 초기에 안드로이드에서 했던 많은 결정을 살펴보는 렌즈

---

1 스와프 공간이 있으면 애플리케이션은 물리적으로 존재하는 것보다 더 많은 메모리를 할당할 수 있다. 운영 체제는 이처럼 더 큰 메모리 용량을 처리하기 위해 메모리를 디스크로 '교환(swap)'해 물리적 램과 디스크 저장 공간의 조합을 통해 처리함으로써 애플리케이션이 더 큰 메모리 힙에 접근할 수 있게 한다.

인 것 같아요. 마치 대공황 때 자란 사람들이 접시 바닥까지 긁어서 먹는 게 몸에 배듯이 컴퓨팅 자원을 최적화하는 엔지니어들을 나는 많이 봤어요."

전체 플랫폼 팀의 사고방식은 성능 우선이었다. 이는 초기 기기의 제한된 메모리와 느린 CPU, GPU 렌더링의 부재(안드로이드는 허니콤 릴리스에서 비로소 사용자 인터페이스 그래픽에 GPU를 사용했다), 달빅 가비지 컬렉터(메모리를 할당하고 수거하는 데 시간이 걸렸다)의 조합에서 기인했다. 이런 태도는 모든 기기가 더 커지고 빨라졌는데도 오늘날까지도 내부적으로 이어지고 있다. 기기가 하는 모든 일은 배터리 전원을 소모하므로 플랫폼 코드를 최적화하는 건 여전히 가치 있다. 외부 개발자 권장 사항은 초기 이후 완화됐지만 안드로이드 API와 구현은 원래 성능 제한을 여전히 반영하고 있다.

26

오픈 소스

"무언가를 오픈 소스로 만드는 게 중요하다고 생각하지 않아요."
– 일리안 말체프[1]

오픈 소스는 수많은 사람에게 수많은 의미가 있다.

일을 '크라우드소싱'하는 건 더 큰 커뮤니티의 도움을 받는 방법이
될 수 있다. 리눅스가 훌륭한 예다. 원래 시스템은 리누스 토르발스
Linus Torvalds라는 개발자 한 명이 만들었지만 그 이후 수십 년간 개인
과 회사로 이뤄진 큰 커뮤니티가 드라이버 수정부터 핵심 시스템 기
능까지 모든 걸 기여해 왔다.

오픈 소스는 작업을 홍보하고 공유하는 방식이 될 수 있다. 깃허브
Github는 이를 위한 아주 좋은 곳으로, 자신의 로컬 시스템에서 썩도록
그냥 방치하는 게 아니라 사람들이 충분한 시간을 들여 코드를 완성
해 올려서 자신의 작업을 선보이는 활발한 프로젝트가 많이 운영되

---

1 인터뷰어가 누군가에게 할 수 있는 가장 나쁜 일은 맥락을 무시한 채 그 사람의 말을 인용
   하는 것이다. 그러나 나는 일리안이 이해해 주리라 생각한다. 적어도 이해해 주기를 바란
   다. 나는 인용문으로 각 장을 시작하는 걸 좋아하기 때문이다. 전체 맥락은 안드로이드의
   성공을 이끈 요인에 대한 우리의 토론이었고 그가 …, 음, 일단은 여기까지만 이야기하겠
   다. 완전한 인용은 이 장 마지막에 나온다.

고 있다(그리고 관리되지 않아 거미줄로 뒤덮인 프로젝트도 있다). 자신이 아끼는 프로젝트를 오픈 소스로 공개하는 것은 이런 일을 하는 사람이 있다고 자신의 이름을 알리는 훌륭한 방법이 될 수 있다. 또 운영 중인 명료한 사이트를 알려 줄 수 있다는 건 잠재적인 고용자에게 자신의 능력을 보여 주는 좋은 방법이다.

오픈 소스는 회사의 채용 수단이 될 수 있다. 개인이 자신의 능력을 홍보하듯이 회사는 프로젝트(다른 개발자들을 위한 애플리케이션이나 라이브러리)를 오픈 소스로 개발해 회사의 이름을 다른 개발자들에게 알리는 방법으로 삼을 수 있다. 스퀘어는 기본적으로 신용카드 회사다. 그들은 자사의 사업에 대한 홍미만으로 개발자들에게 입사하라고 설득하기 어렵다는 걸 깨달았을지도 모른다. 그러나 그들은 홍미롭고 강력한 오픈 소스 라이브러리 제공 회사로 개발자 커뮤니티에 잘 알려져 있다. 금융 거래 소프트웨어에 홍미가 없는 개발자도 스퀘어에 들어가는데, 오픈 소스 커뮤니티를 돕고 싶어 하기 때문이다(오픈 소스 프로젝트에서 개발자로서 자기 이름을 알리는 것도 포함).

오픈 소스는 대기업이 제품을 조용히 그리고 서서히 안락사시키는 방법이 될 수 있다. 때때로 회사는 프로젝트를 중단하고 미래가 더 밝은 프로젝트로 그 엔지니어들을 이동시키기로 결정한다. 회사는 제품을 죽일 수 있고 그냥 죽이기도 한다. 그러나 그들은 또한 오래된 코드를 오픈 소스로 공개해 개발자 커뮤니티에 선물한다. 회사는 거저 주면서(사실 프로젝트를 오픈 소스로 이관하는 데는 대체로 약간의 노력과 시간이 든다) 직접적인 혜택을 바라지 않지만 이렇게 해서 개발자들로부터 호의를 얻고 개발자들이 사용하고 의존하는 무언가를 죽이는 괴로움을 줄인다.

오픈 소스는 또한 다른 사람들이 여러분의 소프트웨어를 투명한 방식으로 사용하게 하는 방법이 될 수 있다. 이것이 안드로이드 오픈 소스 모델이다.

모든 안드로이드 플랫폼 소프트웨어는 2008년 11월 이후로 source.android.com에서 안드로이드 오픈 소스 프로젝트Android Open Source Project, AOSP로 구할 수 있다. 각 릴리스 코드는 릴리스를 기기에서 사용할 수 있게 되는 것과 동시[2]에 오픈 소스로 공개된다. 릴리스가 사용자에게 제공되자마자(새 기기 또는 기존 기기 업데이트) 개발자는 그 버전을 만드는 데 사용된 코드를 볼 수 있다.

안드로이드는 외부 기여를 받았는데 개발자들은 android.com에 계정을 만들어서 패치[3]를 제출할 수 있었다. 안드로이드 팀 사람들은 그 패치들을 검토해서 안드로이드 소스 기반에 제출해 향후 릴리스에 사용할 수 있었다.

실제로 외부 기여는 자주 있지 않고 기대되지도 않는다. 안드로이드는 몇몇 협력사에서 정기적으로 기여를 받는다. 예를 들어 협력사는 그들의 기기에서 필요한 방식대로 동작할 수 있도록 버그를 고친

---

2 한 가지 예외는 허니콤 릴리스였다. 팀은 그 릴리스에서 오로지 태블릿 작업에 집중했는데 그 결과로 스마트폰은 어떻게 해야 할지 분명하지 않았다. 아무도 그쪽에 주의를 기울이지 않았기 때문이다. 제조사들이 아직 준비되지 않은 릴리스를 사용해 스마트폰을 만드는 상황을 피하기 위해 허니콤 릴리스를 오픈 소스로 공개하는 것을 연기하는 결정이 내려졌다. 이 결정은 당시 커뮤니티에 혼란을 일으켰는데 안드로이드가 오픈 소스에서 멀어진다고 생각한 사람들이 화를 냈다. 이 문제는 몇 달 후 다음 릴리스인 아이스크림 샌드위치에서 스마트폰 지원이 제대로 추가되고 오픈 소스로 공개되면서 해결됐다.
3 패치는 문제를 고치거나 기존 코드에 기능을 구현한 소스 코드 변경 부분이다.

다. 아마도 개선해야 할 예외적인 경우를 발견했을 수도 있고 안드로이드가 아직 처리하지 못하는 폼 팩터가 있을 수도 있고 아니면 그냥 버그를 찾아서 고쳤을 수도 있다. 안드로이드 새 버전이 출시될 때마다 그 수정 사항을 다시 적용할 필요가 없도록 안드로이드 자체에 수정 코드를 직접 통합하는 것이 타당하다. 그리고 몇몇 개인이 안드로이드에 수정 사항을 이따금 기여하기도 한다. 그러나 외부 기여는 드문데 대부분 내부 엔지니어링 팀이 개발하기 때문이다.

이러한 역동에는 몇 가지 이유가 있다. 우선 안드로이드 소스 기반이 거대해서 간단한 수정 사항을 기여하려고 해도 원 코드의 맥락과 변경의 영향을 이해하는 데 상당한 노력이 들어간다. 그러나 좀 더 중요한 이유는 안드로이드의 '결과적인 오픈 소스'[4] 모델 그 자체 있다. 외부 개발자는 버그를 발견해서 고쳤을 때 그 버그가 그사이에 내부 또는 향후 버전 코드에서 고쳐졌는지, 심지어 자신의 시간 전부를 들여 작업한 코드가 존재 하기는 하는지 알 방법이 없다. 코드는 향후 요구 사항이나 변경 사항에 따라 옮겨지거나 재작성되는 경향이 있다.

안드로이드는 실질적인 외부 기여로부터 혜택을 받지 못했지만 안드로이드 오픈 소스 모델에는 그래도 상당한 이점이 있다. 첫째, 애플리케이션 개발자들이 좋아한다. 안드로이드라는 플랫폼의 크기와 복잡성 때문에 문서로는 절대 완전하게 설명할 수 없어서 프로그래

---

4   결과적인 오픈 소스는 당시 안드로이드 오픈 소스 모델에 내가 붙인 용어다. 안드로이드 는 오픈 소스가 됐지만 오픈 소스로 개발되지는 않았다. 그보다는 팀이 몇 달간 내부적으로 개발하고 나서 코드를 공개했다. 오늘날 ART 런타임(옮긴이: 안드로이드 5.0부터 달빅을 대체한 런타임이다)과 안드로이드X(AndroidX) 라이브러리 같은 시스템의 많은 부분은 실제로 공개적으로 개발된다.

머는 코드를 봐야 그 모든 미묘한 차이와 내부 상호 작용 방식을 이해할 수 있다. 실제 코드를 보고 어떻게 돌아가는지 알아내는 능력은 매우 유용하다. 개발자들은 코드 자체를 볼 수 있다면 플랫폼이 무엇을 하는지 추측할 필요가 없다. 이러한 투명함은 안드로이드 개발자들이 앱을 작성하는 데 늘 도움이 되어 왔고 안드로이드와 다른 많은 운영 체제 플랫폼 간의 근본적인 차이를 나타낸다.[5]

안드로이드가 갓 나왔을 때 작은 스타트업에서 안드로이드 앱을 개발한 댄 루는 코드를 이용할 수 있어서 개발이 단순해졌다고 말했다. "처리해야 할 초기 플랫폼 버그가 많았어요. 안드로이드 코드를 봤는데 해킹이 많이 사용됐더군요. 안드로이드가 오픈 소스여서 적어도 그러한 해킹을 발견할 수 있었어요. 안드로이드가 오픈 소스가 아니었다면 그러한 문제들을 우회하기가 훨씬 힘들었을 거예요."

안드로이드 오픈 소스 모델에서 그다음으로 어쩌면 더 중요한 요소는 안드로이드 협력사들이 그 모든 것에 무료로 쉽게 접근할 수 있다는 점이다. 이것은 실제로 안드로이드가 플랫폼을 오픈 소스로 만든 원래 이유였다. 이는 잠재적인 기기 제조사가 필요한 모든 걸 얻을 수 있도록 안드로이드를 사용할 수 있게 해 주는 메커니즘이었다. 라이선스 판매도, 질질 끄는 계약 협상도 없다. 협력사는 그냥 웹 사이트에 가서 필요한 걸 가져다 안드로이드 기반 기기를 출시하면 된다. 그리고 그렇게 하면 안드로이드 호환 구현이라는 일관된 생태계를 만드는 데 도움이 된다. 모두가 똑같은 공통 구현에서 시작하기 때문이다. 플레이 스토어, 지도, 지메일 같은 구글 서비스를 사용하

---

5 한 가지 주목할 만한 예외는 리눅스다. 리눅스는 늘 오픈 소스였다. 그래서 초기에 안드로이드 운영 체제 커널로 선택된 게 아마도 우연은 아닐 것이다.

고 싶다면 할 일이 더 있기는 하다. 하지만 스마트폰 플랫폼을 만드는 핵심 코드는 누구나 받아서 있는 그대로 사용할 수 있다. 호만 기는 "우리 모두가 안드로이드는 '오픈 소스'라고 했을 때 생각했던 게 바로 그거죠. 협력사는 기여에 대해 꼭 신경 쓸 필요가 없었는데 필요한 게 다 있기 때문이죠"라고 설명했다.

브라이언 스웨트랜드도 동의했다. "구글과 접촉하기 전 안드로이드의 목표 중 하나는 한 회사가 모바일 컴퓨팅 플랫폼을 소유하는 끔찍한 미래에 대한 대안을 사람들에게 주는 것이었어요. 어떻게 해야 사람들이 받아들이도록 할 수 있을지 생각해야 했어요. 그러려면 공개해야 했죠. 그렇지 않았으면 플랫폼에 대한 제어 권한이 사람들에게 있다는 걸 신뢰하지 않았을 겁니다."

다이앤 핵본도 그녀가 예전에 실패한 경험이 있는 라이선스 판매 모델과 안드로이드 오픈 소스 모델을 비교하며 동의했다. "우리는 팜 소스에서 다른 사람들이 우리 플랫폼을 사용하게 하려고 애썼는데, 어려웠던 점 한 가지는 마이크로소프트가 PC 세계에 했던 것과 똑같은 일을 누군가가 모바일 세상에 하지 않을지 사람들이 몹시 두려워한 것이었어요. 예를 들어 모토로라는 팜 OS 6용으로 만든 팜소스의 사용자 인터페이스 툴킷인 로마의 라이선스를 받는 걸 고민하다 회사를 통째로 사서 소유해 버리려고 했죠. 안드로이드를 오픈 소스로 만들면 OEM이 좀 더 편안하게 채택할 수 있었어요. 소유권을 공유할 수 있을 뿐 아니라 모바일 기기의 급격한 발전에 대응해 아주 유연하게 만들 수 있기 때문이죠."

안드로이드를 다른 플랫폼 제공사와 구분한 게 기기 제조사에 플랫폼을 공개한 바로 이 두 번째 요소다. 플랫폼을 사용할 수 있을 뿐 아니라 자사 기기에서 안드로이드가 돌아가게 만들면서 만져 보고 이해할 수 있는 코드도 제공됐다. 그리고 한편으로 이 오픈 소스 플랫폼은 완전한 제품 품질 구현이었고 실제 하드웨어 제품으로 검증되어 제조사에서 가져다 쓸 수 있는 상태였다.

반대로 당시 윈도우 폰을 출시하려면 마이크로소프트로부터 윈도우 라이선스를 받아야(그리고 비용을 지불해야) 했다. 또한 새 기기에서 그걸 동작하게 만드는 것도 쉬운 일이 아니었다. 마이클 모리시는 안드로이드 전에 마이크로소프트에서 일하면서 그 과정을 직접 봤다.

"윈도우 CE⁶든 포켓 PC든 아니면 새 기기에서든 새 운영 체제를 띄우려면 모든 걸 통합해 띄워서 디버깅을 해야 했는데 엄청나게 괴로웠습니다. 이걸 '보드 지원 패키지'라고 불렀는데 OEM에서 만든 저수준 코드였어요. 그리고 고수준 윈도우 코드가 있었고요. 그래서 전화 통화가 실패하거나 네트워크 상태가 나쁘거나 또는 무슨 문제가 생기면 아무도 문제가 어디에 있는지 알아낼 수 없었어요.

이건 마이크로소프트에 있을 때 내가 아주 좋아한 반복되는 개그인데요. 새로운 하드웨어를 내놓기 위해 OEM들과 함께 일하는 게 업무인 팀이 있었는데요. 어느 쪽도 상대방 코드를 볼 수 없었어요. 비밀이었기 때문이죠. 삼성이든 HTC든 어느 회사든 시애틀에 누군가를 보내면 그 사람들은 이 팀에 와서 누군가의 옆에 앉아요. 정말 서로가 상대방의 코드를 보지 못하면서 디버깅을 합니다. 칸막이 너

---

6 (옮긴이) 윈도우 임베디드 컴팩트(Windows Embedded Compact)는 저장 공간이 작은 모바일 장치나 단말기에 최적화 된 윈도우 버전이다.

머로 몸을 굽혀서 '제가 건 전화가 당신한테 간 것 같은데 뭘 보고 계시나요?'라고 이야기하면 될 텐데요. 길게 이어지는 우스꽝스러운 춤 같았어요."

물론 안드로이드가 오픈 소스가 돼서 제조사들이 공짜로 쓸 수 있다는 사실은 추가된 보너스 같은 것이다. 마이클이 말했다. "이 OEM들은 매우 적은 이윤으로 운영됩니다. HTC 같은 회사를 운영하는데, 마이크로소프트에 대당 10달러를 내야 하고 제품을 개발하기 위해 마이크로소프트와 말도 안 되는 분량의 통합 작업을 해야 하는 상황이라면, 자유로운 오픈 소스라는 아이디어는 정말 마법처럼 느껴지죠. 오픈 소스인 안드로이드를 갖고 있으면 OEM은 대단히 빨리 새 기기를 만들 수 있습니다. 모든 코드에 접근할 수 있기 때문이죠. 거기에다가 공짜고요."

반면 iOS 기반 기기를 출시하고 싶다고 해도 여러분은 할 수 없다. 애플은 아이폰의 유일한 제조사다. 그들은 자사 플랫폼을 전혀 공개하지 않는다. 마찬가지로 RIM은 블랙베리의 유일한 공급사다. 반면 안드로이드는 공짜일 뿐 아니라 누구나 쉽고 자유롭게 다운로드해서 만져 보고 맞춤 개발을 할 수 있다.

이 모델 덕분에 애플리케이션 개발자가 내부 코드를 보기 쉬워지고 외부 기여(드물기는 했지만)를 받을 수 있게 됐다는 사실은 안드로이드에 유리하게 작용한 행복한 우연의 일치였다.

물론 오픈 소스가 되려면 코드가 오픈 소스라고 단순히 말하는 것 이상을 해야 한다. 팀은 외부 개발자와 회사가 프로젝트에 접근해서 다운로드하고 빌드할 수 있도록 그리고 그 모든 작업을 하는 방법을 이해할 수 있도록 프로젝트를 준비해야 했다. 첫 릴리스에 이르는 기간 동안 그 일을 하는 데 많은 노력이 들어갔다.

우선 소스 코드 자체가 지속적인 오픈 소스 기여를 받을 수 있도록 준비된 상태로 구성되어야 하는데 이는 에드 헤일 팀의 데이브 보트가 노력한 결과물이었다.

구글 오픈 소스 프로그램 디렉터인 크리스 디보나 또한 그 문제의 일부분을 담당했다. 당시 안드로이드가 사용하던 일부 도구는 외부에서 사용하기에 적합하지 않았다. 구글은 라이선스를 구입하거나 사내에서 만들거나 사유 소프트웨어인 도구를 사용한다. 안드로이드 코드는 외부 개발자가 사유 소프트웨어이거나 라이선스가 필요한 도구 없이 빌드할 수 있어야 했다. 그래서 팀은 외부에서도 (공짜로) 사용할 수 있는 도구를 내부적으로 채택했다.

디보나가 소스 코드 관리 시스템[7]을 깃Git이라는 시스템으로 바꾸는 결정을 내리는 데 도움을 주었다. 깃은 대부분의 구글 엔지니어에게 인기가 없었다. 디보나가 말했다. "커널과 시스템 팀이 깃을 이미 사용하고 있었고 절대 깃을 버리지 않았을 거예요. 깃은 우리 개발 모델의 정답입니다. 그들은 미워할 외부인이 필요했고 내가 그 사람이 된 거죠."

팀은 깃으로 바꾸었고 코드는 공개적인 사용을 위해 구성됐으며 프로젝트는 1.0 출시 후 2008년 11월 오픈 소스가 되었다. 그리고 그 이후로 죽 오픈 소스이며 개발자에게는 투명성을, 제조사에는 플랫

---

7 소스 코드 관리 시스템은 코드를 저장하고 관리하는 시스템이다. 이 시스템은 대개 코드 검토 도구, 같은 파일의 여러 변경 사항을 병합하는 도구, 모든 변경의 이력 보기 같은 팀에 유용한 기능을 제공한다.

폼 코드를 제공하고 있다.

1.0 이후 안드로이드에 합류한 제프 샤키는 협력사와 사용자가 느끼는 오픈 소스의 매력을 다음과 같이 요약했다.

"나는 오픈 소스 소프트웨어에 대해 확고한 믿음이 있습니다. 오픈 소스는 전혀 상상하지 못했던 걸 만들 힘과 스스로 뭔가를 만들어 볼 수 있는 자원을 사람들에게 주기 때문이죠. 안드로이드가 나왔을 당시 상황을 보면 OEM은 iOS 라이선스를 받을 수 없었습니다. 그리고 마이크로소프트는 획일적인 경험을 제공했어요. 그와 대조적으로 안드로이드는 OEM이 매장 진열대에서 스스로를 특화할 수 있도록 빠르고 손쉽게 기능을 만들 수 있는 기회를 주었어요.

오픈 소스 세계의 정신은 또한 최종 소비자에게도 울려 퍼집니다. 딱 한 가지 홈 화면 앱, 소프트웨어 키보드, 빠른 설정 등의 독재적인 요구 대신 안드로이드는 사용자가 철저하게 취향에 맞게 설정할 수 있죠. 스마트폰은 아주 개인적인 기기입니다. 그리고 시스템 깊숙한 곳까지 맞춤 설정할 수 있는 기능(겉으로 드러나는 부분을 넘어)은 사용자에게 더 강하게 연결되어 있다는 감각과 소유 의식을 느끼게 해 주죠."

이 장은 일리안 말체프의 말을 인용하며 시작했는데 맥락에서 터무니없이 벗어나게 인용한 것이었다. 완전한 버전은 다음과 같다.

"무언가를 오픈 소스로 만드는 게 중요하다고 생각하지 않아요. 오픈 소스로 만들지 않고도 공짜로 줄 수 있죠. 나는 오픈 소스 옹호자에요. 나는 우리가 하고 있는 것보다 더 오픈 소스를 해야 한다고 생각해요. 그런데 안드로이드의 강력함이 오픈 소스라는 점에 있다고 단정할 수는 없을 것 같아요. 안드로이드를 오픈 소스로 만들지 않고 공짜로 제공했더라도 성공했을 거예요."

다시 말해 소스 코드를 오픈 소스로 구할 수 있다는 건 중요한 부분이 아니다. 그냥 소스 코드를 구할 수만 있어도 충분할 것이다. 오픈 소스는 그저 그 목표를 달성하는 자연스럽고 투명한 방식일 뿐이다.

27

모든 걸 관리하다

이 책의 다른 장들은 대부분 안드로이드가 각 부분별로 만들어진 방식과 그러한 부분들을 한데 합친 사람들에 관한 이야기를 다루었다. 그런데 그 부분들을 한데 모으는 걸 도운 몇몇 사람은 개별적인 부분을 담당하지 않았다. 그들은 전체적인 작업을 책임졌다. 안드로이드의 '비즈니스' 측면에 관한 이야기를 시작해 보겠다.

앤디 루빈과 안드로이드 경영

앤디 루빈은 로봇 공학과 관련 있는 카를 차이스 AGCarl Zeiss AG에서 첫 직장 생활을 시작하면서 로봇에 관심이 생겼다. 그는 나중에 애플에 취업해서 '안드로이드'라는 별명을 얻었다. 그 이후 루빈은 다른 장래 안드로이드 사람들과 웹티비에서 일했는데, 마이크 클러론은 루빈을 "홀에서 로봇을 가지고 노는 이상한 사람"으로 기억했다.

웹티비를 떠난 후 루빈은 데인저를 창업했고 그다음에는 결국 '안드로이드'라는 스타트업을 시작한다.

구글 인수 전후 모두 루빈이 안드로이드를 경영하기는 했지만 그는 대개 다른 이들에게 직원 관리를 맡겼다. 크리스 화이트가 첫 6개월간 엔지니어링을 이끌며 추가로 시스템 아키텍처와 설계를 작업했지만 결국 늘어나는 팀을 관리하기 위해 스티브 호로위츠를 데려왔다. 호로위츠가 떠난 후 1.0이 나올 즈음 히로시 로카이머가 인계를 받았다. 루빈은 팀원들을 다루기 위해 이러한 관리 계층에 의존했고 그 자신은 협력사 미팅 같은 프로젝트의 사업 측면에 집중했다.

2013년 초 바르셀로나에서 열린 MWCMobile World Congress[1]에 참석하고 있던 도중 루빈은 팀을 그만두었다. 히로시가 그와 트레이시가 루빈과 함께 일련의 협력사 미팅을 하던 도중 무슨 일이 벌어졌는지 이야기해 주었다. "그때가 그가 그만두겠다는 이야기를 우리에게 하기로 결정한 때였어요. LG 미팅을 끝내고 삼성 미팅을 앞두고 있었을 때였죠. 15분간 휴식 시간이었어요. 그가 휴식 시간에였는지 다른 시간에였는지 트레이시에게는 이미 말했더군요. 나는 전혀 모르고 있었죠. 모두 내보냈어요. 루빈과 나만 남았죠. 루빈이 '이 일을 15년 동안이나 했어요. 난 지쳤어요. 그만둘 거예요'라고 말했어요."

트레이시 콜과 안드로이드 관리

앤디 루빈이 그만둔 후 과도기를 순조롭게 넘어갈 수 있도록 책임진 사람 중 한 명이 트레이시 콜이었다. 트레이시는 14년간 루빈의 총괄 비서였고 루빈이 떠난 후 안드로이드의 선임 관리자였다. 그녀는 구글과 안드로이드에서 일을 완수하는 법을 알았고 어디에도 가지 않았다.

2000년 8월 트레이시 콜은 생물 공학 회사에서 관리자로 일하고 있었는데 회사를 그만두고 싶어 했다. 한 친구가 그녀에게 데인저에

---

1 해마다 열리는 대규모 모바일 산업 전시회다.

있는 루빈과 이야기해 보라고 제안했다. 그녀는 루빈과 데인저의 다른 창업자들(조 브릿과 맷 허셴슨, 둘 다 몇 년 후 안드로이드 팀에 합류한다)과 면접을 보고 팀의 관리자가 됐다. 루빈이 2003년 데인저를 떠났을 때 트레이시는 남았지만 데인저 업무와 별개로 그를 계속 도왔다. 그러고 나서 2004년 가을 그녀는 루빈의 스타트업인 안드로이드에 합류해 브라이언 스웨트랜드와 같은 날 일하기 시작했다.

구글이 안드로이드를 인수했을 때 트레이시는 나머지 팀과 함께 옮겨 왔다. 그녀는 그들이 구글과 논의 중인 것을 알고 있었지만 일이 어느 정도까지 진행됐는지는 몰랐다. "루빈이 래리를 만났는데 두 사람이 죽이 잘 맞았던 걸로 기억해요. 휴가 갔다가 돌아오니 놀랍게도 우리가 구글에서 일할 거라고 하더군요."

트레이시는 구글에서도 루빈의 비서로 계속 일했을 뿐 아니라 루빈이 2013년 안드로이드를 그만둘 때까지 안드로이드에서 관리자 그룹을 이끌었다. 루빈이 그만둔 후에도 그녀는 안드로이드 팀을 전반적으로 관리하는 그녀의 역할을 계속했고 프로젝트의 다른 관리자들을 이끌었으며 히로시의 비서도 맡았다.

히로시 로카이머와 협력사

히로시 로카이머는 처음 구글에 들어와서 협력사를 관리하며 OEM과 통신 회사와 함께 일하면서 그들의 기기와 네트워크에서 안드로이드가 동작하게 만들었다.

히로시는 늘 아키텍트가 되고 싶었다. "건축 설계사가 되고 싶었죠. 소프트웨어 아키텍트가 아니라. 실제 건축 설계를 하고 싶었어요." 그는 대학 첫 학기(그가 다닌 유일한 학기였다)를 다니기 전까지만 해도 컴퓨터에 관심이 없었고 프로그래밍을 접해 보지도 못했다. 학교 생활은 그와 맞지 않았고 히로시는 고향 일본으로 돌아갔다. 그러나 그는 소프트웨어에 사로잡혔다. 일본에 돌아가서 그는 프로그래밍을 독학했고 컨설팅 직업을 선택했다. 그는 또한 취미 프로젝트도 했는데 그중에는 BeOS용 텍스트 엔진[2]이 있었다. 그는 그 엔진을 오픈 소스로 공개했다. 이 작업이 비 직원들 눈에 띄어 히로시는 직장을 구했고 1996년 캘리포니아로 갔다.

히로시는 애플이 차기 맥OS를 개발하기 위해 비를 거의 인수할 뻔했던 사건 직후 비에 입사했다. 그러나 애플은 그 대신 넥스트 컴퓨터를 인수했다. 히로시는 당시를 회상했다. "우리는 팔리지 않은 회사였습니다."

3년 후 히로시는 새로운 뭔가를 할 준비가 됐다. 히로시의 비 동료인 스티브 호로위츠가 히로시를 앤디 루빈에게 소개했고 히로시는 데인저에 입사했다. "나는 데인저 리서치의 첫 직원이 됐습니다. 창업자가 세 명 있었고 내가 그들이 채용한 첫 번째 '하인'이었죠."

히로시는 다른 비(그리고 장래 안드로이드) 엔지니어를 데인저로 데려왔다. 바로 브라이언 스웨트랜드와 피커스 커크패트릭이었다. 그러나 히로시 자신은 데인저에 오래 있지 않았고 딱 8개월 후 그만두었다.

데인저를 떠난 후 히로시는 팜에서 잠시 일했는데 1년 후 팜이 비

---

2 히로시가 텍스트 소프트웨어를 작성한 그의 이력을 내게 이야기해 주었을 때 나는 그에게 안드로이드 텍스트 팀이 엔지니어를 찾고 있으니 지원해 보라고 말했다. 그는 겸손하게 거절했다.

를 인수하자 같은 회사에 많은 비 엔지니어들이 합류했다. 팜을 그만
둔 후 그는 모바일 통신 소프트웨어 개발사인 굿 테크놀러지Good Tech-
nology에서 엔지니어링 팀을 관리하다 2005년 초 스티브 호로위츠가
일하는 회사에 다시 합류했다. 당시 호로위츠는 마이크로소프트에서
IPTV 팀을 이끌고 있었다.

2005년 말 히로시는 다시 변화를 할 준비가 됐다.

"일본에서 휴가 중이었는데 루빈이 느닷없이 내게 이메일을 보냈
어요. 데인저를 그만둔 후로는 그와 이야기를 나눠 본 적도 없었거든
요. 루빈이 보낸 메일을 보니 '어떻게 지내요? 내가 지금 구글에서 뭔
가를 하고 있는데 히로시 씨가 좋아할 일 같아요'라고 적혀 있었어
요. 그는 내가 무선 기기를 좋아하는 걸 알았어요. '만나서 이야기 좀
해 보죠'라더군요.

나는 당시 마이크로소프트에서 셋톱박스 업무를 하고 있었어요.
내게 맞는 일은 아니었죠. 모바일 기기 작업이 정말 그리웠어요. 그
래서 1월에 그에게 전화했죠."

구글에서의 면접과 채용 과정은 신속하지도, 단순하지도 않은 것
으로 알려져 있었지만 히로시의 경우는 특히 유별났다.

히로시의 경험과 관련 기술 회사에서의 오랜 실적에도 불구하고
히로시는 구글 면접에 쉽게 합격할 수 있는 사람이 아니었다. 특히
그는 대학 학위가 없었기 때문이다. 스티브 호로위츠가 말했다. "구
글은 당시 학벌을 매우 중시했어요. 구글 입장은 '학위가 없잖아요.
그 사람을 채용할 수 있을지 확실하지 않군요'였죠. 그런 이유로 그
들은 히로시를 채용하는 데 크게 반발했어요."

히로시가 말했다.

"면접을 20여 번 봤는데 그들이 나를 어떻게 채용할지 방법을 생각해 내지 못했기 때문이에요. 나한테 에세이를 쓰라고 했어요. 글자 그대로요. 사람을 비꼬는 데 도통道通[3]한 건가 싶더군요. 그들은 내게 대학을 마치지 못한 이유에 관해 에세이를 쓰라고 숙제를 내 주었어요. '때려치워요'라고 할 뻔했죠."

결국 팀이 구글 채용 위원회를 설득해 히로시를 채용할 수 있었다. 그러나 스무 번이 넘는 면접을 보고 잘 작성한 '대학을 그만둔 이유' 에세이를 제출하고 팀의 중재가 있었는데도 채용 위원회는 히로시를 엔지니어로 채용하는 걸 여전히 거부했다. 히로시가 말했다. "그들은 나를 일종의 '기타' 직군으로 채용했고 내게 '기술 프로그램 관리자'라는 직함을 주기로 결정했어요."

1.0을 준비하면서 히로시는 협력사들과 초기 미팅에 참석했고 일이 이뤄질 수 있도록 그들과 함께 일했다. "어떻게 보느냐에 따라 사업의 기술 측면이거나 기술의 사업 측면이기도 했습니다. 우리는 소프트웨어를 만듭니다. 그러나 협력 관계와 협력사의 하드웨어가 없어서는 안 되죠. 특히 당시에는 넥서스나 픽셀Pixel이 없었어요. OEM 협력사와 제품을 출시할 통신 회사에 전적으로 의존했습니다. 내 업무는 그 일을 프로그램 다루듯 관리하는 것이었어요."

---

3 'grok'은 '이해하다'는 뜻으로(옮긴이: 원문에서 쓴 표현이다. '해커 사전'에서는 어떤 기술의 철학을 깊이 이해하고 있고 그로 인해 프로그래밍에 대한 관점이 바뀌는 것을 의미한다고 설명하고 있다: http://www.catb.org/jargon/html/G/grok.html) 로버트 하인라인(Robert Heinlein)이 자신의 소설 《낯선 땅 이방인(Stranger in a Strange Land)》에서 고안한 낱말이다. 엔지니어들이 흔히 쓰는 낱말인데 이유는 잘 모르겠다. 공상 과학 소설이 엔지니어들 사이에서 인기 있기는 하지만 1960년대 초반 작품을 인용하는 것은 흔치 않은 일이다. 하지만 우리는 이 독특한 말을 늘 사용한다. 나는 그 이유에 '도통'하지 못했다.

브라이언 스웨트랜드가 협력사를 관리하는 히로시의 역할에 대해 의견을 덧붙였다. "아무도 히로시처럼 협력사들과 논쟁을 벌이지 못했어요. 어느 정도는 그가 무엇에 집중해야 할지 알았을 뿐 아니라 정말 기술적이었기 때문이에요. 그가 기반이 되는 기술적 문제를 늘 이해하고 있던 덕분에 협력사로부터 필요한 정보를 끌어내려고 하거나 설명을 들을 필요가 있는 무언가를 얻어 내야 할 때 정말 도움이 됐어요."

히로시는 시스템 팀과 가깝게 일했는데 안드로이드 소프트웨어가 협력사 하드웨어와 인터페이스하는 부분이었기 때문이다. "스웨트랜드와 나는 타이베이臺北에 갔습니다. 그는 거기에 3주간 머물렀고 나는 일주일 동안 가 있었죠. 그는 남은 출장 기간 동안 혼자였어요. 기기가 동작하게 만드는 일을 했죠. 커널과 주변 기기를 띄우는 일이 있는데 그 일을 위해 하드웨어, 소프트웨어를 오가며 협력사 엔지니어들과 함께 일했어요. 그리고 나서 프로토타입이 여기에 도착했고 그다음에 고수준 부분 개발자들이 그 위에서 자신들의 소프트웨어를 실행했습니다."

1.0이 출시될 때쯤 스티브 호로위츠가 구글을 떠났다. 루빈이 여전히 안드로이드를 책임지고 있었지만 호로위츠와 함께 일한 사람에게 엔지니어링 디렉터를 맡기려고 했다. 그래서 히로시가 그 역할을 맡았다. 트레이시 콜이 말했다. "루빈은 히로시에게 매우 의지했고 그가 팀을 관리하게 했죠. 루빈은 사람 관리를 좋아하지 않았어요. 그는 히로시가 팀을 지휘하게 했어요."

황웨이는 안드로이드 엔지니어링 문화에는 히로시의 기여가 크다고 말했다.

"히로시는 어떻게 돌아가는지 이해하기 위해 나와 함께 세부 업무에 기꺼이 뛰어들었어요. 그는 부사장이 돼서도 여전히 안드로이드를 실행해 보면서 우리에게 연락을 해서 '저기, SMS가 동작하지 않아요. 행아웃도 안 돼요'라면서 문제를 파악하려고 했죠. 나는 그가 자신에게 보고하는 사람들만이 아니라 나머지 팀과도 이어져 있었다고 생각해요. 또 그는 제품에 신경을 썼고 그런 면이 잘 드러났어요. 그리고 나는 그가 의사소통하는 방법이 실제적이었다고 생각해요. 우리와 루빈 사이에 히로시가 있어서 정말 좋았어요.

그가 어떻게 그 일을 할 수 있었는지는 모르겠네요. 성실하게 일하면서 정확한 질문을 하기에 충분한 기술적 지식도 갖추려면 어떻게 해야 할까요? 그게 그가 여기에서 일하는 이유죠."

히로시는 드로이드 출시를 준비하는 내내 그리고 그 이후에도 엔

2008년 9월 44번 건물 사무실 그의 작은 방에서 업무 중인 히로시(사진은 브라이언 스웨트랜드의 허락을 받고 게재)

지니어링 팀을 계속 관리했고 각 릴리스를 출시하기 위해 막바지에 모두 함께 일하는 베이컨 일요일⁴ 같은 전통을 시작했다.⁵

스티브 호로위츠와 엔지니어링

"우리가 어디에 있는지, 누가 모바일에서 '성공'했고 성공하지 못했는지 그 역사를 본다면 리더들이 누구이고 그들이 당시에 신념과 비전이 있었는지로 거슬러 올라갑니다."

– 스티브 호로위츠

스티브 호로위츠는 1.0까지 안드로이드 팀의 엔지니어링 디렉터였다. 그는 팀에 사람이 늘어나기 시작한 2006년 2월부터 안드로이드에서 일하기 시작했다. 그가 일을 시작했을 때는 팀에 엔지니어가 20여 명이었는데 거의 3년 후 1.0을 출시할 때는 100여 명이 되어 있었다. 스티브 호로위츠는 초등학교 때 애플 II에서 베이식과 어셈블리어를 배웠다. 고등학교 때 그는 시간을 쪼개 기술 저널리즘과 프로그래밍을 공부했다. 그는 고등학교를 졸업하자마자 애플⁶에서 인턴직을 얻었고 그 후부터 대학 내내 여름마다 애플에서 일했다. 졸업 후 그는 애플에 정규직으로 취업해 차세대 맥OS를 개발하는 프로젝트인

---

4 적절하게 제목을 붙인 '35장 베이컨 일요일'에서 설명한다.
5 히로시는 이제 안드로이드, 크롬, 크롬 OS, 구글 포토 등을 담당하는 부사장으로 오늘날 기술 세계에서 매우 중요한 프로젝트에서 일하는 수많은 사람을 관리하고 있다. 뭐라고, 그가 대학 학위를 받았더라면 무엇을 이뤄 낼 수 있었을지 상상해 보라고?
6 호로위츠의 애플 채용 관리자가 캐리 클라크였다. 호로위츠를 채용하고 나서 몇 년 후 캐리는 호로위츠에게 채용되어 마이크로소프트에 입사했다. 그 후 그는 마이크 리드(또 다른 애플 동료)와 스키아를 창업했는데 스키아는 안드로이드에 인수됐고 캐리는 다시 호로위츠를 위해 일하게 됐다. 동료에게 친절하라. 언젠가는 그들과 다시 함께 일할 것이다. 그리고 아마도 그 언젠가가 여러 번이 될 수도 있다.

핑크Pink에서 일했고 그다음에는 차세대 하드웨어를 개발하는 재규어Jaguar 프로젝트에서 일했다.

애플에서 2년간 일한 후 호로위츠는 비에 들어가서 트래커(맥의 파인더에 해당) 같은 BeOS용 사용자 인터페이스 툴킷 기능을 개발했다. 비에서 몇 년간 일한 후 호로위츠는 마이크로소프트로 옮겨서 마이크로소프트가 막 인수한 웹티비 부서에 들어갔다. 그곳에서 그는 마이크 클러론, 앤디 루빈, 황웨이 같은 장래 안드로이드 사람들과 함께 일했다. 그는 또한 마이크로소프트 IPTV 플랫폼을 위한 시스템 소프트웨어 그룹을 운영하도록 히로시를 채용했다. 호로위츠는 마이크로소프트에서 일하는 동안 관리직으로 전환했는데 이후 안드로이드에서도 같은 역할을 맡았다.

마이크로소프트에 있는 동안 호로위츠는 애플에서 아이팟용 시스템 소프트웨어 그룹을 운영하던 토니 퍼델Tony Fadell[7]로부터 흥미로운 제안을 받았다. 당시 그 팀은 아이폰 개발을 구상하고 있었다. "괜찮은 제안이었어요. 하지만 나는 마이크로소프트 주식을 많이 가지고 있었는데 그들은 애플 주식이 약간 들어 있는 제안을 했어요. 당시 나는 마이크로소프트에서 하는 일을 좋아했습니다. 애플의 제안에 관심이 있었지만 애플 주식이 백 배는 올라야 비슷해지겠더군요. 물론 확실히 애플은 해냈죠. 백 배 넘게요.

토니의 팀은 스콧 포스톨Scott Forstall이란 사람과 아이폰 OS의 아키텍처를 두고 경쟁하고 있었어요. 결국 포스톨 버전이 이긴 것 같은데

---

7   토니 퍼델은 애플에서 수년간 아이팟 사업부를 운영했고 나중에 스마트 기기 제조사인 네스트(Nest)를 공동 창업한다.
(옮긴이) 네스트는 2014년 구글에 인수된다.

토니 팀의 사람들이 옮겨서 그 작업의 일부를 맡았죠. 어느 기이한 평행 세계에서는 내가 안드로이드 대신 iOS를 개발하고 있을 수도 있겠네요."

호로위츠가 마이크로소프트에서 일하는 몇 년 동안 앤디 루빈이 그를 데인저로 데려오려고 시도했지만 호로위츠는 데인저가 갖춰야 할 것들을 가지고 있는지 확신하지 못해서 마이크로소프트에 남았다.

그러다 안드로이드가 구글에 인수되고 나서 몇 달 후인 2005년 가을 루빈이 다시 호로위츠 영입을 시도했다. "루빈이 말했어요. '여기에 와서 안드로이드 엔지니어링 팀을 운영해 주면 좋겠어요. 우리가 구글에 막 인수됐거든요.' 그와 이야기를 나누다가 이 일을 하려는 곳이 구글이라는 걸 알고 실제로 모바일 세계에 균열을 낼 모든 요소가 준비됐다고 생각했어요. 루빈에게 그렇게 하겠다고 대답했죠."

호로위츠는 2006년 2월부터 안드로이드 엔지니어링 디렉터로서 안드로이드에서 일하기 시작했다.

안드로이드에서 호로위츠의 업무 중 일부는 재능 있는 사람을 채용하는 것이었다. 그가 바로 데려온 사람 한 명이 마이크로소프트에서 그의 팀에 있었던 마이크 클러론이었다.

팀 엔지니어들은 호로위츠의 강력한 관리 기술을 기억했는데 팀을 안정시켰고 공격적인 1.0 일정을 맞출 수 있도록 기능을 줄이는 데 규칙을 도입했다. 호로위츠의 우선순위는 언제나 제품을 출시하는 것이었다.

마이클 모리시도 호로위츠가 구글을 효과적으로 다루었다고 기억했다. "호로위츠는 구글의 관료주의를 정말 잘 다루었어요. 그는 안드로이드에 이롭지 않은 과정과 절차를 통과하고 회피하는 방법을 알았죠."

관리자의 책임 한 가지는 팀원의 경력을 돕는 것이다. 그러나 경력은 당시 시급한 사안이 아니었고 1.0 이후에도 이야기할 시간이 많았다. 해야 할 일이 있었다. 호만은 출시가 임박했던 기간의 어느 주말에 호로위츠로부터 "yt?"[8]라는 인스턴트 메시지를 한 줄 받았던 걸 떠올렸다. 그렇게 대화가 시작됐고 대개는 고쳐야 할 버그에 대한 이야기였다.

MWC

호로위츠는 안드로이드 리더진의 일원이어서 엔지니어링을 관리하면서 사업 부분을 지원했다.

"내가 합류하고 나서 얼마 후 루빈, 리치 마이너 그리고 나 세 사람이 안드로이드 아이디어를 가지고 MWC에 갔어요. 기본적으로는 플래시 시연이었고 정말 대단한 건 별로 없었어요.

우리는 안드로이드 구상을 알리려고 할 수 있는 한 많은 사람을 만나고 발표를 했습니다. 우리는 작은 방 한쪽으로 사람들을 데려왔어요. 대부분은 비웃더군요. '크면 다시 와요'라는 식이었죠. 그러다 퀄컴 임원인 폴 제이콥스Paul Jacobs와 산제이 자Sanjay Jha를 만났는데 그들은 흥미를 보이더군요. 다른 사람들은 무시했고요.

우리가 어디에 있는지, 누가 모바일에서 '성공'했고 성공하지 못했는지 그 역사를 본다면 리더들이 누구이고 그들이 당시에 신념과 비

---

8 "you there?"(자리에 있어요?)를 줄여 쓴 표현이다.

전이 있었는지로 거슬러 올라갑니다.

당시와 요즘 MWC를 비교해 보면 재미있죠. 당시 어땠는지 돌아보면 우리가 한 일은 아이디어를 설득하려던 것에 지나지 않았죠. 오늘날에는 온통 안드로이드 이야기인 것 같아요."

다시 말해 안드로이드는 당시 MWC에서 누군가의 주목을 받기 위해 어려운 시간을 보냈지만, 오늘날에는 전시회에서 강한 존재감을 드러내고 있다.

충돌 관리

호로위츠의 큰 업무 한 가지는 다양한 하부 팀 사이의 차이점을 잘 다루는 것이었다. 데인저 출신 엔지니어들과 비-팜소스·웹티비-마이크로소프트 출신 엔지니어들 사이에는 매우 강한 분열이 있었다.

"다른 팀들처럼 안드로이드에서도 그랬죠. 개성을 잘 엮는 일이었어요. 엄청나게 재능 있는 사람들로 구성된 작은 팀이 큰 팀을 이길 거라는 점이 누군가에게는 확실히 교훈이 됐을 겁니다. 의심할 여지가 없죠. 그리고 우리가 안드로이드에서 해낸 일이 바로 그거죠. 그러나 재능과 에너지가 있으면 대인 관계와 아키텍처에서 충돌이 날 수 있습니다. 그 부분을 내가 잘 중재했죠."

안드로이드를 떠나다

1.0이 나오고 나서 얼마 안 되어 호로위츠는 안드로이드(그리고 구글)를 그만두었다. 그는 엔지니어링 관리보다 더 많은 일을 할 수 있는 곳에서 더 큰 역할을 맡는 데 관심이 있었다. 그가 떠난 후 히로시

가 팀을 인계받았다. 늘 궁금한 점이다. 우리는 경력이나 삶에서 언제 특정 경로를 선택해야 할까? 다른 길을 택한다면? 호로위츠가 당시를 떠올렸다. "흥미로운 질문이네요. 나를 비롯해 누구도 제대로 대답 못할 거예요. 내가 그때 안드로이드가 오늘날처럼 될 줄 알았다면 똑같은 결정을 했을까요? 솔직히 말하면 모르겠네요."[9]

라이언 PC 깁슨이 자신에게 딱 맞는 후식을 찾다

> "안드로이드는 당시 '은밀히' 개발되고 있었지만 나는 소문을 들었어요. 멋진 소문이요."
>
> – 라이언 PC 깁슨

프로젝트가 더 커지고 팀도 더 커지면 일이 순조롭게 진행되거나 정해진 일정을 맞추기 더 어려워진다. 이는 모두의 일이지만 그 세부 사항을 살피는 것은 구글에서 기술 프로그램 관리자라 부르는 사람들이 갖추는 특별한 기술이다. 히로시가 협력사를 관리하며 그의 업무 중 일부로 이 일을 하고 있었다면 라이언 PC 깁슨은 플랫폼 개발을 위해 이 일을 했다.

　라이언은 그의 어머니가 잡지에 실린 베이식 프로그램을 아타리

9　몇 년 후 호로위츠는 구글에 돌아와서 모토로라 소프트웨어 부서를 운영했다. "내 가장 큰 기여는 수년간 쌓인 잘못된 수정 사항을 버리고 모토로라에 '순정' 소프트웨어 패치를 넣었다는 것이에요. 나는 핵심 안드로이드 팀에 대한 깊은 존경과 믿음이 있었고 더 빠른 업그레이드와 더 나은 사용자 경험을 촉진할 수 있도록 그들의 코드를 가능한 한 많이 사용하고 싶었습니다." 전략은 통했다. 모토 X(Moto X, 옮긴이: 구글이 모토로라 모빌리티를 인수한 후 출시한 스마트폰이다)는 구글 넥서스 폰을 비롯해 다른 어느 OEM보다 빨리 킷캣(KitKat)으로 업그레이드됐다.

800XL[10]로 꼼꼼하게 복사하는 모습을 보고 프로그래밍을 접했다. "나는 프로그래밍이 대부분 타자 작업이라고 배웠어요. 오늘날까지도 소프트웨어 개발이 왜 그리 오래 걸리는지 잘 모르겠네요."

라이언은 2005년 7월 구글에 입사했다. 그는 안드로이드가 인수된 같은 달에 들어왔지만, 구글의 다른 부서에서 내부 판매 도구를 개발하는 소프트웨어 프로젝트를 맡았다. 그는 모바일 기술에 늘 관심이 있어서 그의 관심과 가까운 일이 있는지 알아보기 시작했다. "안드로이드는 당시 '은밀히' 개발되고 있었지만 나는 소문을 들었어요. 멋진 소문이요."

라이언은 루빈과 히로시를 소개받았고 마이크 클러론과 면접을 봤다. "그가 내게 수너를 보여 주었는데 키보드와 작은 D-패드가 달려 있었죠. 2D 행렬 모양으로 배치된 앱들을 조작하는 게 투박해 보였지만 오래된 노키아 폰에 비하면 굉장했어요. 터치 인터페이스는 곧 나올 예정이었고 모든 게 바뀌었죠. 나는 2007년 1월 안드로이드 팀에 합류했는데 내가 예전에 일하던 스타트업(그곳에 비하면 음식도 더 나았고 재정도 탄탄했죠)에 돌아온 것 같았어요."

당시에 기술 프로그램 관리자가 되기는 까다로웠는데 많은 팀이 그 역할에 익숙하지 않았기 때문이다. 라이언 자신부터 그랬다. "나는 경력 대부분을 소프트웨어 개발자로 일했지만 관리직으로 향하고 있었어요. 나는 전에 공식적으로 프로그램이나 프로젝트 관리를 해 본 적이 없어서 일을 하면서 파악해야 했어요. 당시 구글에는 기술 프로그램 관리자가 거의 없어서 대부분의 구글 직원이 팀에서 기술

10 (옮긴이) 아타리에서 1983년 출시한 8비트 컴퓨터. 실물 사진은 영문판 위키백과 'Atari 8-bit family' 페이지를 참고하라.

프로그램 관리자와 일해 본 적이 없다는 점도 도전이었죠."

다행히도 안드로이드는 프로그램 관리를 잘할 수 있도록 풍부한 기회를 제공했고 초기 팀은 그 혜택을 인식했다. "히로시, 마이크 클러론, 다이앤, 브라이언 스웨트랜드는 모두 예전 회사에서 프로그램 관리자들과 좋은 경험을 했었죠. 그들은 제품을 성공적으로 출시하는 데 관리자가 더할 수 있는 가치를 이해했어요. 우리(관리자)는 여전히 골칫거리였지만 유용했어요. 그다음으로 안드로이드 프로젝트의 특성이 세 가지 중요한 기준을 충족시킴으로써 전담 프로그램 관리에 적합했어요. 1) 안드로이드 개발, 구글 앱 개발, 오픈 소스 개발 등 기여자가 다양했어요. 2) OEM, 통신 회사, SoC 제공사 등 이해 관계자가 많았어요. 3) 전자 기기의 연간 판매 주기 시간대가 빡빡했어요. 그래서 안드로이드는 프로그램 관리자가 되기에 좋은 곳이었죠."

문제는 컸다. 어떻게 해야 전체 운영 체제, 애플리케이션, 기기를 가능한 한 빨리 만들어 안정화해 출시할 수 있을까? 그러는 동안 팀은 사람이 계속 늘어나고 있었고 플랫폼의 많은 핵심적인 부분이 해결되지 않았고 작성되지 않은 상황이었다. 그들은 현실적인 일정을 제시하고 실행해야 했다. 그리고 그들은 실제로 유의미한 제품을 내놓아야 했다.

"프로그램 관리는 확실히 중요한 부분입니다. 우리는 1년이나 뒤처졌고 그다음 해로 밀렸다면 성공할 수 있는 대안보다는 역사적인 각주가 됐을지도 몰라요. 그러나 아무거나 출시할 수는 없었어요. 탄탄한 제품이어야 했습니다.

첫날 히로시가 수백 가지 작업이 그려진 전자 갠트 차트Gantt chart를 건넸는데 출시일 이후까지 뻗어 있었어요. 그가 그걸 가지고 온 건 내 생각에는 '아, 도와줘요!'라는 말 같았어요. 돌이켜 보면 전형적인 프로젝트 관리에 도전하는 것이었는데 내게는 전부 새로웠어요. 나는 모든 개발자와 이야기를 나눴어요. 당시 약 30명이었죠. 스타트업 경력이 있는 개발자 출신이라는 점이 도움이 됐습니다.

나는 소프트웨어 엔지니어들이 그들의 작업을 1.0 출시까지의 일련의 이정표로 구성하는 걸 돕는 일부터 시작했어요. 격렬한 시기였죠. 사업과 제품 계획이 아직 결정되지 않은 동안에 코드 기반을 안정화하는 방법을 찾아야 했기 때문이에요. 초기에 나는 애자일 개발[11]에 기대가 컸는데 안드로이드 내에서는 뿌리 깊은 회의론이 있었죠. 다른 회사에서 부실하게 애자일 그룹을 운영한 나쁜 경험 때문에 많은 리더가 좋아하지 않았어요. 그러나 제품 정의가 발전하면서 프로젝트가 타임 박싱[12] 개발에 적합하게 됐습니다. '완료'의 의미가 분명하지 않았기 때문에 우리가 언제 주요 기능을 완성했는지 아무도 몰랐거든요.

나는 'm1', 'm2' 등 몇 가지 초기 이정표를 만들었는데 '각 이정표마다 무엇을 끝낼 수 있을까요?'라는 질문을 던졌습니다. 나는 개발자들에게 '이상적인 엔지니어링 일수ideal engineering days'로 대강의 예상일을 조심스럽게 물었는데 전통적인 애자일 용어는 가능한 한 피했습니다. 이상적인 엔지니어링 일수가 처음 몇 이정표에는 대체로 잘 통해서 기능 작업을 해치우고 목표를 향해 진전을 볼 수 있는 방법을

---

11 유명한 소프트웨어 개발 프로세스로 요구 사항이 지속적으로 변하는 프로젝트에 적합하다.
12 (옮긴이) 할당된 작업을 정해진 기간 내에 완수하지 못했을 경우 다음으로 넘기는 규칙이다.

찾아냈죠. 가장 큰 성취는 갠트 차트로 기능 작업을 추적하던 데서 버그 작업을 어디까지 추적했는지로 옮겨 간 것이었어요. 몇 년에 걸쳐 우리는 이상적인 엔지니어링 일수로 추정하던 걸 바꿨는데 제로 버그 바운스zero bug bounce[13], 기능 완료 같은 많은 릴리스 리듬은 그대로 두었어요. 우리가 실수로부터 배우면서 그것들은 대단히 개선됐고 점차 더 커지고 복잡해졌죠."

후식 시간

릴리스 이름에 후식 이름을 사용하는 안드로이드의 전통은 그 뿌리를 라이언의 프로젝트 관리 기법에서 찾을 수 있다. "'1.0'의 의미에 대해 초창기에 했던 토론이 떠오르네요. 다이앤, 스웨트랜드 그리고 나머지 사람들은 그걸 정의하는 데 정말 열정적이었어요. 대화를 진행하기 위해 나는 코드명을 사용하고 나중에 그중 어떤 게 1.0이 될지 생각해 보자고 제안했어요. 코드명이 알파벳 순서여야 한다는 조건에 다이앤이 동의했어요. 그래서 우주 소년 아톰[14]과 벤더Bender[15]가 첫 안드로이드 코드명이 되는 게 확실해 보였죠! 세 번째 코드명은 스타워즈 로봇 캐릭터인 C3PO로 정했고 그게 1.0이 될 것 같았는

---

13 출시가 거의 다가왔을 때 세우는 목표로 팀이 적어도 현재 알려진 버그는 전부 고치려고 하는 것이다('바운스'라는 말은 더 많은 버그가 항상 어딘가에 숨어 있다가 발견되어 제출될 수 있음을 인정하는 것이다). 안드로이드에서 일하는 동안 나는 팀이 0 근처에 다가가는 걸 아직 보지 못했다. 나는 이 약어를 제 버그 바운스(ze bug bounce, 옮긴이: 0에 이르지 못해서 철자의 절반을 뺀 말장난이다)로 재정의했다. 버그 개수는 확실히 튀어 올랐다. 단지 제로 버그에서 튀어 오르지 않았을 뿐이다.
14 1950년대 만화 형식으로 처음 선보인 일본 캐릭터로 인간의 감정을 지닌 안드로이드다.
15 코미디 애니메이션 시리즈 〈퓨처라마(Futurama)〉의 로봇 캐릭터

데 문제가 생겼어요.[16] 라이선스 문제 처리가 제동을 걸었죠. 그리고 향후 릴리스에서도 같은 문제가 생기리라는 걸 깨달았어요. 우리는 뭔가 다른 게 필요했고 당시 나는 컵케이크에 빠져 있었어요(지금도 여전히요). 나는 스프링클스Sprinkles[17] 후식으로 출시를 축하하자는 아이디어가 정말 좋았어요. 그래서 정말로 후식 이름을 쓰게 됐죠."

마이클 모리시는 릴리스에 대한 라이언의 기여를 "변함없는 벨벳 해머velvet hammer 칵테일[18] 같았는데 기술 측면을 충분히 이해했을 뿐 아니라 계속해서 일정을 진행하는 데 집중했어요"라고 기억했다.

우페이쑨과 프로젝트 관리

히로시의 기술 프로그램 관리자 팀에 있던 라이언의 동료는 우페이 쑨이었는데 2007년 9월 합류했다. 그녀는 구글에서 엔지니어링 관리 자로 일해 왔지만 안드로이드에는 기술 프로그램 관리자로 합류했는 데 그녀가 전에 그 일을 해 봤고 1.0 출시를 향해 가면서 안드로이드 에서 당시 필요했던 일이었기 때문이다.

우페이쑨의 컴퓨터 프로그래밍 입문은 많은 엔지니어와 일치한다. 바로 비디오 게임이었다. 그녀가 3학년 때 그녀의 부모님은 그녀가

---

16 우리가 후식 이름을 사용한 이유는 후식은 상표가 될 수 없기 때문이다. 물론 몇몇 릴리스 (킷캣과 오레오)에 상표명을 사용했지만 회사 간에 합의가 있었다. 초기에 모든 안드로이 드 릴리스에 상표 사용 동의 협상을 하고 싶어 한 사람은 누구도 없었을 것이다. 그 외에 도 후식 이름이 로봇보다 선택할 게 더 많았다. 사용할 수 있는 이름이 다 떨어져서 안드 로이드 개발을 중단한다면 불행하지 않았을까?
17 팔로 앨토 구글 근처에 있는 컵케이크 제과점이다. 스티브 호로위츠는 당시를 기억했다. "전체 팀 회의에 컵케이크를 가져오고 싶었어요. 여러 곳에 전화를 돌렸지만 아무도 시간 내에 가져올 수 없다더군요. 그런데 스크링클스가 글자 그대로 딱 그날 스탠퍼드 몰(Stanford Mall)에 개업했고 전체 팀에 아주 많은 컵케이크를 갖다줄 수 있었죠."
18 (옮긴이) 식감이 부드러우면서 도수도 강한 것이 특징인 칵테일

게임을 너무 많이 해서 게임을 더는 사 주지 않기로 결정했다. 그녀는 생각했다. '짜증 나. 게임을 살 수 없다면 나만의 게임을 어떻게 만들지 알아내야겠어.' 그녀는 그다음해 도서관에서 많은 시간을 보내며 프로그래밍 책을 읽고 도서관에 있는 컴퓨터를 가지고 놀았다. 그러면서 집안일을 도와 받은 용돈을 저금해 마침내 집에 자기 컴퓨터를 들여놓았다.

인지 과학 학위를 받고 그녀는 스타트업 몇 군데서 일하며 비구조화된 데이터를 관리하는 방법을 다루었다. 그러한 회사 중 두 번째로 일한 곳이 어플라이드 시맨틱스Applied Semantics로 광고 기술 때문에 2003년 구글에 인수되었고 결국 구글 애드센스 제품이 됐다.

구글에서 우페이쑨은 검색 어플라이언스[19] 작업을 하다가 그다음에는 온라인 결제 서비스인 구글 체크아웃에서 일했고, 공개 SDK가 처음 출시된 2007년 마침내 안드로이드 팀에 합류했다.

우페이쑨은 미디어 팀을 시작으로 안드로이드에 있는 동안 안드로이드의 여러 부서와 함께 일했다. 그녀는 패킷비디오(안드로이드의 비디오 기능을 구현한 소프트웨어를 제공)와 에스머텍을 비롯한 외부 회사와 그들의 기술과의 관계를 관리했다.

에스머텍은 안드로이드에서 기기와 함께 출시한 미디어 애플리케이션을 제공했는데 그중에는 인스턴트 메시지 클라이언트뿐 아니라 음악 앱도 있었다. 사용자 인터페이스 디자인의 최근 변경뿐 아니라 안드로이드의 기반 메시지 플랫폼에 맞춰 그러한 앱들을 제대로 동

---

19 구글 검색 어플라이언스 프로젝트는 앞서 시스템 팀의 닉 펠리에 대해 이야기할 때 나왔다. 닉 펠리는 안드로이드에 합류하기 전에 우페이쑨과 함께 구글 검색 어플라이언스에서 일했다.

작하게 만들려면 처리해야 할 세부 사항이 많았다. 우페이쑨은 베이징, 취리히로 출장을 가는 팀에 합류해 중국 청두에 있는 에스머텍 엔지니어링 팀과 함께 작업하며 그러한 세부 사항을 처리했다.

취리히 출장에서 우페이쑨은 에스머텍 엔지니어 중 한 명이 매운 양념을 여행 가방 가득히 가져온 것을 발견했다. 쓰촨성 청두는 매운 음식으로 유명했는데 취리히는 그렇지 않았다. 양념으로 가득한 여행 가방은 2주간 취리히에서 지내는 상황에서 중요한 역할을 했다.

미디어와 메시지 작업 외에도 우페이쑨은 또한 달빅 출시 일정을 맞추기 위해 댄 본스테인과 함께 일했고, 기기에 들어갈 초기 글꼴 작업을 도왔으며, 미 연방 통신 위원회 승인을 위해 기기를 테스트하는 하드웨어 팀도 도왔다. 이처럼 여러 프로젝트를 하는 건 당시에 팀에서 드문 일이 아니었다. "당시에는 '아무개는 모 팀 소속이에요'라고 하지 않았어요. 도움이 필요하면 뭐든 요청했고 할 수 있는 사람은 누구나 뛰어들었죠."

28

세계적으로 규모를 확장하다

안드로이드에 협력 관계는 매우 중요했고 지금도 그렇다. 안드로이드 성장의 핵심 요소 한 가지는 안드로이드 폰을 출시한 회사가 단지구글만이 아니었다는 점이다. 모두가 출시했다.[1]

초기에 협력 관계와 사업 계약의 여러 부분에서 일한 몇 사람이 있었다. 앤디 루빈은 누구와 함께 일하고 이 전략을 어떻게 성공시킬지에 대한 구상이 있었다. 그는 성공적인 모바일 기기 회사(데인저)를 공동 창업하고 운영했었다. 안드로이드 공동 창업자 닉 시어스도 있었는데 티모바일 출신이었고 안드로이드 G1 출시 협력사인 티모바일과 계약하는 데 주된 역할을 했다. 히로시 로카이머는 협력 관계뿐 아니라 협력사 기기에서 안드로이드를 개발하는 프로젝트 관리에서도 매우 중요한 역할을 했다. 또 다른 안드로이드 공동 창업자 리치 마이너는 오렌지 텔레콤 출신이었는데 그곳에서 그는 통신 회사와 함께 일했고 모바일·플랫폼 회사(데인저를 포함한)에 투자하는 벤처펀드를 운영했다. 안드로이드 브라우저와 음성 인식 작업을 하는 엔지니어링 팀을 관리하는 것 외에도 리치는 사업 팀의 일원으로 히로

---

1 맞다. 아마 모두는 아닐 것이다. 현재 안드로이드 협력사가 아닌 모바일 기기 회사가 쿠퍼티노에 있다.

28장 세계적으로 규모를 확장하다 **383**

시, 톰 모스와 함께 모토로라 드로이드 계약을 체결하는 걸 도왔다.

톰 모스와 사업 계약

톰 모스는 안드로이드 초기에 많은 핵심 사업 계약 작업을 했는데 그는 사업 쪽 업무로 구글에 들어온 게 아니었다. "나는 사실 안드로이드에서 변호사로 일했습니다. 세상을 망치는 최악의 부류죠."

톰은 2007년 구글의 법무 부서에서 일을 시작했다. 구글 이전 회사에서 그의 전문 분야는 오픈 소스 기술 관련 법률 검토였다. 일을 시작하자마자 그는 그해 가을 SDK를 출시할 안드로이드라는 오픈 소스 프로젝트에서 일할 거라는 이야기를 들었다.

"내 첫 계약은 퀄컴이었는데 우리가 공개할 수 있는 리눅스 드라이버를 만들 수 있도록 7200 AMSS 칩셋 코드의 라이선스를 받는 것이었어요. 당시에 그 일은 최고로 복잡했는데 퀄컴이 오픈 소스를 죽도록 두려워했기 때문이죠."

톰은 처음에는 법률 측면에서 일을 도왔지만 결국 직접 계약을 맡게 됐다. "나는 처음에는 변호사로서 계약 시에 루빈과 리치 마이너 그리고 다른 사람들을 지원하기만 했어요. 루빈이 갈수록 나를 혼자 보내더군요. '우리한테 필요한 계약이에요. 가서 계약을 맺어 와요.' 루빈은 바빠서 협상과 모든 계약 과정에서 자리를 끝까지 지킬 수 없었어요."

톰은 또한 모든 이해 당사자, 즉 앱 개발자, 단말기 제조사, 통신 회사, 플랫폼 소프트웨어 팀을 연결할 전략 작업도 했다. 오픈 소스로 취할 수 있는 한 가지 묘책은 동기 부여다. 구글을 제외하고 협력사들이 안드로이드 플랫폼에 관심을 가지게 하려면 어떻게 해야 할까? "어떻게 해야 모두가 호환성을 유지하는 방식으로 이 생태계를 장려하고 이 생태계에 투자하게 할 수 있을까요?"

물론 앱 개발자들은 호환성에 깊은 주의를 기울인다. 서로 다른 안드로이드 구현에서 같은 애플리케이션을 실행할 수 있게 만드는 게 서로 다른 기기에서 작동하게 하려고 앱을 빈번하게 재작성해야 하는 심비안과 자바 ME 같은 플랫폼에서 개발자들이 직면한 상황보다는 훨씬 낫다. 그러나 제조사의 역학 관계는 다른데 그들은 자사만의 기기와 구현에 책임을 지는 세상에 익숙하다.

다행히도 구글은 지도, 유튜브, 웹 브라우저를 비롯해 제조사들이 자사 기기에 넣고 싶어 하는 유명한 앱을 가지고 있었다. 그래서 톰은 협력사가 안드로이드 포크 버전을 출시하기보다 안드로이드를 있는 그대로 출시해서 호환성을 유지하면 이러한 앱들에 접근하는 이득을 얻을 수 있는 시스템을 고안해 냈다.[2]

현장을 누비다

톰의 일이 점점 법률 업무보다 계약 업무가 되면서 그는 사업 측면에서 다양한 구글 팀을 돕는 데 전문화된 신사업 개발이라는 부서로 옮겼다. 그는 계속해서 혼자 안드로이드 일을 했지만 안드로이드에 직접 보고하지는 않았다.

그사이에 루빈은 일본에서 개발 문제(국제화와 키보드 지원을 비

---

2 안드로이드가 널리 퍼진 후로 플랫폼을 포크하지 않은 버전을 출시하는 것이 결국 이득이 됐다. 제조사는 개발자들에게 자사의 독특한 구현에 맞게 앱을 변경하라고 요청할 필요 없이 다른 기기에서와 마찬가지로 자사 기기에서 똑같이 실행되는 앱 덕분에 혜택을 받았다.

롯한)를 도울 팀이 필요했다. 톰이 돕겠다고 자원했다. 그가 일본으로 이동하는 게 타당했는데 그가 맺은 많은 계약이 어쨌든 아시아에서 이뤄졌기 때문이었다. 그는 구글 도쿄 사무실로 옮겨 엔지니어 팀을 고용했는데 그가 일본으로 옮기고 나서 2주 후 캘리포니아에서 진행된 G1 출시에는 참석하지 못했다.

그러는 동안 루빈은 톰이 하는 안드로이드 업무를 좀 더 직접적으로 보기 원했고 톰은 안드로이드 팀으로 옮기게 된다. 안드로이드가 큰 회사의 일부라는 것과 관련된 어처구니없는 이유 때문에 톰은 엔지니어로 재분류되어야 했다. "구글에서 엔지니어링 직급으로 옮긴 첫 번째 비즈니스맨은 나일 겁니다.[3] 그래서 나는 서류상으로 엔지니어였어요. 분명히 말하는데 나는 코드를 짜 본 적이 없습니다."

협력사 기기 출시

그동안 도쿄 사무실에서 톰은 도쿄 협력사들을 돕느라 바빴다.

"나는 일본에서 일했는데 우리는 호주에서도 출시했죠. 나는 싱가포르도 생각해야 했어요.

구글에는 당시 흥미로운 역할이 있었어요. 통신 회사가 휴대 전화를 출시하려면 단말기 제조사인 OEM으로부터 휴대 전화를 사기만 하면 되는 거였어요. 그런데 우리 브랜드를 붙인다거나 텔레비전 광고 또는 마케팅 캠페인을 한다는 부분 때문에 이러한 많은 계약에 우리가 꼭 들어가야 했죠. 우리는 안드로이드에 추진력을 만들기 위해 이러한 계약을 마련했고 통신 회사, 단말기 제조사와 협상했습니다.

---

3 아마도 이게 구글 엔지니어링 면접을 통과하는 비밀 전략일지 모른다. 변호사로 입사해서 직종을 전환하라. 나한테서 들었다고 말하지 말라.

예를 하나 들어 보죠. 나는 휴대 전화에 적합한 콘텐츠, 앱, 서비스를 위한 계약 협상을 했는데 통신 회사인 도코모와도 하고 단말기 제조사인 HTC와도 했습니다. 그리고 나서 그 회사들과 마케팅 캠페인 작업을 했고요. 우리 팀 엔지니어인 몬마 씨와 내가 일본어와 영어 사용자 설명서 번역을 교정을 보면서 지적 사항을 적고 정말 어처구니없는 실수들을 고쳤어요. 이를테면 '배터리 소화 가능' 같은 게 있었어요. 배터리를 먹을 수 있는 것처럼 써 놓았더군요. 우리는 모든 걸 했어요. 제품을 출시하는 데 필요한 일이라면 전부 했습니다."

제프 해밀턴은 세계적인 협력 관계에 대해 이런 식으로 접근한 것이 안드로이드가 확장될 수 있었던 방법이라고 언급했다. "약 20억 대[4]의 기기가 있죠. 한 회사가 그처럼 많은 기기를 만들고 그것들을 모두 지원할 수는 없습니다. 특히 제품이 다양할 때 그렇죠. 사람들마다 원하는 기기, 가격대, 구성, 모든 게 다릅니다. 거대한 다양성이죠. 오픈 소스로 개발하고 그걸 지원하는 한 가지 스택을 만들고 협력사들이 이를테면 터키 등 여러 나라의 네트워크 같은 서로 다른 요구 사항을 충족하는 제품을 제조하게 하면, 한 회사가 전부 떠맡을 필요가 없어요. 지역마다 요구 사항이 다르니까요. 우리는 여러 회사가 그걸 선택하고 떠맡도록 함으로써 규모를 확장했습니다."

4　2021년 5월 현재 30억 대를 넘었다.

29

제품 대 플랫폼

"그게 OR드로이드가 아니라 AND로이드라고 부른 이유에요. 두 가지 대안 중에서 결정해야 한다면 우리는 늘 둘 다 골랐거든요." — 팀에서 누군가가 한 말

초기에(그리고 이후 수년간) 팀에서 계속된 논쟁 한 가지는 그들이 만들고 있는 게 제품인가 아니면 플랫폼인가 하는 것이었다. 다시 말 하면 휴대 전화(제품)를 만들고 있는가 아니면 다양한 제조사가 만드 는 여러 가지 휴대 전화에서 현재와 미래에 사용할 운영 체제(플랫 폼)를 개발하고 있는가 하는 토론이었다.

안드로이드 생태계의 범위를 감안하면 안드로이드는 플랫폼이라 는 점이 이제는 분명하다. 물론 안드로이드는 넥서스 폰과 최근 픽셀 폰을 비롯한 구글 폰에서 동작하지만, 전 세계에 출시된 더 많은 스 마트폰에서도 동작하는데, 그런 제품 중 대부분을 안드로이드 팀원 누구도 보진 못했을 것이다. 그러나 그 모든 스마트폰이 안드로이드 생태계의 일부로서 구글 앱과 구글 플레이 스토어를 실행한다. 하지 만 당시에는 우선순위가 무엇인지 분명하지 않았다. 1.0은 확실히

G1을 대상으로 하고 있었기 때문에 둘 사이의 구분이 흐릿했다. 특정 제품을 만드는 것이 장기적으로 좀 더 유연한 플랫폼을 만드는 것보다 늘 더 쉽다는(그리고 빠르다는) 사실 때문에 논쟁은 더 복잡해졌다. 그래서 안드로이드의 주 우선순위가 단지 무언가를 시장에 내놓는 것이라면 제품에 집중하는 것이 옳은 판단이었다.

반면 아이폰은 매우 제품 중심적인 접근 방식을 취했다. 밥 보처스(당시 아이폰 제품 마케팅 선임 디렉터)가 말했다. "그때 우리는 iOS를 플랫폼이라고 생각하지 않았습니다." 사실 앱 스토어는 첫 아이폰 계획의 일부도 아니었다. 아이폰은 단지 애플 앱이 들어 있는 애플 기기였다. 이러한 접근 방식 덕분에 애플은 특정 제품의 세부 사항에 제대로 집중할 수 있었다.

애플은 그 이후 많은 후속 아이폰을 출시했고 이제는 앱 스토어와 큰 개발자 생태계를 갖게 됐다. 그들은 자신이 무슨 제품을 만드는지 언제나 정확히 알았고 그들이 출시하는 운영 체제와 플랫폼을 알맞게 조율할 수 있었다. 구글도 많은 스마트폰을 출시했지만 다른 제조사에서 출시하는 기기의 양과 다양성에 비교하면 그 숫자는 미미하다. 그래서 안드로이드가 구글 기기에서는 완벽하지만 OEM에서 다루기 힘든 것보다는 모든 기기에 이식성이 있는 게 훨씬 중요하다.

팀에서 벌어진 제품 대 플랫폼 논쟁은 사람들의 출신 회사에 따라 의견이 갈렸다. 바로 데인저 출신 대 비-팜소스, 웹티비-마이크로소프트 출신으로 나뉘었다. 데인저 출신 사람들은 단순한 해법을 선호했고 제품에 좀 더 중점을 두었다. 비-팜소스와 웹티비-마이크로소프트 출신 사람들은 좀 더 플랫폼적인 사고방식을 지녔고 안드로이드에서도 그러한 접근 방식을 선호했다.

호만 기가 말했다. "팜 출신 사람들은 팜 OS 5와 호환성을 지닌 팜 OS 6를 개발했어요. 그들은 미래를 대비해 만들어지지 않고 해상도, GPU 등의 개념이 없는 운영 체제에 무슨 일이 일어났는지 직접 봤죠."

브라이언 스웨트랜드는 양쪽을 다 알았는데 비와 데인저에서 일했기 때문이다. "둘 다 필요합니다. 내가 비에서 얻은 교훈이에요. 비는 당시 틀에 박혀 있었어요. 그래서 플랫폼이 되는 데 집중했죠. 제대로 된 앱이 없고 순수한 플랫폼만 만든다면 악순환을 끊지 못해요. 사람들이 필요로 하는 걸 만들지 않은 거고요."

스웨트랜드는 안드로이드 팀에서 논쟁이 계속됐다고 말했다.

"오늘날까지도 분명해진 것 같지는 않아요. 이것 때문에 루빈이 열받고는 했었죠. 전체 회의를 하면 나와 데이브 보트가 우리가 무엇을 만들고 있는지 물었어요. 우리는 분명히 플랫폼을 만들고 있었고 그 플랫폼 안에 제품이 있었죠. 우리는 수직적으로 통합된 우리 제품인 구글 폰을 만들고 있었을까요? 아니면 OEM이 그들의 브랜드로 스마트폰을 만들기를 기대하면서 뭔가를 만들고 있었을까요? 그것도 아니면 그 사이에서 뭔가를 하고 있었을까요? 몇 년에 걸쳐 우리는 그 모든 걸 했습니다.

넥서스 기기 그리고 현재 픽셀 기기는 좀 더 수직적으로 통합된 제품으로 느껴지죠. 그러나 사람들이 끝내주는 것들을 만드는 광범위한 전체 생태계도 있어요. 그리고 아마존 파이어는 안드로이드 플랫폼을 출발점으로 삼아서 안드로이드에서 파생됐지만 똑같지는 않은 독자적인 플랫폼을 만들고 있고요."

마이크 클러론이 말했다. "다이앤은 명확한 비전이 있었어요 '이 일은 단지 G1을 출시하는 게 아니에요. 꺾이지 않고 계속할 거예요' 라고 했죠. 그녀는 나를 위해, 아마도 모든 사람을 위해 앞날을 바라보고 플랫폼의 기반을 다졌어요. 2006~2007년에 다이앤은 2013년이 되면 필요할 것들을 알고 있었어요. 그리고 어떻게든 그러한 것들을 안드로이드의 핵심 개념의 일부로 엔지니어링했죠."

논쟁은 구글 이사회 회의실에서도 벌어졌다. 당시 임원진 검토 내용은 구글 고위 임원들도 스펙트럼의 서로 다른 끝에 있었음을 보여준다. 어떤 임원은 안드로이드 팀에서 스마트폰을 만드는 걸 우선시했고 어떤 임원은 플랫폼 접근 방식을 선호했고 어떤 임원은 중간 어딘가에 있었다.

다이앤은 논쟁을 다음과 같이 요약했다. "플랫폼 또는 제품 논쟁은 늘 팜 OS 대 데인저 사람들 구도였죠. 루빈의 대답은 물론 '둘 다'였고요. 그게 옳은 대답이었죠."

안드로이드 팀

안드로이드 팀은 구글에 들어왔을 때부터 일을 하는 고유의 방식이 있었다.
팀 리더들은 그것을 유지하려고 애썼다.

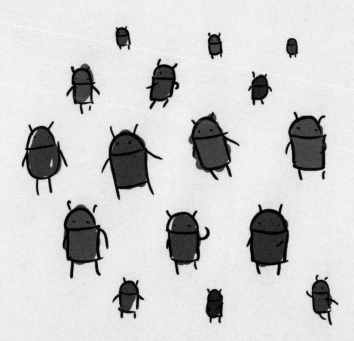

30

안드로이드 != 구글[1]

"초기에는 팀에 들어온 동기가 그렇지 않은 사람이 있을 거라고 아무도 의심하지 않았어요. 우리는 모두 같은 열차를 탔으니까요."
– 브라이언 존스

처음부터 안드로이드에는 구글의 나머지 부서와는 확연히 구분되는 문화가 있었다. 작은 안드로이드 스타트업이 훨씬 더 큰 회사에 흡수됐지만 루빈은 안드로이드를 독립적으로 운영하려고 노력했다.

제이슨 파크스가 말했다. "루빈과 리더들은 우리가 독립적으로 운영되려면 더 큰 구글 문화에서 분리되어야 하고 이 일을 이뤄 낼 우리만의 문화를 제안해야 한다는 걸 깨달았어요. 루빈이 슈미트, 래리, 세르게이를 어떻게 설득했는지는 모르지만 그는 그걸 해냈어요. 우리는 분리되어 구글에서 자금을 받는 작은 스타트업처럼 운영됐습니다."

마이크 클러론이 말했다. "루빈은 팀을 의도적으로 회사의 나머지

---

1 독자 중 프로그래머가 아닌 사람들을 위해 설명하자면 '!='는 코드에서 '같지 않다'를 표현하는 방법이다. 프로그래머들은 평상시에 말할 때 소프트웨어 용어를 집어넣고는 하는데 아마도 자신들과 이야기를 나누는 모든 사람이 똑같은 언어를 말한다고 가정하기 때문인 듯하다. 소프트웨어 용어를 이해하지 못한 사람들은 그냥 듣기를 포기하기 때문에 이것은 자기 충족적인 예언이다.

부서와 분리해서 유지해 팀에 숨 쉴 수 있는 여지를 주었죠. 모기업 같은 구글에 일의 진행을 계속해서 보고할 필요가 없도록 했거든요."

팀의 모든 사람이 이와 같은 접근 방식에 동의하지는 않았다. 마이크 플레밍이 말했다. "안드로이드는 구글과 분리되어 있었어요. 분리는 위에서 내려온 결정이었죠. 그건 좋은 생각이 아니고 그 의견에 반대한다고 느꼈던 기억이 납니다. 나는 구글과 연결되어 관계를 개선하고 구글 문화에 참여하기를 바랐습니다. 그런 일이 실제로 일어나지는 않았지만요."

안드로이드를 격려한 건 여러 방식으로 나타났는데 그중에는 회사 내에서 프로젝트를 비밀로 유지하고 더 큰 토론이나 회사 모임에 참석하지 않는 것도 포함되어 있어서 팀은 고립됐다는 느낌이 들었다.

이러한 모든 역학 관계는 팀이 릴리스를 출시할 때마다 단일한 목표에 집중하는 데 도움이 됐다. 그러나 세계의 다른 대륙과 물리적으로 분리된 호주에서 기이한 아종亞種이 나타나듯이 안드로이드는 더 크고 안정적인 모회사母會社와는 매우 다른 다소 무모한 문화를 발전시켰다.

브라이언 존스는 팀에 부여된 과제의 특이성과 안드로이드 문화에 대해 의견을 남겼다.

"우리는 구글 내의 작은 스타트업이었습니다. 큰 회사의 나머지 부분으로부터 보호됐죠. 우리는 고립된 작은 집단이었고 많은 자율권이 있었어요. 일단 누군가가 팀에 들어오면 그 사람이 그 과제에 함께한다는 걸 알았어요.

구현 세부 사항이나 필요한 기술 접근 방식에 대해 다채롭고 열정적인 논쟁을 할 수 있었습니다. 초기에는 팀에 들어온 동기가 그렇지 않은 사람이 있을 거라고 아무도 의심하지 않았어요. 우리는 모두 같은 열차를 탔으니까요."

웹 대 모바일

안드로이드가 구글의 나머지 부분과 계속 분리됐던 이유 한 가지는 구글의 다른 사람들이 만드는 제품과 근본적으로 달랐기 때문이다. 당시 구글은 웹 애플리케이션을 주로 개발했다. 이는 안드로이드에 관해 두 가지 함의가 있었다. 즉, 안드로이드가 웹 기반이 아니어서 구글 내에서 좋아하지 않았고, 모바일 소프트웨어 개발 기간의 현실에 대해 몰이해가 있었다.

첫째, 안드로이드가 무엇을 하는지 기본적인 불신이 있었는데 구글은 근본적으로 웹 기술 회사였기 때문이다. 당시 많은 게 웹 기술로 가능했다. 왜 안드로이드는 웹 기술에 기반을 두지 않았을까? 당시 다른 플랫폼(팜의 스마트폰 운영 체제인 웹OS와 심지어 아이폰도 마찬가지였는데 외부 개발자를 위한 애플의 원래 계획은 웹 앱이었다)이 웹 기술을 사용한다는 사실도 이 논쟁을 부추겼다. 하지만 안드로이드는 그 방향으로 가는 걸 완고하게 거부했다.[2] 안드로이드는 네이티브 애플리케이션에 웹 콘텐츠를 통합하는 기능을 제공했지만 (웹뷰뿐 아니라 완전한 브라우저 앱을 제공함으로써) 애플리케이션

---

2 웹이 당시에 많은 약속을 했지만 기능, 성능 그리고 그 시절 모바일에 매우 중요하다고 생각했던, 빡빡한 제한하에서 동작할 수 있는 능력이 부족했다. 애플이 웹으로 방향을 정했다가 결국 앱 스토어에서 네이티브 애플리케이션을 제공한 점에 주목하라. 팜은 웹OS로 정말 힘들게 노력했지만 성공하지 못했다. 모바일 기기에 대한 일반적인 해법이 될 수 있다는 웹 기술의 약속은 몇 년이 지나도 아직 실현되지 못했다.

은 네이티브(웹이 아닌) 기술로 만들어지기를 기대했다. 그러한 기술에는 웹 앱과는 다른 언어, 다른 API, 전체적으로 다른 접근 방식도 포함되어 있었다.

둘째, 안드로이드는 구글이 개발하는 데 익숙했던 웹 앱 제품과는 근본적으로 다른 제품을 출시하려고 했다. 검색 새 버전을 출시하고 싶다면 당일 오후에 할 수 있다. 그리고 그 버전에 버그가 있으면 바로 고쳐서 그날 밤에 앱을 업데이트할 수 있다. 웹 제품은 몇 주마다 정기적으로 출시되고 팀은 지속적으로 출시를 반복한다. 그러나 안드로이드에는 그러한 접근 방식과 사고방식이 통하지 않는 매우 다른 제한이 있었다.

브라이언 존스가 이에 대해 설명했다. "안드로이드에는 하드웨어 구성 요소, 제조 구성 요소, 통신 회사 구성 요소, 협력 관계가 있습니다. 검색 알고리즘 출시를 반복할 수는 있죠. 하드웨어를 부분적으로 출시하는 걸 반복할 수는 없습니다. 날짜를 정하고 그걸 기준으로 작업하는 거죠."

브라이언 스웨트랜드도 동의했다. "현실은 소비자용 전자 기기를 출시하기 위해 누군가가 공장 라인을 잡고 있고 판매 대상을 겨냥한 마케팅 전략을 준비하고 있을 때 일정을 놓치면 협력사의 일을 망친다는 것입니다. 마감일을 맞추려면 미칠 것 같죠. 시간대를 놓칠 경우 그 결과는 석 달 후에 그 제품을 출시할 수 없다는 것이기 때문이에요. 그 제품은 절대 출시할 수 없을 거예요. 이제 완전히 다른 제품을 만들어야 하기 때문이에요."

스웨트랜드는 이러한 접근 방식을 안드로이드 외부 구글 팀의 접근 방식과 비교했다. "모든 게 웹 방식이죠. 출시하고 동작하지 않으면 되돌립니다. 공장에서 이미지를 굽는 것은 쉽지 않죠."3

구글의 다른 부서에서 일하다 안드로이드 팀으로 옮긴 챈치우키가 이러한 하드웨어 주도 역동에 대해 이야기했다. "안드로이드는 성탄절이 10월에 끝난다는 걸 내게 가르쳐 준 첫 팀이었어요. 기기를 성탄절에 맞춰 시장에 내보내려면 모든 게 10월까지 끝나야 하죠. 회로 기판4이 완성되어야 했기 때문에 말도 안 되는 마감일이었어요. 놓쳐서는 안 될 진짜 마감일을 경험한 게 그때가 처음이었죠. 성탄절은 절대 미뤄질 리 없고 빨리 만들어질 수 있는 건 회로 기판 뿐이니 10월 마감일을 놓쳐서는 안 됩니다."

이 일정 주도 사고방식은 초기 안드로이드를 정의한 마감일 주도의 과로 문화를 낳았다.

---

3 스웨트랜드가 말한 '이미지 굽기'는 기기에 소프트웨어를 설치하는 것을 가리킨다. '7장 하드웨어와 앱을 잇는 시스템 팀'에 물건을 다른 방식으로 굽는 산 메핫의 사진이 실려 있다(78쪽).
4 연말연시에 기기를 판다는 건 회로 기판을 포함해 모든 하드웨어를 그 전에 완성해야 함을 의미했다.

31

개척 시대

"안드로이드는 미국 서부 개척 시대처럼 느껴졌어요."

— 에번 밀러

안드로이드는 회사 나머지 부서와 비교했을 때 근본적으로 다른 제품을 개발했을 뿐 아니라 구글 나머지 부서로부터 고립되어 고유의 엔지니어링 문화도 만들었다. 에번 밀러가 말했다.

"당시 안드로이드는 미국 서부 개척 시대처럼 느껴졌어요. 규칙도, 도구도 많지 않았거든요. 모범 사례나 스타일 가이드나 일을 하는 정확한 방법이라고 알려 줄 만한 게 정말 없었어요. 그러나 멋졌던 것은 하고 싶은 대로 뭐든 해 볼 수 있고 시도하고 싶은 건 무엇이나 시도해 볼 수 있다는 것이었죠. 혁신에 열려 있고 시도하는 데 개방적인 문화를 나는 정말 좋아했어요. 안드로이드에서 오래 일해서 정말 행복했습니다.

돌이켜 보면 그러한 접근 방식에는 장단점이 있었어요. 확실히 전에 이런 일을 해 본 사람들은 무엇을 해야 하는지 압니다. 안드로이드에는 정말 똑똑하고 경험이 많은 사람들이 있었죠. 그 사람들은 비

Be에서 일했고 운영 체제를 출시했었으니까요. 그중 몇 사람은 애플에도 있었고 비슷한 일을 했어요. 우리한테 경험과 깊은 전문성이 없었던 게 아니에요. 그 일을 했었으니까요. 그러나 미국 서부 개척 시대처럼 느껴졌어요. 무슨 일을 하고 있는지 아무도 모르는 것 같았고 그냥 헤쳐 나가고 있는 것처럼 느껴졌어요. 완전히 실패할지 아니면 잘될지 우리는 몰랐어요. 잘됐을 때 사람들은 흥분하기도 했지만 그만큼 놀라기도 했던 것 같아요."

안드로이드와 구글 문화 간에는 더 미묘한 차이점도 있었다. 구글에는 오랫동안 '20% 시간'이라는 게 있었는데 직원들이 구글에 이득이 될 수 있는 어떤 프로젝트에 자기 시간의 20%까지 쓸 수 있도록 하는 제도였다.[1] 이는 지메일을 비롯한 굉장한 제품을 만들어 낸 위대한 전통이다. 안드로이드 엔지니어들은 너무 바빠서 다른 일을 맡으려면 심사숙고해야 했으므로 '20% 시간'은 안드로이드 팀에는 일반적이지 않았다.

안드로이드 대 구글

"지도 첫 번째 버전을 만든 애덤 블리스가 한 번은 안드로이드에서 일하는 게 즐겁다고 했는데 가끔은 구글에서 일하는 게 그립다고도 했어요."
– 앤디 맥패든

안드로이드가 인수된 후 처음 몇 년 동안은 구글의 많은 사람이 실제로 안드로이드에 대해 몰랐다. 프로젝트가 기밀이었기 때문이다. 그

---

1 금요일에 쉬는 건 20% 시간 대상에 해당되지 않는다.

러나 사람들이 안드로이드에 대해 알게 됐을 때 초기에는 성공할 프로젝트로 보이지 않았다.

댄 에그노어는 구글 검색 팀에서 일하다 2007년 8월 안드로이드 서비스 팀에 합류했는데 SDK가 출시되기 두 달 전이었다. "안드로이드에 합류하기로 결정했을 때 몇몇 사람이 '왜 그 일을 하려고 해요? 아이폰이 확실히 주도하고 있잖아요. 정말 놀라운 제품이던데, 왜 거기 맞서려 해요?'라고 하더군요. 몇몇 경우에 초기 프로토타입을 본 사람들은 '한참 뒤쳐졌네요. 뭐하러 귀찮은 일을 해요? 애플이 확실히 이겨요'라고 말했어요."

산 메핫 역시 구글의 또 다른 부서에 있다가 안드로이드에 왔다. "구글이 안드로이드를 샀을 때 사람들이 대부분 '도대체 뭐하는 짓이야?'라고 하더군요."

데이브 버크는 당시 런던에서 모바일 팀을 이끌면서 안드로이드 이외의 플랫폼용 구글 앱을 만들고 있었다. 그는 안드로이드에 대한 내부 의견을 기억하고 있었다. "그냥 덤으로 진행하는 임의의 프로젝트였어요. 성공할 것 같지 않았어요. 물론 사람들이 그 정도로 부정적이지는 않았지만 '말도 안 돼. 통신 산업에 어떻게 영향을 주겠다는 거야?'라고 하더군요."

한편 안드로이드 팀은 1.0을 준비하느라 너무 바빠서 구글의 다른 팀과 협업하는 데 시간을 많이 쓰지 못했다. 톰 모스는 당시를 기억했다. "우리는 많은 관계를 단절했습니다. 하지만 어느 정도는 그래야 했어요. 우리는 정말 '아뇨, 우리에게는 임무가 있고 그 임무에 충실해야 합니다. 우리가 성공하면 모든 게 더 쉬워질 거예요'라고 말해야 했거든요."

밥 리도 구글의 다른 곳에서 안드로이드 팀으로 옮긴 사람 중 한 명이다. "회사 안의 회사 같았죠. 어떤 사람들은 인수돼서 불만을 드러냈고 전투적 태도를 계속 유지하고 싶어 했어요. 처음에는 코드 검토도 하지 않았고 면접 과정도 달랐고 테스트도 작성하지 않았어요. 내게는 약간 문화 충격이었죠."

역시 구글의 또 다른 팀에서 온 우페이쑨도 동의했다. 그녀는 안드로이드에 와서 구글에 입사하기 전에 일했던 회사들을 떠올렸다. "안드로이드에 와 보니 제품 관리자의 전형적인 역할인 문서 디자인, 코드 검토 같은 게 전혀 없었어요. 내게는 충격적이지 않았어요. 전에 두 군데 스타트업에서 일해 봐서 그 정도는 보통 수준이었죠. 또 다른 스타트업으로 옮긴 느낌이었어요. 전혀 구글 같지 않았죠. 구글에서 온 사람들에겐 충격이었을 거예요."

피커스 커크패트릭이 말했다. "다른 측면에서 보면 그들은 우리를 어리석다고 간주했어요. 우리는 현대적인 소프트웨어 테스트 실천법을 따르지 않았거든요. 어떤 테스트도 전혀 하지 않았어요. 기본적으로 사실이에요. 깊게 뿌리박힌 종교 같았죠."

구글 모바일 팀에서 안드로이드로 옮긴 세드릭 부스가 말했다. "안드로이드에 왔을 때 나는 더는 구글의 일부가 아니라는 느낌이 뚜렷히 들었어요. 블랙홀에 들어온 것 같았죠."

에번 밀러는 2012년 안드로이드에서 구글 내 다른 팀으로 옮겼다. 그는 당시를 기억했다. "여러 가지 면에서 또 다른 회사에 들어가는 것 같았죠."

32

하드웨어 가지고 놀기

당시 모두가 사무실에서 일상의 많은 부분을 보냈는데 작업 환경을 바꾸고 개인화하려는 시도가 이따금 있었다.

방해 금지 기관총

호만 기가 총으로 방해를 막으려고 시도했던 일을 이야기한 적이 있다.

"우리는 열심히 일했는데 당시에 프레임워크 팀인 우리에게 이것 저것 물어보는 사람이 언제나 많았어요. 어느 날 왜 그랬는지 모르겠 는데 너프Nerf[1] 기관총을 주문했어요. 미국 회사들을 보면 탁 트인 공 간에서 사람들이 그걸 가지고 놀더군요.

장난감 기관총을 내 사무실 벽에 걸었어요. 그래서 문이 열리면 기 관총이 문을 겨냥했죠. 기관총 위에는 '시간 없음'이라고 적힌 종이를 붙였어요.

하루는 집에서 일하고 그다음 날 사무실에 돌아오니 내 너프 기관 총이 삼각대에 설치되어 있었고 모터로 아주 빠르게 작동되고 있더 군요.

루빈이 장난감 총을 보더니 내가 사무실에 없는 동안 총을 삼각대

---

1 (옮긴이) 미국 장난감 회사 해즈브로(Hasbro)의 장난감 총 브랜드

에 거치하고 모터를 단 거예요. 그리고 내 책상에 있던 트랙볼로 삼각대 위에 놓인 총을 회전시키고 사람이 일반적으로 쏠 수 있는 것보다 빨리 사격을 하게 만들었어요. 그에게 더 강력한 모터가 있었거든요."

혼란을 일으킨 포트

하루는 댄 모릴이 의심스러운 USB 포트를 벽 가운데에 있는 콘센트에서 발견했는데 암호 같은 레이블 말고는 그 용도를 나타내는 게 없었다.

44번 건물 어느 벽 가운데에 있던 기이한 USB 포트(사진은 조 오노라토의 허락을 받고 게재)

모릴은 '44번 건물 벽에 왜 USB 포트가 있을까요?'라는 제목으로 네트워크 인프라스트럭처 팀에 조사해 달라는 작업 요청을 제출했다.

구글은 물리적 보안과 기술적 보안 둘 다 매우 중시한다. 암호 같은 레이블이 붙은 채로 노출되어 있는 USB 포트는 우려를 불러일으켰다. 작업 티켓이 제출되어 보안 요원에게 알림이 갔고 USB 포트 제거 작업이 시작됐다.

전기 팀이 콘센트 반대편 방을 접수했고 밖에 경비원이 배치됐다. 전기 기사가 콘센트 뒤 석고판을 잘라내자 어떻게 된 건지 드러났다.

벽 콘센트 뒤에는 아무것도 없었다. 그냥 USB 포트가 벽에 박혀 있었을 뿐이었다. 가짜였다. 사실은 예상보다 하드웨어를 많이 갖게 된 엔지니어들(특히 브라이언 존스, 조 오노라토, 브루스 게이)이 한 짓이었다. 그들은 석고판에 조심스럽게 구멍을 내고 접착제를 이용하는 기발한 아이디어로 낡은 워크스테이션에서 떼 낸 USB 포트를 삽입했다. 그리고 브루스가 레이블을 붙여서 공식적인 것처럼 보이게 만들었다. 그들은 더 정교한 걸 만들 계획은 없었다. 그냥 그걸 거기에 둔 게 재미있었다고 생각했고 그 외에는 아무짓도 하지 않았다. 구글 보안 팀은 그 느낌을 함께 나누지 못했다.

전기 기사는 기존 벽 콘센트를 빈 콘센트로 교체했는데 같은 기능을 제공했지만 야단법석이 날 여지는 줄어들었다.

스위치에 적힌 문구

USB 포트를 고치고 남겨진 빈 콘센트를 건드리고 싶은 유혹은 너무 대단했다. 뭔가를 더 간절히 하고 싶었다. 하지만 팀은 구글 보안 부서를 다시 놀라게 하고 싶지 않았다. 그러나 그들은 뭔가를 해야 했다.

안드로이드 부서, 특히 브라이언 존스의 책상에는 하드웨어가 이것저것 무더기로 항상 쌓여 있었다. 그래서 오노라토와 존스는 부품을 슬쩍 집어다가 인터넷을 제어하는 스위치를 만들었다.

스위치[2]를 젖히면 불빛이 녹색으로 바뀌거나 스위치가 윙윙거렸다 (팀은 스위치가 꺼질 때 판을 진동시키는 햅틱 하드웨어를 찾아서 사용했다).

---

2 복도에서 이 스위치를 처음 봤을 때 즉시 두 가지 생각이 떠올랐다. (1) 아주 재미있군! (2) 건드리지 않는 게 좋겠어. 어떻게 될지 모르니까.

녹색 불빛은 인터넷이 작동 중임을 나타냈다. 스위치를 젖히면 불빛이 빨간색으로 바뀌면서 스위치가 윙윙거렸다(사진은 제러미 마일로의 허락을 받고 게재).

보안 팀은 이 스위치는 괜찮다고 했고 안드로이드 팀이 그 건물을 사용하는 동안 내버려 두었다.

인터넷은 여전히 잘된다. 짐작하건대 아무도 스위치를 아직 *끄지* 않은 것 같다.

33

로봇 가지고 놀기

앤디 루빈은 로봇이나 기계라면 어떤 종류든 늘 관심을 보였다. 그의 관심은 2013년 안드로이드를 그만두고 구글의 다른 부서에 로봇을 개발하러 갔을 때를 포함해 그의 모든 프로젝트에서 계속됐다.

그는 모든 종류의 로봇과 기계에 대한 관심을 안드로이드 초기에 여러 방식으로 풀어냈다.

루빈이 작업했던 로봇 프로젝트 한 가지는 바리스타였다. 그는 라테 아트를 만드는 로봇을 만들었다. 루빈이 바리스타 로봇을 완벽하

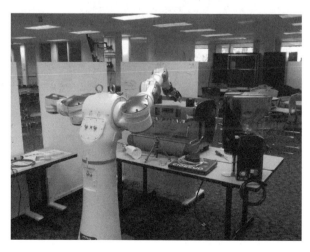

무지방 우유(non-fat milk)로 드시겠습니까, 일반 우유(whole milk)로 드시겠습니까? 루빈의 바리스타 로봇이 라테를 만들고 있다(사진은 대니얼 스윗킨의 허락을 받고 게재).

게 동작하도록 만들었는지 확실하지는 않지만 45번 건물 위층 작은 주방에 이상하게 생긴 기계가 보관된 구역이 있었다. 그 구역은 밧줄이 쳐져 차단되어 있었다(잠재적 고객으로부터[1]).

로봇은 또한 안드로이드 건물 복도를 꾸몄다. 안드로이드 팀 사람이 늘어나면서 다른 건물들로 분산 배치되자 로봇들은 구글 구내 여기저기로 흩어졌다.

왼쪽: 영화 〈금지된 행성(Forbidden Planet)〉의 로봇 로비(Robbie). 로비는 현재 안드로이드 팀이 오랫동안 사용한 43번 건물 2층에 있다.
가운데: 미국 드라마 〈로스트 인 스페이스(Lost in Space)〉의 로봇. 현재 구글 43번 건물 로비 뒤쪽에 자리하고 있다.
오른쪽: 인상적인 사일론(Cylon) 전사(미국 드라마 〈배틀스타 걸랙티카(Battlestar Galactica)〉 캐릭터)가 44번 건물 프레임워크 팀 구역을 경비하고 있다. 시간이 지나면서 사일론 전사는 캐나다 국기 망토, 하키 채, 누글러 모자로 장식됐다(사진은 아난드 아가라와라[2]의 허락을 받고 게재).

1 패든이 말했다. "그건 위험한 산업용 로봇이었어요. 내가 대형 해머로 그걸 망가뜨릴 수는 없겠지만 그 반대는 확실히 가능하죠."
2 (옮긴이) 15장에서 언급된(214쪽 주석) 범프톱의 원 개발자

34

우직하게 일하다

"많은 시간을 들이는 건 안드로이드에서 문화적으로 매우 가치 있었습니다."

– 피커스 커크패트릭

안드로이드 내에서도 그렇게 생각했지만 구글 전체적으로도 안드로이드 팀은 정말 열심히 일하는 것으로 잘 알려져 있었다. 피커스 커크패트릭은 그걸 "안드로이드의 유행"이라고 불렀다.

"내가 그렇게 똑똑한 엔지니어라고 생각하지 않아요. 하지만 기를 쓰고 일하죠. 나는 그저 열심히, 건강에 해로울 정도로 오래 일해서 경험 부족을 보충했어요. 첫 4~5년은 깨어 있을 때는 내내 회사에서 일만 하던 때도 있었어요. 그리고 그래야 한다면 잠도 별로 자지 않았어요. 나만 그랬던 게 아니에요.

매일 일했던 달도 있었죠. 아침 9시 30분에 일하러 가서 가장 일찍 퇴근한 게 새벽 1시 30분이었어요. 새벽 2시 반에 집에 들어가서 내 생활을 되찾기 위해 그냥 일이 아닌 뭔가를 하고 싶었던 걸 기억합니다. 침대에 걸터앉아 '게임 개발 스토리'[1]라는 게임을 했어요. 깨어 있기 힘들었지만 억울한 마음에 '이 게임을 재미있게 할 거야!'라고 했어요. 그러다 실은 이 20분 동안 내가 소프트웨어 프로젝트를 감독하는 일을 시뮬레이션하고 있다는 걸 깨달았어요.[2]

대부분 초과 근무는 자초한 거였어요. 우리는 정말 할 수 있는 한 많이 일하고 싶었거든요. 나는 늘 그걸 인내심 경기 대회와 비교했는데 그 순간에는 비참하지만 끝났을 때는 기쁘고 사람들과 결속이 되죠. 되풀이해서 겪는 가벼운 수준의 정신 질환 같은 것이었어요."

레베카 자빈도 동의했다. "동료들과 뭔가를 열정적으로 작업해서 전달할 때 느낄 수 있는, 정말 성취감을 주는 보상 주기가 있었어요. 그것 때문에 '늦게까지 남아서 그걸 완성하기 위해 다함께 쏟아붓는 거야'라면서 집중하는 거죠. 그게 스타트업 방식이고요."

우페이쑨이 노동 강도는 스스로 몰아붙인 것이라고 지적했다. 아무도 그들에게 늦게까지 남아 있으라고 하거나 정시 퇴근한다고 징계를 내리지 않았다. "우리 모두 늦게까지 남아 있었던 건 뭔가가 실제로 동작하는 걸 보고 싶었기 때문이에요."

제이슨 파크스가 말했다. "우리는 지긋지긋하게 오래 일했어요. 몇 주 동안 아내가 나를 본 유일한 시간은 나와 함께 저녁을 먹을 때뿐이었어요. 집에 늦게 들어가서 몇 시간 자고 사무실로 돌아가는 생활을 계속했죠."

---

1 (옮긴이) 일본 카이로소프트에서 출시한 모바일 게임으로 게임 회사를 운영하는 경영 시뮬레이션 게임이다(*https://kairosoft.net/game/appli/gamedev.html*). 일본 출시명은 '*ゲーム発展国++*(게임 발전국++)', 영어권 출시명은 'Game Dev Story'이며 한국어판도 출시되어 있다.
2 소프트웨어 프로젝트 운영이 이 게임의 전제다. 이 게임 개발자들은 대상 소비자를 잘 알고 있다.

패든은 브라이언 스웨트랜드의 노력과 집중력을 기억했다. "하루는 앤디 루빈이 잠깐 들러서 말했어요. '스웨트랜드, 어떻게 돼 가요?' 스웨트랜드는 눈길조차 안 주면서, 방해하지 말고 좀 내버려두면 일이 훨씬 더 잘 될 거라고 불평하며 계속 키보드를 두드렸어요. 루빈은 그냥 거기 서 있었고요. 결국 스웨트랜드가 루빈을 쳐다봤는데 그제서야 래리 페이지도 거기에 서 있다는 걸 알아차렸어요."

사람들이 오래 일하는 건 팀에도 부정적인 영향을 미쳤다. 예를 들어 트레이시 콜은 사람을 채용하는 과정에서 안드로이드 팀은 과로한다는 소문이 영향을 미치는 걸 목격했다. "처음으로 내 관리 팀을 꾸리려고 했을 때 구글 다른 팀의 아무도 여기에 오려고 하지 않았어요. 우리가 지나치게 열심히 일하는 걸 다들 들었기 때문이죠."

톰 모스가 팀 사기에 끼친 영향에 대해 이야기했다.

"내가 안드로이드에서 일하던 기간의 끝 무렵에 우리는 의욕이 가장 낮았어요. 그런데 출시가 마법을 부렸죠. 출시가 되자 모든 게 고쳐졌어요. 스웨트랜드와 여러 사람이 '빌어먹을, 그만둘 거야'라는 말을 얼마나 많이 했는지 몰라요. 그러다가 출시하고 파티를 열고 모두가 좋아졌어요. 그리고 모두 다시 열심히 일하기 시작했어요.

대단했어요. 좋았죠. 우리 모두가 좋아했어요. 이런 멋진 프로젝트를 하고 있다니 우리가 해병대 특수 부대처럼 느껴졌죠. 우리는 세상에 맞서 이를 악물고 동지애로 목표에 도달했어요. 물론 우리 모두처졌고 과로했고 잠을 자지 못했죠. 그러나 이직률은 우리가 불평하고 '의욕이 없다'고 한 것에 비하면 믿기 어려울 정도로 낮았어요."

2010년 톰은 구글을 그만두고 스타트업을 창업했다. 그는 떠나면서 루빈과 이야기를 나누었다.

"G1이 출시될 즈음에 딸이 태어났어요. G1을 출시했을 때 4개월이 었죠. 내가 그만둘 때 루빈이 물어보더군요. '집에 어린아이가 있는데 스타트업 일을 어떻게 할 생각이에요?'

나는 대답했어요. '그 회사에서 하루를 25시간으로 만들지 않는 한 내가 지난 4년 여기서 일한 것보다 더 열심히 일할 수는 없을 거예요.' '그 사실을 알고는 있었나요?'라고 말할 법한 순간이었죠."

산 메핫은 팀이 얼마나 열심히 일했는지 떠올렸다. "나는 팀을 아주 좋아했어요. 팀원들은 정말 대단했죠. 그 일을 다시 할 수 있을 것 같지는 않아요. 그랬다가는 죽을 거예요."

마침내 1.0이 완성됐다. 으스스한 침묵이 내려앉았다.

호만 기는 실제 1.0 출시까지의 시간들을 기억했다. 사람들이 구매할 기기가 준비될 때까지 3주간 출시 전 수정 작업이 중단된 적이 있었다. "할 일이 아무것도 없었어요. 우리가 만반의 준비를 한 건지 알 수 없었죠. 집에서 오후 다섯 시에 아무 일도 하지 않고 있었던 게 기억이 나네요. 뭘 해야 할지 몰랐죠. 사람들은 집에 있을 때 뭘 하죠?"

그러고 나서 1.0이 출시됐고 기기가 매장에 풀리자 팀은 기계처럼 다시 움직이기 시작했다. 팀은 다시 열심히 일하기 시작했고 더 많은 릴리스를 빠르게 만들어 냈다. 우선 협력사 하드웨어 출시에 맞춰 늦지 않게 각 릴리스를 전달해야 하는 지속적인 압박이 있었다. 또한 안드로이드를 성공시키려는 팀의 전체적인 바람도 있었다. 유심히 봤다면 안드로이드의 가능성을 알아차렸을 수도 있겠지만 첫 제품이 판도를 뒤집지는 못했다. 괜찮은 스마트폰이었지만 정말 세상의 주

목을 받을 정도는 아니었다. 그래서 팀은 계속 달렸다. 안드로이드가
그 가능성을 실현하기 위해 갈 길이 멀었기 때문이다.

35

베이컨 일요일

가을 예감

새롭게 부는 상쾌한 바람

베이컨 향

– 마이크 클러론

1.0이 출시되고 나서 1년 후인 2009년 말 안드로이드는 베이컨 일요일이라는 전통을 시작함으로써 추가 근무 시간을 제도화했다. 그전에는 사람들은 그냥 늘 일했다. 그러다 결국 주말에는 일하지 않고 시간을 보내기 시작했다. 그러나 안드로이드는 전에 그랬던 것처럼 여전히 똑같이 흥하느냐 망하느냐 하는 상황에 처해 있었다(더 많은 사람이 부하를 감당하고 있었지만). 출시 마감일은 아주 중요했고 그 일정에 맞춰야 했다. 그래서 출시 막바지에 이르러 관리자들은 아침 뷔페 진수성찬을 약속하고(그리고 많은 일도 함께) 일요일 아침 사무실에 나오라고 사람들을 부추겼다. 참석은 필수가 아니어서 모두가 일요일에 나오지는 않았다. 그러나 사람들은 할 일이 많아서 팀 작업이 도움이 된다는 걸 이해하고 있었다.

히로시 로카이머가 그 아이디어를 냈다.

"드로이드 일정이 밀리고 있었어요. 아마 네 번째 일정이 밀려 있는 상태였는데 드로이드는 큰 건이었어요. 대규모 출시이고 마케팅을 대대적으로 할 예정이었죠. 그래서 우리는 '젠장, 어떻게 하지? 주말에도 나와서 일정을 맞춰야 해' 하는 상황이었어요.

그래도 주말 초과 근무를 재미있게 하고 싶었습니다. 나는 베이컨을 아주 좋아했는데요. 돌이켜 보면 모두가 베이컨을 좋아하지는 않았어요. 아마 베이컨은 최고의 선택이 아니었는지도 모르겠네요. 나도 더는 베이컨을 많이 먹지 않아요. 건강에 좋지 않다고 밝혀졌으니까요.

출시가 다가오고 있었어요. 출시해야 할 기기가 있었고요. OEM들은 특정 날짜까지 우리 소프트웨어가 필요했고 그렇지 않으면 연말연시를 놓치게 되죠. 대혼란이 일어날 거고 루빈이 화를 냈겠죠.

확실히 우리에게는 더 많은 시간이 필요했어요. 내가 시간을 더 확보할 수 있다고 생각한 유일한 방법은 주말에 일하는 것이었습니다. 그래서 일요일, 그러니까 매주 일요일은 아니었지만 여름에 일종의 …, 돌이켜 보니 우울한 전통이 되었네요."

아침 10시(아침 식사든 아니든 대부분의 엔지니어를 그보다 일찍 사무실에 나오게 하기는 어렵다)에 큰 쟁반에 담긴 베이컨을 비롯한 브런치 음식으로 진수성찬이 제공됐다. 사람들은 구내식당을 돌아다니며 잔뜩 먹으면서 동료들을 만났고 그러고 나서 책상에 가서 제품 개발을 계속했다.

당시(그리고 그 후 몇 년간) 프레임워크 팀을 관리하던 마이크 클러론은 엔지니어링 팀에 일본 정형시 하이쿠俳句를 보내기로 유명했다. 그는 베이컨 일요일을 축하하기 위해 하이쿠를 지었다.

일요일 낯선 풍경
치명적 버그와 싸우는 안드로이드
실제인가, 형편없는 공상 과학인가
잠 못 이루는 안갯속 길을 잃어
흐릿한 뇌를 꿰뚫는 영혼의 의지
베이컨이여, 우리에게 힘을

베이컨 일요일은 2013년 가을 팀이 킷캣을 출시하면서 폐지되었다. 팀이 성장하자 더 많은 사람이 일하게 되면서 마감일을 맞추는 데 도움이 됐다. 또한 초기처럼 자주 출시하지 않아서 지속적인 일정 공황이 많이 일어나지는 않았다. 마침내 관리자들은 더 이상은 안 된다는 걸 인식했고 사람들은 주말이 있는 삶으로 돌아갔다.

그래서 베이컨 일요일은 중단됐다. 팀은 그날을 그리워하지 않는다.[1]

---

1 나는 베이컨이 그립지만 말이다.

바르셀로나에서 온 엽서

GSM MWC는 모바일 산업 최고의 비즈니스 행사다. 회사와 개인이 현장에서 새로운 개발 소식을 듣고 협력사와 만나고 아이디어를 발표하고 어떤 경쟁이 벌어질지 보려고 모인다.

이 행사는 안드로이드 초기에 특히 흥미로웠는데 스마트폰 기능이 지속적으로 발전하면서 모바일 분야가 급속도로 변하고 있었기 때문이다. 안드로이드 리더진은 안드로이드가 하고 있는 일을 보여 주고 생태계에서 무슨 일이 벌어지는지 살펴보면서 다양한 잠재적 협력사와 함께하기 위해 해마다 MWC로 출장을 갔다.

해마다 루빈은 바르셀로나에서 열리는 MWC에 가서 안드로이드가 최신 상태를 유지하거나 시장을 주도하기 위해 받아들일 필요가 있는 기능을 살펴봤다. 그는 마운틴 뷰에 보고서를 보내 이러한 새 기능을 개발하라고 요청했는데, 예상했겠지만 출시 막바지에 이르렀을 때 요청하는 경우가 많아서 출시 전에 정말 제품 품질과 안정성에 초점을 맞춰야 할 때 팀은 급하게 기능 개발에 뛰어들어야 했다.

해마다 일어난 이 사건은 '바르셀로나에서 온 엽서'로 알려졌다. 루빈은 이제 와서 릴리스에 넣기에는 늦은 기능들을 너무 쉽게 요청했다. 그래도 팀은 서둘러 구현해야만 했다. 다른 사람도 아니고 루빈이 보냈기 때문이다.

히로시는 뒤늦은 기능 요청을 기억했다. "내가 '루빈과 방금 회의를 했는데 그가 출시 전 이걸 정말 고치길 원해요'라는 내용의 이메일을 보냈어요. 이런 일은 늘 MWC에 맞춰 일어났어요. 거기에는 두 가지 이유가 있는데요. 하나는 우리의 유지 보수 릴리스[1] 일정이 그때쯤이었어요. 우리는 가을에 출시하고 큰 후속 유지 보수 릴리스를 그때쯤 출시했거든요. 출시 주기 막바지에 다다르면 출시 승인을 받아야 했는데요. 당시에는 루빈이 최종 승인자였어요. 다른 이유는 내가 그와 함께 바르셀로나에 있었기 때문인데요. 내가 그에게 뭔가를 보여 주면서 '루빈, 이런 기능을 출시해야 해요. 봐요. 어때요?'라고 말하면 그는 늘 거의 법칙처럼 최소 한두 가지에 주목했어요. 그냥 그게 그의 스타일이었기 때문이에요."

루빈은 소프트웨어 개발 주기에는 필연적으로 지연이 생기고 그에 따라 출시 일정도 영향을 받는다는 사실을 알았기 때문에 뒤늦게라도 요청했다.

"우리가 개발을 마친 기능이 실제로 소비자의 손에 들어가기까지

---

1 유지 보수 릴리스는 마이너 버전으로 더 작은 기능이나 버그 수정이 들어 있다. 이런 문제들은 팀이 주 릴리스 전에 고칠 시간이 없었거나 주 릴리스가 사용자에게 받아들여지고 실제로 사용되면서 드러난 것들이다.

시간이 걸렸어요. 그는 그렇게 미뤄지는 걸 좋아하지 않아서 기다리고 싶어 하지 않았죠. 우리가 '다음 릴리스'라고 하면 그는 그게 지금으로부터 6개월, 9개월, 1년 후를 의미한다는 걸 알았어요. 그리고 그는 '그렇게 오래 기다리고 싶지 않아요. 출시하기 전 지금 바로 해요'라고 말했어요.

그러면 나는 꼬리를 내리고 팀에 이메일을 보냈어요. '미안하지만…'"

4부

출시

아이폰이 발표된 순간부터 안드로이드 1.0 이후 1년은 출시가
가장 중요한 사안이었다. 다양한 SDK 버전으로 소프트웨어를 출시하고,
출시된 플랫폼의 1.0 이후 버전을 개발하고, 점점 다양해지는 기기에
안드로이드를 탑재하는 등 팀은 갈수록 늘어나는 소비자에게
플랫폼을 제공하기 위해 계속되는 마감일을 맞추느라 열심히 일했다.

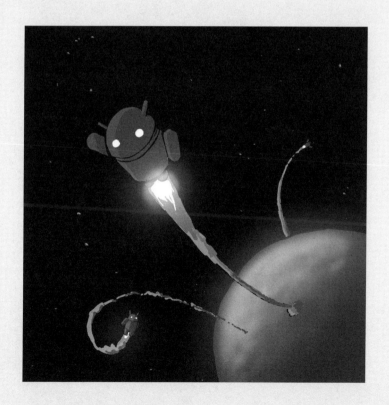

37

아이폰의 등장

"오늘 애플은 휴대 전화를 재발명하려고 합니다."

– 스티브 잡스(2007년 1월 9일 아이폰 발표 중)

아이폰은 2007년 1월에 발표되어 6월에 출시됐다. 아이폰은 사용자
상호 작용에 터치스크린[1]을 사용했고 소비자와 산업 전반에 영향을
끼쳤는데, 스마트폰이 어때야 하는지 안드로이드가 발전하는 스마트
폰 시장에서 경쟁하려면 무엇을 해야 하는지에 대한 생각을 바꿨다.

당시 안드로이드 팀의 어떤 엔지니어가 한 말이 다양한 곳에서 인
용됐다. "소비자로서 나는 반해 버렸어요. 당장 하나 갖고 싶네요. 그
러나 구글 엔지니어로서 '우리는 처음부터 다시 시작해야만 해'라고
생각했어요."[2]

이 발언은 아이폰 때문에 안드로이드의 모든 게 바뀌고 개발 계획
이 재작성됐음을 암시한다.

---

1 아이폰이 정전식 터치스크린을 처음으로 채택한 기기가 아님을 언급할 필요가 있다. 그
  영예는 LG 프라다 폰에 돌려야 하는데 아이폰보다 약간 먼저 발표되고 출시됐다.
2 당시 안드로이드 팀 엔지니어였던 크리스 드살보가 한 말을 프레드 보걸스틴(Fred Vogel-
  stein)이 쓴 책(《Dogfight: How Apple and Google Went to War and Started a Revolu-
  tion》, Sarah Crichton Books, 2013)에서 인용했다. 이 발언은 잡지 《디 애틀랜틱(The At-
  lantic)》과 다른 곳에도 발췌되어 실렸다.

그러나 꼭 그렇지는 않았다.

안드로이드의 계획이 바뀐 것은 사실이지만 팀이 처음부터 다시 시작할 필요는 없었다. 그보다는 우선순위를 다시 세우고 제품 일정을 바꿔야 했다.

아이폰이 발표됐을 때 안드로이드 팀은 개발에 완전히 집중하고 있었다. 그들이 작업하던 기기는 수너Sooner라고 불렸는데 안드로이드용 실제 타깃 기기인 드림(HTC 드림 하드웨어 기반)보다 먼저 나오기를 바라서 그렇게 이름을 붙였다. 수너는 터치스크린이 없었다. 대신 사용자 인터페이스 내비게이션을 하드웨어 키보드에 의존했는데 터치스크린이 꼭 필요한 기능이 되기 전엔 휴대 전화의 일반적인 사용자 경험이었다.

드림 기기는 터치스크린이 있었고 안드로이드 플랫폼은 그 기능을 포함하기 위해 설계됐다. 그러나 팀이 수너 기기로 1.0을 '빨리' 출시하는 데 집중하느라 드림은 이후에 출시될 예정이었다. 갑자기 터치스크린 기능이 우선순위가 높아졌고 미래 기기가 첫 번째 기기로 바뀌었다. 그리고 원래 첫 번째 기기도 그에 따라 바뀌어야 했다.

수너는 중단됐고 개발은 드림 기기로 전환됐다(결국 티모바일 G1으로 미국에서 출시된다). 브라이언 스웨트랜드는 팀의 전환에 대해 언급했다. "아이폰이 나타나자 결정이 내려졌습니다. 수너 출시를 건너뛰고 준비되는 대로 드림을 출시하기로요. 잡스[3]가 아이폰을 출시한 후 블랙베리 같은 휴대 전화를 출시하는 건 말도 안 됐기 때문이죠."

다이앤 핵본은 계획 변경을 좋아했고 플랫폼을 완성할 기회로 보았다. "그대로 출시됐다면 멀티프로세스가 되지 않았을 거예요. 나는

3　당시 애플 CEO인 스티브 잡스

그 문제 때문에 스트레스를 받고 있었거든요. 수너를 중단한다고 해서 다행이었습니다. 소프트웨어 일정은 하드웨어 일정과 나란히 진행되지 않았어요."

그러는 동안 팀은 1.0에서 터치스크린 기능을 지원하는 플랫폼 기능도 만들었다. 제이슨 파크스가 말했다. "우리가 계획을 바꾸자마자 마르코 넬리선이 터치 패널을 가져와서 동작하게 만들었고[4] 우리는 터치스크린을 갖게 됐죠."[5]

스웨트랜드가 터치 때문에 안드로이드가 개발을 완전히 다시 시작했다는 소문에 대해 이야기했다. "우리가 석 달 만에 전체 소프트웨어를 완전히 되돌려서 다시 만들었다고 사람들이 믿는다면 우리로서는 영광이죠. 그런데 우리가 몇 년 앞서서 적응형 사용자 인터페이스와 도구를 구축하고 완성했다는 사실은 잘 몰라주더군요."

그러나 팀에는 변경에 대해 불안을 느끼는 사람도 일부 있었다. 마이크 플레밍이 말했다. "출시하지 못한다니 화가 났습니다. 아이폰 전에 수너 제품을 출시했다면 우리가 알려질 수 있을 거라 생각했거든요."

어떤 경우든 아이폰 발표 후 팀에서 아이폰에 대한 이야기가 나온 건 확실하다. 그것도 많이. 〈더 브래디 번치The Brady Bunch〉는 1970년대 초 방영된 고전적인 미국 시트콤이다. 한 에피소드에서 잰Jan은 언니 마샤Marsha에게 관심을 전부 빼앗기는 데 진절머리가 난다. 그

---

4 팀이 플랫폼('제품'에 비해)에 노력을 집중한 덕분에 터치스크린으로 전환할 수 있었다. 세드릭 부스가 말했다. "우리가 그처럼 빠르게 전환할 수 있었던 이유는 향후 나올지도 모르는 하드웨어에 대비해 코드 기반을 이미 유연하게 만들었기 때문입니다."

5 드림 기기는 한동안 팀에 들어오지 않았는데 특히 수량이 부족해서 팀 전체가 사용할 수 없었다. 그래서 그들은 터치스크린을 지원할 특정 기기와는 독립적으로 플랫폼에 적용할 터치 기능을 개발하고 테스트할 수 있는 하드웨어를 사용했다.

때 잰이 소리를 지른다. "마샤, 마샤, 마샤!" 아이폰 발표 후 곧바로 안드로이드 건물은 새 기기에 대한 토론으로 떠들썩했는데 루빈이 팀에 "아이폰, 아이폰, 아이폰!"이라는 이메일을 보냈다.

안드로이드가 약간의 주목을 받다

"아이폰 때문에 많은 사람이 우리 손을 잡았죠."
– 크리스 디보나

"스티브 잡스의 아이폰 시연 후 전화가 계속 울렸어요. 애플은 아예 라이선스를 주지 않을 테니까요. 이제 어떻게 해야 할까요?"
– 브라이언 스웨트랜드

아이폰 발표는 모든 휴대 기기 제조사에 영향을 끼쳤는데 전체 모바일 산업에 파문을 일으켰으며 두려움을 야기함으로써 결국 다소 역설적으로 안드로이드가 시장에서 자리 잡는 주요한 이유가 됐다.

　아이폰이 발표됐을 때 사용자들은 더 많은 기능과 터치스크린으로 구동되는 사용자 인터페이스가 들어간 스마트폰의 새로운 표현을 보았다. 그러나 통신 회사와 제조사는 애플에 의한 잠재적인 독점이 형성돼서 그들이 배제될 수도 있다고 봤다.

　아이폰은 한 제조사, 바로 애플에서 생산될 것이었다. '애플'이라는 이름을 지니지 않은 모든 기기 제조사는 시장에서 배제될 수 있었다. 또한 아이폰은 초기에 각 시장에서 한 통신 회사(이를테면 미국에서는 AT&T)로만 쓸 수 있어서 다른 통신 회사는 배타적 계약이 만료될 때까지 자사의 네트워크에서 아이폰 사용자(그리고 그들의 값비싼 데이터 사용)로부터 이익을 취할 수 없었다. 칩 판매사 같은 생태계의 다른 제조사들 역시 배제될까봐 두려워했다. 애플이 아이폰 하드웨어에 자사 칩을 선택하지 않는다면 그들은 제외될 것이었다.

전에는 구글을 두려워했거나 무시했던 회사들이 구글의 손짓에 갑자기 응했을 뿐 아니라 알아서 구글에 접근했다. 그들은 아이폰에 필적할 만한 스마트폰 제품이 필요했고 안드로이드는 다른 방법을 썼을 때보다 더 빨리 그와 같은 제품을 만들 수 있는 방법을 제공했다.

아이폰 출시는 "업계를 놀라게 했어요"라고 일리안 말체프가 말했다. "당시에는 아무도 그렇게 좋은 제품을 가지고 있지 않았으니까요. 솔직히 우리도 마찬가지였죠. 우리도 그 수준에 다가가는 데 시간이 걸렸어요. 하지만 다른 대안이 없었죠."

그렇게 안드로이드 팀은 운영 체제를 계속 개발했고 늘어나는 협력사들과 함께 일했으며 발전하는 스마트폰 시장을 위해 고유한 제품을 만드는 데 모두가 사용할 수 있는 플랫폼을 제공했다.

38

한편 쿠퍼티노에서는…

밥 보처스는 아이폰이 개발되고 출시됐을 때 애플에서 아이폰 제품
마케팅 선임 디렉터[1]였다.

보처스는 아이폰이 출시됐을 때 애플 웹 사이트에 올라온 아이폰
튜토리얼 영상에 등장했다. 그 영상에서 주목할 만한 점은 아이폰 튜
토리얼이나 보처스의 출연이 아니라 스티브 잡스가 주연이 아니었다
는 사실이다. 애플은 직원들을 대부분 회사 밀실 뒤에 숨기는 것으로

---

1 내가 이 책을 쓰기 위해 인터뷰했던 사람 중 한 명이 애플이 당시 무슨 생각을 했는지 알
수 있다면 정말 멋지겠다는 이야기를 했다. 몽상처럼 보였다. 내가 애플 구내에 나타난다
고 그들이 나를 안내해서 12년 전 쿠퍼티노 사내에서 벌어진 일에 관해 회사의 생각이 무
엇이었는지 대화를 나눌 것 같지는 않았다. 그러다가 깨달았다. 도와줄지도 모를 누군가
를 알고 있었던 것이다. 나는 내 아이가 참가한 학교 행사에서 밥 보처스를 만났고 애플
웹 사이트에 올라온 첫 아이폰 튜토리얼의 그 사람이라는 걸 알아봤다. 몇 년 후 나는 그
와 다시 마주쳤다. 어느 날 저녁 회사에서 집으로 가는 버스에 그가 타고 있었다. 보처스
가 그즈음 구글에 입사했던 것이다. 실리콘 밸리는 정말 작은 곳이다. 터무니없이 비싸고
북적대는 곳이지만 여러 가지 흥미로운 방식으로 사람들과 회사들이 겹친다는 관점에서
는 정말 작은 동네다.

업계에서 유명하다. 선택된 사람들만 회사를 대표하는 얼굴로 선정된다. 당시에는 당연히 대부분 스티브 잡스였다.

애플에서 일했던 친구가 내게 설명해 주었다. 애플은 소비자 브랜드다. 구글이나 마이크로소프트처럼 기술, 엔지니어, 엔지니어링 자체를 중시하는 회사가 아니라 기술을 가지고 만들어진 소비자 제품을 중시하는 회사다. 매끈하고 세련되고 일관된 모습을 세상에 선보이는 것이 소비자 브랜딩 접근 방식의 일부다.

보처스가 어떻게 그 영상에 출연했는지 설명해 주었다. "잡스가 넥스트를 소개했을 때 영상을 촬영했는데 한 시간 반 동안 앉아서 넥스트스텝 운영 체제와 하드웨어를 모두에게 소개하며 멋진 기능들을 보여 주면서 넥스트스텝에서 첫 프로그램을 만드는 걸 시연했어요. 아이폰을 세상에 어떻게 소개할지 생각하다가 그 형식을 가져오기로 했죠. '그걸 다시 한 번 해 보죠.' 처음에 우리 업무는 대강의 대본을 작성하고 내가 테스트 진행자가 되는 것이었어요. 나중에 알고 보니 테스트 촬영은 몇 달간 검은 셔츠[2]를 입고 카메라 앞에 서는 것이었어요." 팀이 최종판을 촬영할 준비가 됐을 때 잡스가 너무 바빠서 보처스가 그 일을 하게 됐다.

당시 구글에서 뭔가 벌어지고 있다는 이야기가 애플 내에서 돌았다. "구글이 모바일 운영 체제를 가지고 뭔가를 한다는 소문이 있었어요. 단지 '멋진 하드웨어가 나온대요'가 아니라 '다른 회사에서 사용할 수 있는 플랫폼을 만들고 있대요'였죠."

보처스는 그러한 소문이 돌게 된 시기를 알아낼 수 있었다. 그가 당시 구글과 미팅을 했기 때문이다. "2006년 10월이었어요. 기억나

---

2 (옮긴이) 스티브 잡스는 생전에 애플 주요 행사에서 검은색 터틀넥을 입고 발표했다.

는데요. 구글에서 협상 대상 팀과 첫 미팅을 했어요. 수석 제품 관리자가 수녀 분장을 하고 나타났어요. 애플, 아이폰, 구글, 지도 관련자들이 처음으로 한자리에 모인 게 2006년 핼러윈이었거든요. 회의실에 두 시간 동안 수녀와 함께 앉아 있었죠. 그것도 남자 수녀요."

그런데 애플은 왜 특별히 구글과 관련된 소문에 신경 썼을까? 구글은 모바일 기기와 관련된 실적이 전무해 애플과 구글 사이에 경쟁이 벌어질 일이 없었는데도 말이다. 게다가 모바일 세계에는 RIM과 노키아 그리고 마이크로소프트를 비롯한 다른 회사들이 이미 많이 있었다.

"마이크로소프트는 윈도우 모바일로 시장에 이미 들어와 있었습니다. 우리 분석으로는 마이크로소프트는 하드웨어를 몰랐어요. 그래서 윈도우 모바일은 끔찍한 경험이었죠. 다른 회사들은 소프트웨어를 몰랐어요. 우리는 소프트웨어가 모바일 세상을 먹어 치울 물건이 되리라 생각했습니다.

구글이 크게 위협이 된다면 구글이 소프트웨어와 서비스를 안다는 점이었어요. 사실 애플보다 잘 알았죠. 그래서 근본적인 우려는 구글에 있다고 생각했어요. 구글은 소프트웨어와 서비스를 일정한 규모로 구축한 회사이고 iOS 같은 새 플랫폼에 상당한 위험이 될 수 있었습니다.

다른 중요한 점은 구글이 통신 회사와 함께 일할 경우 통신 회사의 기존 사업을 위험에 처하지 않게 할 유일한 회사였다는 점이에요."

애플은 첫 안드로이드 기기인 G1이 출시됐을 때 결과가 어떨지 흥미롭게 지켜봤다. "기기가 출시된 첫날 샌프란시스코에 있는 가게에 가서 한 대 사서 쿠퍼티노로 가지고 와서 만져 봤어요. 소프트웨어 경험은…, 가능성은 보이더군요." 실제 G1 제품은 쿠퍼티노[3]에 그다지 두려움을 일으키지 못했다.

애플은 기기를 보고 난 후 안드로이드에 대해 걱정하지 않았다. 적어도 G1에 대해서는 걱정하지 않았다. 그들은 플랫폼 수준이 아니라 제품 수준에서 경쟁으로 봤기 때문이다. "우리는 정말 iOS를 플랫폼으로 생각하지 않았어요. 첫 SDK와 앱 스토어를 공식 출시하고 나서 2~3년쯤 지나 그때부터 플랫폼으로 생각하기 시작했죠."

한편 애플리케이션 시장에서는 안드로이드가 애플을 이겼다. 안드로이드 1.0은 개발자가 자신의 애플리케이션을 배포할 수 있는 안드로이드 마켓 앱과 함께 출시됐다. 아이폰은 원래 앱 스토어 없이 출시됐고 제공하려는 의도도 없었다.

아이폰 출시 후 더 많은 앱을 사용할 수 있을지에 대한 관심이 늘어났다. "많은 개발자의 바람과 요청이 있었죠. 첫 단계는 웹 앱을 만드는 것이었는데요. 완벽했어요. 휴대 전화에 소프트웨어를 실제로 설치하지 않지만 앱 같은 경험을 할 수 있었으니까요. 우리의 바람은 웹 앱이 사용자에게 딱 맞는 제품이 되는 것이었죠."

그러나 결국 애플은 개발자들이 아이폰용 고품질 네이티브 앱을 개발할 수 있도록 방법을 제공하라는 소비자와 개발자의 압력을 받았다. "우리는 순전히 소비자 경험에 집중했는데, 소비자들은 고품질 애플리케이션을 원한다고 말했고, 개발자들도 고품질 애플리케이션을 만들고 싶다고 했죠." 앱 스토어는 안드로이드보다 좀 더 관리되

---

3 애플 본사는 실리콘 밸리의 심장인 캘리포니아주 쿠퍼티노에 위치해 있다.

는 모델로 출시됐고 전반적인 경험을 좀 더 엄격히 통제하는 애플의 접근 방식을 계속 유지했다.

보처스는 아이폰이 통신 회사에 미친 영향도 언급했다. 아이폰은 미국에서 AT&T와 배타적 계약으로 출시됐고 다른 나라에서도 비슷한 배타적 계약을 맺은 통신 회사를 통해 출시됐다. 이로 인해 티모바일과 버라이즌 같은 여타 통신 회사들은 다른 선택지를 찾을 수밖에 없었다. "우리는 초기에 각 시장에서 한 통신 회사와만 배타적으로 출시하는 형태를 확립했어요. 그건 모든 시장에 그 빈 공백을 어떤 식으로든 채워야 하는 두세 군데 통신 회사가 있다는 걸 의미했어요. 그래서 안드로이드가 채워야 할 공백이 만들어진 거죠."

보처스는 아이폰이 발표되고 나서 2년 후인 2009년 애플[4]을 그만두었다.[5]

---

4 2009년 당시 나는 보처스에게 더는 애플에 있지 않는 게 어떤지 물었다. 그는 말했다. "음, 잡스가 더 이상 내게 고함을 지르지 않죠."
5 보처스와 인터뷰할 당시 그는 구글에서 플랫폼·생태계 마케팅 부사장(안드로이드와 크롬 포함)을 맡고 있었다. 내가 이 책을 끝냈을 때 그는 애플로 돌아가 제품 마케팅 부사장이 됐다. 실리콘 밸리에서 움직이는 건 단지 기기뿐이 아니다. 사람도 움직인다.

39

SDK 출시

브라이언 스웨트랜드와 일리안 말체프가 2007년 11월 5일 공개된 소개 영상[1]을 녹화하고 있다(사진은 우페이쑨의 허락을 받고 게재).

> "개발자들이 좀 더 협력해 작업할 수 있도록 새로운 수준의 개방
> 성을 제공함으로써 안드로이드는 소비자들이 새롭고 흥미진진한
> 모바일 서비스를 사용할 수 있도록 할 것입니다."
>
> − OHAOpen Handset Alliance 보도 자료, 2007년 11월 5일

---

1 'Introducing Android' 영상은 *https://youtu.be/6rYozIZOgDk*에서 지금도 볼 수 있다.

안드로이드는 1.0이나 소스 코드, 물리적 하드웨어를 출시하기 한참 전에 SDK 초기 버전을 출시했다. SDK를 일찍 출시함으로써 안드로 이드에 대해 공부하고 애플리케이션을 만들고 테스트할 많은 시간을 개발자들에게 준 것이다. 개발자들이 플랫폼에 미리 접근할 수 있게 된 덕분에 1.0 전에 고쳐야 할 문제를 지적하는 개발자 피드백을 받 을 수 있는 기회가 팀에 주어졌다.

2007년 11월 5일: OHA

11월 5일 구글은 OHA[2] 설립을 발표했다. OHA는 팀이 마음속에 그 린 생태계를 향한 중요한 단계였다. 애플과 마이크로소프트가 보여 준, 한 회사가 플랫폼을 통제하는 전통적인 모델과는 완전히 반대로 OHA는 모든 회사에서 사용할 수 있는 오픈 소스 플랫폼을 제공하기 로 약속했다. OHA는 다음과 같은 통신 회사, 하드웨어 제조사, 소프 트웨어 회사의 집합이었다.

• 티모바일, 스프린트 넥스텔Sprint Nextel, 보다폰Vodafone 같은 이동 통 신 회사
• 에이수스ASUS, 삼성, LG를 비롯한 단말기 제조사
• 암과 엔비디아NVIDIA 같은 반도체 회사(단말기에 들어가는 칩 제조사)

---

2 OHA 웹 사이트는 openhandsetalliance.com에 여전히 존재한다. 이 사이트에서 첫 보도 자료 발표 이후 참여한 많은 협력사를 비롯한 조직 정보를 찾아볼 수 있으며, 안드로이드 플랫폼의 여러 시기에 걸친 진기한 사진과 영상도 살펴볼 수 있다. 홈페이지에는 'What's New' 페이지도 있는데 보도 자료를 보면 2011년 7월 18일에 업데이트된 것이어서 이 조 직이 오늘날 안드로이드 생태계와 관련이 크지 않음을 알 수 있다. 그러나 OHA는 안드로 이드의 역사와 성장에서 중요한 부분이었다.

- 구글과 액세스³를 비롯한 소프트웨어 회사

발표에서는 대단한 걸 약속했지만 그냥 보도 자료였다. 멋진 말이 많았고 밝은 미래라는 그림을 그렸지만 실제 제품은 보여 주지 못했다.

11월 7~8일: 업계 반응

OHA에 참여하지 않은 모바일 세계의 기존 회사들은 발표를 중시하지 않는 것 같아 보였다.

11월 7일 OHA 발표 이틀 후 당시 가장 널리 퍼진 휴대 전화 운영 체제인 심비안의 임원 존 포사이스John Forsyth는 BBC 인터뷰에서 다음과 같이 말했다. "검색과 휴대 전화 플랫폼은 완전히 다릅니다. 돈이 많이 들고 고되고 때로는 휴대 전화 출시 후 날마다 고객을 지원해야 하는 아주 매력 없는 일입니다. 구글이 처한 환경에서는 거의 경험해 보지 못한 것이죠. 내년 말 휴대 전화가 나올 거라고 이야기 했는데요. 그걸로는 개발자의 마음이 불타오르지 않습니다."

그다음 날 스티브 발머(당시 마이크로소프트 CEO)는 기자 회견에서 말했다. "그들이 한 일은 당장은 종이 위에 적힌 몇 마디 말뿐입니다. 윈도우 모바일과 명확히 비교하기 어렵네요. 보도 자료를 냈다지만 우리는 아주 많은 고객, 훌륭한 소프트웨어, 많은 하드웨어 기기를 보유하고 있습니다."

---

3 목록에서 액세스를 보니 재미있었다. 이 회사는 팜소스를 인수한 회사로 앞서 언급했다. 그 후 환멸을 느낀 전 비(Be) 직원들이 퇴사하고 안드로이드에 합류했다.

다들 베이퍼웨어vaporware⁴의 기운이 감돈다고 느끼는 것 같았다. 보도 자료와 별개로 휴대 전화 플랫폼 출시는 고려해야 할 일이 많았다.

11월 11일: SDK 출시

11월 11일 OHA 발표 엿새 후 안드로이드 SDK가 애정 어린 m3⁵라는 레이블이 붙은 빌드로 출시됐다.

첫 OHA 보도 자료가 나갔을 때 SDK는 완전히 준비되어 있었다. 그러나 보도 자료를 먼저 내보내고 며칠 있다가 코드를 공개하기로 결정이 내려졌다. 이로 인해 업계 의견과 불신이 악화됐다. 엿새 후 팀은 실제 소프트웨어를 출시함으로써 발표가 정말로 현실이 됐다.

SDK가 나왔기 때문에 애플리케이션 개발자는 SDK를 다운로드해 조작해 보면서 앱을 만들기 시작할 수 있었지만 그것이 긴 여정의 끝은 아니었다. 예를 들어 첫 릴리스는 수너 기기처럼 생긴 에뮬레이터(작은 화면보다 더 큰 공간을 차지하는 하드웨어 키보드까지 완벽하게 갖췄다. 그런데 실제 수너 기기에는 없는 터치 지원도 있었다)를 갖고 있었다. 에뮬레이터에는 작동하는 앱이 이미 많이 있었다. 안드로이드는 출시된 물리적 기기가 없었고 아직 완성되지 않은 API만 있었지만 정말로 대부분 완성된 시스템이었다.

---

4 기술 업계에는 아직 존재하지도 않고 상상의 형태일 때 제품을 너무 일찍 발표하는 오래된 안타까운 전통이 있다. 이런 이유로 베이퍼웨어라는 용어가 생겼다. 희망이 없거나 두려워서 그랬을 수도 있다. 회사는 때로는 제품을 아주 일찍 발표했다가 현실을 깨닫고는 나중에 그러한 약속을 철회해야 하기도 한다.

5 이정표(milestone) 3을 뜻한다. m1과 m2는 내부 이정표 릴리스다. 이후 릴리스는 m3 후속 버전(버그 수정 릴리스)이었고 그다음에는 m5(API가 변경됐을 때)가 나왔다. 이정표 이름 짓기는 마지막 베타 버전이 출시됐을 때 중단됐고 그냥 '0.9'라고 불렀다.

왼쪽: 첫 SDK 릴리스의 에뮬레이터는 최초의 수너 기기를 닮아서 하드웨어 키보드가 있었다. 그런데 수너와는 달리 동작하는 터치스크린도 있었다.
오른쪽: 2007년 12월 SDK m3-r37a 릴리스의 에뮬레이터

딱 한 달 후 출시된 세 번째 SDK 버전인 m3-r37a의 에뮬레이터에는 더 큰 터치스크린을 지닌 좀 더 현대적인 기기가 제공됐다.

동작하는 에뮬레이터를 포함한 이 모든 SDK를 android.com 웹 사이트에서 지금도 받을 수 있음[6]을 언급해야겠다. 안드로이드 사전 릴리스를 받는 데 시간을 써야 할까 하는 건 별개의 문제지만 받을 수 있다면 멋질 것이다. 안드로이드는 항상 개방성을 중시했고 그러한 개방성은 동작하는 하드웨어와 함께 실제로 출시된 적이 없는 운영 체제의 구식 버전에까지 확장된다.

---

6 이 SDK들이 출시된 지 몇 년이 지났지만 적어도 내가 이 각주를 쓰고 있을 때는 받을 수 있었다. 독자들이 이 각주를 읽고 있을 때도 받을 수 있을지는 확실하지 않다. 미래는 많은 소프트웨어 프로젝트와 비슷하다. 어떻게 될지 예상하기 어렵다. 그러나 결국 알게 될 것이다.

이름이 무슨 문제인가?

제품 이름 짓기는 어려운 작업인데 특히 변호사가 관련되면 더욱 그렇다.[7] 팀에서 사용하는 내부 코드명은 별개다. 내부 코드명은 아무거나 될 수 있다. 회사 밖에서 절대 알 수 없고 다른 사람 또는 다른 회사의 이름이나 제품과 충돌할 리 없기 때문이다.[8] 그러나 내부 제품이 외부 공개 제품이 되면 일이 복잡해진다. 상표를 검색해야 한다. 누군가가 여러분이 원하는 이름에 대한 권리를 이미 갖고 있다면 어떻게 해야 할지 방법을 생각해 내야 하는데 대개 새 이름을 제시한다.

출시 몇 주 전 안드로이드라는 이름을 외부적으로 사용할 수 없을지도 모른다는 두려움이 있었다. 다이앤이 말했다. "잠재적인 이름 변경에 대해 걱정했던 게 기억나요. 그때 안드로이드라는 낱말은 어디에서나 썼거든요. SDK 전체에 걸쳐 모든 곳에서요. API에서 그걸 바꿔야 했다면 엉망이 됐을 거예요."

그래서 팀은 다른 선택지에 대해 브레인스토밍을 했는데 그중에는 메저Mezza[9]가 있었다. 댄 모릴이 그 이름에 대해 설명해 주었다. "중이

---

7 안드로이드 역사에도 이러한 어려움의 다른 예가 있다. 이를테면 구글의 안드로이드 폰 제품군에 '넥서스'라는 낱말을 사용하는 것이었는데 공상 과학 소설 작가 필립 K. 딕(Philip K. Dick)의 유족들로부터 지적 재산권 침해라는 항의를 받았다.
   (옮긴이) 필립 K. 딕의 작품 《안드로이드는 전기양의 꿈을 꾸는가?》에 등장하는 복제 인간 넥서스 시리즈와 이름이 같다는 이유였다.

8 내부 이름도 때로는 문제가 될 수 있다. 애플은 1990년대 초 자사의 컴퓨터 시스템 중 하나에 '칼 세이건(Carl Sagan)'이라는 코드명을 썼는데 칼 세이건이 애플을 고소했다. 팀은 코드명을 BHA로 바꿨는데 '바보 같은 천문학자(butt-head astronomer)'를 의미했다.

9 고려된 또 다른 이름은 허니콤이었는데 3.0에 쓰일 후식 이름으로 2011년 돌아왔다.

층中二層, mezzanine(1층과 2층 사이의 공간, 흔히 말하는 복층)[10]이라는 의미였어요. 미들웨어가 가능해진다는 데서 착안했죠. 말할 필요도 없이 아무도 그걸 좋아하지 않아서 선택하지는 않았어요."

안드로이드 개발자 챌린지

새로운 소프트웨어 플랫폼 출시에 따르는 어려운 일 하나는 실제로 누군가가 그것을 사용하게 하는 것이다. SDK가 출시됐을 때 안드로이드 팀 외에는 온 세상에 사용자가 정확히 한 명도 없었고 숫자가 바뀌기까지 몇 달이 걸릴 것이었다. 1.0이 출시될 때까지는 구매할 수 있는 안드로이드 기기가 없었기 때문이다. 팀은 개발자들이 그들의 시간과 에너지를 사용자가 없는 이 위험한 새 플랫폼에 투자하는 데 흥미를 느낄 수 있도록 하는 방법을 찾아내야 했다.

그래서 팀은 안드로이드 개발자 챌린지를 제안했다. 2007년 11월 12일 안드로이드에 대해 쓴 첫 블로그 글은 사람들의 흥미를 일으키는 문구로 끝맺는다. "우리는 개발자들이 오픈 스마트폰 플랫폼에서 만들어 낼 멋진 애플리케이션을 정말 기대합니다. 사실 여러분은 안드로이드 개발자 챌린지에 여러분의 애플리케이션을 응모하고 싶을 것입니다. 안드로이드 플랫폼에서 사용할 수 있는 굉장한 애플리케이션을 만드는 개발자를 지원하고 시상하기 위해 구글에서 주관하는 상금 1000만 달러가 걸린 챌린지니까요."

---

10 중이층이 내가 그 낱말을 처음 봤을 때 추측했던 'meh'보다는 낫다. 메조(mezzo)라는 이탈리아어 낱말도 있는데 오래 전 클래식 피아노를 연습할 때 배웠던 기억이 난다. 나는 그 낱말을 '조금 강하게'를 의미하는 메조 포르테(mezzo forte) 같이 악절에 지정된 셈여림에서 봤다. 메조는 특정한 걸 가리키는 게 아니라 형용사로서 의미를 지녔을 뿐이다. 그리고 '메저' 자체는 낱말도 아니다. 그래서 정말 별로다(meh).

2008년 1월 3일 경진 대회가 공식 개최됐다. 팀은 4월 14일까지 출품작을 받고 나서 상위 50개 앱 목록을 뽑아 달라고 전 세계 심사 위원에게 보냈다. 그 개발자 50명은 각각 2만 5000달러를 받았고 두 번째 라운드에 참가해 달라는 요청을 받았다. 두 번째 라운드에서 상위 10개 앱 개발자는 각각 27만 5000달러를 받았고 그다음 순위 10명은 각각 10만 달러를 받았다. 계산해 보면 구글은 경진 대회 한 번에 500만 달러를 상금으로 쓴 것이다.

팀이 그 돈을 쓴 만큼의 가치를 얻었는지는 알 수 없다. 이 앱들은 당시 사용자에게 제공될 수 없었기 때문이다. 당시에는 안드로이드 외부에서 아무도 이 앱들을 실행할 기기를 구할 수 없었다. 결승전 출전자는 2008년 8월 발표했는데 첫 G1이 판매되기 만 2개월 전이었다. 그러나 챌린지는 확실히 개발자들의 관심을 끌었다. 사용자도 없고 출시일도 알 수 없는 이 플랫폼 때문에 앱 1788개가 경진 대회에 출품됐다.

경진 대회는 플랫폼에 대한 개발자들의 흥미를 불러일으켜 안드로이드에 이득이 됐을 뿐 아니라 개발자들의 참여 경험과 피드백은 플랫폼 팀이 최종적인 1.0 출시를 위해 코드를 더 다듬는 데도 도움이 됐다. 더크 도허티는 다음과 같이 설명했다. "우리는 앱을 작성하는 방법을 고안해 내고 설명해야 했습니다. 그리고 모든 피드백을 처리해야 했죠. 오늘날도 많은 피드백을 받는다고 생각하지만 당시에는 완전히 새로운 플랫폼의 완전히 새로운 API였고, 아무도 그전에 이와 같은 제품에 접근해서 앱을 실제로 작성해 본 적이 없었어요. 그래서 우리가 생각하지 못한 아주 많은 사용 사례가 있었습니다."

앱을 심사하는 과정마저도 독특했다. 구글은 세계적으로 개발자 커뮤니티에 잘 알려진 개발자들이 심사 위원이 되기를 바랐다. 구글은 원격 심사를 쉽게 진행할 수 있기를 원했지만 안드로이드는 당시에 전혀 '쉽지' 않았다. 애플리케이션을 실행하려면 심사 위원은 자기 컴퓨터에 SDK를 설치하고 도구를 실행하고 에뮬레이터를 부팅해서 에뮬레이터로 앱을 불러들이는 명령을 실행하고 앱을 띄워야 했다. 심사해야 할 앱이 거의 1800개였는데 그런 식으로는 그만한 규모를 처리할 수 없었다.

그래서 구글은 모든 심사 위원에게 랩톱을 보냈는데 댄 모릴의 개발자 지원 팀이 작성한 도구가 미리 설치되어 있었다. 이 도구로 에뮬레이터를 실행하면 테스트할 앱을 선택하는 사용자 인터페이스가 나와서 에뮬레이터에서 앱을 설치하고 실행해 볼 수 있었다. "우리는 전 세계 모든 심사 위원에게 랩톱을 보냈어요. 미쳤죠! 랩톱은 대부분 돌아오지 않았고요. 한 대가 상자에 포장돼서 돌아왔는데 어떤 이유에서인지 온갖 동물 인형으로 꽉 차 있었어요."

예선 상위 50명은 안드로이드 개발자 블로그[11]에 지금도 명단이 남아 있다. 명단의 첫 번째 앱은 안드로이드 팀의 제프 샤키가 만든 '안드로이드스캔AndroidScan'이었다.[12] 그가 구글 직원으로 경진 대회에 참가하는 부정행위를 저지른 건 아니다. 샤키가 플랫폼 팀에 채용된

---

11 이 책에 나와 있지 않은 자세한 안드로이드 역사에 대해 호기심이 있다면 오래된 블로그에 그 내용이 있다. 내부적인 일은 자세히 나오지 않을 수도 있지만 수년간 안드로이드 개발 세계의 상태에 대해 많은 정보가 있다. *https://android-developers.googleblog.com*에서 살펴볼 수 있다.

12 명단 아래쪽으로 더 내려가 보면 버질 도브잔스키(Virgil Dobjanschi)의 출품작이 있는데 그도 나중에 안드로이드 팀에 채용됐다. 개발자 챌린지는 채용 수단으로 의도되지는 않았지만 괜찮은 부수적 이득이었다.

건 팀이 그의 경진 대회 출품작을 봤기 때문이다. "나는 마운틴 뷰에 초대받아 비밀 기기(G1)에서 개발했어요. 엄청나게 흥분돼서 마운틴 뷰에 있는 동안에는 사실 그 앱 작업을 하진 않았죠. 대신 또 다른 앱13을 작성했는데 네트워크 연결이 필요하지 않도록 아주 최적화된 알고리즘을 사용해서 지역 번호를 검색해 도시 이름으로 바꿔 주는 발신자 번호 표시 앱이었어요." 샤키는 이후에도 안드로이드스캔을 계속 개발했는데 이름을 컴페어에브리웨어CompareEverywhere로 바꾸고 결국 전체 10위 안에 들었다.

경진 대회가 끝나자 팀은 제품을 계속해서 마무리했고 2008년 10월 1.0을 출시했다. 2009년 5월 그들은 두 번째 챌린지를 열어서 500만 달러를 또 상금으로 썼다. 그동안 안드로이드는 실제 사용자들을 끌어들였고 안드로이드 마켓이 영업을 개시했다. 이제 안드로이드는 사전 릴리스 플랫폼을 위한 경진 대회 참가자가 아니라 진짜 사용자와 개발자 기반이 생겼다.

13 구글에 방문하는 동안 샤키가 만든 두 번째 앱은 리빌콜러(RevealCaller)로 *https://code. google.com/archive/p/android-cookbook/source/default/source?page=18*에 오픈 소스로 공개되어 있다.

40

1.0 출시를 앞두고

2007년 11월 SDK가 처음 출시되고 나서 G1 폰과 함께 1.0이 출시될 때까지 거의 1년이 걸렸다. 그렇다면 그 기간 동안 무슨 일이 일어났을까?

우선 사람들이 생각하는 것만큼 실제로 긴 기간은 아니었다.

어떤 소프트웨어 제품은 상황에 따라 금방 출시될 수 있다. 웹 페이지 코드 일부를 간단히 업데이트하는 일이라면 바로 출시할 수 있다. 그리고 그 릴리스에 버그가 있다면 고치자마자 다시 출시할 수 있다. 그러나 웹 사이트를 업데이트하듯 간단히 사용자에게 배포하기가 쉽지 않은 제품을 출시한다면 출시 전에 아주 많은 테스트와 안정화 작업을 해야 한다. 사용자가 끔찍한 버그를 발견하고 다시 업데이트해야 하는 괴로움을 겪게 하고 싶지는 않을 것이다. 이제 적어도 몇 주간[1] 지켜봐야 한다. G1 같은 하드웨어 출시는 그에 의존하는 소프트웨어가 있을 경우 시간이 더 들어간다.

안드로이드 SDK는 단지 소프트웨어였지만 팀은 '완료'라고 선언할 때까지 버그 수정과 함께 업데이트를 계속했다(1.0 이전 베타 기간 동안에도 계속했다). 그러나 릴리스가 G1에서 잘 동작해야 했기에 완전히 다른 강제 조건이 따랐다. 기기는 통신 회사의 철저한 규정 준수 테스트를 거쳐야 했는데 이는 팀이 또 다른 SDK를 출시하려면 훨씬 빨리 작업을 마무리해야 함을 의미했다. 호만이 그 일에 대해 이야기했다. "매장 출시 한 달 전에 끝내야 했어요. 그런데 그 전에 통신 회사 테스트 기간이 3개월이었죠." 그래서 10월 중순 G1을 사용할 수 있도록 팀은 2008년 6월 플랫폼 개발을 사실상 끝마쳐야 했다(최종 테스트 기간 동안 나오는 치명적인 버그 수정뿐 아니라). 첫 SDK 출시 후 겨우 7개월이었다.

그 7개월 동안 고쳐야 할 것이 많았는데 그중에는 공개 API의 조악한 부분 다듬기, 아주 중요한 성능 작업, 끝 없는 나오는 버그 수정이 포함되어 있었다.

호환성 비용

공개 API는 출시 전에 다듬어져야 했다. SDK는 베타였고 개발자들에게 앱을 작성하라고 권장했지만 API(메서드 이름, 클래스 등)는 최종판이 아니었다. 하지만 일단 1.0이 출시되면 그걸로 끝이었다. 그 API들은 확정돼서 바꿀 수 없었다. 릴리스 간에 API를 변경하면 그

---

1 제품 크기와 소프트웨어 사용 상황에 따라 더 걸리기도 한다. 예를 들어 원자력 발전소에서 사용하는 소프트웨어는 데이트 앱보다 더 철저한 테스트를 거친다.

API들을 사용하는 애플리케이션이 사용자 기기에서 원인 모를 충돌을 일으킬 것이었다.

이 호환성 역학 관계는 안드로이드 같은 플랫폼에 특히 중요했는데 개발자에게 그들의 앱을 업데이트하도록 강제하거나 사용자에게 그 업데이트를 설치하게 할 방법이 없기 때문이다. 개발자가 10년 전에 앱을 작성해서 플레이 스토어에 업로드했다고 하자. 어디선가 누군가가 그 애플리케이션을 만족스럽게 사용하고 있다. 그러다가 사용자가 기기를 새 릴리스로 업그레이드했다. 그 새 릴리스가 오래된 애플리케이션이 사용하는 API를 변경했다면 그 앱은 정확히 동작하지 않거나 심지어 충돌을 일으킬 텐데 이는 구글이 원하는 게 절대 아니다. 그래서 오래된 API는 끝까지 남게 되고 아주 오래 지원되어야 한다.

안드로이드 팀 개발자들이 그때 부리는 요령은 새로운 API에 대해 전적으로 확신하는 것이다. 팀이 그 API와 영원히 함께해야 할 것이기 때문이다. 물론 지나고 나서 보니 다르게 했었더라면 싶은 일이나 실수는 늘 있을 것이다.[2] 피커스 커크패트릭이 말했다. "완벽한 것을 설계하려고 시도할 수는 있습니다. 그리고 나서 연구실에서 그걸 분주하게 다듬는 동안에 누군가가 뭔가를 발표하면 자신이 한 일은 무의미해지죠."

팀은 API를 기본적으로 그들이 만족할 수 있고 오랫동안 함께할 수 있는 것으로 만들려고 했다. 1.0 이전에도 메서드 또는 클래스 이

---

2 API 개발은 미래의 후회를 만드는 과정이다. 지금은 좋아 보여도 요구 사항과 향후 개발 방향이 바뀌면 아마도 몇 년 안에 다르게 개발해야 할 것이다. 그러나 할 수 있는 한 최선을 다해 나아가야 한다. 완벽한 제품으로 출시하려다 못하는 것보다 뭐든 출시하는 게 낫기 때문이다.

름 변경은 많지 않았다. 그러나 몇몇 API는 완전히 제거됐다. 플랫폼에서 영원히 지원하고 싶은 것이 아니었기 때문이다.

호만 기가 말했다. "2008년 내내 출시 전에 API를 깨끗이 정리하고 불필요한 것들은 프레임워크에서 가능한 한 제거하느라 많은 시간을 보냈습니다." 예를 들어 그는 종이를 멋지게 찢는 효과를 구현한 클래스인 PageTurner를 제거했다. 이 클래스는 원래 계산기 애플리케이션 초기 버전을 위해 작성됐는데 화면을 정리할 때 재미있는 애니메이션을 보여 주기 위해서였다. 그러나 계산기 디자인이 바뀌었고 그 애니메이션을 더는 사용하지 않게 됐다. 그처럼 독특한 효과는 공개 API에 남겨 두기에는 용도가 너무 제한됐다. 그래서 그 클래스는 지워졌다.

당시 외부 개발자였던 제프 샤키는 프로젝트의 이 단계에서 API를 휘젓는 것에 관해 언급했다. "안드로이드 SDK의 여러 부분은 1.0 출시 전 다양한 사전 릴리스를 거치는 동안 요동을 쳤습니다. 모든 스

계산기 앱의 종이 찢기 효과는 멋졌지만 그다지 유용하지 않았다. 이 효과는 1.0 전에 플랫폼 API에서 제거됐다.

냅샷에서 사용자 인터페이스 구성 요소가 추가되고 제거되고 외관이 바뀌었어요.[3] 모든 기능이 처참했죠."

나쁜 API들은 슬쩍 들어와서 1.0 이후까지 남아 있었다(451쪽 각주에서 '미래의 후회를 만드는' 것에 대한 언급을 보라). 한 가지 예가 ZoomButton이다. 이것은 길게 누르는 것을 멀티 클릭 이벤트로 해석해서 줌을 처리하는 또 다른 로직에 보내는 유틸리티 클래스다. ZoomButton 자체는 실제로 줌을 하지 않는다. 사실 한 가지 형식의 입력(길게 누르기)을 또 다른 형식의 입력(멀티 클릭)으로 재해석하는 것 외에는 실제로 아무 일도 하지 않는다. 그러나 불행히도 1.0 이후에도 남아 있었고 몇 년 후 오레오 릴리스에서 겨우 유지 보수가 중단됐다.[4]

성능

이 시기 작업 중 아주 중요한 영역이 하나 더 있었는데 바로 성능이었다. 초창기 모바일 기기 이후로 하드웨어가 크게 발전해 스마트폰이 존재할 수 있게 됐지만 CPU는 여전히 엄청나게 제한적이었다. 또한 기기에서 일어나는 모든 동작은 배터리를 소모해서 사용 시간을 단축시켰고 사용자는 기기를 충전해야 했다. 그래서 플랫폼·애플리

---

3 외관이 바뀌었다는 것은 사용자 인터페이스의 모양이 기능적인 부분보다 시각적인 부분에서 더 많이 바뀌었음을 가리킨다. 예를 들어 버튼과 기타 사용자 인터페이스 요소가 새로운 색상이나 모양을 취하더라도 여전히 같은 크기에 같은 동작을 할 수 있다. 이는 집에 페인트를 새로 입히는 것에 해당한다. 내부에 깨진 문, 새는 수도꼭지, 뒤죽박죽인 부엌이 있어도 외부에서는 새롭고 산뜻해 보이는 것과 마찬가지다.

4 유지 보수 중단(deprecation)은 안드로이드에서 사실상 API를 제거하는 것에 가깝다. 다만 API를 실제로 제거하지 않고 '사용해서는 안 된다'고 표시하는 방법이다. 그러한 API를 사용하는 개발자는 애플리케이션을 빌드할 때 자신의 코드에서 경고를 보게 되는데, 경고가 나오더라도 그 API를 사용하는 애플리케이션은 계속 동작한다.

케이션 엔지니어들이 기기를 더 빠르고 부드럽고 효율적으로 동작하도록 만들기 위해 가능한 한 모든 일을 하는 게 중요했다. 예를 들어 호만 기는 사용자 인터페이스 툴킷 팀과 함께 많은 시간을 들여 애니메이션과 그리기 로직을 최적화해서 불필요한 동작이 일어나지 않도록 했다.

쏟아지는 버그

SDK 출시 즈음 G1 하드웨어를 내부적으로 더 자유롭게 사용할 수 있게 되면서 팀은 마침내 실제 하드웨어에서 코드를 테스트할 수 있게 됐다. 기기 물량이 충분해지자 모두가 일상용 스마트폰으로 G1을 개밥 테스트했고 1.0 전에 고쳐야 할 많은 버그가 나타났다.

호만이 말했다. "그 기간에 무슨 일이 벌어졌을까요? 어마어마한 디버깅이었죠."

이스터 에그

1.0에 들어가지 못한 것 한 가지는 릴리스를 작업한 모든 사람의 이름을 나열하는 이스터 에그[5]였는데 컴퓨터 케이스 내부에 서명을 새긴 클래식 매킨토시 팀을 연상시키는 것이었다.[6] 호만 기가 그 기능을 구현했지만 출시되지는 못했다.

"다이얼러에 '비밀 코드'라는 인텐트를 등록할 수 있습니다. *#*#, 숫자, *#*#을 누르면 그건 기본적으로 시스템 명령입니다. 때때로 ISP

---

5 이스터 에그는 애플리케이션에 숨겨진 기능으로, 발견하는 사용자의 기쁨과 감추는 개발자의 즐거움을 위해 들어간다.

6 (옮긴이) 《미래를 만든 Geeks》 중 '서명 파티'(125쪽)에 맥 케이스 안에 서명을 새긴 일화가 소개되어 있다.

에서 뭔가를 하기 위해 그와 비슷한 것을 입력해 달라고 요청하기도 하죠.

론처는 그런 코드 하나를 등록할 수 있습니다. 그걸 입력하면 내가 메타데이터에 숨겨 둔 아이콘 중 하나에서 안드로이드 1.0을 개발한 팀원 명단을 찾아냅니다. 그렇게 해서 명단을 스크롤하는 사용자 인터페이스가 화면에 나타나죠. 그 동작을 하는 코드는 자바 소스 주석 안에 적혀 있었어요. 그래서 코드가 숨겨져 있던 셈이죠.

우리는 그걸 기능으로 바꾸었습니다. 우리는 외부 계약자를 비롯해 더 많은 사람을 모으기 시작했어요. 더 많은 사람을 추가했죠. 그러다 중단됐는데 빼먹은 사람이 있을까 하는 걱정 때문이었어요.

그렇게 상품화되지 못하고 죽은 작고 멋진 이스터 에그였죠."

안드로이드 최근 릴리스의 이스터 에그는 대부분 시스템 UI 팀의 댄 샌들러가 구현했다. 이러한 안드로이드 전통은 1.0 이후 시작됐는데 아마도 팀이 숨을 돌리고 중요하지 않은 것들에 대해 생각할 시간이 생긴 후부터였을 것이다. 아니면 댄의 예술적 능력, 유머, 코딩 속도가 그걸 가능하게 했을 것이다. 설정에서 빌드 정보를 길게 누르면 뭔가가 나올 것이다. 매우 시각적인 게 나올 때도 있고 단순한 게임이나 애플리케이션이 나올 때도 있다. 그러나 제품을 만든 사람들 명단은 절대 아니다. 그건 너무 복잡하기 때문이다.

앱

팀은 또한 1.0을 준비하는 데 많은 시간을 썼는데 특히 막바지에는 치명적인 버그만 수정하면서 애플리케이션을 작성했다. 마이크 클러론이 말했다. "내 앱 개발 경력의 대부분을 그곳에서 보냈죠. 프레임워크를 테스트하면서요."

둘 다 열정적인 풍경 사진작가인 클러론과 호만은 사진 애플리케이션을 개발했다. 현실에서 사용하는 앱을 작성하는 일은 사용자에게 더 많은 기능을 제공할 뿐 아니라 플랫폼 개발자가 앱 개발자 관점에서 플랫폼을 이해해서 향후 버전에 더 나은 API와 기능을 넣는 데 도움이 된다. 그리고 물론 고쳐야 할 버그를 찾는 데도 도움이 된다.

41

안드로이드 스마트폰 팝니다!

기술 업계에는 소프트웨어 출시 때 팀에 티셔츠를 주며 축하하는 오랜 전통이 있다. 이 1.0 출시 티셔츠는 안드로이드 출시를 기념하는 많은 티셔츠 중 첫 번째 것이다(사진은 챈치우키의 허락을 받고 게재).

안드로이드 1.0 출시는 2008년 가을 4단계로 진행됐다.

9월 23일: 안드로이드 SDK

출시의 첫 부분은 SDK였는데 1.0 SDK가 2008년 9월 23일 출시됐다. 한편 1.0은 10개월 전 첫 m3 릴리스 이후 불과 5주 전인 8월 18일 0.9 릴리스에 걸쳐 진행된 일련의 긴 업데이트의 한 부분이었을 뿐이다.

그러나 1.0은 반복되는 릴리스 이상이었다. 그것은 그러니까 드디어 1.0이었다. 1.0은 이후 안드로이드에서 공식 지원하는 API가 무엇인지에 관한 팀의 최종적인 생각을 나타냈다. 해당 API로 만든 애플리케이션을 망가뜨리지 않기 위해 더 이상의 API 변경은 없었기 때문이었다.

전형적인 방식대로 구글은 대대적인 축하 없이 이 개발자 제품을 출시했다. 언론 행사는 없었다. 이 버전에서 무엇을 고쳤는지 적은 릴리스 노트와 함께 서버에 올렸을 뿐이다. 심지어 릴리스 노트의 서문조차 줄여서 적었다. 별 생각 없이 읽었다면 그냥 또 다른 업데이트라고 생각했을 것이다(어느 정도는 그랬다).

안드로이드 1.0 SDK, 릴리스 1

이 SDK 릴리스는 안드로이드 1.0 플랫폼·애플리케이션 API가 들어 있는 첫 버전입니다. 이 SDK로 개발된 애플리케이션은 안드로이드 1.0 플랫폼을 실행하는 모바일 기기와 호환될 것입니다.

1.0이라는 큰 사건의 릴리스 노트가 짧게 적혀 있다.

그러나 이 릴리스 노트에는 핵심 기능이 빠졌다는 사과가 빠지지않고 담겨 있다. "안드로이드 1.0에 도트 매트릭스 프린터 지원을 넣지 못함을 개발자들에게 알리게 되어 유감스럽게 생각합니다."

9월 23일: 티모바일 G1 발표

구글은 개발자 대상 SDK 출시에는 언론 매체를 모으지 않았지만 1.0을 실행할 소비자 대상 스마트폰을 발표하기 위해 뉴욕에서 티모바일과 함께 기자 회견 무대에 올랐다. 1.0 SDK가 출시된 그날 판매 담당자들은 새 기기에 대해 이야기했고 티모바일은 '티모바일, 안드로이드로 동작하는 첫 번째 스마트폰인 티모바일 G1 공개'라는 제목으로 보도 자료를 냈다.

G1 기기는 터치스크린과 슬라이드 방식 쿼티 키보드, 트랙볼을 갖추고 있었다. 구글 지도, 검색을 실행할 수 있었고 안드로이드 마켓에서 앱을 제공했다. 300만 화소 카메라가 달려 있었고 티모바일의 새 3G 네트워크에서 동작했다. 약정 시 179달러, 자급제 단말기로는 399달러에 살 수 있었고 미국에서 시작해 몇 주 내에 다른 국가로 확대될 예정이었다.

그리고 한 달 내에 판매될 예정이었다. 소비자들은 G1을 사전 주문할 수 있었지만 제품을 받으려면 10월 22일까지 기다려야 했다.

10월 21일: 오픈 소스

G1 판매 시작 하루 전 1.0 소스 코드가 공개됐다. 이번에도 개발자에 초점이 맞춰진 이 릴리스를 위한 큰 무대 행사는 없었다. 사실 이번에는 보도 자료조차 없었고 안드로이드 개발자 블로그에 'Android is now Open Source'라는 제목으로 세 문단짜리 짧은 안내문만 올라왔다.[1]

별거 아닌 것처럼 보일 수도 있지만 가장 중요한 일이었다.

안드로이드는 존재하기 전부터 오픈 소스 플랫폼을 만들기로 계획했다. 그리고 그 구상을 투자자, 구글, 팀원, 통신 회사, 제조 협력사, 전 세계 개발자들에게 발표했다. 그리고 이제 첫 공개 SDK를 출시하고 나서 11개월, 1.0을 출시하고 나서 한 달 후에 그 약속을 지켰고 모든 사람이 보고 사용할 수 있도록 모든 코드를 공개한 것이다.

---

1 *https://android-developers.googleblog.com/2008/10/android-is-now-open-source.html*

10월 22일: 티모바일 G1 판매 개시

안드로이드가 오픈 소스로 공개되고 나서 하루 뒤인 10월 22일 마침내 구글 밖 사람들도 G1을 만져 보고 구매할 수 있게 됐다.

G1이 샌프란시스코 마켓 스트리트Market Street에 있는 티모바일 매장에서 판매되기 시작했을 때 호만 기가 거기에서 첫 구매자 사진을 찍었다. 오늘날에는 누가 무슨 휴대 전화를 어디에서 사는지에 관심을 두는 모습을 상상하기 어렵지만, 당시에는 이 첫 구매가 개발 팀이 수년간 쏟은 노력의 정점이었다. 그래서 그

티모바일 G1

들의 노력이 현실 세계에서 실현되어 사람들이 줄을 서서 사는 모습을 보는 것은 흥분되는 일이었다. 그날 그 매장에는 다른 누군가도 있었는데 바로 아이폰 제품 마케팅 선임 디렉터인 밥 보처스였다. 그는 그의 팀이 만져 볼 수 있도록 G1을 한 대 구입해서 애플로 돌아갔다.

G1은 제조사(HTC), 통신 회사(티모바일), 구글이 협업으로 개발한 여러 기기 중 첫 번째 기기였다. 이 구글 협업 기기의 원래 아이디어는 최근 릴리스의 신기능을 소개하는 것이었다. 동시에 이 기기 덕분에 팀은 신기능이 진짜 하드웨어에서 실제로 동작하는지 확인할 수 있었다. G1의 경우 이 하드웨어로 팀은 안드로이드 플랫폼이 잘 작

마이클 모리시가 G1 판매 첫 주에 아이들과 함께 티모바일 매장 G1 전시대를 방문했다(사진은 마이클
모리시의 허락을 받고 게재).

동하고 소비자 기기로서 완전한 기능을 제공하며 향후 더 많은 플랫
폼 기능과 기기를 위한 빌딩 블록을 제공할 수 있음을 증명했다.

42

제품은 실패했지만
생각은 틀리지 않았다

G1은 판매에서 아이폰을 앞지르지 못했고 전 세계적인 베스트셀러
가 되지 못했으며 모두가 가져야 하는 스마트폰도 되지 못했다.

리뷰 기사를 보면 G1이 흥미롭다는 의견이 공통적이었다. 화면이
꽤 작았지만 하드웨어는 끔찍하지 않았다. 다만 영상 녹화는 지원하
지 않았다. 그리고 미리 설치된 구글 앱 외에는 필수 애플리케이션이
많지 않았다.

안드로이드 팀에서도 반응이 뒤섞였다. 패든이 말했다. "G1은 좋
다고 할 수 있는 경계선에 딱 걸쳐져 있었지만 조금 어색하고 불편했
어요."

댄 에그노어도 동의했다. "그건 일종의 열광적인 팬을 위한 기기였
어요. 몇몇 사람은 흥분했지만 여러 면에서 다소 형편없는 기기였죠.
많은 가능성을 보여 주었지만 그걸 누가 쓸까요? 딱히 날개 돋힌 듯
팔리지는 않았어요."

데이브 버크가 G1에 대해 이야기했다. "'와, 이거 복잡하네. 할 수
있는 건 많겠군. 오히려 지나치게 많겠군'하는 인상을 받았어요. 키
보드와 트랙패드, 트랙볼, 터치스크린이 있었죠. 모든 게 있었어요.

센서도 다 있었고요. 처음에는 안드로이드가 모든 걸 하려고 했다는 느낌이 들었어요. 그때 생각했던 게 기억나네요. 무엇이 살아남을까? 살아남는 건 키보드일까, 터치스크린일까? 트랙볼이 정말 잘 어울리는 걸까? 아주 강력하다고 인정은 했지만 일회성이고 실패작일지도 모른다는 불확실함도 있었어요. 어떻게 쓰는 건지 사람들에게 분명하지 않았죠."

다이앤이 말했다. "G1은 확실히 필요 이상으로 많은 것이 들어 있는 기기였어요. 일반적인 소비자 제품으로 세상에서 가장 좋은 제품은 아니었고요. 그러나 우리는 그 모든 걸 지원해야 했기 때문에 플랫폼으로서는 괜찮았죠." G1은 스마트폰으로서 최고의 소비자 경험을 만들어 내지는 못했지만[1] 플랫폼이 제공하는 무수히 많은 기능을 활용할 수 있는 아주 많은 후속 기기를 위한 길을 닦았다.

연말연시 판매는 새 기기를 위한 연중 최고의 시기다. 댄 에그노어는 G1의 첫 연말연시 판매를 기억했다. "서비스 팀 관리자 마이클 모리시는 데인저에서 일하던 시절 성탄절 사용자 급증에 관해 나쁜 기억이 있었어요. 서버가 죽어 나가는데 팀에 대응할 사람이 아무도 없었거든요. 그래서 그가 '우리는 그날 긴급 대기를 할 거예요. 상황실에 있어야겠죠. 누가 있을 건가요?'라고 말했어요. 성탄절에 일하는 건 큰 희생이죠. 내가 '제가 할게요'라고 말했어요. 그리고 그날엔 아무 일도 일어나지 않았어요. 평소보다 사용자 활동이 늘기는 했지만 특별히 급증하지는 않았어요."

---

1 G1의 기능 설명을 보면 미국 애니메이션 시트콤 〈심슨 가족(The Simpsons)〉의 한 에피소드인 '오 형제여 어디에 있는가?(Oh Brother, Where Art Thou?)'가 생각난다. 그 에피소드에서 호머(Homer)는 자동차를 설계하며 떠올릴 수 있는 모든 기능을 집어넣었는데 사람들에게 꼭 필요한 게 아니었다. 호머만 빼고 말이다.

그렇게 G1은 즉각적인 하룻밤 사이의 승리를 이뤄 내지는 못했다. 하지만 가망은 있었다.

G1은 사람들이 스마트폰에 대해 진지하게 생각해 볼 정도로는 괜찮았다. 그리고 압도적이지는 않지만 실제로 팔렸다. 티모바일은 6개월 후 미국에서 100만 대가 넘게 팔렸다고 발표했다.[2] 이는 그 시기에 안드로이드 서비스 팀이 전용 가상 IP 자원[3]을 회수하지 말아 달라고 구글 네트워크 팀을 설득하는 데 필요한 기기 수와 일치했는데, 가상 IP 자원을 회수하면 안드로이드에 탑재된 구글 앱에 심각한 문제를 일으킬 수 있었다.

G1은 또한 안드로이드를 플랫폼으로 진지하게 여기고 있던 사람들에게 적당히 괜찮은 경험을 제공했다. 안드로이드는 마침내 전 세계로 출시됐다. 사람들은 기기와 플랫폼을 사용해 자신이 해야 하는 일을 할 수 있었고 당장은 적당히 괜찮았다. 소비자들은 안드로이드를 스마트폰으로 받아들였고 잠재적 협력사들은 안드로이드를 플랫폼으로 여겼다. 그로 인해 제조사들은 안드로이드가 진짜 제품이고 그들이 안드로이드로 자사 기기를 만들 수 있음을 알았다. 이는 결국 첫 G1보다 더 흥미롭고 강력한 기기가 만들어지는 결과로 이어졌다.

히로시가 말했다. "G1이 안드로이드를 만들었어요. 상업적으로 G1은 큰 성공을 거두지 못했죠. G1은 괜찮았지만 거대한 판매량을 끌어 내지 못했고 기술 산업 바깥에서도 큰 주목을 실제로 얻지 못했습니다. 그러나 G1 출시는 OEM에 실감나게 다가갔습니다. '좋아. 이 사람들이 정말 출시했군. 실물이 나왔고 베이퍼웨어가 아니야.' G1

---

2 *https://www.cnet.com/news/t-mobile-has-sold-1-million-g1-android-phones/*
3 이 막후 협상에 관한 좀 더 자세한 내용은 '20장 위스키, 불 붙은 서버, 벽돌'을 보라.

이 출시되자 우리는 주요 OEM과 논의를 했고 결국 그들은 우리 협력사가 됐습니다."

43

숨 돌릴 틈 없었던 연속 출시

1.0이 나오고 G1이 출시되자 모두가 어려운 작업을 마무리한 데 대해 조용히 안도의 한숨을 쉬었다. 그러고 나서 그들은 다시 일하러 돌아갔다.

팀은 안드로이드가 전혀 완전하지 않다는 사실을 알게 됐다. 안드로이드가 좀 더 경쟁력이 있으려면 기능과 품질 면에서 할 일이 더 많았다. 그리고 더 많은 기기가 나와야 했다.

그다음 몇 년간 팀은 작은 버그 수정 릴리스뿐 아니라 큰 '후식' 릴리스를 맹렬히 개발했는데 2009년 말 드로이드 기기와 함께 출시된 이클레어에서 그 정점에 달했다. 1년 만에 팀은 네 번의 주요 릴리스인 1.1(프티 푸르), 1.5(컵케이크), 1.6(도넛), 2.0(이클레어)을 출시했다.

톰 모스는 이 미친 듯한 속도가 의도된 것이었다고 언급했다.

"두 가지 이유가 있었습니다. 루빈은 완벽주의자라서 제품이 더 나

아지기를 바랐습니다. 제품이 괜찮지 않으면 그를 정말 화나게 하는
거죠. 그러나 OEM이 포크를 못하게 하려는 의도적인 전략도 있었어
요. '여러분이 포크할 때쯤 우리는 안드로이드 새 버전을 낼 거고 여
러분은 처음부터 다시 시작해야 할 겁니다'라고 말하는 셈이죠.

그는 사람들이 포크를 못하게 하거나 단념시키려고 해마다 여러
번 출시하도록 우리를 의도적으로 밀어붙였습니다."

1.0 R2: 2008년 11월

첫 번째 버그 수정 릴리스는 주목할 만했는데 처음이었기 때문이다.
1.0은 2008년 9월 출시됐다. 그 릴리스는 G1 폰에 설치됐고 10월부
터 팔렸다. 11월 R2가 출시됐는데 다양한 버그를 수정하고 몇몇 기
능과 앱을 추가했다.

1.1 프티 푸르: 2009년 2월

1.1은 처음으로 이름이 붙은 릴리스였는데 바로 프티 푸르Petit Four(작
은 케이크로 프랑스어로는 '작은 오븐')였다. 버그가 수정되고 몇 가
지 추가 API가 들어간 비교적 작은 릴리스였다. 1.1은 다른 언어를
위한 지역화(1.0은 영어만 지원했다)도 제공했는데 이는 국제적인
플랫폼이 되기 위해 중요한 기능이었다.

이때부터 '소수점' 버전 숫자(첫 번째 점 뒤에 나오는 숫자로 이 경
우에는 원 1.0 릴리스 대 1.1)가 올라갈 때마다 릴리스에 API 변경이
있었다. API 변경은 이전 버전 SDK로 빌드한 애플리케이션은 새 버
전에서 실행될 수 있지만(안드로이드는 상위 호환을 항상 유지하려

고 한다) 새 버전으로 빌드한 애플리케이션은 오래된 버전에서 실행되지 않음을(오래된 버전에 없는 새 API를 사용하면 오래된 시스템에서 오류를 일으킬 수 있기 때문이다) 의미했다.

1.1은 안드로이드 마켓에서 애플리케이션 판매가 가능해진 첫 릴리스였다. 1.1 이전에는 사용자에게 애플리케이션 요금을 청구하는 메커니즘이 아직 작동하지 않아서 마켓에서는 공짜 앱만 허용했다.

프티 푸르는 안드로이드 릴리스에 처음으로 사용한 후식 이름이다. 알파벳 순서대로 시작한다는 규칙은 따르지 않았다. 그 전통은 다음 릴리스인 컵케이크에서 시작됐다.

1.5 컵케이크: 2009년 4월

컵케이크는 연속되는 글자 순서로 된 후식 이름을 붙이는 전통을 확립한 첫 릴리스였다. 'C'로 시작한 건 세 번째 주요 릴리스였고 C로 시작하는 후식 이름으로 '컵케이크'를 고른 건 라이언 PC 깁슨(당시 릴리스를 담당한 사람)이 컵케이크에 푹 빠져 있었기 때문이다.[1]

컵케이크는 개발자와 사용자가 주목할 만한 몇 가지 기능을 제공했다. 앱 위젯[2]이 처음 등장했다. 영상 녹화도 이제 가능해졌다. 개발자들은 자신만의 키보드 애플리케이션을 개발하고 배포할 수 있게됐다. 또한 회전을 감지하는 새로운 센서와 로직이 들어가서 사용자가 기기를 가로에서 세로 모드 화면으로 회전시킬 수 있게 됐다. 이렇게 바뀌기 전에는 사용자는 G1에서 키보드를 슬라이드로 꺼내야했고 그러면 디스플레이가 자동으로 가로 모드로 바뀌었다.

---

1   후식 이름 전통에 대해서는 '27장 모든 걸 관리하다'에 좀 더 자세한 내용이 나와 있다.
2   앱 위젯은 홈 화면에서 직접 실행되는 단순화된 앱이다. 예를 들어 라이브 캘린더 뷰를 표시하는 캘린더 위젯, 메시지 목록을 표시하는 지메일 위젯이 있다.

컵케이크 릴리스는 또한 새 기기인 HTC 매직Magic과 동시에 등장했다. HTC 매직은 터치스크린만 있는 첫 기기였는데 G1의 하드웨어 키보드는 현재 익숙한 온스크린 소프트웨어 키보드로 교체됐다.

컵케이크 릴리스 노트는 개발자와 사용자에게 나쁜 소식도 하나 전했다. "안드로이드 1.5에서 자일로그Zilog Z80 프로세서[3] 지원을 넣지 못함을 개발자들에게 알리게 되어 유감입니다."

1.6 도넛: 2009년 9월

도넛 릴리스는 범용성을 위해 플랫폼의 다양한 부분을 다듬었다. 전화 스택은 버라이즌에서 사용하는 시스템인 CDMA를 지원했다(버라이즌 네트워크에서 출시할 모토로라 드로이드에 도움이 됐다). 프레임워크 팀은 임의의 화면 크기와 밀도 지원 추가를 끝냈는데 이는 온갖 폼 팩터로 출시되는 더 넓은 생태계를 활성화하는 데 중요했다.[4] 도넛에는 또한 음성 인식 엔진도 포함됐다. 오늘날 스마트폰에서 사용되는 시스템만큼 강력하지는 않았지만 앞으로 어떤 것들이 개발될지 알 수 있었다.

도넛 릴리스 노트에도 유감스러운 소식이 실려 있었다. "우리는 안드로이드 1.6에 RFC 2549[5] 지원을 넣지 못함을 개발자들에게 알리게 되어 유감스럽게 생각합니다."

---

3 자일로그 Z80은 1970년대 중반 개발된 8비트 프로세서다. 1980년대 가정용 컴퓨터와 비디오 게임기에서 마지막으로 볼 수 있었다.

4 다이앤이 말했다. "임의의 화면 크기와 밀도 지원이 필요한 델 기기가 출시될 예정이었어요. 그래서 1.6에서 완성했죠(드로이드용 이클레어에서가 아니라)."

5 RFC 2549는 '조류 운반체를 통한 인터넷 프로토콜'이라는 제목이 붙은 제안으로 전서구(傳書鳩)를 통해 네트워크 데이터를 전송하려는 시도다.
(옮긴이) 1990년 4월 1일 만우절에 장난으로 제안된 RFC 1149가 시초이고 이를 다듬은 RFC 2549가 1999년 4월 1일에 제안됐다.

히로시가 '도넛 버거'를 맛보려고 하고 있다. 우페이쑨은 2009년 9월 도넛 릴리스를 축하하기 위해 도넛 버거를 구상해 팀에 소개했다(사진은 브라이언 스웨트랜드의 허락을 받고 게재).

2.0 이클레어: 2009년 10월

이클레어 릴리스에 대해 언급할 만한 흥미로운 점 한 가지는 도넛 릴리스 후 바로 딱 한 달 간격으로 출시됐다는 점이다.[6] 팀은 당시 동시에 여러 번 자주 출시하기 위해 아주 열심히 일했다. 사실 도넛 릴리스가 출시되기 전에 이클레어 릴리스가 실제로 완성됐었다.

라이브 배경 화면과 턴바이턴 내비게이션[7]을 비롯한 다양한 기능이 이클레어에 추가됐다. 그러나 아마도 이클레어에서 가장 주목할 만한 점은 드로이드란 새로운 기기와 패션(넥서스 원)에 함께 구현됐다는 것인데 이 기기들은 이클레어 릴리스 후 출시됐다. 팀이 정말

6   이클레어보다 먼저 출시될 예정이었던 델 기기 때문에 도넛의 특별한 기능 모음과 출시 시기가 정해졌다.
7   라이브 배경 화면은 '15장 안드로이드의 얼굴?'에서, 턴바이턴 내비게이션은 '21장 위치 서비스'에서 다루었다.

마음을 다한 기기는 패션이었지만 큰 소비자 시장에서 성공한 첫 기기는 드로이드였다.

44

초기 기기들

무더기로 쌓여 있는 수너(사진은 브라이언 존스의 허락을 받고 게재)

오늘날 안드로이드 생태계를 정의하는 것 한 가지는 거의 무한히 다양한 기기다. 여러 제조사에서 만든 서로 다른 수많은 모델 뿐 아니라 태블릿도 있다. 그리고 카메라, TV, 자동차, 시계, 사물 인터넷 기기, 비행기 의자에 달린 화면[1]에도 들어간다.

---

1 비행기 의자 뒤에 달려 있는 텔레비전에서 안드로이드가 실행되고 있는지 아닌지 보는 건 재미있다. 때로는 화면 아래를 위로 스와이프해서 친숙한 내비게이션 바를 볼 수 있다. 그리고 나서 비디오 앱을 스와이프해 안드로이드 홈 화면을 볼 수 있다. 홈 화면에는 별게 없는데 항공사에서 방금 스와이프해 버린 오락 앱 외에는 다른 앱을 설치하지 않았기 때문이다. 알겠다. 재미없을 수도 있다. 그러나 열두 시간 동안 비행하면서 볼 수 있는 영화를 다 보고 질렸을 때 해 볼 만하다.

1.0 이전: 수너, 드림(HTC G1), 그 외 여러 가지

아주 초기 계획에는 네 가지 기기가 포함되어 있었다. 스웨드랜드가 당시를 떠올렸다. "2006년 6월 논의했던 네 기기는 수너(HTC), 레이터(LG), 드림(HTC G1), 그레일(슬라이드로 쿼티 키보드와 키패드를 전환하는 모토로라 기기)였어요. 그레일(또는 변형 제품)은 수년간 나타났다 사라지기를 반복했습니다." 그러나 계획은 결국 그냥 수너와 드림으로 정리됐고 각각의 개발과 종료 과정은 앞선 장에서 이야기했다.

사파이어(HTC 매직)

안드로이드의 두 번째 주력 기기인 코드명 사파이어는 HTC 매직에 기반을 두고 있었다. 사파이어는 2009년 봄에 안드로이드 1.5 컵케이크와 함께 나왔다. 실제 하드웨어 명세는 첫 G1과 비슷했는데 매직이 메모리가 좀 더 많았다. 그러나 가장 큰 변화는 키보드였다. 안드로이드가 마침내 편리한 완전 터치스크린을 채택했고 이전 G1 기기에 있던 하드웨어 키보드가 없어졌다. 매직은 또한 안드로이드에서 처음으로 멀티 터치[2]를 지원했다.

모토로라 드로이드

드로이드 폰은 초기 안드로이드에 매우 중요해서 별도로 '45장 드로이드가 해냈다'에서 다룬다. 원한다면 바로 가서 읽어도 된다. 나라면 기다리겠다.

---

2 멀티 터치는 한 번에 손가락 두 개 이상의 터치 입력을 사용하는데 핀치 줌이나 지도 회전 같은 제스처에 유용하다.

패션과 넥서스

드로이드 폰과 병행하여 팀은 패션이라는 코드명의 또 다른 기기를 작업했다. 패션은 2010년 초 넥서스 원으로 출시됐다.

넥서스 원은 모토로라 드로이드가 나온 직후인 2010년 1월 출시됐다.

패션은 '구글 경험' 스마트폰 중 하나다. '구글 경험'은 수년간 여러 종류의 협업과 많은 이름을 거쳐 나왔다. 넥서스 원 당시에 HTC와 협업할 때는 'With Google'이라는 브랜드가 주어졌다. 이 구호는 엔지니어링 팀에서 만들었다. 마케팅 팀은 'It's got Google'이라는 구호를 제안했다. 그러나 시스템 팀의 레베카가 앤디 루빈에게 불평했다. "문법에 맞지도 않잖아요! 대신 'With Google'이 어때요?" 루빈은 "좋아요!"라고 말했다. 공동 브랜드 구호는 그렇게 태어났다.

패션은 큰 화면(당시로서는)과 손에 맞는 곡선을 갖추고 있었다. 그러나 패션의 독특한 점은 하드웨어나 소프트웨어가 아니라 안드로이드가 시도한 판매 모델이었다. 미국에서 당시(그리고 지금도 대부분) 사람들이 휴대 전화를 사는 방식은 통신 회사와 약정 계약을 하는 것이었다. 기기를 직접 사고 나서 네트워크에 접속하기 위해 통신 회사에 돈을 내기보다는 티모바일 매장(예를 들어)에 가서 통신 회사에서 제공하는 전화를 샀다. 휴대 전화는 상당한 할인가로 팔렸고 일정 기간 약정 계약이 따랐다. 휴대 전화 시장은 그런 식으로 돌아갔다.

그러나 안드로이드 리더들은 사람들에게 선택지가 있어야 한다는 구상을 갖고 있었다. 통신 회사와 상관없이 휴대 전화를 선택하고 네트워크에 접속하기 위해 통신 회사에 비용을 낸다면 어떨까? 그러면 약정에 따른 의무 사용으로부터 자유롭고 사용자는 더 많은 선택을 할 수 있는데 통신 회사 매장 전시대에 있는 기기들 중에서 고를 필요가 없기 때문이다.

구글은 매장이 없어서 넥서스 원을 온라인으로 판매했다. 그리고 구입할 사람을 기다렸다. 그러나 사람들은 휴대 전화를 사는 이 모델을 제대로 이해하지 못했고 이해하려 하지도 않았다. 게다가 웹 사이트에서 산 기기에 문제가 생길 경우 고객 서비스 전화번호가 없었고 반품하거나 도움을 받을 매장도 없었다.

안드로이드는 결국 이 아이디어를 포기했고 넥서스 원은 통신 회사에서 제공했다. 구글이 바란 만큼 팔리지 않았고 모토로라 드로이드가 더 많이 팔렸다.

넥서스 원은 넥서스 시리즈의 첫 번째 기기였다. 넥서스 폰은 안드로이드 팀이 종합적인 안드로이드 폰 경험을 만들기 위해 제조사와 공동으로 개발한 기기였다. 팀은 제조사들이 무엇을 만들고 판매하는지 제어할 수 없었다. 하드웨어는 물론이고 안드로이드 위에 올라가는 소프트웨어와 앱도 마찬가지였다. 독자적인 스마트폰을 출시함으로써 안드로이드는 기기에 그들이 원하는 딱 맞는 하드웨어(적어도 하드웨어 협력사가 제공하는 범위 내에서)와 소프트웨어가 들어가게 할 수 있었다.

넥서스 프로그램의 다른 그리고 아마도 주요한 동기는 '레퍼런스 기기'를 만드는 것이었다. 넥서스 폰은 세상(과 협력사)에 안드로이드가 어떤 릴리스에서 무엇을 할 수 있는지 보여 주었다. 팀은 또한 플랫폼에서 새로운 기능을 확실히 지원함을 보장했다. 이러한 일은 하드웨어가 소프트웨어와 별개로 개발됐다면 힘들었을 것이다. 몇 년간 여러 릴리스가 나오는 동안에 새 넥서스 폰은 각 소프트웨어 릴리스와 함께 출시되어 안드로이드의 새로운 기능과 함께 최신 하드웨어의 발전을 선보였다.

안드로이드 역사를 통틀어 넥서스 그리고 구글이 출시를 도운 여타 기기와 관련한 가장 중요한 역학은, 여러 제조사에서 기기를 만들었다는 점이다. 이는 매우 의도적이었는데 전체 협력사들이 안드로이드에 투자하게 만드는 방식이었다. 구글 초기 기기는 HTC, 모토로라, LG, 삼성이 만들었다.

찰스 멘디스가 말했다. "루빈과 사업 개발 팀이 많은 기여를 했습니다. 우리는 한 회사와만 협력하지 않았죠. 협력사들을 바꿨어요. 우리는 하드웨어 분야의 큰 회사들이 안드로이드에 투자하게 했고 안드로이드는 그 회사들의 플랫폼이 됐죠. 그리고 이제 안드로이드 폰 하드웨어는 그 회사들이 만듭니다. 우리는 모두가 안드로이드를 소유하고 있다고 느끼게 했어요. 구글이 안드로이드를 소유한 것이 아니라요.³ 그 점이 성공에 정말 도움이 됐다고 생각합니다."

브라이언 존스와 기기 배포

"나는 기기 제공 담당이었어요."
– 브라이언 존스

모든 기술 회사에는 일을 하는 데 필요한 가장 좋은 장비를 받기 위해 알아야만 하는 사람이 있다. 그 사람이 사내 모든 사람에게 그들이 필요로 하는 것들을 제공한다.

안드로이드 팀에서는 그 사람이 브라이언 존스(팀에서 쓴 별명은 'bjones')였다.

존스는 물건을 뜯고 만지는 걸 늘 좋아했다. 초등학교 때 그는 전화기가 어떻게 동작하는지 알고 싶었다. 그래서 그의 선생님이 수업 활동을 만들었고 집에서 그녀의 전화기를 가져왔다. "나는 한번에 전화기를 분해했는데 밀랍으로 밀봉된 트랜스포머가 나왔어요. 내가 이걸 되돌려 조립할 가망은 없었어요. 밀랍 범벅이었죠. 구내식당이 엉망진창이 됐어요. 전에 실제로 해 본 적이 없었거든요. 선생님이 전화기를 집에 가져가서 밤에 쓰기를 기대하셨는데 그렇게 될 수 없어서 더 곤경에 빠졌죠."

대학에서 고대사를 전공한 브라이언이 안드로이드 팀에 온 건 이례적이었다. 그는 베이 에어리어로 이사 와서 일자리가 필요했는데

---

3 다시 말하자면 안드로이드 프로젝트는 명백히 구글이 소유한 것이고 안드로이드 팀이 그 코드를 소유하고 있다. 그러나 오픈 소스로 공개함으로써 제조사가 다운로드하고 변경하고 나서 구글과 상관없이 자신만의 구현을 개발할 수 있는 시스템이 만들어졌다. 찰스가 언급한 안드로이드 기기 전체 생태계에 걸친 공유된 소유권은 이를 가리킨다.

안드로이드 팀이 일하는 44번 건물 접수 담당자 자리를 구했다. 그는 팀에서 일하는 많은 사람을 알게 됐는데 그중에는 관리 업무 총괄인 트레이시 콜도 있었다. 존스는 다음과 같은 조언을 했다. "관리 업무 총괄과 친구가 되세요. 아마도 살면서 신뢰를 얻어야 할 사람 중 거의 제일 중요한 사람일 테니까요."

2007년 봄 트레이시가 휴가로 자리를 비웠다. 루빈은 그녀가 없는 동안 그녀의 일을 할 누군가가 필요했다. "트레이시가 '임시직을 찾고 싶지는 않네요. 존스는 이미 우리가 신뢰하는 사람이에요. 내가 이 일을 맡길 수 있는 유일한 사람이고요'라고 말하더군요. 그래서 내가 서너 달 동안 루빈의 비서를 맡았어요."

탕비 구역에 설치된 존스의 식각(蝕刻) 기계. 존스는 이 기계를 프로그래밍해 기계를 열고 닫고 내부에서 기기를 돌려 가며 레이저로 식각했다(사진은 대니얼 스윗킨의 허락을 받고 게재).

트레이시가 돌아오자 존스는 팀에서 새 역할을 맡았다. 그는 개밥 테스트 관리자가 되어 안드로이드 기기 배포를 담당했다. 기기가 제조사에서 오면 존스는 레이저로 기기에 고유 아이디를 식각했다. "그게 내 일이었습니다. 기기가 필요한 수많은 사람을 위해 모든 기기를 가능한 한 빨리 식각해야 했어요. 없어지는 기기가 생기면 추적할 수 있었죠. 대규모 관리에도 좋았고요."

레이저 식각은 테스트 기기에만 국한되지 않았다. "머그, 유리잔에도 했어요. 햄, 칠면조에도 시도해 봤죠. 몇 번 불을 내기도 했어요. 살면서 그때 레이저에 대해 많이 배웠습니다."

존스는 일을 하는 데 필요한 하드웨어라면 아무거나 재미있게 만들었다. "레이저와 UV 프린터가 있었어요. G1 뒷면을 개조하는 걸 지켜보느라 햇볕에 심하게 탔던 게 기억이 나네요. 뒷면을 다 바꾸느라 어떻게 프린트되는지 봐야 했는데요. 약간 다르게 휠 수 있었는데 너무 휘면 프린터 설정을 바꿔야 했어요. 그래서 햇볕에 심하게 탔죠. 건물 내부 창문 없는 구역에서 그 작업을 했거든요."

브라이언 존스의 테스트 기기로 사전 출시된 G1인데 새 기기들을 식각하기 전에 식각 기계를 조정하는 데 사용했다.

존스가 기기 배포를 담당한 이유 한 가지는 그의 우선순위가 늘 제품 개발을 돕는 것이었기 때문이다. 그는 사내 정치를 하지 않았다.

"나는 누가 무엇을 가져야 할지 결정하는 책임을 진 사람이었어요. 내가 능숙하다고 생각한 한 가지는 사람들의 직함이나 수완 또는 성격에 영향을 받지 않았다는 거예요. 누군가가 와서 '이게 필요해요'라고 이야기한다면 내 첫 질문은 '왜 그게 필요하고 그게 없으면 어떤 영향이 있나요?'에요.

임원이라면 '제품에 관한 결정을 하는 데 필요해요'라고 할 수 있겠죠. 그런데 임원이 기기를 가지고 실제로 무엇을 할 수 있는지 판단하는 게 중요해요. 초기에 판매 또는 광고 부사장이나 선임 부사장이라면 안드로이드를 가지고 할 게 없었고 난 그 사람이 누구인지 신경 쓰지 않았어요. 내가 관리하는 기기와 전혀 관계가 없었죠. 길에서 만나는 사람과 다를 바 없이 대했어요.

상대가 누구인지 상관하지 않고 문제 없이 꺼지라고 말할 수도 있었어요. 마이크 클러론처럼 내가 아는 안드로이드 개발 팀원이 이렇게 말했다고 하죠. '우리 팀에 기기가 모자라요. 몇 대 더 필요해요. 도와주시겠어요?' 얼마든지요. 제품을 만드는 사람들은 원하는 건 뭐든지 가져갈 수 있죠. 형식적 절차 같은 것 없어요. 나는 개발자들이 중요하고 제품 개발의 핵심 구성원이고 요청 사항을 부풀리지 않는다는 걸 알아요."

결국 존스는 안드로이드에서 필요한 게 있는 모든 사람의 중심이 됐다. 기기가 오면 사람들이 그의 책상에 늘 줄을 섰다. 사람들이 건물에 들어와서 그와 그의 기기를 찾느라 건물에서 일하는 사람들에게 어디에서 그를 만날 수 있느냐고 묻는 일이 계속 이어졌다. 존스 옆에 앉았던 브루스 게이는 자기 책상에 'bjones 아닙니다'라고 적은 표지판을 걸었다. 사람들이 헷갈리지 않도록 하기 위해서였다.

2007년 물건을 전달하는 존스. 엔지니어링 팀으로 가는 중인 수너 또는 아주 초기 G1이다(사진은 브라이언 스웨트랜드의 허락을 받고 게재).

45

드로이드가 해냈다

"'i'는 못하지만 드로이드는 하지"[1]

강력한 밈이 싸움을 거네

멍든 과일[2]로는 퇴비나 만드세요.

– 마이크 클러론

모토로라 드로이드가 시장에서 성공한 것은 안드로이드가 잘했다는 첫 번째 신호였다. 안드로이드는 느리게 받아들여지고 있었는데 드로이드는 처음으로 큰 성공을 거둔 안드로이드 기반 제품이었고 특히 미국에서 성공했다. 드로이드가 이전 안드로이드 기기와 구분됐던 한 가지 요소는 제대로 된 마케팅 캠페인이 진행된 첫 번째 기기

---

1 (옮긴이) 드로이드 광고의 주된 내용으로 아이폰으로 할 수 없는 일들을 드로이드로 할 수 있다는 의미다.
2 (옮긴이) 애플 로고를 비꼰 표현으로 추측된다.

였다는 점이다. 버라이즌은 마케팅에 1억 달러를 써서 'Droid Does'라는 광고로 방송을 뒤덮었다.

2009년 10월 17일에 발표되고 11월 초 출시된 드로이드가 상업적으로 성공을 거두면서 소비자들은 안드로이드 폰을 좀 더 진지하게 여기기 시작했다. 동시에 협력사들도 안드로이드를 더 진지하게 받아들였고 그 결과로 안드로이드 기반 기기 판매를 더욱 밀어붙이는 다른 제품이 많이 나왔다.

마이클 모리시는 드로이드 출시의 영향을 기억했다. "우리는 작은 팀이었지만 전투적으로 이 모든 운영 체제 업데이트를 속속 만들어냈는데 소비자에게 전혀 히트를 친 것 같지 않았어요. 그러다가 드로이드가 첫날 대박을 터뜨렸어요. 그리고 나서 두 번째 날도 첫날과 매우 비슷했죠. 아마 팔린 기기가 6만 5000대였을 거예요. 이렇게 말했죠. '맙소사, 무슨 일이 벌어진 거지? 이게 맞아? 엄청나게 흥분한 초기 구매자들이 빠지고 나면 어쩌지?' 그러나 수치는 계속해서 꽤 좋았어요. 나는 숫자를 잘 기억하지 못하는데 오랫동안 하루에 3만 대 정도 팔렸던 것 같아요. 일단 그 추세가 유지되었고 드로이드는 정말 대박이 났죠. '우리 잘 나가고 있어'라고 말했어요."

그러나 안드로이드 팀 내부에서는 드로이드 개발을 사뭇 다르게 봤다. 처음에는 아무도 원하지 않았던 제품이었다. 모토로라가 기기를 같이 개발하자고 구글에 접촉했을 때 HTC도 패션(결국 넥서스 원으로 출시된다)을 같이 개발하자고 구글에 접촉했다. 팀은 패션 기기에 더 흥미를 느꼈는데 구글 브랜드 기기가 될 예정이었고 최종 제품에 대해 소유권과 제어권을 더 확보할 수 있었기 때문이다.

모토로라 드로이드. 슬라이드를 밀면 하드웨어 키보드가 드러난다.

반면 드로이드는 내부적으로 사랑받지 못한 채 시들해졌다. 앤디 루빈은 통신 회사 네트워크 세부 사항을 비롯한 다양한 이유 때문에 계약 진행을 시작하고 싶어 하지도 않았다. 리치 마이너는 당시를 기억했다. "루빈은 버라이즌 휴대 전화 네트워크 기술인 CDMA를 지원하고 싶어 하지 않았는데 티모바일에서 출시한 우리의 첫 번째 기기가 GSM이었기 때문이에요. 히로시와 나는 이 일이 중단되지 않고 확실히 추진력을 얻을 수 있도록 루빈의 바람과는 반대로 이 일을 더 진행해 나가야 했어요."

황웨이는 드로이드와 넥서스 원 사이의 긴장을 기억한다. "루빈은 넥서스 원에 관심이 좀 더 많았는데 그가 상상하던 기기였기 때문이에요. 내 생각에도 더 나은 기기였고요."

한편 넥서스 원은 드로이드보다 공동 브랜드 지원을 더 받았다. 버라이즌은 드로이드가 버라이즌 기기이면서 관련된 주 브랜드는 버라이즌(통신 회사)과 모토로라(제조사)가 되기를 바랐다. 구글 브랜드는 드로이드에 들어가지 못했다.

드로이드는 브랜드와 소유권 관점에서 불리했을 뿐 아니라 못생기기까지 했다. 톰 모스가 말했다. "모서리가 전부 날카로웠어요. 모서리에 손이 베일 만큼 말이죠."

그러나 마케팅이 도움이 될 수 있는데 드로이드 마케팅 캠페인이 딱 그랬다. 캠페인은 기기의 독특한 측면을 활용했고 잠재적인 약점을 강점으로 만들어서 그 딱딱한 기기가 경쟁 제품보다 더 많은 걸할 수 있다고 설득했다. 마케팅은 확실히 잘됐고 드로이드는 미국에서 팔렸었던 여타 다른 안드로이드 폰보다 훨씬 많이 팔렸다. 경쟁제품이 안드로이드보다 훨씬 많이 팔렸던 날은 끝났고 안드로이드 시장 점유율이 늘어나기 시작하면서 2010년 말에는 아이폰 판매를 완전히 추월했다.[3]

세드릭 부스가 드로이드 대 넥서스 내부 경쟁에 관해 언급했다.

"우리는 모두 약간 잘난 체하며 말했어요. '그래요. 우리가 버라이즌 일을 하고 있지만 돈을 벌기 위해서죠. 하지만 정말 중요한 건 넥서스에요.' 구글이나 안드로이드는 우리 기기를 우리 웹 사이트에서 팔기만 해도[4] 충분하다고 생각할 정도로 오만했어요. 되돌아보면 순진했죠.

그리고 나서 우리는 첫 텔레비전 광고를 봤어요.[5] 인상적이었죠.

---

3 출처: IDC Quarterly Mobile Phone Tracker, Q4 2019
4 넥서스 원은 처음에는 웹 사이트에서만 무약정으로 판매됐다. 이 내용은 '44장 초기 기기'에서 다뤘다.
5 유튜브에서 'Droid Does' 또는 'iDon't'로 검색해 보라.

터무니없었지만 꽤 괜찮은 광고였어요. 그리고 드로이드는 크나큰 성공을 거두었죠. 우리 기기인 넥서스 원은 잘되지 않았고요. 그 일은 우리가 겸허해진 계기가 된 교훈이었다고 생각해요. 제품과 마케팅의 중요성을 깨닫기 시작했고 어쩌면 배턴을 건네줄 때일지도 모른다는 걸 이해하게 됐어요. 우리는 기술적인 것들에 의해 움직여 왔는데요. 기술적인 기초는 있으니 이제는 진짜 시장이 이어받게 해야 했어요. 버라이즌 직원 같은 사람들이 다음 단계로 올려놓은 거죠."

찰스 멘디스도 동의했다.

"그들의 마케팅 캠페인은 정말 흥미로웠죠.

처음에는 특히 루빈과 래리가 드로이드를 더 저렴하게 팔고 싶어 했어요. 두 사람은 드로이드가 모두를 위한 기기가 되기를 바랐죠. 그러나 버라이즌에서 '우리는 아이폰이 없습니다. 우리는 브랜드와 마케팅 관점에서 드로이드를 싼 기기로 팔 수 없어요. 우리도 다른 회사만큼 좋은 제품을 내놓아야 합니다'라고 주장했어요."

버라이즌은 드로이드 마케팅 계획을 가져와서 팀에 제시했다. 찰스가 말했다. "나는 더 싼 기기가 더 낫다고 생각했어요. 그러나 버라이즌은 멋진 일을 해냈습니다. 적중시켰죠. 그리고 판매와 반응이 그걸 보여 줬고요."

찰스가 생각하기에 드로이드 성공에 기여한 또 다른 측면은 내부에서 정한 우선순위였다. 처음에는 드로이드와 넥서스 원을 동시에 출시하려고 했다. 그러나 결국 드로이드가 먼저 나가고 그 후에 넥서스 원을 출시하는 것으로 결정이 내려졌다. 드로이드는 2009년 11월에 출시됐고 넥서스 원은 두 달 후 1월에 나왔다.

"넥서스 원을 그다음 해에 출시한 게 드로이드가 성공하는 데 부분적으로 큰 영향을 미쳤습니다. 그 전에는 팀에 혼란이 있었어요. 넥서스 원 버그를 고쳐야 하나, 아니면 드로이드 버그를 고쳐야 하나 하는 것이었죠. 넥서스 원이 회사 기기니까요.

루빈이 결국 어려운 결정을 내렸어요. 루빈이 '넥서스 원이 나중에 나오니 전체 팀은 드로이드 작업을 해야 합니다'라고 말한 게 우리가 드로이드를 완성하는 데 도움이 됐어요."

드로이드의 하드웨어 성능도 도움이 됐다. 찰스 멘디스가 말했다.

"G1에서 지도를 사용할 때 큰 문제 한 가지는 캐시가 터진다는 것이었어요. '메모리 부족' 예외가 나면 사용하고 있던 앱이 죽었죠. 그 문제를 회피하려고 여러 가지 작업을 했지만 램이 충분하지 않았어요. 드로이드가 등장하자 더 나은 지도 사용 경험을 제공할 수 있었죠.

G1에서는 어쩔 수 없이 빡빡한 제한하에서 개발해야 했는데 드로이드가 나오자 앱들이 잘 돌아가게 됐어요. 우리가 G1을 대상으로 개발했기 때문이죠. G1은 거의 베타 제품 같았고 팀이 매우 빡빡한 제한 사항을 강제했어요. 드로이드 경험은 무척 좋았는데 훨씬 빡빡한 환경에서 개발해 본 덕분이었죠."

안드로이드에 중요했던 드로이드 하드웨어의 또 다른 측면은 화면이었다. 드로이드는 화면 크기가 480×854인 첫 기기였다. 이는 첫 G1의 화면 크기(320×480)와는 달랐다. 또한 드로이드는 이전 기기보다 화소 밀도가 더 높았다(인치당 화소가 265 대 180). 이는 개발자들이 처음으로 서로 다른 화면 폼 팩터에 맞게 자동으로 크기가 맞춰지는 방식으로 앱을 만드는 이점을 경험해 볼 수 있음을 의미했다.

드로이드를 계기로 안드로이드 판매는 하키 채[6] 곡선을 그리게 됐는데 안드로이드 채택 곡선이 급격히 증가하는 기울기를 이루었다. 히로시는 당시를 기억했다. "드로이드 출시 후 하루인가 이틀인가 지나고 나서 나온 기사를 읽은 기억이 납니다. 기자가 아이폰 앱을 출시하고 안드로이드 마켓에도 앱을 올린 개발자들을 취재했어요. 그들은 '우리는 드로이드를 이미 주목하고 있었어요'라고 말했습니다. 이틀 정도 지나고 개발자들이 '안드로이드에서 우리 앱 설치가 늘어나고 있습니다'라고 말했어요. 소비자뿐 아니라 개발자에게도 계기가 된 거죠. 사람들은 '어, 이 플랫폼이 성공할지도 모르겠네. 이 제품을 사는 사람들이 많잖아'라고 생각했을 거예요."

드로이드는 11월에 출시됐다. 데이브 스파크스는 몇 달 후 그가 참석한 직원 회의에서 있었던 일을 기억했다.

"출시 직후 1월이었던가 우리는 하키 채 그래프를 막 보기 시작했어요. 에릭 슈미트가 루빈의 팀원들을 회의에 소집했어요. 다이앤과 마이크 클러론, 기본적으로 중요한 사람이 다 있었던 걸로 기억해요. 히로시도 물론 있었고요.

슈미트가 회의실을 둘러보더니 말했어요. '이 일을 개판으로 망치면 안 돼요.'"

---

6 구글에 들어오기 전에는 하키 채라는 문구를 들어 본 적이 없다(하키 채 자체 말고). 그러나 그 이후로 많이 들었다. 이는 기울기가 가팔라지는 그래프를 시각적으로 나타낸 것인데 손잡이와 힐 사이에서 기울기가 바뀌는 하키 채와 비슷하다. 물론 이는 채를 올바른 방향으로 들었을 때만 말이 된다. 거꾸로 들면 하키 채 그래프는 판매가 급격하게 곤두박질침을 나타낸다. 그러나 마케팅 사람들이 회의에서 그런 의미로 쓰지는 않을 것이다.

46

삼성과 여러 회사

드로이드가 출시되면서 안드로이드 성장이 정말로 시작됐다는 데 대부분 동의한다. 그렇기는 하지만 당시 안드로이드 기기 판매는 iOS에 비해 뒤쳐져 있었고 다른 휴대 전화 제조사들의 시장 점유율은 여전히 상당했다.

그러나 2010년 다른 제조사들이 자사의 안드로이드 폰을 발표하면서 상황이 정말 바뀌기 시작했다. 버라이즌 스마트폰을 산 사람들 또는 G1이나 넥서스 폰을 산 안드로이드 팬뿐 아니라 전 세계 사람들이 온갖 안드로이드 폰을 샀다.

히로시가 OEM이 생태계에 끼친 효과에 대해 이야기했다. "OEM은 기기를 만들어야 합니다. 그래서 그다음 해 우리는 갤럭시 시리즈를 작업하기 시작했고 갤럭시 시리즈는 정말 대세 제품이 됐죠. 전통적인 협력 관계에는 시간 지연이 있습니다. 가속 페달을 밟고 나서 엔진 출력이 목표치에 도달할 때까지 시간 지연과 비슷하죠. G1과 드로이드가 그 지연이었어요. 업계에 가속이 붙는 기간이었던 거죠. 그러고 나서 모든 협력사, OEM에 효과가 나타나기 시작했고 그들의 제품이 출시되기 시작했습니다. 그때 하키 채 그래프가 시작된 거죠."

그런 OEM 중 한 회사가 삼성이었다.

삼성이 안드로이드에 끼친 긍정적인 영향을 부정하기는 불가능하다. 그들은 가장 큰 안드로이드 기반 기기 제조사이고 삼성 갤럭시 기기는 안드로이드 폰의 대표적인 브랜드 이름 중 하나다. 노트 7 배터리로 인한 '기기 폭발' 문제[1]가 있었고 작은 회사라면 죽을 수도 있는 문제였지만 새 기기가 출시됐을 때 구매가 급증하는 것을 막지는 못했다.

톰 모스는 일본에 있는 동안 안드로이드 협력사로서 삼성과 계약을 맺었다. 삼성은 안드로이드로 시장에 들어온 첫 회사는 아니었고 생태계에 합류하는 데 시간이 걸렸다. 그러나 일단 합류하자 삼성은 전력을 다했다.

"내 일은 단지 계약을 성사시키는 게 아니라 생태계 조성을 돕는 것이었습니다. 그 노력의 일환으로 힘의 균형이 꼭 필요했어요. 당시 HTC가 다른 모든 회사보다 큰 이점을 누리고 있었죠. 두 번째, 세 번째 기기도 HTC였어요. 그들은 안드로이드 폰에 대해 통신 회사에 정말 높은 가격을 청구했는데 좋지 않았어요. 소비자에게 더 비싼 가격이 전가되기 때문이었죠.

동등한 상태를 만드는 게 중요했어요. 우리는 서로 경쟁하는 활동적인 OEM 생태계가 정말 필요했어요. 그래서 내 업무의 큰 부분은 단지 OEM과 계약만 하는 게 아니라 그들이 안드로이드로 뭔가를 실제로 하도록 돕는 것이었습니다. 예를 들어 삼성과 협업하면서 나는

---

1 많은 기기가 과열되어 폭발을 일으키기까지 한 노트 7 배터리 결함은 항공편에 두려움과 불안을 불러일으켰다. 영문판 위키백과 'Note 7' 페이지에는 "배터리 결함 때문에 기기는 위험 제품으로 여겨졌고 많은 항공사와 버스 터미널에서 반입이 금지됐다"라고 되어 있다.

중국에서 출시할 첫 기기를 제조할 회사로 삼성을 선택했어요."

삼성 기기는 중국에서 출시되지 않았지만 결국 다른 곳에서 출시됐다.

톰은 새 안드로이드 기반 기기에 큰 마케팅 예산을 들이는 것을 비롯해 삼성이 안드로이드를 채택했을 때 일어난 변화에 대해 이야기했다.

"삼성은 믿었죠. OEM들이 아무런 비용도 쓰지 않을 때 삼성은 갤럭시 브랜드를 만드는 공동 마케팅에 큰 비용을 지출했어요.

일본에 있을 때 나는 삼성이 루카스 필름으로부터 다스 베이더 라이선스를 받은 걸 알았어요. 그들은 광고에 와타나베 켄[2]을 출연시켰고요.[3] 삼성은 수많은 엔지니어, 디자이너를 채용했고 모든 걸 했죠. 신종균[4]은 스마트폰 사업을 위해 안드로이드에 모든 걸 걸었어요. 삼성은 제품이 소비자 손에 들어가는 마지막 단계까지 돈을 투자한 첫 회사였어요. 처음으로 매장에 작은 공간을 마련해 판매 직원을 두고 판촉하는 걸 구상했죠. 훌륭한 실행 능력을 보여 주었어요.

기술과 기기는 사업과 판매가 향하는 방향을 따라갑니다. 실은 마케팅과 판매 전략이 주도해서 도약할 수 있고 기기가 더 좋아지는 것이죠."

기술이 준비되자 그들은 스마트폰 시장 리더인 애플과 대결했다.

"삼성은 아이폰과 직접 맞붙는 성공적인 마케팅 캠페인을 실행했

2　일본 배우로 여러 작품 중 미국에서는 〈라스트 사무라이(The Last Samurai)〉에서 맡은 역할로 잘 알려졌다.

3　(옮긴이) '다스 베이더의 하루'라는 광고와 와타나베 켄이 출연한 광고에 관한 보도 자료를 *https://news.samsung.com/kr/1005*에서 볼 수 있다.

4　신종균은 당시 삼성 무선 사업부 사장이었다.

어요. 아이폰을 놀리는 광고였는데 사람들은 '어떤 멍청한 회사가 아이폰과 경쟁하려는 거야?'라고 여겼어요. 그러나 그들은 대화 내용을 안드로이드 대 iOS에서 아이폰 대 삼성 갤럭시로 바꿔 버렸죠.

비행기에서조차 '아이폰과 삼성 갤럭시를 꺼 주세요'라는 안내를 들을 수 있었어요. 안드로이드가 아니라요."

47

하키 채

삼성과 여타 제조사들이 자사의 안드로이드 기반 기기를 전 세계에 판매하기 시작하면서 드로이드로 시작된 판매 증가가 극적이고 지속적으로 늘어나기 시작했다.

2009년 후반 드로이드가 출시됐을 때 안드로이드는 스마트폰 플랫폼의 하위권에 위치해 있었다. 1년 후인 2010년 말이 되자 안드로이드 기기는 노키아 심비안 OS를 제외한 모든 제품보다 많이 팔렸고 그다음 해에는 심비안도 앞질렀다.

동시에 모바일 시장에서 전통적인 저가(그리고 더 큰) 부분을 차지하던 피처폰[1] 대신 스마트폰을 선택하는 사람들이 늘어났고 안드로이드 스마트폰을 선택했다.

---

1 피처폰은 스마트폰 이외의 휴대 전화를 가리키는 명칭으로 당시 대부분의 전화(데인저와 블랙베리 폰 제외)는 피처폰으로 간주된다. 전화 통화와 기본적인 문자 메시지 지원 외에는 기능이 많지 않았고 화면이 크지 않았으며 아무 앱이나 설치하고 실행할 수 없었다. 기능이 거의 없는데 어떻게 피처폰이라는 이름이 붙었는지 잘 모르겠다. 어딘가 마케팅 부서에서 나온 약삭빠른 문구 같다.

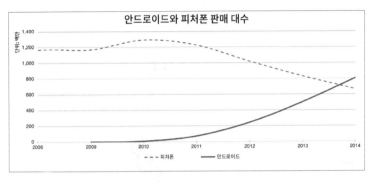

사람들이 제한적인 저가 휴대 전화보다 기능이 더 많은 기기를 갈수록 많이 선택하면서 스마트폰은 결국 피처폰 시장에 영향을 미쳤다.[2]

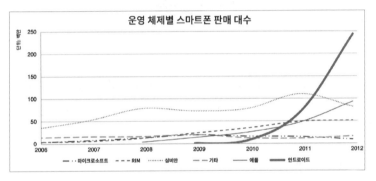

안드로이드는 2008년 말 출시 후 스마트폰 제조사로 북적대는 시장에서 인기를 얻기까지 몇 년이 걸렸다.[3]

시야를 넓혀서 개인용 컴퓨터를 비롯한 모든 컴퓨팅 기기를 고려한다면 숫자가 더 흥미로울 것이다. 초기 안드로이드 스타트업 팀이 발표 자료에서 지적한 요점을 실현하듯[4] 안드로이드 기기 판매는 2011

---

2 출처: IDC Quarterly Mobile Phone Tracker, Q4 2019
3 출처: IDC Quarterly Mobile Phone Tracker, Q4 2019
4 '4장 사업 계획 발표'에서 PC 대 휴대 전화 판매에 대해 언급한 부분을 보라. 당시 그들은 모든 휴대 전화에 대해 이야기했지만 2011년이 되자 같은 주장이 스마트폰, 특히 안드로이드에도 적용됐다.

년 이후로 PC를 능가했고 2015년 이후로 네 배 넘게 앞질렀다.[5]

이 비교는 처음에는 당혹스럽게 느껴진다. PC(모든 제조사의 데스크톱과 랩톱 전체 모델)는 수십 년간 현대 생활의 필수품이었다. 그러나 세상에는 PC를 필수품이 아니라 사치품으로 여기는 사람도 많다. 그들이 사는 첫 컴퓨팅 기기는 스마트폰이다. 스마트폰은 PC와 달리 필수가 됐다. 스마트폰은 사람들의 요구(의사소통, 내비게이션, 오락, 업무 등)를 딱 알맞게 충족시키는데 예전에 컴퓨터 구매를 정당화하지 못했던 사람들도 스마트폰은 살 수 있을 정도의 적당한 가격대다. 스마트폰은 개인적인 기기인데 '개인용 컴퓨터'는 절대 그러지 못했다. PC는 가정에서 공유 용품인 경향이 있었지만 대부분의 스마트폰은 각자 자기 걸 사용하기에 이 기기를 위한 잠재적인 시장이 PC 시장보다 더 커진 것이다.

이러한 경향은 그 이후 몇 년간 계속됐다. 2021년 5월 기준 전 세계적으로 30억 대가 넘는 안드로이드 기기[6]가 작동하고 있다.[7]

---

5 출처: IDC Quarterly Mobile Phone Tracker, Q4 2019 그리고 IDC Quarterly Personal Computing Device Tracker, Q1 2020

6 이 숫자에는 스마트폰 이외의 기기도 포함된다. 안드로이드가 처음 출시됐을 때는 오직 스마트폰을 위한 운영 체제였다. 그러나 이제는 시계부터 태블릿, 기내 텔레비전 화면까지 모든 것에 쓰이는 운영 체제다.

7 스마트폰을 일부러 놔두고 나온 게 아니라면 늘 난감해진다. 출근 중에 스마트폰을 가지고 나오지 않았다는 걸 알아차렸다고 하자. 그 스마트폰은 자신의 데이터, 이벤트, 사람들, 대화 그리고 기억(인정하라) 보관소다. 친구를 잊어버리는 것과 비슷할 것이다. 다만 친구는 보통 여러분의 데이터를 전부 가지고 있지는 않다.

5부

안드로이드가 해낸 이유

"나는 안드로이드가 성공한 이유가 한마디로 그거라고 생각해요.
모두가 함께했기 때문이죠. 협력 관계라는 접근 방식이 아니었다면
우리는 안드로이드가 도달한 규모와 성공에 절대 이르지 못했을 거예요."
– 피커스 커크패트릭

많은 분량을 읽고[1] 여기까지 온 독자들에게 축하의 말을 전한다! 이제 이 모든 내용을 종합해 질문에 대답하려고 한다. 안드로이드는 어떻게 성공했는가? 주어진 모든 요인을 고려해 볼 때 실패할 수도 있었다. 그리고 같은 시기 스마트폰 분야에서 경쟁한 다른 많은 회사와 플랫폼도 같은 일을 했는데 왜 안드로이드일까? 여느 성공한 프로젝트처럼 기여한 요소가 많았다. 그러나 그 모든 건 팀에서 시작됐다.

---

1 잠깐, 독자들이 건너뛰지 않았기를 바란다. 건너뛰었다면 앞으로 되돌아가 다시 읽기를 권한다.
   독자들이 결론을 미리 알아 버리는 게 좋은 것 같지는 않다.

48

팀

"우리가 늘 정말 자랑스럽게 생각한 건, 애플이 뒤에서 어른거리
긴 했지만, 우리가 빨랐다는 점이에요. 팀의 속도는 내가 어디에
서도 보지 못한 것이었어요. 이전에도 이후에도요."
– 조 오노라토

안드로이드 팀은 처음부터 필요한 것을 만들 수 있는 알맞은 기술과
추진력을 지닌 사람들로 구성됐다. 안드로이드에 필요한 애플리케이
션, 서비스, 인프라스트럭처와 함께 전체 플랫폼을 만드는 일은 거대
한 작업이었고 플랫폼이 동작하도록 열심히 일할 수 있는 사람들의
부단한 노력이 요구됐다.

  안드로이드는 큰 팀은 아니었지만 알맞은 팀이었다.

알맞은 경험

팀 대부분은 딱 알맞은 경험을 했는데 덕분에 개발이 잘되어 나갔다.
비, 데인저, 팜소스, 웹티비, 마이크로소프트 같은 회사에서 관련된
플랫폼과 모바일 프로젝트를 해 본 덕분에 팀원들은 딱 알맞은 분야

의 기술적 기초를 쌓게 됐고 안드로이드에서 제시된 비슷한 문제에 접근하는 방식을 알고 있었다.

알맞은 태도

안드로이드 팀은 1.0에 다가서면서 인원이 늘어났지만 첫 출시 때에도 약 100명 규모밖에 되지 않았다. 이는 모두가 제품을 출시하려고 해야 할 일보다 더 많은 일을 하고 있었음을 의미했다. 그러나 사람들은 작업을 진전시키기 위해 해야 하는 일을 했는데 개인이 큰 영역의 기능을 맡기도 했고 도움이 필요한 곳이 있으면 여러 영역에 걸쳐 일하기도 했다. 초기에는 모두가 미친 듯이 열심히 일하도록 밀어붙인 스타트업 환경과 결합되어 있는 데다, 팀은 안드로이드를 바닥부터 개발할 수 있었고 탄탄한 플랫폼과 기기를 제때 선보여 초기 스마트폰 산업에서 유의미한 제품이 될 수 있었다.

알맞은 크기

팀 크기가 작다는 것은 프로젝트를 끝내기 위해 모두가 엄청나게 열심히 일해야 함을 의미했지만 더 효율적이 되어야 한다는 뜻이기도 했다.

피커스는 1.0이 나오고 나서 몇 년 후 플레이 스토어 팀을 이끌기 시작하면서 브라이언 스웨트랜드와 이야기를 나누었다.

"내 팀이 얼마나 큰지 그가 물어봤어요. 나는 300명이라고 대답했죠. 그의 눈이 휘둥그레지더니 '300명이면 안드로이드를 새로 만들 수 있겠네요!'라고 했어요.

내가 말했어요. '아뇨. 300명으로는 안 돼요. 20명이 필요해요.' 그 렇게 큰 팀이 잘 운영될지 여부는 기본적으로 합의를 이룬 개인들이 코드와 실천법을 어떻게 구축했느냐에 달려 있어요. 초기에 의사소 통과 조정이 …, 아무튼 큰 팀으로 시작하면 시간을 전부 토론하는 데 쓰고 말 거예요."

알맞은 리더십

훌륭한 팀은 훌륭한 리더십 덕분에 모두가 하나로 뭉쳐서 전진한다. 안드로이드 리더십의 한 가지 양상은 구글이라는 큰 모선母船 내에서 안드로이드를 보호해 스타트업처럼 운영되도록 한 것이었다. 또 다 른 양상은 그룹이 아닌 한 사람이 결정을 내렸다는 점이었다.

산 메핫이 말했다.

"애플처럼 몽상 종자visionary asshole 유형의 사람이 있다는 게 정말 도 움이 됐어요. 한 사람이요. 위원회가 아니라요. 다섯 사람도 아니죠. 한 사람이 '이게 내가 원하는 방식이고 가야 할 방향이고 그 외에는 상관없어요'라고 말하는 거죠.

한 사람이 위에서 이런 결정을 내리면 팀과 제품은 목표를 향해 계 속 전진하게 됩니다. 그게 결정이고 설사 옳지 않은 결정이라고 해도 결정이 내려졌으면 앞으로 나아가야죠. 움직이지 않는다면 조종할 수 없어요."

49

결정

좋은 팀은 좋은 결정을 내린다. 건고한 기술과 사업 결정은 안드로이드가 성공적으로 출시되어 확실히 성장하는 데 도움이 됐고 그에 따라 제조사, 개발자, 사용자가 그 잠재력을 깨달을 수 있었다.

기술: 팬을 만들어 낸 기능

대부분의 안드로이드 기술은 어느 스마트폰에나 필요한 기본적인 기술이다. 이를테면 데이터와 무선 기능이 탑재된 기기에 브라우저, 이메일, 지도, 메시지 애플리케이션이 추가되는 식이다. 이 기능들은 안드로이드의 성장 요인이 아니었고 플랫폼이 유의미해지려면 있어야 하는 체크박스 항목 같은 것이었다.

그러나 안드로이드에 고유한 기술들도 있었는데 이 기술들은 개발자와 사용자 양쪽으로 충실한 팬 기반을 만드는 데 도움이 됐다. 그 기술들은 처음부터 플랫폼에 내장되어 안드로이드를 다른 스마트폰 플랫폼과 구분하는 특징이 됐다.

• 알림: 안드로이드의 알림 시스템은 전체 시스템이 맞물려 돌아가

도록 하는 데 도움이 됐다. 애플리케이션이 기반 시스템과 연동되어 사용자가 알고 싶어 하는 정보를 사용자에게 전달할 수 있었다.

- 멀티태스킹: 뒤로 가기와 최근 버튼 같은 사용자 인터페이스 요소로 사용자가 애플리케이션들을 쉽고 빠르게 전환할 수 있게 한 기능은, 사람들이 원하는 작업을 하기 위해 여러 앱을 지속적으로 사용하는 모바일 컴퓨팅의 새로운 원동력을 예견했다.

- 보안: 처음부터 팀은 모바일 앱이 데스크톱 앱과 근본적으로 다름을 깨닫고 애플리케이션을 서로 격리하는 시스템을 구축했다. 보안은 시간이 갈수록 더 중요해졌는데 안드로이드는 처음부터 커널과 하드웨어라는 가장 낮은 레이어까지 그 토대를 제공했다.

- 크기: 팀은 애플리케이션이 서로 다른 화면 크기와 밀도에 맞게 조정될 수 있도록 만들었는데 온갖 크기의 기기에서 이 기능을 사용할 수 있다는 게 매우 중요하다는 점이 증명됐고 그 덕분에 애플리케이션도 잘 동작했다.

도구: 앱 생태계를 만들다

아이폰과 안드로이드 이전에도 모바일 기기용 서드 파티 애플리케이션은 있었다. 그러나 당시 앱은 사람들이 스마트폰을 사는 진짜 이유가 아니었다. 그리고 앱은 사용자의 기기 사용 시간에서 큰 비중을 차지하지 못했다. 대신 스마트폰에는 대부분의 요구를 처리하는 내장 애플리케이션이 딸려 왔다. 내장 앱으로 전화 통화를 하거나 이메일, 메시지를 확인하거나 웹을 브라우징할(제한된 방법으로) 수 있었다.

그러나 일단 사람들이 스마트폰을 사용하기 시작하자 할 수 있는 게 많았는데 기기 회사가 자사 앱으로 제공할 수 있는 것보다 많았다. 그래서 구글이 제공하는 지메일, 지도, 브라우저, 메시지 앱이 초기 안드로이드 시스템에서 매우 중요했지만 외부 개발자에게 문을 여는 것이 더 중요해졌다. 안드로이드는 개발자들이 자신만의 애플리케이션을 작성하고 제공할 수 있도록 해서 사용자들이 단지 구글 제공 앱으로 할 수 있는 일보다 더 많은 걸 할 수 있는 풍부한 생태계를 만들도록 도왔다.

이 앱 생태계를 활성화하는 건 플랫폼에 아주 중요했다. 시장에 들어가려고 하는데 풍부한 앱 선택을 제공하지는 못하는 플랫폼은 이제 기회가 없다. 팀은 이러한 애플리케이션과 전체 애플리케이션 생태계가 존재할 수 있도록 풍부한 기능을 갖춘 도구들을 개발자들에게 제공했다.

- 언어: 자바 프로그래밍 언어를 선택함으로써 새로 시작하는 안드로이드 개발자들이 기존 기술을 이 새 플랫폼으로 가져올 수 있었다.
- API: 안드로이드는 처음부터 단지 안드로이드 팀만이 아니라 모든 개발자를 위한 플랫폼으로 만들어졌다. 핵심 시스템 기능에 접근할 수 있는 개발자용 공개 API를 제공한 것은 강력한 애플리케이션을 개발하는 데 아주 중요했다.
- SDK: API만으로 애플리케이션을 개발할 수는 있지만 어렵다. 문서, 통합 개발 환경, 프로그래머를 위한 수많은 전문화된 도구가 추가됨으로써 자신만의 애플리케이션을 만들고 싶어 하는 많은 개발자가 안드로이드 애플리케이션을 개발할 수 있게 됐다.

- 안드로이드 마켓: 개발자는 자신의 애플리케이션을 팔고 사용자는 아주 많은 앱을 찾을 수 있는 중앙화된 상점을 만들어서 오늘날 모두가 사용하는 거대한 앱 생태계에 활기를 불어넣었다.

사업: 기기 생태계를 만들다

안드로이드는 처음부터 구글 폰을 만드는 시스템이 아니라 다른 회사들이 자사 제품을 만드는 데 사용할 수 있는 공개 플랫폼을 의도했다. 이처럼 안드로이드가 산업 전반에 채택될 수 있었던 데는 몇 가지 핵심 결정과 새로운 계획이 있었다.

- 오픈 소스: 안드로이드 이전에 기기 제조사의 선택지라고는 플랫폼을 직접 만들거나 상당한 비용을 내고 라이선스를 받거나 기존의 불완전한 솔루션들을 대충 꿰맞추는 것이었다. 안드로이드는 대안이 절실히 필요했던 제조사들에 강력하고 자유롭고 열린 선택지를 제공했다.
- OHA: 협력사들을 모아 OHA를 구성함으로써 전체 생태계를 이루려면 안드로이드가 어떻게 되어야 하는지에 대해 단일한 비전을 제공했다. 처음에는 안드로이드 사용자도 없었고 기기도 몇 대 되지 않았다. 그래서 이해관계가 다르고 경쟁하는 회사들이 모여 비전을 공유하는 것은 그들 모두가 오기를 바라는 미래를 확고히 하는 데 중요했다.
- 호환성: 다양한 생태계에서 안드로이드가 잘 돌아갈 수 있었던 핵심 요소 한 가지는 구현의 호환성이었는데, 이 덕분에 개발자들은

과도하게 많은 기기를 위해 앱을 재작성하는 게 아니라 어디에서나 동작하는 앱을 작성할 수 있었다. 이 문제를 풀기 위해 안드로이드 팀은 제조사에 호환성 테스트 모음을 제공해 모든 새 기기에 호환되는 구현을 제공할 수 있도록 보장했다.

- 협력 관계: 다양한 협력사와 관계를 확립하고 그들을 안드로이드 커뮤니티로 끌어들이는 것은 아주 중요했다. 플랫폼 제공이 그중 하나였다. 그러나 안드로이드가 성공할 원동력을 확고히 다지려면 제조사 기기에서 플랫폼이 잘 돌아가도록 도와야 했다. 안드로이드 팀은 새 기기에서 플랫폼이 잘 돌아가도록 협력사와 긴밀하게 일하면서 시장에 기기를 공급할 경로를 구축했고 전 세계에 걸쳐 제조사의 안드로이드 폰이 판매될 거대한 시장을 확립했다.

인수: 확고한 토대를 구축하다

안드로이드가 신출내기 스타트업이었을 때 선택권이 있었다. 그들이 확보한 벤처 자금으로 계속 독립된 회사로 남느냐 아니면 구글에 합병되느냐 하는 것이었다. 그들은 독자적으로 일하는 것보다 더 큰 회사 내에서 안드로이드의 비전을 이룰 더 나은 기회가 있다고 판단하고 구글에 합병되는 걸 선택했다.

안드로이드가 구글 내에서 개발됐다는 사실은 그 성장에서 의심할 여지없이 중요한 요인이다. 우선 구글은 자금이 두둑해서 바닥부터 만들기보다 타당하다면 기술을 사들일 수 있는 재정을 지원받기 쉬웠다. 그러나 안드로이드의 성취는 단지 구글의 돈과 자원에 접근할 수 있었기 때문이 아니었다. 어쨌든 같은 시기에 모바일 분야에서 노력했지만 실적을 내지 못한 대기업도 많았다.

구글에서 안드로이드가 잘됐던 측면 한 가지는 자율성이었다. 회사의 나머지 부서와 분리됨으로써 팀은 안드로이드가 초기에 첫 제품을 출시하는 데 필요하다고 느꼈던 스타트업의 역동성을 유지할수 있었다. 동시에 구글의 일부가 됨으로써 안드로이드는 스타트업회사였을 때보다 협력사들을 더 활용할 수 있었다.

한편 구글은 안드로이드가 성장하는 데 꼭 필요한 기술적 인프라스트럭처를 가지고 있었다. 서비스 팀이 구글 앱을 백엔드 서버와 연결하는 데 적합한 경험을 가지고 있었을 뿐 아니라 팀은 그들이 필요할 때 확장할 수 있는 인프라스트럭처에 의지하는 이점도 활용했다. 유튜브의 극한적인 네트워크 요구 사항을 처리할 수 있는 노하우를 이용해, 안드로이드 팀은 처음에는 작았지만 빠르게 늘어나는 사용자 기반을 위한 무선 업데이트를 처리할 수 있었다.

50

시기[1]

"알맞은 때에 알맞은 제품이었죠."
- 캐리 클라크

"우리는 적당한 때에 적당한 위치에 있었어요."
- 마이크 클러론

"어느 정도는 적당한 때에 적당한 위치에 있었으니까요."
- 더크 도허티

"알맞은 때, 알맞은 기회에 나온 알맞은 제품이었어요."
- 마이크 플레밍

"알맞은 때에 나온 알맞은 제품이요."
- 라이언 PC 깁슨

"우리는 알맞은 때에 알맞은 위치에 있었어요."
- 호만 기

---

1 모든 인용문은 서로 다른 개별적인 대화에서 가져온 것이다. 나는 인터뷰한 모든 사람에게 모든 일이 결국 잘된 이유가 무엇이라고 생각하는지 물었다. 사람들은 서로 다른 이유를 들었지만 특정한 요인에 대해서는 확실히 의견 일치를 보였다.

"아키텍처와는 전혀 관계가 없어요. 알맞은 때, 알맞은 상황에 나온 거죠."
— 다이앤 핵본

"알맞은 때, 알맞은 기회였죠."
— 에드 헤일

"알맞은 때에 나온 알맞은 제품이요."
— 스티브 호로위츠

"우리 모두 이러한 성공이 일정 정도는 적당한 때에 적당한 기회 속에서 이뤄졌음을 인정해야 해요."
— 피커스 커크패트릭

"알맞은 때, 알맞은 기회였어요."
— 히로시 로카이머

"안드로이드가 알맞은 때 나온 거죠."
— 에번 밀러

"알맞은 때, 알맞은 기회요."
— 리치 마이너

"스마트폰 운영 체제를 완성하기 알맞은 때였죠."
— 닉 펠리

"기회요. 알맞은 때에 알맞은 위치에서 이뤄졌어요. 경쟁자가 많았지만요."

– 데이비드 터너

"관련이 가장 큰 건 시기죠. 우리는 알맞은 때, 알맞은 위치에 있었어요."

– 제프 액식

시기timing가 가장 중요하다. 이는 코미디뿐 아니라 삶 전반에도 적용되고 안드로이드의 성공에도 확실히 적용된다. 안드로이드에 있어서도 흥미로운 모바일 플랫폼(당시에도 몇 가지가 있었다)이 되는 것과 현재 전 세계적으로 30억 대가 넘는 기기에서 실행되는 운영 체제가 되는 것은 달랐다.

안드로이드의 시기에 관해서는 여러 측면이 있다. 하드웨어가 나왔을 때 팀이 얼마나 빨리 1.0을 출시하고 업데이트 릴리스를 전달할 수 있느냐 하는 것과 새 기기 폼 팩터에 얼마나 빨리 대응하느냐 하는 것 등이었다. 그러나 시기의 가장 중요한 요소는 한 단어로 요약할 수 있다. 바로 경쟁이다.

경쟁과 협력

아이폰 발표 후 제조사들은 발전하는 스마트폰 시장에서 경쟁하기 위해 자사 제품에 터치스크린을 제공하는 게 절실했다. 아이폰은 닫힌 생태계여서 다른 회사들은 강력한 시스템을 스스로 만들어야 했다. 그러나 누구도 그 일을 할 좋은 위치에 있지 않았다. 그러는 동안 안드로이드가 서로 다른 기기와 요구 사항(예를 들어 터치스크린)을 지원할 수 있는 플랫폼을 개발했다.

시기가 딱 맞아서 이 회사들은 안드로이드와 협력했고 오픈 소스 플랫폼을 사용해 자사의 스마트폰 기기를 만들었다.

모바일 하드웨어

알맞은 시기에 하드웨어 기능과 성능이 갖춰졌다. CPU, GPU, 메모리, 디스플레이 기술이 한데 모여 좀 더 강력한 스마트폰을 만들 수 있었다. 하드웨어 성능이 이렇게 향상된 덕분에 새로운 종류의 스마트폰이 나올 수 있었을 뿐 아니라 완전히 새로운 틈새 컴퓨팅 하드웨어가 나타났고, 오래된 PC 세계의 견고했던 기존 회사들의 결속을 깨뜨릴 수 있었다.

채용

시기는 첫 팀을 구성하는 데도 영향을 미쳤다. 안드로이드는 팜소스, 데인저, 마이크로소프트 같은 회사에서 운영 체제를 개발했던 핵심 그룹 사람들이 이직을 하려고 하거나 새로운 프로젝트를 갈망할 때 꾸려졌다. 이 모든 사람이 같은 시기에 합류했다는 사실은 관련된 경험을 했을 뿐 아니라 이미 함께 일해 봐서 팀 역동을 구축하는 데 시간을 쓸 필요가 없는 사람들이 안드로이드 개발에 시동을 걸었음을 의미했다. 그들은 그냥 일을 시작하기만 하면 됐다.

실행

시기에 관한 마지막 내용은 팀이 주어진 기회를 이용할 만큼 빨랐다는 점이다. 우선 팀은 아이폰이 발표됐을 때 괜찮은 곳(구글)에서 핵심 안드로이드 플랫폼을 구축할 수 있었다. 그래서 경쟁 솔루션이 얼른 필요한 제조사들을 위해 준비할 수 있었다. 또한 팀은 실행 가능한 다른 해법이 나오기 전에 1.0과 G1을 출시했으면서도 터치스크린이라는 새로운 현실에 대응하기 위해 전환할 수 있었다.

스마트폰을 가능하게 한 하드웨어 성능 그리고 아이폰이 업계를 강타해 새 기기와 경쟁할 방법을 찾도록 한 유례 없는 영향이 특별하게 결합되지 않았다면, 안드로이드는 발판을 찾지 못하고 모바일 기기 역사의 변두리에 버려진 수많은 실패 중 하나가 됐을지도 모른다. 그러나 그 대신 안드로이드는 적절한 시기에 전 세계 제조사가 자사의 스마트폰을 출시할 수 있는 실행 가능한 대안이 될 수 있었고 오늘날 우리가 아는 안드로이드 생태계가 가능해졌다.

51

성공! 우리는 아직 괜찮다!

"우리는 동작 중인 기기 20억 대에 도달했고 '완수했다'고 생각할 수도 있을 것 같아요. 그런데요, 경쟁이란 건 절대 끝나지 않아요. 가차 없죠. 날마다 우리는 경쟁하고 있어요. 끝났다는 느낌이 절대 들지 않죠. 그게 내가 여전히 여기 있는 이유에요."

– 히로시 로카이머

이 책의 원래 전제는 '안드로이드가 성공한 이유는 무엇인가?'라는 질문에 답하려는 것이었다.

그러나 '성공'은 사실 정확한 낱말이 아니고 정확한 개념도 아니다. 어느 프로젝트에서나 성공은 절대 보장되지 않는다. 어떤 순간에 뭔가가 아무리 대단해 보여도 상관없다. 기술 세계에서는 더 그렇다. 하드웨어, 소프트웨어, 유행, 소비자 관심, 수많은 것이 변화하며 성공적으로 보이는 제품을 거의 하룻밤 사이에 진부한 제품의 싱크홀로 밀어 넣는다. 현장에서는 많은 게 너무 빨리 바뀌어서 결코 '해냈어!'라고 느끼기보다는 어깨 너머로 여러분 뒤의 누군가가 여러분을 얼마나 빨리 따라잡을지 보면서 다소 불안해 하며 '우리 아직 괜찮아!'라고 하거나 좀 더 의심스러워하며 '우리 아직 괜찮나?' 하게 마련이다.

안드로이드의 경우 플랫폼이 지난 수년간 계속해서 존재하고 개선될 수 있도록 제조사, 통신 회사, 개발자, 사용자와 더불어 충분한 견인력을 얻었다. 그리고 첨단 기술 분야에서는 그 정도면 거의 최고다.

부록

맹장(appendix):

제거해도 인체에 해를 끼치거나 인체가 전혀 알아차리지 못하는 내장.
잠재적으로 심각한 위험을 일으킬 수 있는데 그때는 제거해야 한다.
그 외 경우에는 무시해도 무방하다.[1]

---

1 (옮긴이) 영어 appendix에는 '부록'과 '맹장'이라는 두 가지 의미가 있다.

A

용어 해설

이 책을 쓸 때 기술적인 세부 내용을 좋아하는 엔지니어를 위한 기술 서적은 결코 의도하지 않았다. 그 대신 사업과 기술의 급부상 그리고 그 노력 뒤에 숨은 사람들에 관심 있는 모두를 위한 책을 쓰려고 했다.

그러나 내가 만난 사람들은 그러한 결과를 이끌어 낸 코드를 작성했고 매우 기술적인 것들을 만들었다. 그래서 때때로 기술 용어가 만연하는 데서 길을 잃지 않기가 어려웠다. 예를 들어 피커스 커크패트릭이 저수준 시스템에서 드라이버 개발하는 걸 즐겼다거나 브라이언 스웨트랜드가 데인저와 안드로이드에서 커널을 개발했다거나 비와 팜소스에서 엔지니어들이 소프트웨어 개발자를 위한 플랫폼과 API를 만들었다거나 하는 것들을 설명할 때 독자 중 엔지니어가 아닌 사람들이 헷갈리거나 헤맬지도 모르는 용어를 사용할 수밖에 없었다.

기술적인 잡음을 최소한으로 유지하려고 많은 기술적인 설명을 이 부록으로 밀어 넣었다. 이 짧은 부록이 핵심 용어 그리고 더욱 중요한 내용인 시스템의 서로 다른 부분이 관련을 맺는 방식을 설명하는 데 도움이 되기를 바란다.

시스템 개요

내가 속한 산업에서는 플랫폼 소프트웨어에 대해 토론할 때 '레이어 케이크 다이어그램'이라고 부르는 것을 화이트보드에 그리는 게 일반적인데 이를 통해 다양한 시스템 구성 요소 간의 관계를 보여 준다. 이 다이어그램은 대개 구성 요소를 위에서부터 나열해 아래쪽에는 하드웨어가 위치한다. 다이어그램의 위쪽에서는 사용자와 상호 작용하는 부분을, 아래쪽에서는 하드웨어와 직접 통신하는 구성 요소를 보게 된다. 그 사이에 있는 모든 부분은 엔지니어가 작성한 소프트웨어 레이어로 고수준 사용자 동작(예: 버튼 클릭)부터 하드웨어(예: 버튼을 눌린 상태로 표시하기, 애플리케이션 실행하기, 핵무기 발사 등 뭐든지)까지 처리한다.

다음은 안드로이드 운영 체제를 그린 매우 단순한 다이어그램이다.

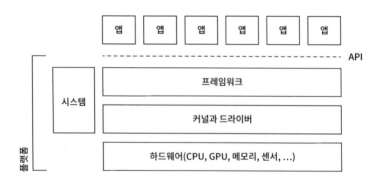

여기에 실제로 안드로이드에 고유한 것은 없다. 이는 대다수 운영 체제의 매우 전형적인 뷰다. 안드로이드에는 다른 곳에서 설명했듯이 고유한 요소가 분명히 있다. 그러나 대체로 안드로이드 플랫폼은 대부분의 다른 운영 체제와 비슷하다.

위에서부터 아래로 다이어그램을 살펴보며 이 부분들이 무엇이고 어떻게 함께 작동하는지 이야기해 보자.

앱

안드로이드 앱은 사용자가 마주하는 주된 입구 기능을 한다. 사용자는 아이콘을 눌러 앱을 실행하고 버튼, 목록, 앱 내 다른 부분과 상호 작용하고 앱에 들어 있는 링크를 클릭해 다른 앱을 실행하는 식이다. 이런 식으로 사용자는 기본적으로 앱과 직접 상호 작용하는데, 반면 플랫폼 기능에는 이러한 앱이 노출한 부분을 통해서만 간접적으로 접근할 수 있다.

시스템이 제공하는 홈 화면, 내비게이션 바, 상태 바, 잠금 화면 기능도 모두 앱으로 간주된다는 점에 주의하라. 이 기능들은 플랫폼(안드로이드 자체 또는 몇몇 경우 삼성 같은 제조사에서 제공하는 자체 시스템 앱)에서 제공되지만 여전히 그냥 앱이다.

API

API Application Programming Interface는 애플리케이션과 상호 작용하는 플랫폼 기능의 일부분이다. 플랫폼 API는 함수, 변수, 기타 코드 부분인데 플랫폼에서 공개적으로 제공하는 부분이다. 예를 들어 애플리케이션이 제곱근을 계산해야 한다면 플랫폼에서 제공하는 제곱근 API 함수를 호출할 수 있다. 또는 애플리케이션이 사용자에게 버튼을 보여 주고 싶다면 버튼 API를 사용해 기능과 모양을 처리할 수 있다.

API는 플랫폼에서 빙산의 일각이다. 안드로이드에는 수천 개의 API가 있지만 그것들은 플랫폼 기능의 진입점일 뿐이고 플랫폼 기능 대부분은 그러한 API들을 구현한 코드에 들어가 있다. 그래서 예를 들어 애플리케이션은 API 함수를 호출해 버튼을 만들지만 내부적으로 플랫폼은 버튼이 필요로 하는 모든 세부 사항을 충족시키기 위해 많은 작업을 한다(버튼을 표시하는 방법, 화면에서 클릭 이벤트를 처리하는 방법, 버튼 레이블에 텍스트를 그리는 방법 등).

프레임워크

프레임워크는 공개 API를 통해 노출된 모든 기능을 처리하는 시스템 소프트웨어의 거대한 레이어다. 즉, 프레임워크는 API뿐 아니라 해당 API 구현을 모두 담당한다. 이전 예에서 언급한 버튼 기능이 있는 곳이 바로 프레임워크다. 프레임워크는 위치 서비스, 데이터 저장, 전화, 그래픽, 사용자 인터페이스 등 전체 플랫폼이 할 수 있는 모든 걸 아우른다. 안드로이드용 사용자 인터페이스 툴킷은 사용자 인터페이스 API와 구현에 특화된 프레임워크 기능의 부분 집합이다.

시스템

다이어그램에서 시스템 부분은 애플리케이션에서 직접 접근할 수 없지만 전반적인 기기 기능을 담당하는 소프트웨어를 나타낸다. 예를 들어 안드로이드에는 창 관리자가 있는데 자체적인 창에 애플리케이션을 표시하고 서로 다른 애플리케이션이 실행됐을 때 이 창들 사이를 오가는 역할을 담당한다. 또한 시스템은 좀 더 최근에 사용된 애플리케이션에서 필요한 메모리를 쓸 수 있도록 최근에 사용되지 않은 애플리케이션을 죽여서 메모리 부족 상황을 처리하는 서비스도 실행한다. 이 모든 게 사용자를 대신해 간접적으로 실행되고 있다.

시스템은 필요한 프레임워크 기능을 위해 공개 API를 호출하지만 시스템이 프레임워크 함수를 직접 호출할 수도 있다(다이어그램에서 API 레이어 위가 아니라 옆에 그려진 이유다).

커널

장치 드라이버가 들어 있는 커널은 기기에서 실행되는 가장 낮은 수준의 소프트웨어다. 커널은 전체적인 시스템에서 필요한 기기의 필수적인 기능을 처리한다. 예를 들어 각 애플리케이션은 프로세스로 실행된다. 기기에서 실행되는 많은 프로세스를 관리하는(서로 격리하고 CPU에서 실행되는 시간을 스케줄링하는) 것은 커널의 책임이다. 커널은 또한 시스템에 드라이버를 불러들여 실행한다. 우리가 지금까지 이야기한 모든 소프트웨어는 어느 기기에서나 일반적이지만 드라이버는 특정 하드웨어에 특화되어 있다. 예를 들어 버튼 클릭을 받기 위해 화면 터치 동작을 터치가 일어난 위치에 대한 정보로 바꾸는 하드웨어가 있다. 커널에는 그 일을 하는 드라이버가 있어서 하드웨어 고유 데이터로부터 나온 정보를 프레임워크에서 처리할 수 있는 이벤트로 보낸다. 마찬가지로 기기가 가지고 있는 저장 장치, 센서, 디스플레이, 카메라, 기타 하드웨어용 드라이버가 있다. 커널은 기기가 부팅될 때 이러한 드라이버들을 불러들이고 필요할 때 드라이버를 통해 하드웨어와 통신한다.

플랫폼

마지막으로 애플리케이션을 제외한 모든 걸 아우르기 위해 나는 플랫폼이라는 용어를 사용한다. 이는 포괄적인 용어로 안드로이드가 애플리케이션 개발자와 사용자에게 제공하는 모든 걸 일컫는 데 광범위하게 사용했다. 안드로이드용 플랫폼 소프트웨어는 개발자가 애플리케이션을 작성할 수 있도록 제공하는 모든 기능뿐 아니라 사용자에게 기본적인 사용자 인터페이스와 기능을 보여 주기 위해 기기에서 전반적으로 필요한 모든 것이다. 그래서 내가 안드로이드 플랫폼 팀에 대해 이야기할 때는 기본적으로 애플리케이션을 제외한 모든 일을 한 사람들, 즉 커널, 프레임워크, 시스템 소프트웨어, API 작업을 한 엔니지어들을 가리킨다.

기타 개발자 용어들

앞서 나온 다이어그램에 딱 들어가는 것들 외에도 이 책에서 사용한 기술 용어 중에서 설명해야 할 것이 몇 가지 있다. 틀림없이 내가 놓친 용어도 있을 것이다. 내가 무심코 빼먹은 용어를 독자들이 쉽게 찾을 수 있게 해 주는 인터넷 '검색 엔진' 기능이 있으면 좋을 텐데.

변경 목록

변경 목록CL은 버그 수정, 새 기능 구현, 문서 갱신 등에 필요한 코드 변경을 가리킨다. 변경 목록은 한 줄짜리 수정처럼 작은 것도 될 수 있고, 새 API와 기능을 구현하는 수천 줄짜리 코드처럼 큰 것도 될 수 있다. 동료 개발자들은 전자를 더 좋아하는데 한 줄짜리가 검토하고 승인하기 쉽기 때문이다. 모두가 자신의 수정 사항과 기능을 전달하느라 이미 바쁜데 1만 줄짜리 변경 목록을 검토해 달라고 팀에 압력을 넣는 개발자에게 화禍 있을진저!

변경 목록은 구글 엔지니어링에서 주로 쓰는 용어가 분명하다. 다른 소프트웨어 시스템에서는 같은 의미로 패치나 PRPull Request 같은 용어를 사용한다.

에뮬레이터

에뮬레이터는 하드웨어 기기를 흉내 내는 소프트웨어 프로그램이다. 개발자들은 자신들이 애플리케이션을 작성하는 데 사용하는 호스트 컴퓨터에서 프로그램을 쉽게 실행하고 테스트하기 위해 에뮬레이터를 사용한다(특히 안드로이드 에뮬레이터를 사용한다). 앱을 테스트하는 데 물리적 기기가 필요하지 않고(그리고 아마도 재컴파일할 때마다 기기로 프로그램을 다운로드하느라 생기는 지연 때문에 괴로움을 겪지 않고) 강력한 데스크톱 컴퓨터에서 가상 기기를 실행하기만 하면 된다.

에뮬레이터와 시뮬레이터는 차이가 있다. 에뮬레이터는 진짜 기기에서 일어나는 모든 걸 실제로 흉내 내는데 CPU와 그 위에서 실행되는 명령까지 흉내 낸다. 시뮬레이터는 기기의 모든 걸 번거롭게 흉내 내지 않기 때문에 대체로 더 단순한(그리고 더 빠른) 프로그램이지만 기본적으로 기기처럼 동작하는 데는 충분하다. 시뮬레이터는 프로그램의 기본 기능을 테스트하는 데는 괜찮지만 중요한 세부 동작(이를테면 하드웨어 센서 동작)이 빠져 있어서 개발자가 현실 세계의 실제 기능을 검증하는 데는 에뮬레이터나 진짜 기기를 사용하는 편이 더 낫다. 안드로이드는 아주 초기에 시뮬레이터를 갖고 있었지만 유지 보수를 중단하고 에뮬레이터만 사용하는 것으로 바꾸었다.

통합 개발 환경

통합 개발 환경은 프로그래머가 애플리케이션을 작성하고 빌드하고 실행하고 디버그하고 테스트하는 데 사용하는 도구 모음이다. 여기 에는 텍스트 편집기(대개 프로그래머가 사용하는 언어를 인식하고 그 언어로 작성된 코드의 형식을 맞추고 문법을 강조하며 코드 완성 과 링크 같은 다른 기능도 제공한다)뿐 아니라 애플리케이션을 빌드 하는 데 필요한 컴파일러가 포함된다. 예를 들어 안드로이드 스튜디 오(안드로이드 팀에서 개발자들에게 제공하는 통합 개발 환경)에는 많은 도구 모음이 들어 있는데 거기엔 다양한 편집기(자바, XML, C, C++), 코드를 안드로이드 애플리케이션으로 빌드하는 컴파일러, 기 기에서 실행되는 프로그램을 단계별로 살펴보는 디버거, 성능을 분 석하고 메모리 사용량을 모니터링하고 사용자 인터페이스 애셋을 구 축하는 데 필요한 기타 특수 유틸리티들이 있다.

자바 ME 또는 J2ME

자바 ME(안드로이드 개발 초기에는 J2ME[1])는 자바 플랫폼 마이크로 에디션의 줄임말로 초기 모바일 기기용 소프트웨어 플랫폼이다. 자 바 ME는 자바 프로그래밍 언어를 사용했고 애플리케이션 개발자가

---

1 자바 2 플랫폼 마이크로 에디션이다. 자바 2에서 자바로 이름이 바뀐 건 회사(썬) 내부에 서도 혼란을 일으켰고 그건 그런 이름을 만든 회사에 책임이 있다.

모바일 기기용 앱을 작성하는 데 필요한 기능을 제공했다.

J2ME는 개발자들이 절실히 원했던 것을 모바일 세상에 제공하겠다고 약속했다. 바로 서로 다른 기기에서 동작하는 애플리케이션을 작성할 수 있는 공통 플랫폼이었다. 이는 엄청나게 다른 하드웨어에 맞게 앱을 재조정하는 작업과는 반대되는 것이었다.

하지만 데스크톱 또는 서버 버전 자바와 달리 자바 ME는 프로파일이라는 다양한 버전을 제시했는데 이는 어떤 기기에서 동작하는 자바 ME 특정 구현의 기능이 또 다른 기기와는 맞지 않을 수 있음을 의미했다. 그래서 자바 ME 개발자들은 결국 기기 다양성 문제에 대처해야 했다.

OEM

OEMOriginal Equipment Manufacturer은 실제 하드웨어를 만드는 회사다.

객체 지향 프로그래밍: 클래스, 필드, 메서드

안드로이드 플랫폼과 애플리케이션을 작성하는 데 사용한 소프트웨어는 객체 지향 프로그래밍이라는 접근 방식을 이용한다. 자바, C++, 코틀린 등을 비롯해 대부분의 대중적이고 현대적인 언어는 비슷한 접근 방식을 사용한다. 객체 지향 프로그래밍 시스템에는 '클래스'라는 기능 블록이 있는데 특정한 일을 하는 API를 제공한다. 예를 들어 안드로이드에는 텍스트 문자열 작업을 수행하는 String 클래스가 있다.

각 클래스에는 필드 또는 프로퍼티가 있는데 값을 담고 있다. 예를 들어 String 객체는 "I want a sandwich." 같은 텍스트 문자열로 된 값을 담고 있을 수 있다.

각 클래스에는 또한 그 클래스에 관한 작업을 수행하는(잠정적으로 다른 클래스에서도 할 수 있다) 메서드 또는 함수가 있다. 예를 들어 안드로이드의 String 클래스에는 toUpperCase()라는 메서드가 있는데 이 메서드는 이름 그대로의 작업을 한다. 그래서 앞서 나온 sandwich 문자열을 toUpperCase()로 호출하면 "I WANT A SAND WICH."라는 값을 반환한다.

다양한 메서드와 필드가 있는 클래스들을 묶어서 라이브러리를 만들 수 있다. 그 라이브러리에 있는 클래스, 필드, 메서드는 그 라이브러리의 API를 나타내는데 애플리케이션(또는 다른 라이브러리)에서 그 라이브러리의 API가 제공하는 작업을 수행하기 위해 그 코드를 호출할 수 있다.

SDK

SDKSoftware Development Kit에는 프로그래머가 주어진 플랫폼용으로 프로그램을 작성하는 데 필요한 것들이 들어 있다. 여기에는 플랫폼 기능을 수행하기 위해 호출할 수 있는 API뿐 아니라 그 API를 구현한 라이브러리도 포함되어 있다. SDK를 사용해 프로그래머는 애플리케이션을 작성할 수 있다. 그리고 나서 도구들(대개 SDK에서 제공하는)을 사용해 애플리케이션을 빌드한다(플랫폼을 실행하는 기기에서 이해할 수 있는 형태로 컴파일한다). 마지막으로 컴파일한 애플리케이션과 호환되는 기기(또는 에뮬레이터)에서 프로그램을 실행하거나 디버그할 수 있다.

툴킷

툴킷은 의미와 용법이 프레임워크, 라이브러리, API와 겹친다. 대개 툴킷은 사용자 인터페이스 구성 요소에 특화된 프레임워크를 의미한다. 안드로이드에서 툴킷은 사용자 인터페이스 툴킷 또는 안드로이드의 사용자 인터페이스 기술을 위한 API 및 구현의 동의어다. 툴킷은 전체 안드로이드 프레임워크의 일부분, 특히 프레임워크의 시각적인 측면을 대부분 처리하는 프레임워크의 부분 집합으로 간주된다.

뷰

모든 사용자 인터페이스 플랫폼에는 버튼, 체크박스, 슬라이더, 텍스트, 이 모든 객체의 컨테이너 같은 것들을 위한 사용자 인터페이스 요소라는 개념이 있다. 그러나 이것들을 가리키는 방식은 플랫폼마다 달라서 플랫폼 개발자들이 무엇을 이야기하고 있는지 헷갈리기도 하는데 서로 다른 용어를 쓰기 때문이다. 자바 스윙 툴킷에서는 그것들을 구성 요소component라고 부르고 어떤 플랫폼에서는 요소element 또는 위젯widget이라고 부른다. 안드로이드에서 사용자 인터페이스 요소는 뷰(또는 위젯)라고 부르는데 이 모든 요소를 상속받는 클래스 (View.java)의 이름을 따서 붙였다. View의 컨테이너(다른 컨테이너도 포함)는 ViewGroup이라는 뷰다. 마지막으로 뷰 계층 구조는 이름 그대로 View와 ViewGroup의 계층 구조인데 최상위 부모 클래스 ViewGroup이 있고 이 부모 클래스에는 자식 클래스가 있다. 그리고 계층 구조에 위치하는 ViewGroup들이 자식 View들을 포함하고 있는 식이다.

B

관련 콘텐츠

이 책을 쓰는 과정에서 많은 책, 기사, 문서, 웹 사이트 그리고 찾을 수 있는 것이라면 안드로이드, 다른 모바일 기술, 일반적인 기술 역사에 관련된 내용은 무엇이나 읽었다. 내가 즐겁게 읽었던 유용하고 기억할 만한 참고 자료는 다음과 같다.

안드로이드

The (updated) history of Android(Ars Technica, Ron Amadeo 씀, *https://arstechnica.com/gadgets/2016/10/building-android-a-40000-word-history-of-googles-mobile-os/*)

이 연재 기사는 1.0부터 모든 안드로이드 릴리스를 다루는데 앱, 기기, 사용자 인터페이스에서 사용자가 볼 수 있는 변화를 자세히 다룬다. 가장 좋은 부분은 스크린샷인데 그러한 스크린샷을 더는 구할 수 없기 때문이다(옛날 기기를 가지고 있더라도 같은 서비스에 더 이상 접속할 기회가 없을 것이다).

An Android Retrospective(Romain Guy, Chet Haase 발표, *https://youtu.be/ xOccHEgIvwY*)

내 친구 호만과 나는 여러 개발자 행사에서 여러 번 이 발표를 했는데 안드로이드가 어떻게 개발됐고 팀 내부에서는 어떻게 봤는지 세부 내용을 몇 가지 이야기했다.

Android Developers Backstage(팟캐스트, Chet Haase, Romain Guy, Tor Norbye 진행, *https://adbackstage.libsyn.com*)

나와 내 친구이자 안드로이드 동료인 호만과 토어가 진행하는 팟캐스트다. 내가 이걸 언급하는 이유는 이 팟캐스트가 개발자에 의한, 개발자를 위한 팟캐스트이면서 몇몇 회차에서 안드로이드의 역사도 함께 다뤘기 때문이다. 특히 피커스 커크패트릭(56회), 마티아스 아고피안(74회), 데이브 버크(107회), 댄 본스테인(156회)과 함께 내가 이 책에서 이야기한 옛날 일들에 대해 대화를 나누었다. 내가 이 책을 쓰면서 가장 좋아한 부분은 팀에서 사람들과 함께한 대화였다. 이 에피소드들을 들으면 어떤 대화들이 오갔는지 엿볼 수 있다.

《Modern Operating Systems》(4th Edition, Andrew S. Tanenbaum, Herbert Bos 지음, Pearson, 2014)

안드로이드 운영 체제 내부에 대한 기술적 깊이가 부족하다고 느낀 사람이라면 운영 체제 설계를 다루는 이 책에서 안드로이드에 관해 다루는 10장 8절을 꼼꼼히 살펴보기를 추천한다. 그 부분은 다이앤 핵본이 썼고 바인더와 리눅스 확장 같은 내용을 만족할 만한 수준으로 자세히 다루고 있는데 책의 범위를 벗어나서 너무 기술적이고 길어졌다는 느낌도 들었다.

모바일 기술과 사례 연구

이 시기에 성과를 내지 못한 휴대 전화 플랫폼과 모바일 회사의 역사를 다룬 훌륭한 책이 몇 권 있다. 나는 특히 다음 두 권이 재미있었다.

《Losing the Signal: The Untold Story Behind the Extraordinary Rise and Spectacular Fall of BlackBerry》(Jacquie McNish, Sean Silcoff 지음, Flatiron Books, 2015)

《Operation Elop: The Final Years of Nokia's Mobile Phones》(Merina Salminen, Pekka Nykänen 지음)

핀란드어 원서인 《Operaatio Elop》는 영어로 출간되지 않았지만 크라우드소싱 작업으로 PDF나 기타 형식으로 된 영어 번역본이 나왔고 온라인(*https://asokan.org/operation-elop/*)에서 구할 수 있다.

실리콘 밸리 기술 역사

기술 역사를 다룬 훌륭한 책과 다큐멘터리도 많은데 그중 내가 정말 재미있게 봤던 것은 다음과 같다.

《미래를 만든 Geeks(Revolution in The Valley: The Insanely Great Story of How the Mac Was Made)》(Andy Hertzfeld 지음, 인사이트, 2010)

이 책은 실리콘 밸리 역사 중 결정적인 한 사건이 어떻게 이뤄졌는지 이해할 수 있는 훌륭한 책이다. 또한 그 프로젝트 뒤에 있던 사람들과 팀의 모습을 잘 살펴볼 수 있다.

《스티브 잡스(Steve Jobs)》(Walter Isaacson 지음, 민음사, 2011)

이 책을 읽으며 스티브 잡스의 흥미로운 초상을 볼 수 있을뿐 아니라 실리콘 밸리와 첨단 기술의 역사를 알 수 있어서 즐거웠다.

〈General Magic〉(다큐멘터리, Sarah Kerruish, Matt Maude 감독)

이 영화는 모바일 컴퓨팅 초기 성공 사례 중 하나였을 회사의 문화와 비전을 자세히 들여다본다. 다만 그들은 적어도 10년은 일렀다.

옮긴이의 글

잘 알려진 사실은 대체로 잘 모르는 경우가 많다.

– 헤겔

다소 뜬금없는 인용문으로 글을 시작했다. EBS 〈위대한 수업〉에 강연자로 출연한 파리 8대학 명예 교수 자크 랑시에르가 강연에서 인용하는 걸 듣고 알게 된 말이다. 좀 아전인수 격이지만 헤겔의 말을 다음과 같이 고쳐 보려고 한다. "잘 알려진 사실은 대체로 잘못 알려진 경우가 많다." 그리고 이는 안드로이드에도 적용된다.

사람들은 안드로이드를 '앞서 나온 스마트폰(특히 아이폰)의 특징을 모방하고 적당히 개선해 구글의 막대한 자본을 업고 성공한 제품'이라고 단순하게 요약한다. 그러나 실제는 다르다. 그리고 이 책은 그 '뜻밖의' 이야기를 들려준다.

이 책의 지은이 쳇 하스는 안드로이드 초기부터 그 역사를 함께한 안드로이드 그래픽 시스템 개발자다. 쳇 하스는 안드로이드의 토대를 놓은 동료들이 팀을 옮기거나 회사를 그만두면서 안드로이드의 '진짜' 이야기가 잊히고 있다는 걸 깨닫고 이 책을 쓰기로 결심한다. 마침내 "팀이 전체 운영 체제를 만들고 1.0 제품을 출시하기까지 걸린 시간보다" 더 오랜 시간이 걸려 책을 내기에 이른다(때로는 책 집필이 코드 작성보다 어렵다).

대중 매체에서는 안드로이드의 성공을 구글 창업자들과 에릭 슈미트의 혜안, 앤디 루빈의 비전과 추진력 정도로 손쉽게 포장한다. 그런데 그 이면에는 안드로이드 프로젝트에 뛰어든 개발자들의 헌신과 노고가 있었음을 이 책은 들려준다.

안드로이드 프로젝트에 뛰어든 개발자들은 데스크톱 운영 체제(BeOS), 모바일 플랫폼(데인저) 등의 제품 개발에 참여했던 사람들로 이 제품을 통해 자신의 비전이 실현되기를 기대했지만 현실은 만만치 않았다. 우연한 기회에 안드로이드 프로젝트에 모인 이들은 다시금 도전이라는 긴 여정을 시작하고 마침내 자신들이 꿈꾸던 플랫폼을 구현한다.

최초의 맥 개발 이야기를 다룬 《미래를 만든 Geeks》가 낭만화된 1980년대를 소환했다면, 이 책은 안드로이드 개발자들의 악전고투를 담아내고 있다. 이들의 헌신과 노고가 없었다면 개념 증명 수준 정도의 자바스크립트 코드 덩어리였던 안드로이드가 제대로 동작하는 플랫폼으로 완성되기는 어려웠을 것이다.

그런데 정말 '노력'만 하면 다 되는 것일까? 안드로이드의 주역들은 적당한 상황과 환경, 시기가 갖춰졌기에 성공할 수 있었다고 입을 모아 말한다. 괜한 겸손의 말은 아닐 것이다. 온갖 노력과 자원을 쏟아붓고도 묻힌 제품들의 숱한 사례가 있으니 말이다. 그리고 그들은 성공에 안주하지 않고 진부해지지 않기 위해 지금도 전진하고 있다.

낭만의 시대는 끝났을지 모르지만 도전의 시대는 아직 끝나지 않은 듯하다. 이 책은 도전의 길을 떠나는 사람들에게 생각할 거리를 던져 준다. 성공과 혁신은 단지 똑똑한 경영자의 '아이디어'만으로 이뤄지지 않고, 그 과정에는 고된 노동을 비롯해 팀의 집합적 노력이 필요하며, 한순간의 성공에 안주하다 진부함의 구덩이에 빠지지 않으려면 부단히 나아가야 한다는 것이다. 이 책을 읽고 독자들은 어떤 길을 떠나게 될지 궁금하다.

허술한 초고를 검토해 주신 베타 리더 강사룡, 김용욱, 손종국, 오현석, 차영호 님과 번역하는 데 참고할 수 있게 그 시절 넥서스 원을 빌려 주신 한치영 님에게 감사드린다. 까다로운 여러 업무 중에도 이 책에 많은 '노고'를 기울여 주신 편집자 백혜영 님에게도 감사드린다.

지금도 어디선가 세상을 뒤흔들 뭔가를 만들기 위해
애쓰는 사람들에게 존경을 담아
송우일

찾아보기

181-182, 184-186, 189-191, 204, 220,
  268, 320-321, 345-346, 354, 373, 390,
  441, 501, 514, 521
패션 85, 97, 471-472, 475-478, 484
패킷비디오 160-163, 380
페이지, 래리 40, 45-47, 96, 171, 231-232,
  300-301, 304, 309, 363, 395, 413, 487
펠리, 닉 xiii, xvii, 65, 71-75, 89, 98, 380,
  512
포크 68, 100, 116-117, 385, 468
포페스쿠, 안드레이 xii, 256, 258-261
프레임워크 xi, 55, 66, 92-94, 105, 121-122,
  129, 133, 136, 161, 165-191, 193, 197-
  198, 209, 212-213, 219, 289, 296, 405,
  410, 418, 452, 456, 470, 522, 524-526,
  531
프티 푸르 467-469
플레밍, 마이크 xi, xvi, 110, 115, 174, 183,
  185-187, 200, 317-323, 396, 429, 511
피셔, 에릭 xi, xvi, 24, 107, 200-204, 212,
  317-318, 320-321
픽셀 366, 389, 391

ㅎ

해밀턴, 제프 xi, xvi, 10, 122, 128-129, 172-
  174, 181-191, 276, 305, 387
핵본, 다이앤 xi, xvi-xvii, xxvii-xxviii, 20,
  34, 55-56, 92, 94, 106, 133-134, 166-
  177, 179, 181-182, 185, 189, 190-191,
  210-211, 217-220, 232, 268-269, 305,
  321-322, 346, 354, 376, 378, 392, 428,
  444, 464, 470, 489, 512, 535
핵심 라이브러리 xii, 116, 119-126, 206
헤일, 에드 xii, xvi, 130-134, 137, 218, 357,
  512
호로위츠, 스티브 xi, 10, 20, 88, 93, 131,
  187-188, 190-191, 197, 199, 206, 214,
  229, 241, 247, 270-271, 276, 280, 300,
  302, 304, 320, 324, 333-334, 362,
  364-365, 367, 369-374, 379, 512
호환성 테스트 모음 136, 509

화이트, 크리스 x, 4-5, 21, 25-27, 32, 151,
  229, 361
황웨이 x, xvi, 174, 185, 187, 240-244,
  246-248, 302, 322-328, 367, 370, 485
히엔네보그, 아르베 xi, xvi, 66-69, 159, 185
힙톱 16-17, 23, 29, 39-40, 46, 91, 106, 217,
  242, 275, 278, 287

A-Z

API(Application Programming Interface)
  xiii, xxii, xxvii, 66, 75, 105, 107, 116,
  121-122, 124-125, 134, 136, 139, 140,
  162, 165, 167, 178, 186-188, 190, 197,
  212, 221, 257, 264, 267-269, 300, 305-
  306, 326, 341, 343, 345, 347, 398, 442,
  444, 446, 450-453, 456-458, 468-469,
  507, 521-526, 529-531
apk(Android Packages) 214
BeOS 8-11, 22, 58, 167-168, 181, 189, 205,
  277, 333, 364, 370, 538
C++ 26, 36, 103-108, 142, 152-153, 201,
  259, 338, 529
dex(Dalvik Executable) 113
G1 xxvi, 42, 61-62, 64-65, 68, 70, 77-81,
  85, 89, 93, 95, 113, 132, 141, 147, 149,
  159, 177, 179, 211-212, 219, 231-232,
  244, 281, 293, 303, 305, 309, 312, 314,
  319, 345, 383, 386, 390, 392, 414, 428,
  435-436, 446, 448-450, 454, 458-461,
  463-465, 467-470, 474, 480, 482, 488,
  491, 515
GPU(Graphics Processing Unit) 85,
  139-140, 144-147, 149, 220, 341, 347,
  391, 514, 522
HTC 41-42, 141, 159, 202, 279, 293, 355-
  356, 387, 428, 460, 470, 474-475, 477,
  484, 492
HTC 매직 470, 474
IME(Input Method Editor) 178
iOS 176, 179, 219, 263, 265, 356, 358, 371,
  390, 435-436, 491, 494